税学通系列

U0819870

岗位练兵必刷题

Shuiwu Renyuan Quanxin Shui(fei)
Yewu Zhishi Xiti Quanjie

税务人员全新税（费）业务知识习题全解

《税务人员全新税（费）业务知识习题全解》编写组 编

立足岗位学习　融合最新政策
反映最新要求　突出重点工作
强调政策运用　着眼快速掌握

中国财经出版传媒集团
中国财政经济出版社

图书在版编目（CIP）数据

税务人员全新税（费）业务知识习题全解/《税务人员全新税（费）业务知识习题全解》编写组编. --北京：中国财政经济出版社，2021.9

（税学通系列）

ISBN 978-7-5223-0706-0

Ⅰ.①税… Ⅱ.①税… Ⅲ.①税收管理-中国-题解 Ⅳ.①F812.423-44

中国版本图书馆CIP数据核字（2021）第157768号

责任编辑：吕小军 王 芳 李筱文 谷兴华　　责任校对：张 凡
封面设计：卜建辰　　责任印制：党 辉

中国财政经济出版社 出版

URL：http://www.cfeph.cn

E-mail：cfeph@cfeph.cn

社址：北京市海淀区阜成路甲28号 邮政编码：100142

营销中心电话：010-88191522

天猫网店：中国财政经济出版社旗舰店

网址：https://zgczjjcbs.tmall.com

北京密兴印刷有限公司印刷 各地新华书店经销

成品尺寸：185mm×260mm 16开 31印张 495 000字

2021年9月第1版 2021年9月北京第1次印刷

定价：98.00元

ISBN 978-7-5223-0706-0

（图书出现印装问题，本社负责调换，电话：010-88190548）

本社质量投诉电话：010-88190744

打击盗版举报热线：010-88191661 QQ：2242791300

前　言

提高税务干部业务能力和执法水平是税务干部队伍建设的主要抓手。引导广大税务干部勤学政策、苦练技能、增强本领，成为业务精湛、能力过硬的新时代税收专业人才，有利于税务干部健康成长，有利于税收工作依法推进，有利于税收事业开拓创新。

为帮助税务干部及时更新专业知识，满足日常业务学习需求，有针对性地提高业务能力，本着“干什么学什么、缺什么补什么”的原则，我们组织相关领域的专业人员紧密结合当前税务干部业务学习需要，编写了本习题集。

本习题集涵盖了税务机关负责征收管理的十六个税种、社会保险费和非税收入的重要知识点，相关政策截至2021年6月。增值税、消费税、企业所得税和个人所得税部分由山西省财政税务专科学校王俊琪副教授编写，其他内容由税务系统业务骨干编写。习题集立足岗位学习，融合最新政策，反映最新要求，突出重点工作，强调政策运用，命题典型规范，着眼快速掌握。主要为税务系统日常培训考核、数字人事“两测”和各类业务比武提供支持，也可以为税务干部业余自学提供参考。

由于时间和水平所限，书中错漏之处在所难免，敬请读者批评指正。

《税务人员全新税（费）业务知识习题全解》编写组

2021年9月

目　　录

第一章　增值税

一、单项选择题

1. 某小规模纳税人 2021 年 4 月销售货物取得销售额 7 万元，销售服务取得销售额 3.5 万元，销售不动产取得销售额 4 万元，本月合计销售额 14.5 万元。下列关于小规模纳税人免征增值税说法正确的是（　　）。

A. 销售不动产取得的销售额 4 万元，不得享受小规模纳税人免征增值税政策

B. 销售货物和销售服务取得的销售额 10.5 万元，不得享受小规模纳税人免征增值税政策

C. 销售货物、服务和不动产取得的销售额 14.5 万元，可享受小规模纳税人免征增值税政策

D. 销售货物、服务和不动产取得的销售额 14.5 万元，不得享受小规模纳税人免征增值税政策

[参考答案] C

[答案解析] 自 2021 年 4 月 1 日起，小规模纳税人发生增值税应税销售行为，合计月销售额未超过 15 万元的，免征增值税。

2. 某小规模纳税人 2021 年 4 月销售货物取得销售额 5 万元，销售服务取得销售额 3 万元，销售不动产取得销售额 10 万元，本月合计销售额 18 万元。下列关于小规模纳税人免征增值税说法正确的是（　　）。

A. 销售货物、服务取得的销售额 8 万元，可以享受小规模纳税人免征增值

税政策，销售不动产取得销售额10万元应照章纳税

B. 销售货物和销售服务取得的销售额8万元，不得享受小规模纳税人免征增值税政策

C. 销售不动产取得的销售额10万元，可以享受小规模纳税人免征增值税政策

D. 销售货物、服务和不动产取得的销售额18万元，不得享受小规模纳税人免征增值税政策

[参考答案] A

[答案解析] 自2021年4月1日起，小规模纳税人发生增值税应税销售行为，合计月销售额超过15万元，但扣除本期发生的销售不动产的销售额后未超过15万元的，其销售货物、劳务、服务、无形资产取得的销售额免征增值税。

3. 增值税一般纳税人支付的下列运费中，不允许抵扣进项税额的是（　　）。

A. 外购生产用材料支付的运费　　B. 外购职工福利用品支付的运费

C. 销售自产货物支付的运费　　D. 外购设备支付的运费

[参考答案] B

[答案解析] 用于简易计税项目、免征增值税项目、集体福利或者个人消费的购进货物及其运输费用，其进项税额不得从销项税额中抵扣。

4. 以购进农产品为原料生产销售液体乳及乳制品、酒及酒精、植物油的增值税一般纳税人，购进农产品增值税进项税额，采用的办法是（　　）。

A. 税额抵减法　　B. 核定扣除法

C. 购进扣税法　　D. 加计扣除法

[参考答案] B

[答案解析] 以购进农产品为原料生产销售液体乳及乳制品、酒及酒精、植物油的增值税一般纳税人，购进农产品增值税进项税额，采用核定扣除办法。

5. 某公司为增值税一般纳税人，2020年8月，该企业销售旧设备一台，取得不含税收入30万元，该设备2016年购进时取得了增值税专用发票，已抵扣进项税额。则该企业正确的税务处理方法是（　　）。

A. 按3%征收率计算应纳增值税

B. 按2%征收率计算应纳增值税

C. 按13%的税率计算应纳增值税

D. 按3%征收率减按2%计算应纳增值税

[参考答案] C

[答案解析] 纳税人销售自己使用过的已抵扣进项税额的固定资产，按照适用税率征收增值税。

6. 根据现行增值税政策规定，下列关于纳税人既欠缴增值税，又有增值税留抵税额的税务处理，正确的是（　　）。

A. 查补的增值税款，可以按规定用留抵税额抵减

B. 抵减欠税时，既可以按欠税时间逐笔抵扣，也可以按欠税额度逐笔抵扣

C. 若期末留抵税额大于欠税总额，抵减后的余额不得结转下期继续抵扣

D. 允许以期末留抵税额抵减增值税欠税，但不得抵减欠税滞纳金

[参考答案] A

[答案解析] 选项B，抵减欠税款时，应按欠税发生时间逐步抵扣，先发生的先抵；选项C，若期末留抵税额大于欠税总额，抵减后的余额可结转下期继续抵扣；选项D，允许以留抵税额抵减增值税欠税，抵减的欠税包括呆账税金及欠税滞纳金。

7. 纳税人购进国内旅客运输服务，其进项税额允许从销项税额中抵扣，下列情形不得作为抵扣凭证的是（　　）。

A. 增值税电子普通发票

B. 未注明旅客身份信息的航空运输电子客票行程单

C. 注明旅客身份信息的铁路车票

D. 注明旅客身份信息的公路、水路等其他客票

[参考答案] B

[答案解析] 除增值税普通发票和电子普通发票外，其他的旅客运输抵扣凭证，都必须是注明旅客身份信息的票证才可以计算抵扣进项税，纳税人手写无效。

8. 关于增值税的销售额，下列说法正确的是（　　）。

A. 旅游服务，一律以取得的全部价款和价外费用为销售额

B. 经纪代理服务，以取得的全部价款和价外费用为销售额

C. 劳务派遣服务，一律以取得的全部价款和价外费用为销售额

D. 航空运输企业的销售额不包括代收的机场建设费

［参考答案］D

［答案解析］选项 A，纳税人提供旅游服务，可以选择以取得的全部价款和价外费用，扣除向旅游服务购买方收取并支付给其他单位或者个人的住宿费、餐饮费、交通费、签证费、门票费和支付给其他接团旅游企业的旅游费用后的余额为销售额；选项 B，经纪代理服务，以取得的全部价款和价外费用，扣除向委托方收取并代为支付的政府性基金或者行政事业性收费后的余额为销售额；选项 C，劳务派遣服务，可以选择差额纳税，以全部价款和价外费用，扣除代用工单位支付给劳务派遣员工的工资、福利和为其办理社会保险及住房公积金后的余额为销售额，按照简易计税方法计算缴纳增值税。

9. 关于增值税起征点的适用范围，下列说法正确的是（ ）。

A. 增值税起征点仅适用于自然人个人

B. 增值税起征点不适用于登记为小规模纳税人的个体工商户

C. 增值税起征点适用于仅登记为一般纳税人的个体工商户

D. 增值税起征点仅适用于个人，包括个体工商户和其他个人，但不适用于登记为一般纳税人的个体工商户

［参考答案］D

［答案解析］根据现行增值税政策规定，增值税起征点不适用于登记为一般纳税人的个体工商户。

10. A 公司投资 B 公司股权初始投资成本为 20 元/股，后续 B 公司首次公开发行股票并上市，A 公司在持有 B 公司限售股解禁后卖出价为 40 元/股。如果上市发行价为 10 元/股，则 A 公司转让 B 公司限售股计算缴纳增值税的计税依据是（ ）元/股。

A. 40　　B. 10

C. 20　　D. 30

［参考答案］C

［答案解析］根据《国家税务总局关于明确二手车经销等若干增值税征管问题的公告》（国家税务总局公告 2020 年第 9 号）第四条规定，单位将其持有的限售股在解禁流通后对外转让，按照《国家税务总局关于营改增试点若干征

管问题的公告》第五条规定确定的买入价，低于该单位取得限售股的实际成本价的，以实际成本价为买入价计算缴纳增值税。

11. 辅导期过后的增值税一般纳税人，取得上月开具的“增值税专用发票”当期认证相符，应填在《增值税纳税申报表附列资料（二）》的栏次是（　　）。

A. 第2栏“认证相符的增值税专用发票——本期认证相符且本期申报抵扣”

B. 第3栏“认证相符的增值税专用发票——前期认证相符且本期申报抵扣”

C. 第8栏“其他扣税凭证——其他”

D. 第33栏“待抵扣进项税额——其他扣税凭证——其他”

[参考答案] A

[答案解析]“机动车统一销售发票”“增值税专用发票”当期认证相符，应填在《增值税纳税申报表附列资料（二）》第2栏“认证相符的增值税专用发票——本期认证相符且本期申报抵扣”处。

12. 大华钢材经销企业2019年8月登记成立并开始经营，按季纳税。2019年第三、四季度和2020年第一、二季度增值税应税销售额分别为110万元、130万元、140万元、170万元。则该企业自行到税务机关办理一般纳税人登记的时限是（　　）。

A. 2020年7月16日至7月30日　　B. 2020年4月16日至4月30日

C. 2020年7月1日至7月15日　　D. 2020年7月15日至7月30日

[参考答案] A

[答案解析] 纳税人应当在年应税销售额超过规定标准的月份（或季度）的所属申报期结束后15日内向其机构所在地主管税务机关办理一般纳税人登记手续。

13. 大华超市2020年3月开业，2020年3月至2021年2月取得日用百货不含税销售额480万元，蔬菜不含税销售额15万元，水果不含税销售额20万元，2020年12月经税务机关纳税评估后确定该超市少计增值税不含税销售额12万元。请问，确定该超市是否超过小规模纳税人标准的销售额是（　　）万元。

A. 480　　B. 495

C. 500　　　　　　　　　　　　D. 527

［参考答案］D

［答案解析］根据《增值税一般纳税人登记管理办法》（国家税务总局令第43号）及《国家税务总局关于增值税一般纳税人登记管理若干事项的公告》（国家税务总局公告2018年第18号）第二条规定，年应税销售额，是指纳税人在连续不超过12个月或4个季度的经营期内累计应征增值税销售额，包括纳税申报销售额、稽查查补销售额、纳税评估调整销售额。“纳税申报销售额”是指纳税人自行申报的全部应征增值税销售额，其中包括免税销售额和税务机关代开发票销售额。“稽查查补销售额”和“纳税评估调整销售额”计入查补税款申报当月（或当季）的销售额，不计入税款所属期销售额。

14. 某公司为增值税一般纳税人，2021年3月提供平面设计服务取得收入36万元，提供网站设计服务取得收入12万元，转让网络游戏虚拟道具取得收入22.6万元，上述收入均为含税收入。关于该公司上述业务的增值税处理，下列说法正确的是（　　）。

A. 按照“文化创意服务”计算的销项税额为4.00万元

B. 按照“文化创意服务”计算的销项税额为3.32万元

C. 按照“文化创意服务”计算的销项税额为2.04万元

D. 按照“销售无形资产”计算的销项税额为1.28万元

［参考答案］D

［答案解析］平面设计服务和网站设计服务属于“现代服务——文化创意服务”，转让网络虚拟道具属于“销售无形资产”，因而，文化创意服务的销项税额 $=(36+12)\div(1+6\%)\times6\%=2.72$（万元）

销售无形资产的销项税额 $=22.6\div(1+6\%)\times6\%=1.28$（万元）

15. 下列业务属于在我国境内发生增值税应税行为的是（　　）。

A. 德国会展单位在我国境内为境内某单位提供会议展览服务

B. 境外企业在德国为我国境内单位提供工程勘察勘探服务

C. 我国境内单位转让在德国境内的不动产

D. 德国汽车租赁公司向我国境内企业出租汽车，供其在德国考察中使用

［参考答案］A

［答案解析］选项B，向境内单位或者个人提供的工程、矿产资源在境外

的工程勘察勘探服务，不属于在境内销售服务；选项C，销售的不动产在境外的，不属于在境内销售不动产；选项D，境外单位或者个人向境内单位或者个人出租完全在境外使用的有形动产，不属于在境内销售服务。

16. 2019年4月1日后，购进国内旅客运输服务纳入抵扣范围，下列符合旅客运输服务抵扣的进项税额是（　　）。

A. 企业邀请国内某专家为员工授课支付的机票费用允许抵扣进项税额

B. 以提供国内旅客运输服务增值税义务发生时间，来界定“购进”并抵扣的时点

C. 用于奖励员工的机票允许抵扣进项税额

D. 支付给航空代理公司退票费普通发票允许抵扣进项税额

［参考答案］B

［答案解析］选项A，纳税人为非雇员支付的旅客运输费用，不能纳入抵扣范围；选项B，符合抵扣时点规定；选项C，属于集体福利或者个人消费，其进项税额不得从销项税额中抵扣；选项D，应按增值税专用发票上注明的税额抵扣。

17. 关于单用途商业预付卡增值税的规定，下列说法正确的是（　　）。

A. 售卡方可以向购卡人开具增值税专用发票

B. 售卡方在销售单用途卡时，取得预收资金需缴纳增值税

C. 持卡人使用单用途卡购买货物时，货物的销售方不缴纳增值税

D. 售卡方因发行单用途卡并办理相关资金收付结算业务时，取得的手续费应按规定缴纳增值税

［参考答案］D

［答案解析］选项A，售卡方销售单用途卡时，可以按照规定向购卡人开具增值税普通发票，不得开具增值税专用发票；选项B，售卡方销售单用途卡，或者接受单用途卡持卡人充值取得的预收资金，不缴纳增值税；选项C，持卡人使用单用途卡购买货物或服务时，货物或者服务的销售方应按照现行规定缴纳增值税，且不得向持卡人开具增值税发票。

18. 下列各项不属于增值税特点的是（　　）。

A. 普遍征收　　B. 实行税款抵扣制度

C. 实行价内税制度　　D. 保持税收中性

［参考答案］C

［答案解析］增值税具有以下特点：（1）保持税收中性；（2）普遍征收；（3）税收负担由商品的最终消费者承担；（4）实行税款抵扣制度；（5）实行比例税率；（6）实行价外税制度。

19. 东方航空公司2021年3月取得已售票但客户逾期未消费取得的运输逾期票证收入10万元，正确的增值税处理是（　　）。

A. 不征增值税

B. 免征增值税

C. 按照“交通运输服务”缴纳增值税

D. 按照“其他现代服务”缴纳增值税

［参考答案］C

［答案解析］根据现行增值税政策规定，纳税人已售票但客户逾期未消费取得的运输逾期票证收入按照“交通运输服务”缴纳增值税。

20. 某增值税一般纳税人2021年3月销售三批同样的货物，每批各1 000件，不含税销售价每件分别为70元、50元、30元。如果30元/件的销售价被主管税务机关认定为明显偏低却无正当理由，则该纳税人当月计算销项税额的销售额应为（　　）万元。

A. 13　　　　B. 15

C. 18　　　　D. 21

［参考答案］C

［答案解析］纳税人销售货物的销售额明显偏低且无正当理由的，主管税务机关有权核定其计税销售额，首先按照纳税人最近时期同类商品的平均销售价格确定。所以，

该纳税人当月计算销项税额的销售额 $=70\times1\ 000+50\times1\ 000+(70\times1\ 000+50\times1\ 000)\div2\ 000\times1\ 000=180\ 000$（元）

21. 某超市2021年5月16日登记为增值税一般纳税人，则该超市按照增值税一般计税方法计算缴纳增值税的生效之日是（　　）。

A. 2021年5月1日

B. 2021年5月16日

C. 税务机关通知的次月1日

D. 纳税人销售额达到标准的当月 1 日

［参考答案］A

［答案解析］根据现行增值税政策规定，纳税人自一般纳税人生效之日起，按照增值税一般计税方法计算缴纳增值税。该生效之日指的是纳税人办理登记的当月 1 日或次月 1 日。

22. 某大型超市于 2021 年 3 月年应税销售额超过 500 万元，2021 年 4 月申报期结束后未按照规定时限向主管税务机关办理一般纳税人登记，则该主管税务机关应当在规定时限结束后 5 日内制作《税务事项通知书》，告知纳税人应当在规定时限内向主管税务机关办理相关手续，该规定的时限是（　　）。

A. 5 日　　B. 10 日

C. 15 日　　D. 20 日

［参考答案］A

［答案解析］纳税人在年应税销售额超过规定标准的月份（或季度）的申报期结束后 15 日内按照规定办理相关手续；未按照规定时限办理的，主管税务机关应当在规定时限结束后 5 日内制作《税务事项通知书》，告知纳税人应当在 5 日内向主管税务机关办理相关手续。

23. 某从事行业咨询业务的小规模纳税人，2020 年 10 月应税销售额超过了小规模纳税人的标准，在 11 月的申报期后。未按规定办理一般纳税人登记，接到税务机关送达的《税务事项通知书》后依然没有办理一般纳税人登记手续。2021 年 1 月，该纳税人取得含增值税咨询收入 50 万元，当月购进复印纸张，取得增值税专用发票，注明增值税 1.5 万元，则当月该纳税人应纳增值税（　　）万元。

A. 1.33　　B. 1.45

C. 2.11　　D. 2.83

［参考答案］D

［答案解析］纳税人在年应税销售额超过规定标准的月份（或季度）的申报期结束后 15 日内按照规定办理相关手续；未按照规定时限办理的，主管税务机关应当在规定时限结束后 5 日内制作《税务事项通知书》，告知纳税人应当在 5 日内向主管税务机关办理相关手续；逾期仍不办理的，次月起按销售额依照增值税税率计算应纳税额，直至纳税人办理相关手续为止。

当月应纳增值税 $=50\div(1+6\%)\times6\%=2.83$（万元）

24. A 出租车公司 2020 年全年向使用本公司自有出租车的出租车司机收取管理费用 300 万元，申报增值税时归属的服务项目是（　　）。

A. 有形动产租赁服务　　B. 物流辅助服务

C. 陆路运输服务　　D. 管道运输服务

[参考答案] C

[答案解析] 出租车公司向使用本公司自有出租车的出租车司机收取的管理费用，应按“陆路运输服务”项目征收增值税。

25. 2020 年 4 月，A 酒厂（增值税一般纳税人）销售白酒和啤酒给 B 超市，其中，销售白酒开具增值税专用发票，收取不含税价款 50 000 元，另外收取包装物押金 3 390 元；销售啤酒开具增值税普通发票，收取价款 22 600 元，另外收取包装物押金 1 695 元。B 超市按照合同约定，于 2020 年 12 月将白酒、啤酒包装物全部退还给酒厂，并取回全部押金。就此项业务，该酒厂 2020 年 4 月增值税销项税额应为（　　）元。

A. 9 490　　B. 9 100

C. 9 685　　D. 12 117.95

[参考答案] A

[答案解析] 根据《国家税务总局关于加强增值税征收管理若干问题的通知》（国税发〔1995〕192 号）第三条规定，对销售除啤酒、黄酒外的其他酒类产品而收取的包装物押金，无论是否返还以及会计上如何核算，均应并入当期销售额征税。该酒厂 2020 年 4 月增值税销项税额 $=(50\ 000+3\ 390\div1.13+22\ 600\div1.13)\times13\%=9\ 490$（元）

26. 下列项目中，适用增值税 9% 低税率的是（　　）。

A. 麦芽　　B. 人发

C. 农用汽车　　D. 农用挖掘机

[参考答案] D

[答案解析] 根据《国家税务总局关于农用挖掘机　养鸡设备系列　养猪设备系列　产品增值税适用税率问题的公告》（国家税务总局公告 2014 年第 12 号）规定，农用挖掘机属于农机，适用增值税低税率。选项 A、B、C 适用于 13% 的增值税税率；选项 D 适用于 9% 的增值税低税率。

27. 下列业务关于增值税政策表述错误的是（　　）。

A. 一般纳税人销售旧货，按照简易办法依3%征收率减按2%征收增值税

B. 小规模纳税人（除其他个人外）销售自己使用过的除固定资产以外的物品，应按3%的征收率征收增值税

C. 一般纳税人销售自己使用过的除固定资产以外的物品，应按照适用税率征收增值税

D. 一般纳税人销售自己使用过的不得抵扣且未抵扣进项税额的固定资产，售价不超过原值的免征增值税

［参考答案］D

［答案解析］根据《国家税务总局关于一般纳税人销售自己使用过的固定资产增值税有关问题的公告》（国家税务总局公告2012年第1号）规定，一般纳税人销售自己使用过的不得抵扣且未抵扣进项税额的固定资产，按照简易办法依3%征收率减按2%征收增值税。

28. 某金店（经中国人民银行批准的金银首饰经营单位）为增值税一般纳税人，2021年3月采取"以旧换新"方式向消费者销售金项链20条，每条新项链的零售价格为2 260元，每条旧项链作价660元，每条项链取得差价款1 600元；当月取得首饰修理费价税合计金额8 680元。该金店上述业务应缴纳增值税（　　）元。

A. 5 200　　　B. 4 160

C. 6 198.58　　　D. 4 680

［参考答案］D

［答案解析］金银首饰以旧换新业务以实际收取的不含增值税的全部价款计算增值税，则应纳增值税 $=(20\times1\ 600+8\ 680)\div(1+13\%)\times13\%=4\ 680$（元）

29. 按照《中华人民共和国增值税暂行条例》及其实施细则的规定，纳税人放弃免税权后，若想再享受免税政策，需要等待的时间是（　　）。

A. 3个月　　　B. 6个月

C. 12个月　　　D. 36个月

［参考答案］D

［答案解析］纳税人放弃免税权后，36个月内不得再申请免税。

30. 依据增值税的有关规定，可以按下列销售净额作为销售额计算增值税的是（　　）。

A. 以旧换新方式销售电冰箱，扣除旧货价格后的销售净额

B. 在同一张发票上的金额栏分别注明折扣额和销售额的折扣销售，扣除折扣额后的销售净额

C. 以物易物销售货物的，减除换入货物价值后的销售净额

D. 还本销售方式销售货物的，减除还本支出后的销售净额

［参考答案］B

［答案解析］纳税人采取折扣方式销售货物，在同一张发票上的金额栏分别注明折扣额和销售额的折扣销售，可以按扣除折扣后的销售净额计算增值税。以旧换新方式销售电冰箱按新货同期销售净额计算增值税。以物易物方式及还本销售方式均按货物销售额计算增值税，不能扣除换入货物价值和还本支出。

31. 下列属于视同销售货物，应计算缴纳增值税的是（　　）。

A. 某生产企业外购钢材用于扩建厂房

B. 某家具厂委托商店代销家具

C. 运输企业外购棉大衣用于集体福利

D. 某歌厅购进一批饮料用于员工消费

［参考答案］B

［答案解析］选项 B，属于将货物交于他人代销，应视同销售计算征收增值税；选项 A，属于将购买的货物用于生产经营，不属于增值税视同销售行为，不缴纳增值税；选项 C、D，属于外购货物用于集体福利、个人消费，不属于增值税视同销售行为，不缴纳增值税。

32. 2018 年 5 月 1 日前，下列各项中，既是增值税法定税率，又是增值税进项税额扣除率的是（　　）。

A. 6%　　　　B. 11%

C. 12%　　　　D. 16%

［参考答案］B

［答案解析］2018 年 5 月 1 日前，增值税的法定税率有 17%、11% 和 6%，而购进农产品照章计算抵扣进项税额的扣除率是 11%（另有规定除外），所以，11% 既是增值税法定税率，又是增值税进项税额扣除率。

33. 增值税一般纳税人企业外购的下列货物，不可以做进项税额抵扣的是（　　）。

A. 外购的固定资产用于企业的生产经营活动

B. 外购的床单用于集体福利

C. 外购的电脑无偿赠送给客户

D. 外购机器设备用于对另一企业投资

［参考答案］B

［答案解析］选项A、C、D发生的进项税额均可以抵扣。

34. 根据增值税的有关规定，下列进项税额不得从销项税额中抵扣的是（　　）。

A. 因自然灾害损失的产品所对应进项税额

B. 购进同时用于增值税应税项目和免税项目的固定资产所支付的进项税额

C. 分配给股东的外购货物的进项税额

D. 纳税人放弃免税权后，其在放弃免税权之前发生的进项税额

［参考答案］D

［答案解析］选项A，注意理解非正常损失所包含的内容，因管理不善损失产品对应的进项税不可以抵扣，但因自然灾害损失产品所对应的进项税可以抵扣；选项B，专用于免税项目的固定资产进项税不可以抵扣，但同时用于应税项目和免税项目的固定资产的进项税可以抵扣；选项C，外购货物分配给股东，增值税视同销售，其进项税额可以抵扣；选项D，根据《财政部　国家税务总局关于增值税纳税人放弃免税权有关问题的通知》（财税〔2007〕127号）第五条规定，纳税人在免税期内购进用于免税项目的货物或者应税劳务所取得的增值税扣税凭证，一律不得抵扣。

35. A旅游公司（增值税小规模纳税人）选择按月纳税并差额确定销售额，2021年5月取得含税收入18万元，支付B旅行社当地接团费3万元。则A旅游公司当月应纳增值税（　　）元。

A. 0　　B. 4 500

C. 5 242.72　　D. 4 368.93

［参考答案］A

［答案解析］根据《国家税务总局关于小规模纳税人免征增值税征管问题

的公告》（国家税务总局公告2021年第5号）规定，自2021年4月1日起，小规模纳税人发生增值税应税销售行为，合计月销售额未超过15万元（以1个季度为1个纳税期的，季度销售额未超过45万元，下同）的，免征增值税。适用增值税差额征税政策的小规模纳税人，以差额后的销售额确定是否可以享受本公告规定的免征增值税政策。

36. 2021年2月，某增值税一般纳税人将2020年4月购入的一台已抵扣过进项税额的生产设备改变用途，用作职工福利设施，该设备原值200万元，净值率91%，则应作进项税额转出（　　）万元。

A. 0　　B. 23.66

C. 18.2　　D. 26.00

［参考答案］B

［答案解析］应在改变用途的当月作进项税额转出 = 200 × 91% × 13% = 23.66（万元）

37. 某电器修理部（小规模纳税人）2021年3月取得含税修理收入20 600元，当月出售一台使用过的进口旧设备且未放弃减税优惠，收取价税合计金额123 600元，该修理部当月应纳增值税（　　）元。

A. 600　　B. 2 953.85

C. 3 000　　D. 4 200

［参考答案］C

［答案解析］应纳增值税 = 20 600 ÷（1 + 3%）× 3% + 123 600 ÷（1 + 3%）× 2% = 600 + 2 400 = 3 000（元）

38. 一般纳税人发生的下列应税销售行为中，适用9%增值税税率的是（　　）。

A. 销售农机整件

B. 销售农机零件

C. 受托加工农机整机的加工劳务

D. 受托加工农机零件的加工劳务

［参考答案］A

［答案解析］销售农机整件适用11%的低税率；销售农机零件和提供加工劳务均不涉及低税率。

39. 甲企业在2021年3月签订合同，在4月将一台设备租给乙企业，合同约定租期2年，规定4月出租时预收一年的租金合计12万元（不含增值税），则甲企业下列做法符合增值税相关规定的是（　　）。

A. 3月发生纳税义务，对12万元预收款计缴增值税

B. 3月开始发生纳税义务，按照1万元/月的收入标准按月计算缴纳增值税

C. 4月发生纳税义务，对12万元预收款计算增值税

D. 4月开始发生纳税义务，按照1万元/月的收入标准按月计算缴纳增值税

［参考答案］C

［答案解析］纳税人提供租赁服务采取预收款方式的，增值税纳税义务发生时间为收到预收款的当天。

40. 某旧机动车交易公司（增值税一般纳税人）2020年11月收购旧机动车50辆，支付收购款350万元；销售旧机动车60辆，取得含税销售收入480万元，同时协助客户办理车辆过户手续，取得收入3万元。当月该旧机动车交易公司应缴纳增值税（　　）万元。

A. 9.23　　B. 9.38

C. 18.58　　D. 70.18

［参考答案］B

［答案解析］一般纳税人销售旧货按3%的征收率减按2%征收增值税，不得抵扣进项税额。应纳增值税 $=(480+3)\div(1+3\%)\times 2\%=9.38$（万元）

41. 某药厂为促进创新药的研发和使用，2021年4月将其自产创新药提供给患者后续免费使用的相同创新药的增值税处理是（　　）。

A. 视同销售征收增值税　　B. 减半征收增值税

C. 采用即征即退政策　　D. 不属于增值税视同销售范围

［参考答案］D

［答案解析］根据《财政部　国家税务总局关于创新药后续免费使用有关增值税政策的通知》（财税〔2015〕4号）规定，药品生产企业销售自产创新药的销售额，为向购买方收取的全部价款和价外费用，其提供给患者后续免费使用的相同创新药不属于增值税视同销售范围。

42. 某软件开发企业为增值税一般纳税人，2019 年 7 月销售自产软件产品取得不含税收入 700 万元，购进一批办公用品，取得增值税专用发票，发票金额 170 万元。该软件开发企业当月实际缴纳的增值税为（　　）万元。

A. 47.9　　B. 21

C. 68.9　　D. 39

［参考答案］B

［答案解析］增值税一般纳税人销售其自行开发生产软件产品，按规定税率征收增值税后，对其增值税实际税负超过 3% 的部分实行即征即退政策。当月增值税应纳税额 = 700 × 13% − 170 × 13% = 68.9（万元）

实际税负 = 68.9 ÷ 700 × 100% = 9.84%

当月即征即退增值税 = 68.9 − 700 × 3% = 47.9（万元）

当月实际缴纳的增值税 = 68.9 − 47.9 = 21（万元）

43. 以下不符合营改增销售额规定的是（　　）。

A. 存款利息，以利息收入金额为销售额

B. 贷款服务，以提供贷款服务取得的全部利息及利息性质的收入为销售额

C. 金融商品转让，按照卖出价扣除买入价后的余额为销售额

D. 航空运输企业的销售额，不包括代收的机场建设费和代售其他航空运输企业客票而代收转付的价款

［参考答案］A

［答案解析］选项 A，存款利息不征收增值税。

44. 某家用电器修理厂会计核算健全，销售额超过小规模纳税人标准，但一直未向主管税务机关申请增值税一般纳税人登记。2019 年 4 月，该厂提供修理劳务并收取修理费价税合计 23.4 万元；购进的料件、电力等均取得增值税专用发票，对应的增值税税款合计 2 万元。该修理厂本月应缴纳增值税（　　）万元。

A. 0.68　　B. 1.32

C. 1.40　　D. 2.69

［参考答案］D

［答案解析］根据《增值税一般纳税人登记管理办法》（国家税务总局令第 43 号）第八条规定：纳税人在年应税销售额超过规定标准的月份（或季度）

的所属申报期结束后15日内按照有关规定办理相关手续；未按规定时限办理的，主管税务机关应当在规定时限结束后5日内制作《税务事项通知书》，告知纳税人应当在5日内向主管税务机关办理相关手续；逾期仍不办理的，次月起按销售额依照增值税税率计算应纳税额，不得抵扣进项税额，直至纳税人办理相关手续为止。

该修理厂本月应缴纳增值税 = 23.4 ÷ (1 + 13%) × 13% = 2.69（万元）

45. 甲省B市的甲建筑企业是增值税一般纳税人，2021年6月在乙省A市取得含税建筑收入200万元，选择一般计税方法计算纳税，则甲企业应在建筑服务发生地A市预缴税款（　　）万元。

A. 1.80　　B. 3.60

C. 5.41　　D. 7.21

［参考答案］B

［答案解析］甲企业应在A市预缴税款 = 200 ÷ (1 + 11%) × 2% = 3.60（万元）

46. 2020年4月，某运输公司（增值税一般纳税人）为灾区无偿提供运输服务，发生运输服务成本5万元，成本利润率10%，无最近时期同类服务的平均价格；当月为甲公司提供运输服务，取得含税收入17万元。该运输公司当月上述业务的销项税额为（　　）万元。

A. 1.7　　B. 1.4

C. 2.25　　D. 1.96

［参考答案］B

［答案解析］为灾区无偿提供运输服务属于《营业税改征增值税试点实施办法》（财税〔2016〕36号附件）用于公益事业的无偿服务不视同销售。

运输公司当月销项税额 = 17 ÷ (1 + 9%) × 9% = 1.4（万元）

47. 以下关于发票开具的表述，符合现行政策规定的是（　　）。

A. 小规模纳税人转让其取得的不动产，不能自行开具增值税发票的，向机构所在地主管税务机关申请代开

B. 纳税人向其他个人转让其取得的不动产，不得自行开具增值税专用发票，但可以申请代开增值税专用发票

C. 其他个人出租不动产，可向居住地主管税务机关申请代开增值税专用

发票

D. 纳税人向其他个人出租不动产，不得开具或申请代开增值税专用发票

［参考答案］D

［答案解析］选项A，小规模纳税人转让其取得的不动产，不能自行开具增值税发票的，向不动产所在地主管税务机关申请代开；选项B，纳税人向其他个人转让其取得的不动产，不得开具或申请代开增值税专用发票；选项C，其他个人出租不动产，可向不动产所在地主管税务机关申请代开增值税发票。

48. 某咨询服务公司是增值税一般纳税人，2021年1月提供咨询服务取得收入68万元，将公司一台商务车出租取得收入10万元，为其他公司提供咨询业务培训取得收入3万元，公司的上述应税销售行为均向对方开具增值税普通发票。当月购进办公用品，取得增值税专用发票上注明的税额为2万元。该公司选择享受2020年国家出台的疫情防控等税收优惠政策，2021年1月应当缴纳的增值税是（　　）万元。

A. 3　　B. 3.34

C. 3.85　　D. 5

［参考答案］A

［答案解析］根据《财政部　税务总局关于支持新型冠状病毒感染的肺炎疫情防控有关税收政策的公告》（财政部　税务总局公告2020年第8号）第五条规定，自2020年1月1日起，对纳税人提供公共交通运输服务、生活服务，以及为居民提供必需生活物资快递收派服务取得的收入，免征增值税。该咨询公司为同行提供咨询业务培训属于生活服务中的教育培训，免征增值税。

2021年1月该咨询公司应当缴纳的增值税＝［68÷（1＋6%）×6%］＋［10÷（1＋13%）×13%］－2＝3（万元）

49. 房地产开发企业（一般纳税人）采取预收款方式销售所开发的房地产项目，在收到预收款时按照一定的预征率预缴增值税，该预征率为（　　）。

A. 2%　　B. 3%

C. 5%　　D. 6%

［参考答案］B

［答案解析］房地产开发企业（一般纳税人）采取预收款方式销售所开发的房地产项目，在收到预收款时按照3%的预征率预缴增值税。

50. 以下涉及增值税出口退税的项目中，适用免税退税办法的是（　　）。

A. 工业企业自产货物出口

B. 外贸企业收购货物后委托其他外贸企业代理出口

C. 工业企业进料加工复出口货物

D. 工业企业委托外贸企业代理出口自产货物

［参考答案］B

［答案解析］选项B实行免退税办法；选项A、C、D都属于生产企业自营出口或委托出口自产货物范畴，实行免抵退税办法。

51. 某具有出口经营权的电器生产企业（增值税一般纳税人）自营出口自产货物，10月末未退税前计算出的期末留抵税额为19万元，当期免抵退税额为15万元，则当期免抵税额为（　　）万元。

A. 0　　B. 6

C. 9　　D. 15

［参考答案］A

［答案解析］未退税前当期期末留抵税额19万元，当期免抵退税额15万元，因为后者小于前者，所以当期应退税额为15万元。

则当期免抵税额 = 当期免抵退税额 − 当期应退税额 = 15 − 15 = 0

52. 商业企业一般纳税人零售下列货物，可以开具增值税专用发票的是（　　）。

A. 烟、酒　　B. 食品

C. 化妆品　　D. 办公用品

［参考答案］D

［答案解析］《增值税专用发票使用规定》（国税发〔2006〕156号）第十条规定：一般纳税人销售货物或者提供应税劳务，应向购买方开具专用发票。商业企业一般纳税人零售的烟、酒、食品、服装、鞋帽（不包括劳保专用部分）、化妆品等消费品不得开具专用发票。

53. 某工艺品厂为增值税一般纳税人，2020年12月2日销售给甲企业200套工艺品，每套不含税价格600元。由于部分工艺存在瑕疵，该工艺品厂给予甲企业15%的销售折让，已开具红字增值税专用发票。为了鼓励甲企业及时付款，该工艺品厂提出（2/20，n/30）的付款条件，甲企业当月12日付款。该工艺品厂此项业务的销项税额为（　　）元。

A. 12 994.8　　B. 13 260

C. 15 288　　D. 15 600

［参考答案］B

［答案解析］销售折让是指货物销售后由于质量等原因购货方未予退货，但销货方需给予购货方的一种价格转让，销售折让可以从销售额中减除。销售折扣是为了鼓励购货方及时偿还货款而给予的折扣优待，销售折扣不得从销售额中减除。则，

销项税额 $=600\times200\times(1-15\%)\times13\%=13\ 260$（元）

54. A家电企业2021年3月与B单位签订合同，按照B单位的要求定制一批小家电，合同规定3月15日收取预收款30万元，5月15日给B单位供货，则A家电企业该笔销售业务的增值税纳税义务发生时间是（　　）。

A. 3月15日　　B. 4月15日

C. 5月15日　　D. 6月15日

［参考答案］C

［答案解析］采取预收款方式销售货物，增值税纳税义务发生时间一般为货物发出的当天。

55. 以下说法不符合增值税规定的是（　　）。

A. 小规模纳税人进口货物，海关使用组成计税价格和征收率计算其进口环节增值税

B. 纳税人发生固定资产视同销售行为，对已使用过的固定资产无法确定销售额的，以固定资产净值为销售额

C. 一般纳税人销售自产的水泥混凝土，选择按简易办法依照3%的征收率计算缴纳增值税后，36个月内不得变更

D. 外贸企业从农民手中收购原棉出口，增值税采用只免不退的政策

［参考答案］A

［答案解析］进口货物不分纳税人身份，只按货物情况确定适用税率，不适用征收率，选项A不符合相关规定。选项B、C符合增值税的有关规定。原棉属于免税农产品，不曾缴纳过增值税，也不必退税，选项D也是正确的。

56. 下列选项中，属于增值税混合销售行为的是（　　）。

A. 某商场销售货物并建立餐饮中心为顾客提供餐饮服务

B. 汽车销售公司销售汽车并为其他客户提供装饰服务

C. 纳税人销售林木的同时提供林木管护劳务

D. 中国移动向客户销售手机并为其他客户提供通信服务

［参考答案］C

［答案解析］选项A、B、D均属于兼营行为。

57. 为支持货物期货市场对外开放，对经国务院批准对外开放的货物期货品种保税交割业务，暂免征收增值税的执行期限是（　　）

A. 2018年11月30日至2023年11月29日

B. 2018年11月1日至2023年10月31日

C. 2018年11月30日至2022年11月29日

D. 2018年1月1日至2023年12月31日

［参考答案］A

［答案解析］根据《财政部　税务总局关于支持货物期货市场对外开放增值税政策的公告》（财政部　税务总局公告2020年第12号）规定，自2018年11月30日至2023年11月29日，对经国务院批准对外开放的货物期货品种保税交割业务，暂免征收增值税。

58. 下列关于纳税人销售自己使用过的固定资产和物品的说法，正确的是（　　）。

A. 增值税一般纳税人销售自己使用过的抵扣过进项税的固定资产按照简易办法依4%征收率减半征收增值税

B. 自然人个人销售自己使用过的物品按适用税率征收增值税

C. 小规模纳税人（除其他个人外）销售自己使用过的除固定资产以外的物品，应减按2%征收增值税

D. 增值税一般纳税人销售自己使用过的除固定资产以外的物品，应按照适用税率征收增值税

［参考答案］D

［答案解析］选项A，增值税一般纳税人销售自己使用过的抵扣过进项税的固定资产，应当按照适用税率征收增值税；销售按规定不得抵扣且未抵扣过进项税的固定资产按简易办法依3%征收率减按2%征收增值税。选项B，自然

人个人销售自己使用的物品免征增值税。选项C，小规模纳税人（除其他个人外）销售自己使用过的固定资产减按2%征收增值税。选项D，增值税一般纳税人销售自己使用过的除固定资产以外的物品，应按3%的征收率征收增值税。

59. 关于增值税纳税义务发生时间，下列说法错误的是（　　）。

A. 采取预收款方式销售货物的，为货物发出的当天

B. 自2009年1月1日起，先开具发票的，增值税纳税义务发生时间为开具发票的当天

C. 纳税人从事金融商品转让的，为金融商品所有权转移的当天

D. 将货物交付他人代销，为发出代销货物的当天

[参考答案] D

[答案解析] 将货物交付他人代销，纳税义务发生时间为收到代销清单的当天；在收到代销清单前已收到全部和部分货款的，其纳税义务发生时间为收到全部或者部分货款的当天；对于发出代销商品超过180天仍未收到代销清单及货款的，视同销售实现，一律征收增值税，其纳税义务发生时间为发出代销商品满180天的当天。

60. A单位发生的下列行为中，不属于虚开增值税专用发票的是（　　）。

A. 未在商场购物，让商场开具增值税专用发票

B. 购买用于劳动保护的20双雨鞋，让商场开具25双雨鞋的增值税专用发票

C. 从B单位购买货物，但让C单位为本单位开具增值税专用发票

D. 其他个人为本单位提供商铺租赁服务，取得税务机关代开增值税专用发票

[参考答案] D

[答案解析] 虚开增值税专用发票具体包括以下行为：(1) 没有货物购销或者没有提供或接受应税劳务而为他人、为自己、让他人为自己、介绍他人开具专用发票。(2) 有货物购销或者提供或接受了应税劳务但为他人、为自己、让他人为自己、介绍他人开具数量或者金额不实的专用发票。(3) 进行了实际经营活动，但让他人为自己代开专用发票。

61. 下列情形应征收增值税的是（　　）。

A. 韩国A公司向我国B公司销售位于我国境内的办公楼

B. 日本E公司向我国F公司销售完全在日本境内使用的无形资产

C. 韩国G公司向我国H公司提供在韩国境内的会议展览服务

D. 韩国C公司向我国D公司出租完全在韩国境内使用的客车

［参考答案］A

［答案解析］境外单位或者个人向境内单位和个人销售完全在境外发生的服务、境外单位或者个人向境内单位或者个人销售完全在境外使用的无形资产、境外单位或者个人向境内单位或者个人出租完全在境外使用的有形资产，免征增值税。

62. 2021年4月，某建筑安装公司（增值税一般纳税人）以清包工方式提供建筑服务，取得含税收入1 000万元；销售2016年4月30日前自建的不动产，取得含税收入800万元。上述业务均选择简易计税方法计税。该公司当月应纳增值税（　　）万元。

A. 52.43　　B. 70.92

C. 85.72　　D. 67.23

［参考答案］D

［答案解析］该公司当月应纳增值税 $=1\ 000\div(1+3\%)\times3\%+800\div(1+5\%)\times5\%=29.13+38.10=67.23$（万元）

63. 一般纳税人销售自行开发生产软件产品的增值税优惠政策是（　　）。

A. 即征即退　　B. 先征后退

C. 减半征收　　D. 先征后返

［参考答案］A

［答案解析］增值税一般纳税人销售其自行开发生产的软件产品，按13%税率征收增值税后，对其增值税实际税负超过3%的部分实行即征即退政策。

64. 某酒店为增值税一般纳税人，住宿业务收入占全部收入的80%，适用增值税进项税额加计抵减政策。2020年5月一般计税项目销项税额为500万元，当期可抵扣进项税额230万元，上期留抵税额30万元，则当期可计提加计抵减额为（　　）万元。

A. 20　　B. 26

C. 34.5　　D. 27.6

［参考答案］C

［答案解析］根据《财政部　税务总局关于明确生活性服务业增值税加计抵减政策的公告》（财政部　税务总局公告2019年第87号）第一条规定，2019年10月1日至2021年12月31日前，允许生活性服务业纳税人按照当期可抵扣进项税额加计15%抵减应纳税额。则，

当期可计提加计抵减额 = 230 × 15% = 34.5（万元）

65. 某生产企业（增值税一般纳税人），2021年1月销售化工产品取得含税销售额793.26万元，为销售货物出借包装物收取押金15.21万元，约定3个月内返还；当月没收逾期未退还包装物的押金1.3万元。该企业2021年1月上述业务的计税销售额为（　　）万元。

A. 703.15　　B. 691

C. 692.11　　D. 794.56

［参考答案］A

［答案解析］纳税人为销售货物而出租出借包装物收取的押金，单独记账的，时间在一年内又未过期的，不并入销售额征税；但对逾期未收回不再退还的包装物押金，应按所包装货物的使用税率计算纳税。

计税销售额 = (793.26 + 1.3) ÷ (1 + 13%) = 703.15（万元）

66. 下列关于应税行为的表述中，不正确的是（　　）。

A. 将建筑物、构筑物等不动产或者飞机、车辆等有形动产的广告位出租给其他单位或者个人用于发布广告，按照经营租赁服务缴纳增值税

B. 纳税人为客户办理退票而向客户收取的退票费、手续费等收入，按照其他现代服务缴纳增值税

C. 水路运输的光租业务、航空运输的干租业务，属于经营租赁

D. 车辆停放服务，按物流辅助服务缴纳增值税

［参考答案］D

［答案解析］车辆停放服务，按不动产经营租赁服务缴纳增值税。

67. 下列选项中，不可以免征增值税的是（　　）。

A. 个人销售自建自用住房

B. 广播电视运营服务企业收取的有线数字电视基本收视维护费

C. 社会团体收取的会费

D. 银行向企业贷款取得的利息收入

［参考答案］D

［答案解析］银行向企业贷款取得的利息收入，以提供贷款服务取得的全部利息及利息性质收入为销售额计算缴纳增值税。

68. 某企业为增值税小规模纳税人，2021 年 4 月出售作为固定资产使用过的卡车和电脑，分别取得含税收入 6 万元和 3 万元，自行开具增值税普通发票。销售边角料取得含税收入 2 万元，当月无其他收入，该企业当月应缴纳增值税为（　　）万元。

A. 0.13　　B. 0.19

C. 0.15　　D. 0

［参考答案］D

［答案解析］根据《财政部　税务总局关于明确增值税小规模纳税人免征增值税政策的公告》（财政部　税务总局公告 2021 年第 11 号）规定，自 2021 年 4 月 1 日至 2022 年 12 月 31 日，对月销售额 15 万元以下（含本数）的增值税小规模纳税人，免征增值税。

69. 甲运输公司 2019 年 3 月增值税进项税额留抵 10 万元，2020 年 4—9 月可抵扣的进项税额总计 800 万元，其中 ETC 高速通行费电子普通发票的进项、旅客运输计算抵扣的进项和电子普通发票的进项共计 100 万元。2020 年 4—9 月，进项税额期末留抵和增量留抵如下（假设甲公司符合增量留抵退税的其他条件）：

月份	4 月	5 月	6 月	7 月	8 月	9 月
进项税额留抵（万元）	15	45	12	65	40	80
各月与 2019 年 3 月留抵比较增量留抵税额（万元）	5	35	2	55	30	70

甲公司允许退还的增量留抵税额为（　　）万元。

A. 48.00　　B. 36.75

C. 61.25　　D. 40

［参考答案］B

［答案解析］根据《财政部　税务总局　海关总署关于深化增值税改革有关政策的公告》（财政部　税务总局　海关总署公告 2019 年第 39 号）第八条规定，纳税人当期允许退还的增量留抵税额，按照以下公式计算：允许退还的增量留抵税额 = 增量留抵税额 × 进项构成比例 × 60%。进项构成比例，为 2019

年4月至申请退税前一税款所属期内已抵扣的增值税专用发票（含税控机动车销售统一发票）、海关进口增值税专用缴款书、解缴税款完税凭证注明的增值税额占同期全部已抵扣进项税额的比重。不包括ETC高速通行费电子普通发票的进项税额、旅客运输计算抵扣的进项税额和电子普通发票的进项税额。

甲公司进项构成比例 =（800 − 100）÷ 800 × 100% = 87.5%

甲公司允许退还的增量留抵税额 = 增量留抵税额 × 进项构成比例 × 60% = 70 × 87.5% × 60% = 36.75（万元）

70. 增值税一般纳税人的下列行为中不属于增值税视同销售行为的是（　　）。

A. 某服装厂将自产的运动衣用于职工福利

B. 某家具厂将自产的实木家具用于对外投资

C. 某广告公司将购进的一批茶叶用于招待客户

D. 某企业将委托加工收回的钢材用于职工食堂的改扩建

［参考答案］ C

［答案解析］ 将购进的茶叶用于招待客户，属于将外购的货物用于个人消费——交际应酬，不属于增值税视同销售，属于不得抵扣进项税额的情形。

71. 根据现行增值税政策规定，下列关于增值税进项税额抵扣的规定，表述错误的是（　　）。

A. 纳税人于2021年2月取得的不动产的进项税额分两年抵扣

B. 纳税人购进国内旅客运输服务，其进项税额允许从销项税额中抵扣

C. 购进国内旅客运输服务，取得注明旅客身份信息的航空运输电子客票行程单的，航空旅客运输进项税额 =（票价 + 燃油附加费）÷（1 + 9%）× 9%

D. 购进国内旅客运输服务，取得注明旅客身份信息的公路、水路等其他客票的，公路、水路等其他旅客运输进项税额 = 票面金额 ÷（1 + 3%）× 3%

［参考答案］ A

［答案解析］ 根据《财政部　税务总局　海关总署关于深化增值税改革有关政策的公告》第五条规定，自2019年4月1日起，纳税人取得不动产或者不动产在建工程的进项税额不再分两年抵扣。

72. 2021年3月，某医用防护服生产企业发生的下列捐赠行为，不适用增值税免税政策的是（　　）。

A. 将自产医用防护服捐赠给当地疫情防控医院

B. 委托加工一批医用口罩，通过市政府无偿捐赠当地疫情防控医院

C. 直接捐赠给当地疫情防控医院10万元现金

D. 外购一批巴氏消毒液，通过市慈善总会无偿捐赠当地疫情防控医院

［参考答案］C

［答案解析］根据《财政部　税务总局关于支持新型冠状病毒感染的肺炎疫情防控有关捐赠税收政策的公告》第三条规定，自2020年1月1日起单位和个体工商户将自产、委托加工或购买的货物，通过公益性社会组织和县级以上人民政府及其部门等国家机关，或者直接向承担疫情防治任务的医院，无偿捐赠用于应对新型冠状病毒感染的肺炎疫情的，免征增值税、消费税、城市维护建设税、教育费附加、地方教育附加。该公告自2020年1月1日起施行，截止日期视疫情情况另行公告。另根据《财政部　税务总局关于延续实施应对疫情部分税费优惠政策的公告》（财政部　税务总局公告2021年第7号）规定，上述免征增值税的税收优惠政策执行期限延长至2021年3月31日。符合条件的货物捐赠，免征增值税。现金捐赠，不享受增值税税收减免优惠。

73. 下列表述正确的是（　　）。

A. 纳税人从事旧机动车零售业务须开具机动车销售统一发票

B. 增值税电子普通发票的版式文件，其法律效力、基本用途、基本使用规定等与税务机关监制的增值税普通发票有所不同

C. 纳税人通过发票管理新系统使用增值税普通发票开具收购发票，系统在发票左上角自动打印“收购”字样

D. 单用途发卡企业或者售卡企业销售单用途卡，或者接受单用途持卡人充值取得的预收资金，需要缴纳增值税

［参考答案］C

［答案解析］选项A，纳税人从事机动车（旧机动车除外）零售业务须开具机动车销售统一发票的；选项B，增值税电子普通发票的开票方和受票方需要纸质发票的，可以自行打印增值税电子普通发票的版式文件，其法律效力、基本用途、基本使用规定等与税务机关监制的增值税普通发票相同；选项D，单用途发卡企业或者售卡企业销售单用途卡，或者接受单用途持卡人充值取得的预收资金，不缴纳增值税。

74. 2020年2月1日起，下列各项中不列入异常增值税扣税凭证范围的是（　　）。

A. 非正常户纳税人未按规定缴纳税款的增值税专用发票

B. 纳税人丢失税控专用设备中已经开具且已上传的增值税专用发票

C. 增值税发票管理系统稽核比对发现“比对不符”“缺联”“作废”的增值税专用发票

D. 经税务总局、省税务局大数据分析发现，纳税人开具的增值税专用发票存在涉嫌虚开、未按规定缴纳消费税等情形的

[参考答案] B

[答案解析] 根据《国家税务总局关于异常增值税扣税凭证管理等有关事项的公告》（国家税务总局公告2019年第38号）规定，符合下列情形之一的增值税专用发票，列入异常凭证范围：

（1）纳税人丢失、被盗税控专用设备中未开具或已开具未上传的增值税专用发票；

（2）非正常户纳税人未向税务机关申报或未按规定缴纳税款的增值税专用发票；

（3）增值税发票管理系统稽核比对发现“比对不符”“缺联”“作废”的增值税专用发票；

（4）经税务总局、省税务局大数据分析发现，纳税人开具的增值税专用发票存在涉嫌虚开、未按规定缴纳消费税等情形的；

（5）属于《国家税务总局关于走逃（失联）企业开具增值税专用发票认定处理有关问题的公告》（国家税务总局公告2016年第76号）第二条第（一）项规定情形的增值税专用发票。

75. 某快递公司（小规模纳税人），按月纳税，2021年3月，为居民个人快递货物提供的收派服务取得不含税收入7万元，为公司快递货物提供的收派服务取得不含税收入6万元，该快递公司选择享受税收减免优惠政策，则2021年3月取得的收入应缴纳的增值税是（　　）元。

A. 700　　B. 1 300

C. 0　　D. 600

[参考答案] D

［答案解析］根据《国家税务总局关于小规模纳税人免征增值税政策有关征管问题的公告》（国家税务总局公告2021年第5号）第一条规定，小规模纳税人发生增值税应税销售行为，合计月销售额未超过10万元的，免征增值税。该快递公司2021年3月共取得不含税收入13万元，合计月销售额超过10万元，不适用免征增值税政策。

根据《财政部　税务总局关于支持新型冠状病毒感染的肺炎疫情防控有关税收政策的公告》（财政部　税务总局公告2020年第8号）第五条规定，自2020年1月1日起，对纳税人为居民提供必需生活物资快递收派服务取得的收入，免征增值税。《财政部　税务总局关于延续实施应对疫情部分税费优惠政策的公告》（财政部　税务总局公告2021年第7号）规定，对纳税人为居民提供必需生活物资快递收派服务取得的收入，免征增值税的税收优惠政策执行期限延长至2021年3月31日。2021年3月，该快递公司为居民个人快递货物提供的收派服务取得不含税收入7万元，免征增值税。为公司快递货物提供的收派服务取得不含税收入6万元，征收率为1%，应纳增值税是0.06万元（6×1%）。

76. 某餐饮企业2021年3月的销项税额为31万元，进项税额为12万元，全部属于允许抵扣的进项税额，该企业符合加计抵减政策的条件，且上期结转的加计抵减余额为0。当月该企业实际缴纳的增值税为（　　）万元。

A. 19　　B. 17.2

C. 18.7　　D. 21

［参考答案］B

［答案解析］根据现行增值税政策规定，自2019年10月1日至2021年12月31日，允许生活性服务业纳税人按照当期可抵扣进项税额加计15%抵减应纳税额。由于上月月末的加计抵减余额为0，因此，当月可抵减加计抵减额＝当月计提加计抵减额＝12×15%＝1.8（万元）

抵减前的应纳税额＝31－12＝19（万元）

抵减后实际缴纳增值税＝19－1.8＝17.2（万元）

77. 某商场为增值税一般纳税人，2020年12月举办促销活动，全部商品8折销售。实际取得含税收入380 000元，销售额和折扣额均在同一张发票的“金额”栏上分别注明。上月销售商品本月发生退货，向消费者退款680元，该商场当月销项税额是（　　）元。

A. 43 638.58　　　　B. 55 213.68

C. 64 600.00　　　　D. 80 750.00

［参考答案］A

［答案解析］当月销项税额 = 380 000 ÷（1 + 13%）× 13% － 680 ÷（1 + 13%）× 13% = 43 638.58（元）

78. 下列关于增值税税率和征收率的表述，不正确的是（　　）。

A. 纳税人销售增值电信服务，除另有规定外适用低税率，税率为 6%

B. 纳税人提供安全保护服务，选择差额纳税的，征收率为 5%

C. 小规模纳税人（包括其他个人）销售自己使用过的固定资产，减按 2% 的征收率征收增值税

D. 境内单位和个人以无运输工具承运方式提供的国际运输服务，由境内实际承运人适用增值税零税率

［参考答案］C

［答案解析］根据现行增值税政策规定，小规模纳税人（除其他个人外）销售自己使用过的固定资产，减按 2% 的征收率征收增值税。其他个人销售自己使用过的物品，予以免税。

79. 某物业公司为增值税一般纳税人，2020 年 10 月向自来水公司支付自来水费 180 万元，而后卖给业主，销售额为 200 万元，如果物业公司选择简易计税办法，以上价款均为不含税收入，当月该物业公司应该缴纳增值税（　　）万元。

A. 0.60　　　　B. 1.00

C. 0.90　　　　D. 6.00

［参考答案］A

［答案解析］根据《国家税务总局关于物业管理服务中收取的自来水水费增值税问题的公告》（国家税务总局公告 2016 年第 54 号）规定：提供物业管理服务的纳税人，向服务接受方收取的自来水水费，以扣除其对外支付的自来水水费后的余额为销售额，按照简易计税方法依 3% 的征收率计算缴纳增值税。

当月该物业公司应该缴纳增值税 =（200 － 180）× 3% = 0.6（万元）

80. 下列选项中，适用增值税“免税并退税”政策的是（　　）。

A. 进料加工复出口的货物

B. 来料加工复出口的货物

C. 非出口企业委托出口的货物

D. 增值税小规模纳税人出口的货物

[参考答案] A

[答案解析] 选项B、C、D均适用增值税免税不退税政策

81. 某食品加工厂为增值税一般纳税人，2020年11月购进一批玉米全部用来加工生产增值税率为13%的食品，支付给某农业开发基地收购价款10 000元，取得普通发票，并支付不含税运费3 000元，取得增值税专用发票，验收入库后尚未生产领用，因管理不善损失1/5，则该项业务准予抵扣的进项税额为（　　）元。

A. 1 630　　　　B. 1 144

C. 1 430　　　　D. 936

[参考答案] D

[答案解析] 准予抵扣的进项税额 =（10 000 ×9% +3 000 ×9%）×（1 -1 ÷5）=936（元）

82. 甲建筑公司为增值税一般纳税人，机构所在地为A市，2020年8月在B市取得含税建筑收入350万元，支付含税分包款120万元，属于开工日期在2016年4月30日后的新项目，适用一般计税方法计税，甲公司在建筑服务发生地B市应预缴增值税是（　　）万元。

A. 6.42　　　　B. 4.22

C. 10.19　　　　D. 6.70

[参考答案] B

[答案解析] 一般纳税人跨县（市、区）提供建筑服务，适用一般计税方法计税的，以取得的全部价款和价外费用扣除支付的分包款后的余额，按照2%的预征率计算应预缴税款。

自2019年4月1日起：应预缴税款 =（全部价款和价外费用 - 支付的分包款）÷（1 +9%）×2% =（350 -120）÷（1 +9%）×2% =4.22（万元）

83. 2020年9月境外自然人为境内单位提供宣传画册设计服务，境内单位支付含税服务费10 300元，境内单位应扣缴增值税为（　　）元。

A. 0　　　　B. 583.02

C. 618　　　　D. 300

［参考答案］B

［答案解析］境外自然人为境内单位提供的宣传画册设计服务，适用增值税税率为6%。应扣缴税额＝10 300÷（1＋6%）×6%＝583.02（元）

84. 下列关于提供不动产经营租赁服务增值税征收管理的规定，表述不正确的是（　　）。

A. 纳税人提供道路通行服务适用《纳税人提供不动产经营租赁服务增值税征收管理暂行办法》（国家税务总局公告2016年第16号）的规定

B. 其他个人采取一次性收取租金的形式出租不动产，取得的租金收入可在租金对应的租赁期内平均分摊，分摊后月租金收入不超过15万元的，可享受小微企业免征增值税优惠政策

C. 一般纳税人出租其2016年5月1日后取得的不动产，适用一般计税方法计税

D. 个体工商户（小规模纳税人）出租住房，按照5%的征收率减按1.5%计算应纳税额

［参考答案］A

［答案解析］纳税人提供道路通行服务不适用《纳税人提供不动产经营租赁服务增值税征收管理暂行办法》的规定。

85. 根据增值税的现行规定，下列说法错误的是（　　）。

A. 某药店既销售药品又提供医疗服务属于兼营行为

B. 混合销售强调的是在同一项销售行为中存在着两类经营项目的混合，销售货款及劳务价款是同时从一个购买方取得的

C. 某商店销售商品的同时提供运输服务属于混合销售行为

D. 纳税人销售活动板房、机器设备、钢结构件等自产货物的同时提供建筑、安装服务，属于混合销售行为

［参考答案］D

［答案解析］选项D，自2017年5月1日起，纳税人销售活动板房、机器设备、钢结构件等自产货物的同时提供建筑、安装服务，不属于混合销售，应该分别核算销售货物和建筑服务的销售额，分别适用不同的税率或者征收率。

86. 2021年4月，境外公司为我国A企业提供技术咨询服务，合同总额

200 万元，该境外公司在该地区未设立机构，则 A 企业应当扣缴的增值税税额为（　　）万元。

A. 0　　　　B. 5.83

C. 11.32　　　　D. 12

［参考答案］C

［答案解析］应扣缴增值税 = 200 ÷（1 + 6%）× 6% = 11.32（万元）

87. 某企业为增值税一般纳税人，2021 年 4 月买入 A 上市公司股票，买入价 280 万元，支付手续费 0.084 万元。当月卖出其中的 50%，发生买卖负差 10 万元。2021 年 5 月，卖出剩余的 50%，卖出价 200 万元，支付手续费 0.06 万元，印花税 0.2 万元。该企业 2021 年 5 月应缴纳增值税（　　）万元。

A. 3.00　　　　B. 3.38

C. 2.81　　　　D. 2.83

［参考答案］D

［答案解析］该企业 2021 年 5 月应缴纳增值税 =（200 − 280 × 50% − 10）÷（1 + 6%）× 6% = 2.83（万元）

88. 某制药厂为增值税一般纳税人，2021 年 4 月销售免税药品取得价款 20 000 元，销售非免税药品取得含税价款 93 600 元。当月购进原材料、水、电等取得的增值税专用发票上的税款合计为 10 000 元，其中有 2 000 元进项税额对应的原材料用于免税药品的生产；5 000 元进项税额对应的原材料用于非免税药品的生产；对于其他的进项税额对应的购进部分，企业无法划分清楚其用途。该企业本月应缴纳增值税（　　）元。

A. 5 600.58　　　　B. 3 351.62

C. 6 600.49　　　　D. 8 600.54

［参考答案］B

［答案解析］销项税额 = 93 600 ÷（1 + 13%）× 13% = 10 768.14（元）

可抵扣的进项税额 = 5 000 +（10 000 − 5 000 − 2 000）× 82 831.86 ÷（20 000 + 82 831.86）= 7 416.52（元）

应纳增值税 = 10 768.14 − 7 416.52 = 3 351.62（元）

89. 一般纳税人跨县（市、区）提供建筑服务适用于一般计税方法计税的，以取得的全部价款和价外费用扣除支付的分包款后的余额，按照规定的预征率计税应预缴税款，该预征率是（　　）。

A. 1.5%　　B. 2%

C. 3%　　D. 5%

［参考答案］B

［答案解析］一般纳税人跨县（市、区）提供建筑服务，适用一般计税方法计税的，以取得的全部价款和价外费用扣除支付的分包款后的余额，按照2%的预征率计算应预缴税款。

90. 根据增值税的类型划分，我国现行增值税属于（　　）类型的增值税。

A. 生产型增值税　　B. 消费型增值税

C. 收入型增值税　　D. 产出型增值税

［参考答案］B

［答案解析］本题的考核点是增值税的类型。1994年，国务院颁布了《中华人民共和国增值税暂行条例》，我国实行生产型增值税。2009年1月1日起国务院决定在全国范围内实施增值税转型改革，允许纳税人将购进固定资产中的有形动产按规定抵扣其所含的增值税，增值税由生产型增值税逐步向消费型增值税过渡。2012年1月1日开始扩大征税范围的改革，2016年5月1日起，在全国范围内全面推开营业税改征增值税试点，原营业税征税范围全部纳入增值税征税范围，不动产纳入增值税征税和抵扣范围，我国增值税完成了彻底转型。我国现行增值税属于消费型增值税。

91. 下列关于增值税减免税规定的说法中，错误的是（　　）。

A. 影视公司转让著作权免征增值税

B. 纳税人销售货物适用免税规定的，可以选择放弃免税权

C. 农业生产者销售自产农产品免征增值税

D. 自2019年2月1日至2020年12月31日，对企业集团内单位（含企业集团）之间的资金无偿借贷行为，免征增值税

［参考答案］A

［答案解析］个人转让著作权免征增值税，企业转让著作权不免，选项A错误。

92. M市甲建筑公司为增值税小规模纳税人，2020年12月在N市提供建筑服务，取得含税价款1 000万元。将建筑工程的一部分分包给乙建筑公司，

并支付含税分包款 400 万元。则甲公司当月在 N 市应预缴增值税（　　）万元。

A. 5.94　　B. 17.47

C. 5.82　　D. 9.9

［参考答案］A

［答案解析］小规模纳税人跨县（市、区）提供建筑服务，应该在建筑服务发生地差额预缴增值税。同时，为支持广大个体工商户在做好新冠肺炎疫情防控同时加快复工复业，自 2020 年 3 月 1 日起，除湖北省外，其他省、自治区、直辖市的增值税小规模纳税人，适用 3% 预征率的预缴增值税项目，减按 1% 预征率预缴增值税。甲公司应预缴增值税 =（1 000 − 400）÷（1 + 1%）× 1% = 5.94（万元）

93. 2021 年 4 月，李某出租一处住房，预收了半年的租金 50 000 元。李某收取租金应缴纳增值税（　　）元。

A. 750　　B. 2 500

C. 0　　D. 1 500

［参考答案］C

［答案解析］其他个人采取一次性收取租金的形式出租不动产，取得的租金收入可在租金对应的租赁期内平均分摊，分摊后的月租金不超过 15 万元的，可以享受小微企业免征增值税优惠政策。

94. 纳税人受托对垃圾、污泥、污水、废气等废弃物进行专业化处理，以下表述正确的是（　　）。

A. 受托采取填埋、焚烧等方式进行专业化处理后未产生货物的，收取的处理费用适用 6% 的增值税税率

B. 受托采取填埋、焚烧等方式进行专业化处理后未产生货物的，收取的处理费用免征增值税

C. 专业化处理后产生货物，且货物归属受托方的，受托方收取的处理费用适用货物的增值税税率

D. 专业化处理后产生货物，且货物归属委托方的，其收取的处理费用适用 6% 的增值税税率

［参考答案］A

［答案解析］根据《国家税务总局关于明确二手车经销等若干增值税征管问题的公告》（国家税务总局公告2020年第9号）第二条规定，纳税人受托对垃圾、污泥、污水、废气等废弃物进行专业化处理，即运用填埋、焚烧、净化、制肥等方式，对废弃物进行减量化、资源化和无害化处理处置，按照以下规定适用增值税税率：

（1）采取填埋、焚烧等方式进行专业化处理后未产生货物的，受托方属于提供《销售服务、无形资产、不动产注释》（财税〔2016〕36号附件）“现代服务”中的“专业技术服务”，其收取的处理费用适用6%的增值税税率。

（2）专业化处理后产生货物，且货物归属委托方的，受托方属于提供“加工劳务”，其收取的处理费用适用13%的增值税税率。

（3）专业化处理后产生货物，且货物归属受托方的，受托方属于提供“专业技术服务”，其收取的处理费用适用6%的增值税税率。受托方将产生的货物用于销售时，适用货物的增值税税率。

95. 某管道运输企业为增值税一般纳税人，2020年12月取得不含税管道运输收入100万元，当月购进材料，取得一般纳税人开具的增值税专用发票，注明金额40万元，假定当月取得的相关票据均符合税法规定并在当月抵扣进项税，该企业当月实际缴纳增值税（　　）万元。

A. 3.60　　B. 5.4

C. 3　　D. 3.8

［参考答案］C

［答案解析］本题考点为管道运输服务的即征即退政策，应纳增值税为3.8万元（100×9%－40×13%），超过了3%的实际税负，对于超过部分即征即退，只对3万元（100×3%）征收增值税。

96. 某汽车配件生产企业为增值税一般纳税人，2020年11月采用分期收款方式销售配件，合同约定不含税销售额150万元，当月应收取60%的货款。由于购货方资金周转困难，本月实际收到货款50万元，配件厂按照实际收款额开具了增值税专用发票。当月职工食堂装修，购进中央空调，取得增值税专用发票，注明价款10万元。当月该配件厂应纳增值税（　　）万元。

A. 10.4　　B. 6.5

C. 11.7　　D. 18.2

［参考答案］C

［答案解析］采用分期收款方式销售货物，增值税纳税义务发生时间为书面合同约定的收款日期的当天。该公司本月实际收到货款50万元并开具了发票，则增值税纳税义务发生时间为开具发票的当天。购进固定资产专用于集体福利，对应的进项税额不得抵扣。所以该配件厂购进的中央空调的进项税额不得在当期销项税额中抵扣。

当月该配件厂应纳增值税 $=150\times60\%\times13\%=11.7$（万元）

97. 关于放弃免税权，下列说法正确的是（　　）。

A. 可具体选择某一项目放弃免税权

B. 可根据不同销售对象选择部分货物或劳务放弃免税权

C. 可根据不同销售时间选择部分货物或劳务放弃免税权

D. 纳税人一经放弃免税权，其中生产销售的全部应税销售行为均应按照规定征税

［参考答案］D

［答案解析］根据《财政部　国家税务总局关于增值税纳税人放弃免税权有关问题的通知》（财税〔2007〕127号）规定，纳税人一经放弃免税权，其中生产销售的全部应税销售行为均应按照规定征税，不得选择某一项目放弃免税权，也不得根据不同的销售对象选择部分应税销售行为放弃免税权。

98. 增值税发票综合服务平台，为纳税人提供发票用途确认、风险提示、信息下载等服务。关于发票管理相关事宜，下列说法不正确的是（　　）。

A. 纳税人通过增值税电子发票公共服务平台开具的增值税电子普通发票，属于税务机关监制的发票，采用电子签名代替发票专用章，其法律效力、基本用途、基本使用规定等与增值税普通发票相同

B. 纳税人已经申报抵扣的发票，如改用于出口退税或代办退税，应当向主管税务机关提出申请，由主管税务机关核实情况并调整用途

C. 纳税人已经确认用途为申请出口退税或代办退税的发票，如改用于申报抵扣，应当向主管税务机关提出申请，由主管税务机关核实情况并调整用途

D. 纳税人办理增值税普通发票、增值税电子普通发票、收费公路通行费增值税电子普通发票、机动车销售统一发票、二手车销售统一发票票种核定事项，除税务机关按规定确定的高风险等情形外，主管税务机关应当即时办结

［参考答案］C

［答案解析］根据《国家税务总局关于增值税发票综合服务平台等事项的公告》（国家税务总局公告2020年第1号）规定，选项C表述错误，纳税人已经确认用途为申请出口退税或代办退税的发票，如改用于申报抵扣，应当向主管税务机关提出申请，经主管税务机关核实该发票尚未申报出口退税，并将发票电子信息回退后，由纳税人调整用途，而不是主管税务机关调整用途。

99. 某公司生产新型冠状病毒检测试剂盒（增值税一般纳税人），已列入国家发改委确定的疫情防控重点保障物资生产企业名单。该企业2019年12月31日期末留抵税额是400万元，2020年1月期末留抵税额是800万元，纳税人可以自2020年2月及以后纳税申报期向主管税务机关申请退还留抵税额是（　　）万元。

A. 600　　B. 400

C. 420　　D. 800

［参考答案］B

［答案解析］根据《财政部　税务总局关于支持新型冠状病毒感染的肺炎疫情防控有关税收政策的公告》第二条规定，自2020年1月1日起，疫情防控重点保障物资生产企业可以按月向主管税务机关申请全额退还增值税增量留抵税额。疫情防控重点保障物资生产企业名单，由省级及以上发展改革部门、工业和信息化部门确定。该公告自2020年1月1日起施行，截止日期视疫情情况另行公告。增量留抵税额，是指与2019年12月底相比新增加的期末留抵税额。纳税人可以自2020年2月及以后纳税申报期向主管税务机关申请全额退还增量留抵税额，不考虑进项构成比例，没有退还比例限制，全额退还增量留抵税额400万元。

100. 北京市某劳务派遣公司，属于按月纳税的增值税小规模纳税人，该公司提供的劳务派遣服务选择差额确定销售额。2021年4月提供劳务派遣服务取得收入28万元，代用工单位支付给劳务派遣员工的工资、福利和为其办理社会保险及住房公积金12万元，支付给劳务派遣员工的工资、福利和为其办理社会保险及住房公积金均取得了合法有效凭证。另外，销售不动产取得收入21万元，该公司2021年4月应纳的增值税是（　　）万元。

A. 0.76　　B. 1

C. 1.76　　　　D. 0

[参考答案] C

[答案解析] 劳务派遣服务差额后的销售额是15.24万元 [(28－12)÷(1＋5%)]，销售不动产不含税销售额是20万元 [21÷(1＋5%)]，纳税人发生增值税应税销售行为合计月销售额是35.24万元（15.24＋20）。合计月销售额超过15万元，扣除本期发生的销售不动产的销售额后是15.24万元，超过15万元，不适用小微企业免征增值税政策，该公司2021年4月应纳增值税为1.76万元 [(28－12)÷(1＋5%)×5%＋21÷(1＋5%)×5%]。

二、多项选择题

1. 下列纳税人可以选择按小规模纳税人纳税的有（　　）。

A. 年应税销售额超过小规模纳税人标准，且会计核算健全的商业企业

B. 年应税销售额超过小规模纳税人标准的不经常发生增值税应税行为的企业

C. 年应税销售额超过小规模纳税人标准从事工业生产的个体工商户

D. 年应税销售额超过小规模纳税人标准不经常发生增值税应税行为的非企业性单位

E. 年应税销售额超过小规模纳税人标准全部销售免税货物的企业

[参考答案] BD

[答案解析] 不经常发生应税行为的企业或非企业性单位年应税销售额超过小规模纳税人标准，可以选择按小规模纳税人纳税。

2. 下列可以享受增值税即征即退优惠的项目有（　　）。

A. 资源综合利用产品及劳务增值税

B. 安置残疾人就业增值税

C. 墙体材料增值税

D. 软件产品增值税

E. 黄金交易增值税

[参考答案] ABD

[答案解析] 选项C为新型墙体材料增值税即征即退；选项E为黄金期货交易增值税即征即退。

3. 下列关于文化企业增值税征免处理的表述中，正确的有（　　）。

A. 在农村取得的电影放映收入免征增值税

B. 农村有线电视基本收视费免征增值税

C. 一般纳税人提供的城市电影放映收入可以选择简易计税

D. 电影发行收入免征增值税

E. 销售电影拷贝收入免征增值税

［参考答案］ABCDE

［答案解析］根据现行增值税政策规定：（1）对电影主管部门（包括中央、省、地市及县级）按照各自职能权限批准从事电影制片、发行、放映的电影集团公司（含成员企业）、电影制片厂及其他电影企业取得的销售电影拷贝（含数字拷贝）收入、转让电影版权（包括转让和许可使用）收入、电影发行收入以及在农村取得的电影放映收入，免征增值税。一般纳税人提供的城市电影放映服务，可以按现行政策规定，选择按照简易计税办法计算缴纳增值税。（2）对广播电视运营服务企业收取的有线数字电视基本收视维护费和农村有线电视基本收视费，免征增值税。

4. 下列项目中，需要缴纳增值税的有（　　）。

A. 贷款利息

B. 存款利息

C. 以货币资金投资取得的固定收入

D. 票据贴现利息

E. 信用卡透支利息

［参考答案］ACDE

［答案解析］存款利息属于不征收增值税项目，选项A、C、D、E均需按贷款服务缴纳增值税。

5. 下列项目中，免征增值税的有（　　）。

A. 个人转让著作权

B. 个人销售自建自用住房

C. 个人出租住房

D. 残疾人员本人为社会提供的服务

E. 学生勤工俭学提供的服务

[参考答案] ABDE

[答案解析] 个人出租住房应按5%的征收率减按1.5%计算应纳税额。

6. 下列一般纳税人，可以选择适用简易计税方法计税的有（　　）。

A. 以清包工方式提供的建筑服务

B. 为甲供工程提供的建筑服务

C. 为建筑工程老项目提供的建筑服务

D. 销售其2016年4月30日前自建的不动产

E. 销售其2016年5月1日后自建的不动产

[参考答案] ABCD

[答案解析] 一般纳税人销售其2016年5月1日后自建的不动产，应适用一般计税方法，以取得的全部价款和价外费用为销售额计算应纳税额。

7. 房地产开发企业中的一般纳税人销售其自行开发的房地产项目，适用一般计税方法计税，确认其销售额时允许在取得的全部价款和价外费用基础上，扣除的土地价款包括（　　）。

A. 向政府部门支付的征地费用

B. 向政府部门支付的拆迁补偿费用

C. 向其他单位和个人支付的拆迁补偿费用

D. 土地出让收益

E. 向建筑企业支付的土地前期开发费用

[参考答案] ABCD

[答案解析] 允许扣除的土地价款，包括土地受让人向政府部门支付的征地和拆迁补偿费用、土地前期开发费用和土地出让收益等。而不包括向建筑企业支付的土地前期开发费用。

8. 辅导期纳税人按规定增购专用发票时预缴的增值税，正确的处理有（　　）。

A. 在本期增值税应纳税额中抵减

B. 抵减下期再次领购专用发票时应当预缴的增值税

C. 抵减当月以后各次领购专用发票时应当预缴的增值税

D. 预缴增值税有余额的，应在纳税辅导期结束后的第一个月内，一次性退还纳税人

E. 纳税人可以与税务机关协商合理确定抵减的时间与金额

［参考答案］ABD

［答案解析］辅导期纳税人一个月内多次领购专用发票的，应从当月第二次领购专用发票起，按照上一次已领购并开具的专用发票销售额的3%预缴增值税，未预缴增值税的，主管税务机关不得向其发售专用发票。辅导期纳税人按规定预缴的增值税可在本期增值税应纳税额中抵减，抵减后预缴增值税仍有余额的，可抵减下期再次领购专用发票时应当预缴的增值税。纳税辅导期结束后，纳税人因增购专用发票发生的预缴增值税有余额的，主管税务机关应在纳税辅导期结束后的第一个月内，一次性退还纳税人。

9. 下列关于辅导期纳税人的管理措施正确的有（　　）。

A. 领购专用发票的最高开票限额不得超过10万元

B. 每次领购专用发票时必须预缴增值税

C. 取得的增值税专用发票抵扣联、海关进口增值税专用缴款书应当在交叉稽核比对无误后，方可抵扣进项税额

D. 辅导期内未发现纳税人存在偷税、逃避追缴欠税、骗取出口退税、抗税或其他需要立案查处的税收违法行为的，从期满的次月起不再实行纳税辅导期管理

E. 企业按次领购增值税专用发票数量不能满足当月经营需要的，可以再次领购

［参考答案］ACDE

［答案解析］选项B错误，辅导期纳税人无需每次领购专用发票时预缴增值税，只有一个月内多次领购专用发票的，应从当月第二次领购专用发票起，按照上一次已领购并开具的专用发票销售额的3%预缴增值税，未预缴增值税的，主管税务机关不得向其发售专用发票。

10. 下列纳税人一律按增值税一般纳税人管理的有（　　）。

A. 拍卖行

B. 废旧物资回收经营单位

C. 个体加油站

D. 享受免征增值税优惠的国有粮食购销企业

E. 烟草生产经营企业

［参考答案］CD

［答案解析］根据现行增值税政策规定，从事成品油销售的加油站和享受免征增值税优惠的国有粮食购销企业一律按增值税一般纳税人管理。

11. 按照现行增值税政策规定，下列行为应按“提供加工和修理修配劳务”征收增值税的有（　　）。

A. 服装厂受托为自带布料个人加工服装

B. 甲企业为乙企业修理机器设备

C. 对电梯进行保养维修

D. 电力公司收取的过网费

E. 印刷企业自行购买纸张为出版社印制的图书

［参考答案］ABDE

［答案解析］根据现行增值税相关政策规定。

12. 纳税人代有关行政管理部门收取的行政事业性收费，同时符合下列条件的，不属于价外费用，不征收增值税（　　）。

A. 国务院及其财政、价格主管部门批准设立的行政事业性收费

B. 收取时开具省级以上财政部门印制的财政票据

C. 所收款项全额上缴财政

D. 省级人民政府及其财政、价格主管部门批准设立的行政事业性收费

E. 代收款不上缴财政但由政府部门监管，专款专用

［参考答案］ABCD

［答案解析］选项E错误。根据现行增值税政策规定，纳税人代有关行政管理部门收取的行政事业性收费要符合条件，不属于价外费用，不征收增值税必须全额上缴财政。

13. 下列行为属于增值税混合销售行为的有（　　）。

A. 某商场既有销售商品业务又有出租柜台业务

B. 饭店提供餐饮服务时销售酒水饮料

C. 某纯净水厂销售纯净水的同时有偿送货上门

D. 某装潢公司包工包料为客户装修

E. 某建材商店销售电缆并负责安装

［参考答案］BCDE

［答案解析］选项A属于增值税兼营行为。

14. 下列增值税发票中被列为增值税异常扣税凭证的有（　　）。

A. 纳税人丢失税控专用设备中未开具的增值税专用发票

B. 非正常户纳税人未向税务机关申报的增值税专用发票

C. 增值税发票管理系统稽核比对发现“作废”的增值税专用发票

D. 经地市级税务局大数据分析发现，纳税人开具的增值税专用发票存在涉嫌虚开的

E. 商贸企业购进、销售货物名称严重背离的

［参考答案］ABCE

［答案解析］选项D为正确答案，经国家税务总局、省税务局大数据分析发现，纳税人开具的增值税专用发票存在涉嫌虚开、未按规定缴纳消费税等情形的。

15. 下列行为属于增值税征收范围的有（　　）。

A. 甲运输公司与乙汽修厂商订，甲为乙免费提供运输服务，乙为甲免费提供汽车维修作为回报

B. 丙公司将房屋与丁公司土地交换

C. A公司将房屋出租给B饭店，而B饭店长期不付租金，后经双方协商，由A公司在饭店就餐抵账

D. C房地产开发企业委托D建筑公司建造房屋，双方在结算时，房地产开发企业将若干套房屋给建筑公司冲抵工程款

E. 某运输公司无偿为疫情防控提供交通运输服务

［参考答案］ABCD

［答案解析］选项A、B、C、D四个选项为有偿提供应税服务，虽未取得货币、货物，但获得其他经济利益，属于增值税的征收范围。

16. 下列可以享受疫情防控增值税免税优惠的服务有（　　）。

A. 酒店提供的餐饮服务　　B. 婚庆公司提供的婚庆服务

C. 建筑公司提供的安装服务　　D. 酒店提供的住宿服务

E. 旅行社提供的旅游服务

［参考答案］ABDE

［答案解析］餐饮服务、婚庆服务、住宿服务、旅游服务均属于生活服务

范围，可以享受疫情防控增值税免税优惠

17. 一般纳税人发生的下列经营行为，不得开具增值税专用发票的有（　　）。

A. 将外购货物无偿赠送给增值税一般纳税人

B. 烟草批发企业向烟草零售企业批发卷烟

C. 商业企业零售劳保用品给一般纳税人

D. 销售报关出口的货物

E. 销售免税货物

［参考答案］DE

［答案解析］选项A、B、C均可以按规定开具增值税专用发票。

18. 自2021年4月1日起，先进制造业纳税人可以自2021年5月及以后纳税申报期向主管税务机关申请退还增量留抵税额，应同时符合条件的有（　　）。

A. 自2020年4月1日起未享受即征即退、先征后返（退）政策

B. 纳税信用等级为A级或者B级

C. 增量留抵税额大于零

D. 申请退税前36个月未发生骗取留抵退税、出口退税或虚开增值税专用发票情形

E. 申请退税前36个月未因偷税被税务机关处罚两次及以上

［参考答案］BCDE

［答案解析］选项A，应为自2019年4月1日起未享受即征即退、先征后返（退）政策。

19. 某生产企业为一般纳税人，下列进项税额中不得从销项税额中抵扣的有（　　）。

A. 购买涂料装修职工浴室发生的进项税额

B. 支付应税产成品仓库电费发生的进项税额

C. 购买一项同时用于应税项目和免税项目的专利权的进项税额

D. 购买原材料用于生产免税产品所发生的进项税额

E. 租入大巴车既用于企业生产经营又用于接送职工上下班

［参考答案］AD

［答案解析］选项B，用于生产应税项目的电费可抵扣；选项C，《中华人民共和国增值税暂行条例》第十条规定涉及的固定资产、无形资产、不动产，仅指专用于上述项目的固定资产、无形资产（不包括其他权益性无形资产）、不动产；选项E，自2018年1月1日起，纳税人租入固定资产，既用于一般计税方法计税项目，又用于简易计税方法项目、免征增值税项目、集体福利或者个人消费的，其进项税额准予从销项税额中全额抵扣。

20. 关于成品油零售加油站增值税规定，下列说法正确的有（　　）。

A. 加油站一律按增值税一般纳税人征税

B. 加油站售卖加油卡时，按预收账款征收增值税

C. 加油站本身倒库油可在当月成品油销售数量中扣除

D. 加油站检测用油（回罐油）可在当月成品油销售数量中扣除

E. 经主管税务机关确定的加油站自有车辆自用油可在当月成品油销售数量中扣除

［参考答案］ACDE

［答案解析］选项B，加油站售卖加油卡时，按预收账款做相关财务处理，不征收增值税。

21. 某船运公司为增值税一般纳税人并具有国际运输经营资质，2021年2月取得的含税收入包括装卸搬运收入97.52万元、货物保管收入40.28万元、货物运输代理收入38.16万元、公共交通运输收入754.8万元；取得国际运输收入355.2万元。该企业未放弃相关减免。该公司计算的下列增值税销项税额中，正确的有（　　）。

A. 装卸搬运收入的销项税额8.87万元

B. 运输收入的销项税额为32.29万元

C. 保管收入的销项税额为2.28万元

D. 交通运输收入的销项税额为68.62万元

E. 运输代理收入的销项税额为2.16万元

［参考答案］CE

［答案解析］A选项，装卸搬运收入按照“物流辅助服务”计算增值税销项税额，装卸搬运收入销项税额5.52万元［8.87÷(1+6%)×6%］；选项B，国际运输收入适用零税率不需要计算销项税额；选项D，2020年1月1日至

2021 年 3 月 31 日，对纳税人提供公共交通运输服务，免征增值税。

22. 下列各项中，关于增值税纳税义务发生时间的说法错误的有（　　）。

A. 取直接收款方式销售货物为收到销售款或者取得索取销售款凭据的当天，但货物尚未发出除外

B. 取托收承付和委托银行收款方式销售货物，为发出货物并办妥托收手续的当天

C. 取赊销方式销售货物为货物发出的当天

D. 取分期收款方式销售货物，为书面合同约定的收款日期的当天

E. 取预收货款方式销售货物，一律为货物发出的当天

[参考答案] ACE

[答案解析] 选项 A，采取直接收款方式销售货物，不论货物是否发出，均为收到销售款或者取得索取销售款凭据的当天；选项 C，采取赊销和分期收款方式，为书面合同约定的收款日期的当天，无书面合同或者书面合同没有约定收款日期的，为货物发出的当天。选项 E，采取预收货款方式销售货物，为货物发出的当天，但生产工期超过 12 个月的大型机械设备、船舶、飞机等货物，为收到预收款或者书面合同约定的收款日期的当天。

23. 从事煤炭经销业务的一般纳税人，2021 年 3 月发生下列行为后可选择简易征收办法缴纳增值税的有（　　）。

A. 销售其 2016 年 7 月购入的商铺

B. 销售其 2013 年 9 月购买的电脑

C. 销售其 2013 年 5 月购买的汽车

D. 销售其 2012 年 6 月购买的摩托车

E. 销售其 2014 年 10 月购买的办公楼

[参考答案] CDE

[答案解析] A 选项，一般纳税人销售其 2016 年 4 月 30 日前取得（不含自建）的不动产，可以选择适用简易计税方法；B 选项，一般纳税人销售其 2008 年 12 月 31 日以前购进或者自制的固定资产可选择简易计税办法。

24. 下列关于增值税一般纳税人和小规模纳税人划分说法不正确的有（　　）。

A. 个体工商户不需要办理增值税一般纳税人登记

B. 年应税销售额超过小规模纳税人标准的其他个人不得登记为一般纳税人

C. 年应税销售额是指纳税人从1月1日至12月31日的年度销售额

D. 年应税销售额未超过小规模纳税人标准的企业，不能办理一般纳税人登记

E. 纳税人在2021年12月31日前，如符合条件，可转登记为小规模纳税人

［参考答案］ACDE

［答案解析］选项A，个体工商户可以成为一般纳税人，但个体工商户以外的其他个人无需办理一般纳税人登记；选项C，年应税销售额，是指纳税人在连续不超过12个月或四个季度的经营期内累计应征增值税销售额；选项D，年应税销售额未超过一般纳税人标准的企业，只要符合规定条件的，也可以进行一般纳税人登记；选项E，一般纳税人符合条件的在2020年12月31日前，可选择转登记为小规模纳税人。

25. 下列各项中属于商务辅助服务的有（　　）。

A. 非学历教育服务　　B. 人力资源服务

C. 法律鉴证服务　　D. 物业管理服务

E. 货物运输代理服务

［参考答案］BDE

［答案解析］选项A，属于教育医疗服务；选项C，属于鉴证咨询服务。

26. 下列关于增值税一般纳税人加计抵减政策说法正确的有（　　）。

A. 加计抵减政策的适用对象是邮政服务、生活服务、金融服务、现代服务业纳税人

B. 某景区属于生活服务业且符合销售占比条件，那么2019年12月可按当期可抵扣进项税额的15%计算加计抵减额

C. 在判断取得的销售额占全部销售额的比重超过50%的纳税人时，2019年4月1日后设立的纳税人，自设立之日起3个月的销售额符合上述规定条件的，自登记为一般纳税人之日起适用加计抵减政策

D. 纳税人出口货物劳务、发生跨境应税行为，其对应的进项税额也应当计提加计抵减额

E. 纳税人确定适用加计抵减政策后，当年内不再调整，以后年度是否适

用，根据上年度销售额计算确定

［参考答案］BCE

［答案解析］选项 A，加计抵减政策的适用对象不包括金融服务业；选项 D，纳税人出口货物劳务、发生跨境应税行为不适用加计抵减政策，其对应的进项税额不得计提加计抵减额。

27. 增值税一般纳税人非正常损失的不动产在建工程所耗用的下列货物、服务中的进项税额不得从销项税额中抵扣的有（　　）。

A. 设计服务　　B. 建筑服务

C. 购进货物　　D. 运输服务

E. 代理服务

［参考答案］ABC

［答案解析］纳税人非正常损失的不动产在建工程所耗用的购进货物、设计服务和建筑服务不得从销项税额中抵扣。

28. 下列货物适用 9% 税率的有（　　）。

A. 中成药　　B. 鱼罐头

C. 松花蛋　　D. 酸奶

E. 面皮

［参考答案］CE

［答案解析］中成药、各种肉类罐头、酸奶不属于农产品征税范围。

29. 以下可以选择 3% 征收率计算缴纳增值税的有（　　）。

A. 增值税一般纳税人销售抗癌药品

B. 增值税一般纳税人批发、零售罕见病药品

C. 增值税一般纳税人销售 2013 年取得的不动产

D. 公立学校（一般纳税人）接受企业委托的课题研究费收入

E. 增值税一般纳税人提供仓储服务

［参考答案］ABDE

［答案解析］选项 C 可选择 5% 征收率计算缴纳增值税。

30. 下列属于增值税视同销售的有（　　）。

A. 搬家公司为本单位员工无偿提供搬家运输服务

B. 食品厂将自产月饼发给职工作为福利

C. 运输公司参与抗洪抢险无偿运送抢险物资

D. 广告公司为客户无偿提供广告设计服务

E. 其他个人无偿提供借款给公司使用

［参考答案］BD

［答案解析］选项A，单位或者个体工商户为员工提供应税服务属于“非营业活动”，不征收增值税。单位或者个体工商户向其他单位或者个人无偿提供服务属于视同销售，但用于公益事业或者以社会公众为对象的除外。选项C，属于公益事业，因此不算视同销售；选项E，提供者为个人，不属于视同销售。

31. 以下植物油适用9%增值税低税率的有（　　）。

A. 杏仁油　　B. 葡萄籽油

C. 大豆油　　D. 环氧大豆油

E. 氢化植物油

［参考答案］ABC

［答案解析］《国家税务总局关于杏仁油 葡萄籽油增值税适用税率问题的公告》（国家税务总局公告2014年第22号）规定，杏仁油、葡萄籽油属于食用植物油，适用13%增值税低税率。根据《国家税务总局关于环氧大豆油 氢化植物油增值税适用税率问题的公告》（国家税务总局公告2011年第43号）规定，环氧大豆油、氢化植物油不属于食用植物油的征税范围，应适用17%增值税税率。

32. 小规模纳税人进口货物，海关进口环节代征增值税可能适用的税率或征收率有（　）。

A. 3%的征收率　　B. 6%的税率

C. 9%的税率　　D. 13%的税率

E. 5%的征收率

［参考答案］ACD

［答案解析］自2018年5月1日起，对进口抗癌药品，减按3%征收进口环节增值税；自2019年3月1日起，对进口罕见病药品，减按3%征收进口环节增值税。进口货物不涉及5%、6%的征收率，排除选项B、E。

33. 增值税一般纳税人申报抵扣异常凭证时，其对应开具的增值税专用发票列入异常凭证范围应同时符合的情形有（　　）。

A. 纳税人规模较大

B. 异常凭证进项税额累计占同期全部增值税专用发票进项税额70%（含）以上

C. 异常凭证进项税额累计占同期全部增值税专用发票进项税额60%（含）以上

D. 异常凭证进项税额累计超过5万元的

E. 异常凭证进项税额累计超过1万元的

[参考答案] BD

[答案解析] 增值税一般纳税人申报抵扣异常凭证，同时符合下列情形的，其对应开具的增值税专用发票列入异常凭证范围：（1）异常凭证进项税额累计占同期全部增值税专用发票进项税额70%（含）以上的；（2）异常凭证进项税额累计超过5万元的。

34. 以下关于增值税应税行为说法正确的有（　　）。

A. 纳税人已售票但客户逾期未消费取得的运输逾期票证收入，按照“交通运输服务”缴纳增值税

B. 纳税人为客户办理退票而向客户收取的退票费、手续费等收入，按照“交通运输服务”缴纳增值税

C. 纳税人对安装运行后的电梯提供的维护保养服务，按照“建筑服务”缴纳增值税

D. 纳税人提供植物养护服务，按照“其他生活服务”缴纳增值税

E. 纳税人在以长（短）租形式出租酒店式公寓并提供配套服务的，按“租赁服务”缴纳增值税

[参考答案] AD

[答案解析] 选项B，纳税人为客户办理退票而向客户收取的退票费、手续费等收入，按照“其他现代服务”缴纳增值税；选项C，纳税人对安装运行后的电梯提供的维护保养服务，按照“其他现代服务”缴纳增值税；选项E，纳税人在以长（短）租形式出租酒店式公寓并提供配套服务的，按“住宿服务”缴纳增值税。

35. 下列增值税业务说法正确的有（　　）。

A. 纳税人受托对垃圾采取填埋方式进行专业化处理后未产生货物的，受托

方属于提供“加工劳务”，其收取的处理费用适用13%的增值税税率

B. 纳税人受托对垃圾采取填埋方式进行专业化处理后产生货物，且货物归属受托方的，受托方属于提供“专业技术服务”，其收取的处理费用适用6%的增值税税率

C. 纳税人受托对垃圾采取填埋方式进行专业化处理后产生货物，且货物归属受托方的，受托方将产生的货物用于销售时，适用货物的增值税税率

D. 拍卖行受托拍卖文物艺术品，委托方按规定享受免征增值税政策的，拍卖行可以自己名义就代为收取的货物价款向购买方开具增值税普通发票

E. 自2020年5月1日至2023年12月31日，从事二手车经销业务的纳税人销售其收购的二手车减按0.5%征收率征收增值税，纳税人应当开具二手车销售统一发票。购买方索取增值税专用发票的，应当再开具征收率为0.5%的增值税专用发票

[参考答案] BCDE

[答案解析] 纳税人受托对垃圾采取填埋方式进行专业化处理后未产生货物的，受托方属于提供“专业技术服务”，其收取的处理费用适用6%的增值税税率。

36. 下列增值税纳税人以1个季度为纳税期限的有（　　）。

A. 应纳税额较少的增值税一般纳税人

B. 小规模纳税人

C. 财务公司

D. 信托公司

E. 银行

[参考答案] BCDE

[答案解析] 营改增后以1个季度为纳税期限的规定适用于小规模纳税人、银行、财务公司、信托投资公司、信用社，以及财政部和国家税务总局规定的其他纳税人。

37. 在增值税发票首次申领环节，下列规定正确的有（　　）。

A. 增值税专用发票最高开票限额不超过10万元

B. 增值税普通发票最高开票限额不超过10万元

C. 增值税专用发票每月最高领用数量不超过25份

D. 增值税普通发票每月最高领用数量不超过 50 份

E. 增值税普通发票和增值税专用发票领用总量不得超过 50 份

[参考答案] ABCD

[答案解析] 税务机关为符合规定的首次申领增值税发票的新办纳税人办理发票票种核定，增值税专用发票最高开票限额不超过 10 万元，每月最高领用数量不超过 25 份；增值税普通发票最高开票限额不超过 10 万元，每月最高领用数量不超过 50 份。各省税务机关可以在此范围内结合纳税人税收风险程度，自行确定新办纳税人首次申领增值税发票票种核定标准。

38. 甲企业是商业零售企业（小规模纳税人）。2019 年 7 月，将一处 2015 年自建的门面房以 100 万元（含税，下同）的价格转让，建造成本 60 万元，当月，甲企业取得商业零售额 18 万元，则以下说法正确的有（　　）。

A. 甲企业当月应纳增值税 4.76 万元

B. 甲企业当月应纳增值税 5.28 万元

C. 甲企业应向不动产所在地缴纳税款并申报

D. 甲企业转让不动产应向不动产所在地预缴税款并向机构所在地进行纳税申报

E. 甲企业取得的商业零售收入可以免税

[参考答案] BD

[答案解析] 甲企业 2019 年 7 月增值税应纳税额为 5.28 万元 [100 ÷ (1 + 5%) × 5% + 18 ÷ (1 + 3%) × 3% = 4.76 + 0.52]，甲企业转让自建门面房应向不动产所在地主管税务机关缴纳增值税；向机构所在地主管税务机关申报纳税。

39. 下列关于可以自愿使用增值税发票选择确认平台查询、选择用于申报抵扣、出口退税或者代办退税的增值税发票信息的说法正确的有（　　）。

A. 目前只有纳税信用为 A 级、B 级的一般纳税人才能采用该方法

B. 纳税人取得的增值税专用发票可以采用该方法

C. 纳税人取得的机动车销售统一发票可以采用该方法

D. 纳税人取得的收费公路通行费增值税电子普通发票可以采用该方法

E. 纳税人取得的旅客运输的电子普通发票可以采用该方法

[参考答案] BCD

［答案解析］自 2019 年 3 月 1 日起，扩大取消增值税发票认证的纳税人范围。将取消增值税发票认证的纳税人范围扩大至全部一般纳税人。一般纳税人取得增值税发票（包括增值税专用发票、机动车销售统一发票、收费公路通行费增值税电子普通发票）后，可以自愿使用增值税发票选择确认平台查询、选择用于申报抵扣、出口退税或者代办退税的增值税发票信息。

40. 可以向主管税务机关申请退还增量留抵税额需要满足特定条件，关于这些条件下列说法正确的有（　　）。

A. 自 2019 年 4 月税款所属期起，连续 6 个月（按季纳税的，连续两个季度）增量留抵税额均大于零，且第六个月增量留抵税额不低于 50 万元

B. 纳税信用等级为 A 级、B 级或者 C 级，不能为 D 级

C. 申请退税前 36 个月未发生骗取留抵退税、出口退税或虚开增值税专用发票情形的

D. 申请退税前 36 个月未因偷税被税务机关处罚两次及以上的

E. 自 2019 年 4 月 1 日起未享受即征即退、先征后返（退）政策的

［参考答案］ACDE

［答案解析］选项 B，纳税信用等级为 A 级或者 B 级在其他条件符合的情况下可以适用。

41. 下列关于对购货方善意取得虚开增值税专用发票处理的说法中，正确的有（　　）。

A. 善意取得的虚开增值税专用发票可以作为进项税额抵扣凭证

B. 不允许重新取得合法有效的专用发票抵扣进项税额

C. 已抵扣的进项税或者取得的出口退税，应当依法追缴

D. 因善意取得虚开专用发票被依法追缴其已抵扣税款的，不再加收滞纳金

E. 对购货方不以按偷税实施处罚

［参考答案］CDE

［答案解析］善意取得虚开的专用发票的处理，包括：（1）对购货方不以偷税或者骗取出口退税论处；（2）应按有关规定不予抵扣进项税款或者不予出口退税；（3）购货方已经抵扣的进项税款或者取得的出口退税，应依法追缴；（4）购货方因善意取得虚开的增值税专用发票被依法追缴已抵扣税款的，不再加收滞纳金。

42. 国内某航空公司（增值税一般纳税人）2020 年 5 月取得的含税收入如下：旅游服务收入 106 万元、培训收入 53 万元、运输疫情防控重点保障物资收入 109 万元、湿租业务收入 218 万元、干租业务收入 226 万元。该公司计算的下列增值税销项税额，正确的有（　　）。

A. 培训收入的销项税额 3 万元

B. 旅游服务收入的销项税额 6 万元

C. 湿租业务收入的销项税额 18 万元

D. 干租业务收入的销项税额 26 万元

E. 运输疫情防控重点保障物资收入的销项税额 9 万元

[参考答案] ABCD

[答案解析] 选项 A，航空培训收入的销项税额 = 53 ÷ (1 + 6%) × 6% = 3（万元）

选项 B，旅游服务收入的销项税额 = 106 ÷ (1 + 6%) × 6% = 6（万元）

选项 C，湿租业务收入的销项税额 = 218 ÷ (1 + 9%) × 9% = 18（万元）

选项 D，干租业务收入的销项税额 = 226 ÷ (1 + 13%) × 13% = 26（万元）

选项 E，2020 年 1 月 1 日起，运输疫情防控重点保障物资收入免征增值税。

43. 下列关于增值税纳税人征收率说法错误的有（　　）。

A. 小规模纳税人（除其他个人外）销售自己使用过的固定资产，减按 2% 征收率征收增值税

B. 小规模纳税人销售自己使用过的除固定资产以外的物品，应按 3% 的征收率征收增值税

C. 一般纳税人销售自己使用过的按规定不得抵扣且未抵扣进项税额的固定资产，按 3% 征收率减按 2% 征收增值税

D. 一般纳税人销售旧货，按照 3% 的征收率征收增值税

E. 其他个人出租其取得的不动产（含住房），应按照 5% 的征收率计算应纳税额

[参考答案] DE

[答案解析] 选项 D，一般纳税人销售旧货，按照 3% 的征收率减按 2% 征收增值税；选项 E，其他个人出租其取得的不动产（不含住房），应按照 5% 的征收率计算应纳税额；其他个人出租住房，应按照 5% 的征收率减按 1.5% 计算

应纳税额。

44. 北京张先生有三套住房，其中一套购于2010年2月的高档公寓于2019年7月出售，另一套位于学区的住房出租，还有一套自住。下列增值税处理正确的有（　　）。

A. 出售的公寓购买超过2年，出售不缴纳增值税

B. 出售的公寓购买超过2年，但非普通住宅按全额缴纳增值税

C. 出售的公寓购买超过2年，但非普通住宅按差额缴纳增值税

D. 出租的住宅按租金÷(1+1.5%)×1.5%缴纳增值税

E. 出租的住宅按租金÷(1+5%)×1.5%缴纳增值税

［参考答案］CE

［答案解析］“北上广深”四地的个人，出售的购买超过2年非普通住宅按差额缴纳增值税，普通住宅免税；个人出租住宅，减按1.5%缴纳增值税：应纳税额=租金÷（1+5%）×1.5%

45. 下列关于增值税政策说法正确的有（　　）。

A. 对从事成品油销售的加油站，无论是否达到一般纳税人标准，一律按增值税一般纳税人征税

B. 供电企业收取的电费保证金，凡逾期（超过合同约定时间）未退还的，一律并入价外费用缴纳增值税

C. 进口铂金时，在其进口环节征收增值税

D. 进口黄金和黄金矿砂免征进口环节增值税

E. 上海期货交易所的会员和客户通过上海期货交易所交易的期货保税交割标的物，仍按保税货物暂免征收增值税

［参考答案］ABDE

［答案解析］进口铂金免征进口环节增值税。

46. 下列关于销售服务的表述正确的有（　　）。

A. 水路运输的程租、期租业务，属于水路运输服务

B. 融资性售后回租业务按金融服务缴纳增值税

C. 车辆停放服务、道路通行服务（包括过路费、过桥费、过闸费等）等按照物流辅助服务缴纳增值税

D. 翻译服务和市场调查服务按照咨询服务缴纳增值税

E. 纳税人对安装运行后的电梯提供的维护保养服务，按照其他现代服务缴纳增值税

［参考答案］ABDE

［答案解析］车辆停放服务、道路通行服务（包括过路费、过桥费、过闸费等）等按照不动产经营租赁服务缴纳增值税。

47. 某商场为增值税一般纳税人，该商场独家代理销售某厂家彩电，按销售量挂钩进行平销返利（以购进价对外销售）。2021 年 5 月向彩电厂购进电视机取得税控增值税专用发票，注明税额 420 万元；当月按平价全部销售，月末彩电厂向该商场支付返利 247 万元。采用同样的方式，销售某厂家电子光盘，取得返利 120 万元，向厂家购进电子光盘取得增值税专用发票，注明价款 1 000 万元，当月全部销售。关于该商场平销返利业务处理符合规定的有（　　）。

A. 商场应按 510 万元确认销项税额

B. 商场应按 490 万元计算销项税额

C. 商场当月应抵扣的进项税额为 471.68 万元

D. 商场当月应纳增值税税额为 38.32 万元

E. 商场取得的平销返利收入可以开具增值税专用发票

［参考答案］ACD

［答案解析］税法规定，平销返利的返利收入应冲减进项税额。

商场的销项税额 $=420+1\,000\times9\%=510$（万元）

应抵扣的进项税额 $=420-247\div(1+13\%)\times13\%+1\,000\times9\%-120\div(1+9\%)\times9\%=471.68$（万元）

该业务应纳增值税 $=510-471.68=38.32$（万元）

按规定，商业向供货方收取的各种返还收入，一律不得开具增值税专用发票。

48. 下列国际运输劳务属于适用增值税零税率的有（　　）。

A. 我国某运输公司将货物从德国运到上海

B. 我国某运输公司将货物从上海运到德国

C. 我国某运输公司将货物从俄罗斯运到英国

D. 美国某运输公司将货物从美国运往天津

E. 美国某运输公司将货物从天津运往美国

[参考答案] ABC

[答案解析] 我国境内的单位和个人提供的国际运输服务适用增值税零税率。适用零税率的国际运输服务是指：（1）在境内载运旅客或者货物出境；（2）在境外载运旅客或者货物入境；（3）在境外载运旅客或者货物。境外的运输公司不能适用零税率。

49. 境外旅客申请退税应同时符合的条件包括（　　）。

A. 同一境外旅客同一日在同一退税商店购买的退税物品金额达到500元人民币

B. 退税物品尚未启用或消费

C. 离境日距退税物品购买日未超过90天

D. 所购退税物品由境外旅客本人随身携带或随行李托运出境

E. 离境日距退税物品购买日未超过180天

[参考答案] ABCD

[答案解析] 根据《财政部关于实施境外旅客购物离境退税政策的公告》（财政部公告2015年第3号）第二条规定：境外旅客申请退税的条件应同时符合以下条件：（1）同一境外旅客同一日在同一退税商店购买的退税物品金额达到500元人民币；（2）退税物品尚未启用或消费；（3）离境日距退税物品购买日不超过90天；（4）所购退税物品由境外旅客本人随身携带或随行托运出境。

50. 某化工生产企业为一般纳税人，兼营内销与外销，2021年4月发生以下业务：（1）国内采购原料，取得专用发票上注明价款100万元，准予抵扣的进项税额为13万元；（2）当月进料加工免税进口料件的组成计税价格50万元；（3）内销货物不含税价80万元，外销货物销售额（FOB价）120万元。该出口货物征税率13%，退税率为10%，另有上期未抵扣税额2万元。关于上述业务，下列表述正确的有（　　）。

A. 当期应退税额为0

B. 当期免抵税额为4.5万元

C. 当期因为应纳税额为正数，所以不退税

D. 当期应退税额为2.5万元

E. 免抵退税不得免征和抵扣税额为2.1万元

[参考答案] BDE

［答案解析］（1）免抵退税不得免征和抵扣税额抵减额 = 50 ×（13% − 10%）= 1.5（万元）

（2）免抵退税不得免征和抵扣税额 = 120 ×（13% − 10%）− 1.5 = 2.1（万元）

（3）当期应纳税额 = 80 × 13% −（13 − 2.1）− 2 = −2.5（万元）

（4）免抵退税抵减额 = 50 × 10% = 5（万元）

（5）免抵退税额 = 120 × 10% − 5 = 7（万元）

（6）应退税额 = 2.5（万元）

（7）当期免抵税额 = 7 − 2.5 = 4.5（万元）

51. 根据现行增值税政策规定，下列进项税额准予从销项税额中抵扣的有（　　）。

A. 购买汽车从4S店取得的税控机动车销售统一发票上注明的增值税额

B. 进口高档化妆品从海关取得的海关进口增值税专用缴款书上注明的增值税额

C. 收购农产品，按照农产品收购发票上注明的农产品买价和9%的扣除率计算的进项税额

D. 接受的国际旅客运输服务

E. 接受境外单位提供的交通运输服务，从税务机关取得的解缴税款的税收缴款凭证上注明的增值税额

［参考答案］ABCE

［答案解析］选项D，接受的国际旅客运输服务，其进项税额不得从销项税额中抵扣。

52. 下列选项中，应当征收增值税的有（　　）。

A. 银行销售金银

B. 被保险人获得的保险赔付

C. 寄售商店代销寄售物品

D. 工厂自采地下水用于生产

E. 电力公司向发电企业收取的过网费

［参考答案］ACE

［答案解析］被保险人获得的保险赔付、工厂自采地下水用于生产，均不

征收增值税；寄售商店代销寄售物品，按照3%的征收率征收增值税。

53. 一般纳税人提供下列服务可以选择适用简易计税方法的项目有（　　）。

A. 人力资源外包服务

B. 收派服务

C. 餐饮服务

D. 以2016年4月30日前取得的不动产提供的融资租赁服务

E. 住宿服务

［参考答案］ABD

［答案解析］餐饮服务和住宿服务不适用简易方法计税。

54. 根据增值税征税范围的规定，下列说法正确的是（　　）。

A. 融资租赁按“金融服务”缴纳增值税

B. 向客户收取的退票费按“其他现代服务”缴纳增值税

C. 道路通行费按“不动产租赁服务”缴纳增值税

D. 融资性售后回租按“租赁服务”缴纳增值税

E. 车辆停放服务按“有行动产租赁服务”缴纳增值税

［参考答案］BC

［答案解析］选项A，融资租赁按照“租赁服务”缴纳增值税；选项D，融资性售后回租按“金融服务——贷款服务”缴纳增值税；选项E，车辆停放服务、道路通行服务（包括过路费、过桥费、过闸费等）等按照“不动产经营租赁服务”缴纳增值税。

55. 下列关于增值税一般纳税人和小规模纳税人认定及管理说法正确的有（　　）。

A. 通常情况下，小规模纳税人与一般纳税人身份可以相互转换

B. 年应税销售额超过小规模纳税人标准的其他个人按小规模纳税人纳税

C. 超过小规模纳税人标准的非企业性单位一律按小规模纳税人纳税

D. 新认定为一般纳税人的小型商贸批发企业实行辅导期管理的期限为3个月

E. 纳税人自登记为一般纳税人的当月或次月1日起，可按税法规定计算应纳税额

[参考答案] BDE

[答案解析] 除国家税务总局另有规定外，纳税人一经认定为一般纳税人后，不得转为小规模纳税人。从2018年5月1日起，在2018年12月31日之前，一般纳税人可以转为小规模纳税人，这只是特例；非企业性单位、不经常发生应税行为的企业可选择按小规模纳税人纳税。

56. 根据营改增相关规定，纳税人提供以下服务取得的收入中，应按照“建筑服务”征收增值税的有（　　）。

A. 宽带的初装　　B. 房屋的加固

C. 机器的修理　　D. 航道的疏浚

E. 脚手架的搭建

[参考答案] ABE

[答案解析] 选项C，机器的修理，应按照“加工、修理修配”征收增值税；选项D，航道的疏浚，应按“现代服务”中的“物流辅助服务”征税。

57. 某咨询服务公司（增值税一般纳税人）的下列进项税额，不得从销项税额中抵扣的有（　　）。

A. 购买涂料装修职工食堂发生的进项税额

B. 购买一台设备发生的进项税额，该设备工作日用于产品生产，周末用于职工食堂

C. 购买中轻型商务面包车自用所发生的进项税额

D. 购买旅客运输服务发生的进项税额

E. 被执法部门依法没收的外购出版物的进项税额

[参考答案] AE

[答案解析] 将购进的货物用于集体福利进项不得抵扣；被执法部门依法没收的产品进项税额不得抵扣。

58. 自2021年4月1日起，先进制造业纳税人可以自2021年5月及以后纳税申报期向主管税务机关申请退还增量留抵税额，先进制造业纳税人，是指按照《国民经济行业分类》生产并销售规定产品或设备的销售额占全部销售额的比重超过50%的纳税人，这些产品或设备包括（　　）。

A. 金属矿物制品　　B. 通用设备

C. 专用设备　　D. 计算机、通信和其他电子设备

E. 仪器仪表

［参考答案］BCDE

［答案解析］选项A，“金属矿物制品”不属于先进制造业增量留抵退税范围。

59. 下列关于增值税优惠政策说法正确的有（　　）。

A. 符合条件的内资研发机构和外资研发中心采购国产设备全额退还增值税

B. 一般纳税人销售其自行开发生产的软件产品，实际税负超过6%的部分即征即退

C. 供热企业向居民个人供热而取得的采暖费收入免征增值税

D. 飞机维修劳务增值税实际税负超过3%的部分即征即退

E. 蔬菜批发零售取得的收入免征增值税

［参考答案］ACE

［答案解析］选项B，增值税一般纳税人销售其自行开发生产的软件产品，按17%税率征收增值税后，对其增值税实际税负超过3%的部分实行即征即退政策；选项D，自2000年1月1日起，对飞机维修劳务增值税实际税负超过6%的部分实行即征即退政策。

60. 增值税一般纳税人开具增值税专用发票后，发生下列情形可以按照规定开具增值税红字专用发票的有（　　）。

A. 销售折让

B. 销售退回，且不符合发票作废条件

C. 开票有误，且不符合发票作废条件

D. 应税服务终止，且不符合发票作废条件

E. 增值税专用发票未在开具之日起360日内认证或登录增值税发票选择确认平台进行确认

［参考答案］ABCD

［答案解析］增值税一般纳税人开具增值税专用发票后，发生销货退回、开具有误、应税服务中止等情形但不符合发票作废条件，或者因销货部分退回及发生销售折让，需要开具红字专用发票的，可以开具红字专用发票。

61. 某农机制造公司（增值税一般纳税人），2021年3月销售自产农机一

批，取得不含税销售额 430 000 元，另收取该批农机的包装费 11 990 元。销售外购的农机零配件一批，取得含税销售额 35 030 元。提供农机维修业务，开具的发票上注明不含税金额 32 000 元。转让一台自用过 5 年的小轿车，取得含税收入 100 000 元。则以下表述正确的有（　　）。

A. 转让小轿车的增值税销项税额 = 100 000 ÷（1 + 3%）× 2% = 1 941.75（元）

B. 销售农机整机的增值税销项税额 = 430 000 × 9% + 11 990 ÷（1 + 9%）× 9% = 39 690（元）

C. 销售农机零配件的增值税销项税额 = 35 030 ÷（1 + 13%）× 13% = 4 030（元）

D. 提供农机维修劳务的增值税销项税额 = 32 000 × 13% = 4 160（元）

E. 转让小轿车应纳增值税 = 100 000 ÷（1 + 3%）× 2% = 1 941.75（元）

［参考答案］ BCDE

［答案解析］ 销售农机整机适用 9% 的低税率；销售农机零配件和维修费都适用 13% 的基本税率；包装费作为价外费用计入销售额计税时，要适用所包装货物的税率，本题目适用 9% 的税率（货物为农机整机）。

62. 下列关于资管产品有关规定表述正确的有（　　）。

A. 资管产品运营过程中发生的增值税应税行为，以资管产品管理人为增值税纳税人

B. 资管产品管理人包括银行、信托公司、期货公司、证券公司、私募基金管理人等

C. 资管产品管理人运营资管产品过程中发生的增值税应税行为，暂适用简易计税方法，按照 3% 的征收率缴纳增值税

D. 资管产品在 2017 年 7 月 1 日前运营过程中发生的增值税应税行为，未缴纳增值税的，应补缴增值税

E. 资管产品在 2017 年 7 月 1 日前运营过程中发生的增值税应税行为，已缴纳增值税的，已纳税额直接办理退税

［参考答案］ ABC

［答案解析］ 2017 年 7 月 1 日（含）以后，资管产品运营过程中发生的增值税应税行为，以资管产品管理人为增值税纳税人，按照现行规定缴纳增值

税。对资管产品在2017年7月1日前运营过程中发生的增值税应税行为，未缴纳增值税的，不再缴纳；已缴纳增值税的，已纳税额从资管产品管理人以后月份的增值税应纳税额中抵减。

63. 除一般纳税人条件政策调整等特殊情况之外，一般纳税人在日常经营中注销或被取消辅导期一般纳税人资格，转为小规模纳税人时，以下说法正确的有（　　）。

A. 未抵扣的进项税额转出处理，补交增值税

B. 其存货不作进项税额转出处理

C. 其留抵税额不予退税

D. 其留抵税额可以抵减应纳税额

E. 过渡期内仍然可以选择适用一般计税方法

［参考答案］BC

［答案解析］一般纳税人注销或被取消辅导期一般纳税人资格，转为小规模纳税人时，应当适用小规模纳税人计税方法，其存货不作进项税额转出处理，其留抵税额也不予以退税。

64. 货物运输业小规模纳税人在境内提供公路或内河货物运输服务，需要开具增值税专用发票的，可就近向税务机关申请代开增值税专用发票，具体地点包括（　　）。

A. 运输业务承揽地

B. 运输业务经过地

C. 货物到达地

D. 互联网物流平台所在地

E. 税务登记地

［参考答案］ACDE

［答案解析］纳税人在境内提供公路或内河货物运输服务，需要开具增值税专用发票的，可在税务登记地、货物起运地、货物到达地或运输业务承揽地（含互联网物流平台所在地）中任何一地，就近向税务机关申请代开增值税专用发票。

65. 根据跨境电子商务零售进口商品征税规定，下列说法正确的有（　　）。

A. 跨境电子商务零售进口商品按照行李及邮递物品进口税（行邮税）的规则计税

B. 购买跨境电子商务零售进口商品的个人作为纳税人

C. 物流企业可作为进口环节税款代收代缴义务人

D. 跨境电子商务零售进口商品超过单次交易限值，按照一般贸易方式全额征税

E. 在限值以内进口的跨境电子商务零售进口商品，进口环节增值税按法定应纳税额的50%征收

［参考答案］BCD

［答案解析］跨境电子商务零售进口商品按照货物征收关税和进口环节增值税、消费税，选项A错误；在限值以内进口的跨境电子商务零售进口商品，进口环节增值税、消费税取消免征税额，暂按法定应纳税额的70%征收，选项E错误。

66. 以下符合在新办纳税中实行增值税专用发票（以下简称“专票”）电子化管理规定的有（　　）。

A. 我国部分地区在新办纳税人中实行“专票”电子化，受票方范围为全国

B. 电子“专票”由国家税务总局监制，采用电子签名代替发票专用章

C. 税务机关按照电子“专票”和纸质“专票”的合计数，为纳税人核定增值税专用发票领用数量

D. 纳税人开具电子“专票”后，发生销货退回，购买方已将电子“专票”用于申报抵扣的，由销售方在发票管理系统中填开并上传“信息表”

E. 纳税人以电子发票报销入账归档的，必须打印纸质会计凭证同时报销入账归档

［参考答案］AC

［答案解析］选项B，电子“专票”由各省税务局监制，采用电子签名代替发票专用章。选项D，纳税人开具电子“专票”后，发生销货退回，购买方已将电子“专票”用于申报抵扣的，由购买方在发票管理系统中填开并上传“信息表”。选项E，除法律、行政法规另有规定外，电子会计档案可不再另以纸质形式保存。

三、判断题

1. 不经常发生应税行为的企业或非企业性单位年应税销售额超过小规模纳

税人标准，不需要办理相关手续，即可以直接选择按小规模纳税人纳税。（　　）

［参考答案］错误

［答案解析］纳税人年应税销售额超过财政部、国家税务总局规定标准，且符合有关政策规定，选择按小规模纳税人纳税的，应当向主管税务机关提交书面说明。

2. 新认定为一般纳税人的小型商贸批发企业实行纳税辅导期管理的期限为6个月。（　　）

［参考答案］错误

［答案解析］根据《增值税一般纳税人纳税辅导期管理办法》（国税发〔2010〕40号）第五条规定，新认定为一般纳税人的小型商贸批发企业实行纳税辅导期管理的期限为3个月；其他一般纳税人实行纳税辅导期管理的期限为6个月。

3. 实行增值税一般纳税人纳税辅导期管理的小型商贸批发企业是指注册资金在80万元（含80万元）以下、职工人数在10人（含10人）以下的批发企业。（　　）

［参考答案］正确

［答案解析］符合《增值税一般纳税人纳税辅导期管理办法》规定。

4. 某运输公司无运输工具，通过网络平台发布承揽运输业务，2020年5月取得承运业务收入52万元，应按照“物流辅助服务”缴纳增值税。（　　）

［参考答案］错误

［答案解析］无运输工具承运业务，按照“交通运输服务”缴纳增值税。

5. 某物业公司2020年5月为小区业主提供装修服务，取得收入22万元，于6月申报期按照“建筑服务”申报缴纳了增值税。（　　）

［参考答案］正确

［答案解析］物业服务企业为业主提供的装修服务，按照“建筑服务”缴纳增值税。

6. 某培训机构（一般纳税人）为某公司提供培训服务，取得培训收入25万元，可以按照3%征收率计算应纳税额。（　　）

［参考答案］正确

［答案解析］一般纳税人提供非学历教育服务，可以选择适用简易计税方法按照3%征收率计算应纳税额。

7. 某建筑企业为A县注册登记纳税人，2021年3月到同一地级行政区范围内B县提供建筑服务时，应在B县预缴建筑服务增值税。（　　）

［参考答案］错误

［答案解析］《国家税务总局关于进一步明确营改增有关征管问题的公告》（国家税务总局公告2017年第11号）规定，自2017年5月1日起，纳税人在同一地级行政区范围内跨县（市、区）提供建筑服务，不需要预缴增值税。

8. 2021年3月某钢结构生产企业将自产的一批钢结构件销售给B公司，同时负责该批钢结构件安装到位并投入使用。次月收到销售款项80万元应按销售货物13%的税率申报缴纳增值税。（　　）

［参考答案］错误

［答案解析］《国家税务总局关于进一步明确营改增有关征管问题的公告》规定，纳税人销售活动板房、机器设备、钢结构件等自产货物的同时提供建筑、安装服务，不属于《营业税改征增值税试点实施办法》（财税〔2016〕36号附件）第四十条规定的混合销售，应分别核算货物和建筑服务的销售额，分别适用不同的税率或者征收率。

9. 音乐人张某将自己新创作的原创音乐作品转让给某唱片公司，获得报酬50万元应按转让无形资产3%征收率计算缴纳增值税。（　　）

［参考答案］错误

［答案解析］个人转让著作权免征增值税。

10. 某建筑集团公司A与某建筑发包方B签订一份建筑合同，之后，A授权集团内的C公司为发包方B提供建筑服务，并由C公司直接与发包方B结算工程款，该情形下，应由C公司缴纳增值税并开具增值税发票给发包方。

（　　）

［参考答案］正确

［答案解析］《国家税务总局关于进一步明确营改增有关征管问题的公告》规定，建筑企业与发包方签订建筑合同后，以内部授权或者三方协议等方式，授权集团内其他纳税人（以下称第三方）为发包方提供建筑服务，并由第三方直接与发包方结算工程款的，由第三方缴纳增值税并向发包方开具增值税发

票，与发包方签订建筑合同的建筑企业不缴纳增值税。发包方可凭实际提供建筑服务的纳税人开具的增值税专用发票抵扣进项税额。

11. 某计算机生产企业（一般纳税人，纳税信用等级为 A 级）2019 年 3 月 31 日增值税期末留抵税额为 80 万元，2020 年 3 月 31 日增值税期末留抵税额为 60 万元，2021 年 4 月 30 日增值税期末留抵税额为 70 万元，假设该企业同时符合先进制造业纳税人增量留抵退税的 5 个条件，则该企业 2021 年 5 月申报期可以申请退还新增加的期末留抵税额 10 万元。（　　）

[参考答案] 错误

[答案解析]《财政部　税务总局关于明确先进制造业增值税期末留抵退税政策的公告》（财政部　税务总局公告 2021 年第 15 号）规定，自 2021 年 4 月 1 日起，对符合条件的先进制造业纳税人，可以自 2021 年 5 月及以后纳税申报期向主管税务机关申请退还增量留抵税额。本公告所称增量留抵税额，是指与 2019 年 3 月 31 日相比新增加的期末留抵税额。

12. 自 2021 年 4 月 1 日起，对先进制造业纳税人按照现行政策规定取得增值税留抵退税款的，不得再申请享受增值税即征即退、先征后返（退）政策。

（　　）

[参考答案] 正确

[答案解析]《财政部　税务总局关于明确先进制造业增值税期末留抵退税政策的公告》规定，自 2021 年 4 月 1 日起，先进制造业纳税人按照本公告规定取得增值税留抵退税款的，不得再申请享受增值税即征即退、先征后返（退）政策。

13. 提供保险服务的纳税人以实物赔付方式承担机动车辆保险服务责任的，自行向车辆修理劳务提供方购进的车辆修理劳务，其进项税额不能从保险公司销项税额中抵扣。（　　）

[参考答案] 错误

[答案解析] 提供保险服务的纳税人以实物赔付方式承担机动车辆保险服务责任的，自行向车辆修理劳务提供方购进的车辆修理劳务，其进项税额可以按照规定从保险公司销项税额中抵扣。

14. 生活性服务业纳税人应按当期全部进项税额的 15% 计提当期加计抵减额。（　　）

［参考答案］错误

［答案解析］生活性服务业纳税人应按当期可抵扣进项税额的15%计提当期加计抵减额。

15. 某酒店提供餐饮服务的同时销售外卖食品，应按照“餐饮服务”缴纳增值税。（　　）

［参考答案］正确

［答案解析］根据现行增值税政策规定，提供餐饮服务的纳税人销售的外卖食品，按照“餐饮服务”缴纳增值税。

16. 某燃煤电厂将发电后产生的粉煤灰无偿提供给某建材经销部，未取得销售额，因此不需要缴纳增值税。（　　）

［参考答案］错误

［答案解析］《国家税务总局关于纳税人无偿赠送粉煤灰征收增值税问题的公告》（国家税务总局公告2011年第32号）规定，纳税人将粉煤灰无偿提供给他人，应根据《中华人民共和国增值税暂行条例实施细则》第四条的规定征收增值税。销售额应根据《中华人民共和国增值税暂行条例实施细则》第十六条的规定确定。

17. 某机械制造公司（一般纳税人）2021年4月生产用于农业温室、大棚，以电机驱动，对保温被或草帘进行自动卷放的卷帘机，应适用9%的增值税税率。（　　）

［参考答案］正确

［答案解析］《国家税务总局关于卷帘机适用增值税税率问题的公告》（国家税务总局公告2012年第29号）规定，卷帘机属于《国家税务总局关于印发〈增值税部分货物征税范围注释〉的通知》（国税发〔1993〕151号）规定的农机范围，应适用9%的增值税低税率。

18. 某酒店在2020年3月首次确认适用15%加计抵减政策时，无需通过电子税务局（或前往办税服务厅）提交《适用15%加计抵减政策的声明》。

（　　）

［参考答案］错误

［答案解析］《国家税务总局关于深化增值税改革有关事项的公告》（国家税务总局公告2019年第14号）规定，适用加计抵减政策的生产、生活性服务

业纳税人，应在年度首次确认适用加计抵减政策时，通过电子税务局（或前往办税服务厅）提交《适用加计抵减政策的声明》。

19. 某风力发电厂利用风力生产的电力产品，实行增值税即征即退70%的政策。（　　）

[参考答案] 错误

[答案解析] 《财政部　国家税务总局关于风力发电增值税政策的通知》（财税〔2015〕74号）规定，对纳税人销售自产的利用风力生产的电力产品，实行增值税即征即退50%的政策。

20. 某培训机构（一般纳税人）提供中考考前培训，可以选择适用简易计税方法按照3%征收率计算增值税应纳税额。（　　）

[参考答案] 正确

[答案解析] 一般纳税人提供非学历教育服务，可以选择适用简易计税方法按照3%征收率计算应纳税额。

21. 纳税人购入基金、信托、理财产品等各类自产管理产品持有至到期，属于《销售服务、无形资产、不动产注释》（财税〔2016〕36号附件）所称的金融商品转让。（　　）

[参考答案] 错误

[答案解析] 纳税人购入基金、信托、理财产品等各类自产管理产品持有至到期，不属于《销售服务、无形资产、不动产注释》所称的金融商品转让。

22. 纳税人提供植物养护服务，按照“园林绿化”缴纳增值税。（　　）

[参考答案] 错误

[答案解析] 纳税人提供植物养护服务，按照“其他生活服务”缴纳增值税。

23. 一般纳税人销售电梯的同时提供安装服务，其安装服务可按照甲供工程选择适用简易计税方法计税。（　　）

[参考答案] 正确

[答案解析] 《国家税务总局关于进一步明确营改增有关征管问题的公告》规定，一般纳税人销售电梯的同时提供安装服务，其安装服务可以按照甲供工程选择适用简易计税方法计税。纳税人对安装运行后的电梯提供的维护保养服务，按照“其他现代服务”缴纳增值税。

24. 增值税起征点不适用于登记为一般纳税人的个体工商户。（　）

［参考答案］正确

［答案解析］《营业税改征增值税试点实施办法》规定，个人发生应税行为的销售额未达到增值税起征点的，免征增值税；达到起征点的，全额计算缴纳增值税。增值税起征点不适用于登记为一般纳税人的个体工商户。

25. 纳税人发生应税行为，将价款和折扣额在同一张发票上分别注明的，以折扣后的价款为销售额；未在同一张发票上注明的，以价款为销售额，不得扣减折扣额。（　）

［参考答案］正确

［答案解析］该表述符合现行增值税政策规定。

26. 某物业公司向小区业主收取的自来水水费，以扣除其对外支付的自来水水费后的余额为销售额，按照简易计税方法依5%的征收率计算缴纳增值税。（　）

［参考答案］错误

［答案解析］根据现行增值税政策规定，提供物业管理服务的纳税人，向接受服务方收取的自来水水费，以扣除其对外支付的自来水水费后的余额为销售额，按照简易计税方法依3%的征收率计算缴纳增值税。

27. 纳税人采取转包、出租、互换、转让、入股等方式将承包地流转给农业生产者用于农业生产，免征增值税。（　）

［参考答案］正确

［答案解析］《财政部　税务总局关于建筑服务等营改增试点政策的通知》（财税〔2017〕58号）规定，纳税人采取转包、出租、互换、转让、入股等方式将承包地流转给农业生产者用于农业生产，免征增值税。

28. 自2017年1月1日起，购买方为企业的，索取增值税普通发票时，应向销售方提供纳税人识别号或统一社会信用代码。（　）

［参考答案］正确

［答案解析］《国家税务总局关于增值税发票开具有关问题的公告》（国家税务总局公告2017年第16号）规定，自2017年7月1日起，购买方为企业的，索取增值税普通发票时，应向销售方提供纳税人识别号或统一社会信用代码；销售方为其开具增值税普通发票时，应在“购买方纳税人识别号”栏填写

购买方的纳税人识别号或统一社会信用代码。不符合规定的发票，不得作为税收凭证。

29. 某机械租赁公司将建筑施工设备出租给某建筑公司使用并配备操作人员，应按照“有形动产租赁服务”缴纳增值税。（　　）

［参考答案］错误

［答案解析］根据现行增值税政策规定，纳税人将建筑施工设备出租给他人使用并配备操作人员的，按照“建筑服务”缴纳增值税。

30. 残疾人个人提供的加工、修理修配劳务，免征增值税。（　　）

［参考答案］正确

［答案解析］符合《关于促进残疾人就业增值税优惠政策的通知》（财税〔2016〕52号）规定。

31. 张某个人为某公司修缮房屋取得30万元收入，应向户籍所在地主管税务机关申报纳税。（　　）

［参考答案］错误

［答案解析］根据现行增值税政策规定，其他个人提供建筑服务，应向建筑服务发生地主管税务机关申报纳税。

32. 非正常损失的不动产，以及该不动产所耗用的购进货物、设计服务和建筑服务，其进项税额不得抵扣。（　　）

［参考答案］正确

［答案解析］非正常损失的不动产是指因管理不善造成不动产被盗、丢失、霉烂变质，以及因违反法律法规造成不动产被依法没收、销毁、拆除的。该不动产以及该不动产所耗用的购进货物、设计服务和建筑服务所对应的进项税额不得抵扣。

33. 纳税人跨县（市）提供建筑服务适用或选择适用简易计税方法计税的，应该规定向建筑服务发生地主管税务机关备案。（　　）

［参考答案］错误

［答案解析］根据现行增值税政策规定，纳税人跨县（市）提供建筑服务适用或选择适用简易计税方法计税的，应按规定向机构所在地主管税务机关备案，建筑服务发生地主管税务机关无需备案。

34. 一般纳税人转登记为小规模纳税人时需要缴销税控设备和增值税发票。（　　）

［参考答案］错误

［答案解析］根据现行增值税政策规定，转登记纳税人可以继续使用现有税控设备开具增值税发票，不需要缴销税控设备和增值税发票。

35. 按固定期限纳税的小规模纳税人可以选择在一个月或者一个季度为纳税期限，一经选择，一个自然年度内不得变更。（ ）

［参考答案］错误

［答案解析］根据现行增值税政策规定，按固定期限纳税的小规模纳税人可以选择在一个月或者一个季度为纳税期限，一经选择，一个会计年度内不得变更。

36. 纳税人兼营免税、减税项目的，未分别核算免税、减税项目的销售额，由税务局核定其减税、免税销售额，就核定金额减税或者免税。（ ）

［参考答案］错误

［答案解析］根据现行增值税政策规定，纳税人兼营免税、减税项目的，应分别核算免税、减税项目的销售额，未分别核算，不得免税、减税。

37. 对“三北”地区供热企业向居民个人供热取得的采暖费收入免征增值税。向居民供热取得的采暖费收入，仅指供热企业直接向居民收取的采暖费。（ ）

［参考答案］错误

［答案解析］根据现行增值税政策规定，对“三北”地区供热企业向居民个人供热取得的采暖费收入免征增值税。向居民供热取得的采暖费收入，包括供热企业直接向居民收取的、通过其他单位向居民收取的和由单位代居民缴纳的采暖费。

38. 某旅游度假村为甲公司召开年会提供会议场地及配套服务，应按照“会议展览服务”缴纳增值税。（ ）

［参考答案］正确

［答案解析］根据现行增值税政策规定，宾馆、旅馆、旅社、度假村和其他经营性住宿场所提供会议场地及配套服务的活动，按照“会议展览服务”缴纳增值税。

39. 某公司2021年3月由一般纳税人转登记为小规模纳税人，则该公司应自2021年3月起，按照简易计税方法计算缴纳增值税。（ ）

［参考答案］错误

［答案解析］根据现行增值税政策规定，一般纳税人转登记为小规模纳税人后，自转登记日的下期起，按照简易计税方法计算缴纳增值税。

40. 一般纳税人在增值税税率调整前未开具增值税发票的增值税应税销售行为，需要补开增值税发票的，应当按照原适用税率补开。（　）

［参考答案］正确

［答案解析］符合实体从旧原则。

41. 自2018年5月1日起，增值税一般纳税人生产销售和批发、零售抗癌药品，可选择按照简易办法依照5%征收率计算缴纳增值税。（　）

［参考答案］错误

［答案解析］根据现行增值税政策规定，自2018年5月1日起，增值税一般纳税人生产销售和批发、零售抗癌药品，可选择按照简易办法依照3%征收率计算缴纳增值税。

42. 享受促进残疾人就业增值税优惠政策的纳税人新安置的残疾人从签订劳动合同并缴纳社会保险的次月起计算，其他职工从录用的次月起计算；安置的残疾人和其他职工减少的，从减少次月计算。（　）

［参考答案］错误

［答案解析］根据《促进残疾人就业增值税优惠政策管理办法》规定，享受促进残疾人就业增值税优惠政策的纳税人新安置的残疾人从签订劳动合同并缴纳社会保险的次月起计算，其他职工从录用的次月起计算；安置的残疾人和其他职工减少的，从减少当月计算。

43. 纳税人租入固定资产、不动产，既用于一般计税方法计税项目，又用于简易计税方法计税项目、免征增值税项目、集体福利和个人消费的，应当按照销售额比例计算不得抵扣的进项税额。（　）

［参考答案］错误

［答案解析］根据现行增值税政策规定，纳税人租入固定资产、不动产，既用于一般计税方法计税项目，又用于简易计税方法计税项目、免征增值税项目、集体福利和个人消费的，其进项税额准予从销项税额中全额抵扣。

44. 对广播电视运营服务企业收取的有线数字电视基本收视维护费和农村有线电视基本收视费，免征增值税。（　）

［参考答案］正确

［答案解析］符合《关于继续实施支持文化企业发展增值税政策的通知》（财税〔2019〕17 号）规定。

45. A 旅游公司选择差额计算方法计算销售额，2021 年 3 月为某公司员工组织广西壮族自治区 5 日游收取费用 10 万元，并支付广西壮族自治区 B 旅行社当地接待费用 6 万元。则 A 旅游公司支付广西壮族自治区 B 旅行社的费用 6 万元可以开具增值税专用发票。（　　）

［参考答案］错误

［答案解析］根据现行增值税政策规定，选择差额计算方法计算销售额的纳税人，提供旅游服务向旅游服务购买方收取并支付的可以从全部价款和价外费用中扣除的费用，不得开具增值税专用发票。

46. 某商贸公司（增值税一般纳税人）因会计核算不健全，被主管税务机关责令限期改正，不得领购开具增值税专用发票。（　　）

［参考答案］正确

［答案解析］根据现行增值税政策规定，增值税一般纳税人会计核算不健全，不能向税务机关准确提供增值税销项税额、进项税额以及应纳税额数据的，不得领购开具增值税专用发票。

47. A 建筑公司为 B 公司建造厂房，B 公司自行采购部分钢材、混凝土、砌体材料、预制构件等，则 A 建筑公司可以适用简易计税方法计税。（　　）

［参考答案］正确

［答案解析］建筑工程总承包单位为房屋建造的地基与基础、主体结构提供工程服务，建设单位自行采购全部或部分钢材、混凝土、砌体材料、预制构件的，适用简易计税方法计税。

48. 纳税人销售自产的资源综合利用产品和提供资源综合利用劳务申请享受增值税即征即退政策时，应符合的条件之一是：纳税信用等级属于税务机关评定的 A 级或 B 级。（　　）

［参考答案］错误

［答案解析］《财政部　国家税务总局关于印发〈资源综合利用产品和劳务增值税优惠目录〉的通知》（财税〔2015〕78 号）规定，纳税人申请享受增值税即征即退政策时应同时符合下列条件：（1）属于增值税一般纳税人。（2）销

售综合利用产品和劳务，不属于国家发展改革委《产业结构调整指导目录》中的禁止类、限制类项目。（3）销售综合利用产品和劳务，不属于环境保护部《环境保护综合名录》中的“高污染、高环境风险”产品或者重污染工艺。（4）综合利用的资源，属于环境保护部《国家危险废物名录》列明的危险废物的，应当取得省级及以上环境保护部门颁发的《危险废物经营许可证》，且许可经营范围包括该危险废物的利用。（5）纳税信用等级不属于税务机关评定的C级或D级。

49. 国内A公司接受境外B公司提供的设计服务，A公司凭解缴税款的完税凭证申报抵扣进项税额时，留存了与境外B公司的书面合同、付款证明和对账单。则该笔进项税额可以从销项税额中抵扣。（　　）

［参考答案］正确

［答案解析］根据现行增值税政策规定，纳税人凭完税凭证抵扣进项税额的，应具备书面合同、付款证明和境外单位的对账单或者发票。其资料不全的，其进项税额不得从销项税额中抵扣。

50. 某超市既销售蔬菜又销售其他增值税应税货物，不需要分别核算蔬菜和其他增值税应税货物的销售额，也可以享受蔬菜增值税免税政策。（　　）

［参考答案］错误

［答案解析］根据《财政部　国家税务总局关于免征蔬菜流通环节增值税有关问题的通知》（财税〔2011〕137号）规定，纳税人既销售蔬菜又销售其他增值税应税货物的，应分别核算蔬菜和其他增值税应税货物的销售额；未分别核算的，不得享受蔬菜增值税免税政策。

第二章　消费税

一、单项选择题

1. 下列行为应缴纳消费税的是（　　）。

A. 进口服装　　B. 生产涂料

C. 零售高档化妆品　　D. 批发白酒

［参考答案］B

［答案解析］选项A，服装不属于消费税征税范围；选项C、D，高档化妆品、白酒属于消费税征税范围，但不在零售和批发环节缴纳消费税；只有选项B，生产涂料符合条件。

2. 下列应税消费品中，只实行从价定率计税方法缴纳消费税的是（　　）。

A. 黄酒　　B. 啤酒

C. 其他酒　　D. 卷烟

［参考答案］C

［答案解析］选项A、B，实行从量定额计税方法；选项D，实行复合计税方法。

3. 以下视为应税消费品生产行为的是（　　）。

A. 高档化妆品批发商从厂家进货后加价批发高档化妆品

B. 餐饮企业购入啤酒为顾客提供现场消费

C. 油品销售企业将外购的润滑助剂以润滑脂的品名对外销售

D. 家居商城零售木制一次性筷子

[参考答案] C

[答案解析]《国家税务总局关于消费税有关政策问题的公告》（国家税务总局公告2012年第47号）规定，自2013年1月1日起，工业企业以外的单位和个人的下列行为视为应税消费品的生产行为，按规定征收消费税：

（1）将外购的消费税非应税产品以消费税应税产品对外销售的；

（2）将外购的消费税低税率应税产品以高税率应税产品对外销售的。

4. 下列项目中，应征收消费税的是（　　）。

A. 啤酒屋销售的自制果啤

B. 零售商店出售的外购焰火、鞭炮

C. 汽车制造厂销售的自产货运加长大卡车

D. 服装厂转让自己使用过的小轿车

[参考答案] A

[答案解析] 选项B，零售商店出售的外购焰火、鞭炮在生产出厂环节缴纳消费税；选项C，货运加长大卡车不属于消费税的征税范围；选项D，小轿车在生产出厂环节缴纳消费税，服装厂转让自己使用过的小轿车不缴纳消费税。只有选项A，啤酒屋销售的自制果啤征收消费税。

5. 下列消费品，属于消费税"小汽车"税目征收范围的是（　　）。

A. 高尔夫车　　B. 中轻型商用客车

C. 卡丁车　　D. 电动汽车

[参考答案] B

[答案解析] 消费税"小汽车"税目征收范围包括符合规定的乘用车、中轻型商用客车和超豪华小汽车，不含高尔夫车、卡丁车和电动汽车。

6. 根据《中华人民共和国消费税暂行条例》的规定，下列情况应征收消费税的是（　　）。

A. 汽车厂外购已税电池装配小轿车后销售

B. 商业企业外购已税珠宝玉石后零售

C. 企业将外购的实木地板用于职工福利

D. 企业将委托加工收回的粮食白酒以不高于受托方的计税价格直接销售

[参考答案] A

[答案解析] 一般情况下，消费税是单一环节征税。选项A，应按"小汽

车”税目征收消费税，但要注意电池装配小轿车后跨越消费税税目，不得抵扣已纳消费税；选项B，珠宝玉石在生产出厂环节缴纳消费税，商业企业外购已税珠宝玉石后零售的，在零售环节不需要缴纳消费税；选项C，实木地板在生产出厂环节缴纳消费税，企业将外购的实木地板用于职工福利不缴纳消费税；选项D，委托方将收回的已税消费品以不高于受托方的计税价格出售的，不再缴纳消费税。

7. 下列消费品的生产经营环节，既征收增值税又征收消费税的是（　　）。

A. 葡萄酒的批发环节　　B. 金银首饰的生产销售环节

C. 珍珠饰品的零售环节　　D. 高档手表的生产销售环节

［参考答案］D

［答案解析］选项A、B、C，不缴纳消费税，只缴纳增值税；选项D，既征收增值税又征收消费税。

8. 下列移送环节应视同销售缴纳消费税的情况是（ ）。

A. 将外购已税消费品用于继续加工应税消费品

B. 将委托加工收回的应税消费品用于继续加工应税消费品

C. 自制应税消费品用于继续加工应税消费品

D. 自制应税消费品用于向外单位投资

［参考答案］D

［答案解析］选项A、B、C均于出厂销售时缴纳消费税，移送继续加工环节不视同销售，但自制应税消费品用于对外投资的，移送环节应视同销售缴纳消费税。

9. 下列关于以外购已税杆头、杆身和握把为原料连续生产的高尔夫球杆的消费税处理，正确的是（　　）。

A. 外购已税杆头的已纳消费税可以按购进入库数量在应纳消费税税款中扣除

B. 外购已税杆头的已纳消费税可以按生产领用数量在应纳消费税税款中扣除

C. 外购已税杆头的已纳消费税可以按高尔夫球杆出厂销售数量在应纳消费税税款中扣除

D. 外购已税杆身的已纳消费税不可以在应纳消费税税款中扣除

［参考答案］B

［答案解析］关于外购应税消费品已纳消费税的扣除，从依据上看，按生产领用数量抵扣，不同于增值税的购进扣税。

10. 2021 年 1 月份某白酒生产企业（增值税一般纳税人）将本厂新开发的一种白酒，用于奖励职工 0.8 吨，已知该种白酒无同类产品出厂价，生产成本每吨 40 000 元，成本利润率为 10%，白酒消费税定额税率为 0.5 元/500 克，消费税比例税率为 20%。该酒厂当月应缴纳的消费税为（　　）元。

A. 8 600　　　　B. 8 800

C. 9 600　　　　D. 9 800

［参考答案］D

［答案解析］注意吨与斤的换算，1 吨 = 1 000 公斤 = 2 000 斤，1 斤 = 500 克

从量税 = 0.8 × 2 000 × 0.5 = 800（元）

从价税 = [0.8 × 40 000 × (1 + 10%) + 800] ÷ (1 − 20%) × 20% = 9 000（元）

该酒厂当月应缴纳的消费税 = 800 + 9 000 = 9 800（元）

11. 某百货公司是增值税一般纳税人，其金银饰品部 2021 年 2 月直接零售金首饰 2 260 克，每克零售价 300 元；以旧换新销售金首饰，收回旧首饰 200 克，换出新首饰 600 克，收取含税差价 56 500 元。当月该金银饰品部还零售镀金首饰一批，收取零售收入 22 600 元。该百货公司当月应缴纳消费税（　　）元。

A. 30 000　　　　B. 32 500

C. 33 500　　　　D. 31 000

［参考答案］B

［答案解析］计征消费税的不含税销售额 = (2 260 × 300 + 56 500) ÷ (1 + 13%) = 650 000（元）

当月应缴纳消费税 = 650 000 × 5% = 32 500（元）

12. 卷烟批发企业甲 2021 年 1 月批发销售卷烟 500 箱，其中批发给另一卷烟批发企业 300 箱、零售专卖店 150 箱、个体烟摊 50 箱。每箱不含税批发价格为 13 000 元。甲企业应缴纳的消费税为（　　）元。

A. 32 500　　B. 325 000

C. 336 000　　D. 195 000

［参考答案］C

［答案解析］根据现行消费税政策规定，卷烟批发商之间销售的卷烟500箱不缴纳消费税，只针对销售给零售专卖店的150箱和个体烟摊的50箱征税。每箱不含税批发价格为13 000元。

甲企业应缴纳的消费税 =（150 + 50）× 13 000 × 11% +（150 + 50）× 250 = 336 000（元）

13. 下列项目中，纳税人可按生产领用量抵扣委托加工收回应税消费品已纳消费税的是（　　）。

A. 首饰厂将委托加工收回的已税玉珠抛光打孔串成玉珠项链

B. 日化厂以委托加工收回的已税高档香水精为原料生产香皂

C. 首饰厂以委托加工收回的已税红宝石戒面制成22K黄金镶嵌项坠

D. 汽车制造厂将委托加工收回的已税小轿车改装成工程抢修车

［参考答案］A

［答案解析］选项A，属于税法规定的用委托加工收回的已税珠宝玉石为原料生产的珠宝玉石，可按生产领用量抵扣已纳消费税；选项B，香皂不属于消费税的征税范围，不得抵扣高档香水精已纳消费税；选项C，黄金镶嵌项坠应在零售环节纳税，不能抵扣红宝石戒面已纳消费税税款；选项D，已税小轿车改装成工程抢修车不属于消费税的征税范围，故也不能抵扣上一环节已纳消费税。

14. 下列关于"在中华人民共和国境内"生产、委托加工和进口应税消费品的表述正确的是（　　）。

A. 生产、委托加工和进口应税消费品的生产地在境内

B. 生产、委托加工和进口应税消费品的使用地在境内

C. 生产、委托加工和进口应税消费品的起运地和所在地在境内

D. 生产、委托加工和进口应税消费品的销售地在境内

［参考答案］C

［答案解析］根据《中华人民共和国消费税暂行条例》规定，消费税纳税义务人规定中的"中华人民共和国境内"，是指生产、委托加工和进口属于应

当征收消费税的消费品的（起运地和所在地）在境内。

15. 某烟草公司（增值税一般纳税人），2021 年 1 月批发销售 A 牌卷烟 5 000 条给烟酒零售商店，取得不含税收入 250 万元；同时批发雪茄烟 300 条给烟酒零售商店，开具普通发票，取得含税收入 22.6 万元。该烟草公司当月应缴纳的消费税是（　　）万元。

A. 29.7　　　　B. 28

C. 27.5　　　　D. 25

[参考答案] B

[答案解析] 应纳消费税 = 250 × 11% + 5 000 × 1 ÷ 10 000 = 28（万元）

本题烟草公司批发雪茄烟不缴纳消费税。

16. 某筷子生产企业为增值税一般纳税人，2021 年 4 月取得不含税销售额如下：销售不锈钢筷子收入 130 000 元；销售竹制筷子收入 200 000 元；销售木制一次性筷子收入 150 000 元。另外没收逾期未退还的木制一次性筷子包装物押金 11 300 元，该押金于 2019 年 12 月收取，已知木制一次性筷子适用的消费税税率为 5%。该企业当月应缴纳消费税（　　）元。

A. 7 500　　　　B. 8 000

C. 10 000　　　　D. 24 000

[参考答案] B

[答案解析] 木制一次性筷子属于消费税征税范围，其逾期未退还的包装物押金也要计入销售额计算消费税。但竹制筷子和不锈钢筷子非一次性筷子不属于消费税征税范围。

该筷子生产企业当月应纳消费税 = 150 000 × 5% + 11 300 ÷（1 + 13%）× 5% = 8 000（元）

17. 某化妆品生产企业为增值税一般纳税人，2021 年 2 月从境外进口一批高档香水精，海关核定的关税完税价格是 35 万元，进口关税税率是 25%，当月该企业领用其中的 60% 连续生产高档化妆品，领用其中的 10% 连续生产普通护肤品，剩余 30% 留存仓库，期初库存为零，已知高档化妆品消费税税率为 15%。当月该企业上述业务可以抵扣的外购应税消费品已纳税额为（　　）万元。

A. 4.63　　　　B. 5.40

C. 7.72

D. 11.25

[参考答案] A

[答案解析] 当月该企业可以抵扣的外购应税消费品已纳税额 = 35 ×（1 + 25%）÷（1 − 15%）×15% ×60% = 4.63（万元）

18. 某外国驻华机构进口一辆小轿车自用，关税完税价格折合人民币 130 万元，进口环节关税税率 25%，进口环节消费税税率为 40%，则该辆小汽车应纳消费税（　　）万元。

A. 68.12

B. 120.12

C. 135.42

D. 142.12

[参考答案] C

[答案解析] 根据《关于调整小汽车进口环节消费税的通知》（财关税〔2016〕63 号）规定，2016 年 12 月 1 日起，对我国驻外使领馆工作人员、外国驻华机构及人员、非居民常住人员、政府间协议规定等应税消费品进口自用，且关税完税价格 130 万元及以上的超豪华小汽车消费税，按照进口环节税率加零售环节消费税税率为 10% 加总计算，由海关代征。

该辆超豪华小汽车消费税计税价格 = 130 ×（1 + 25%）÷（1 − 40%）= 270.83（万元）

应纳消费税 = 270.83 ×（40% + 10%）= 135.42（万元）

19. 以下属于消费税“其他酒”税目的是（　　）。

A. 果汁啤酒

B. 葡萄酒

C. 调味料酒

D. 食用酒精

[参考答案] B

[答案解析] 选项 A 属于啤酒税目；选项 C、D 不属于消费税的征税范围。

20. 下列关于消费税纳税地点的说法，正确的是（　　）。

A. 纳税人销售应税消费品，应当在销售行为发生地的主管税务机关申报纳税

B. 纳税人总分支机构不在同一县（市）的，可以选择由总机构汇总向总机构所在地的主管税务机关申报缴纳消费税

C. 委托加工应税消费品，受托方为个人的，由委托方向其机构所在地主管税务机关申报纳税

D. 进口应税消费品，由进口人或由其代理人向其机构所在地或住所地主管税务机关申报纳税

［参考答案］C

［答案解析］选项A，纳税人销售应税消费品，除另有规定外，应当向其机构所在地或住所地的主管税务机关申报纳税；选项B，除卷烟批发企业外，纳税人总分支机构不在同一县（市）的，由各机构向各机构所在地的主管税务机关申报缴纳消费税；选项D，进口应税消费品，由进口人或由其代理人向进口报关地主管海关缴纳消费税。

21. 下列各项中，不以最高售价作为计税依据计算消费税的是（　　）。

A. 将自产应税消费品用于换取生产资料

B. 将自产应税消费品赠送给其他单位

C. 将自产应税消费品用于投资入股

D. 将自产应税消费品用于抵偿债务

［参考答案］B

［答案解析］纳税人自产的应税消费品用于换取生产资料和消费资料、投资入股和抵偿债务等方面，应当按纳税人同类应税消费品的最高销售价格作为计税依据。

22. 关于纳税人进口应税消费品缴纳消费税税款的时间规定正确的是（　　）。

A. 海关填发海关进口消费税专用缴款书次日起15日内

B. 海关填发海关进口消费税专用缴款书之日起15日内

C. 次月起7日内

D. 次月起10日内

［参考答案］B

［答案解析］纳税人进口应税消费品，应当自海关填发海关进口消费税专用缴款书之日起15日内缴纳税款。

23. 2020年11月，某酒厂（增值税一般纳税人）生产粮食白酒100吨全部对外销售，取得含税销售额480万元，同时收取品牌使用费15万元，销售白酒时收取包装物押金5万元，本月没收3个月前销售白酒时收取的包装物押金3万元。该酒厂当月应纳消费税（　　）万元。

A. 94.96　　B. 95.84

C. 97.61　　D. 98.5

［参考答案］ D

［答案解析］ 该酒厂当月应纳消费税 =(480 + 15 + 5)÷(1 + 13%)× 20% + 100 × 2 000 × 0.5 ÷ 10 000 = 98.50（万元）

24. 某商场为增值税一般纳税人，2021 年 1 月珠宝首饰部发生下列业务，零售铂金首饰取得收入 13.56 万元，将金银首饰与镀金首饰组成配套首饰盒销售，取得收入 28.25 万元，其中金银首饰 18.72 万元，镀金首饰 9.53 万元，该商场当月应缴消费税（　　）万元。

A. 0.6　　B. 1.25

C. 1.85　　D. 1.75

［参考答案］ C

［答案解析］ 应纳消费税 =(13.56 + 28.25)÷(1 + 13%)× 5% = 1.85（万元）

25. 下列各项中，不符合应税消费品销售数量规定的是（　　）。

A. 自产自用应税消费品的，为应税消费品的生产数量

B. 生产销售应税消费品的，为应税消费品的销售数量

C. 进口应税消费品的，为海关核定的应税消费品进口征税数量

D. 委托加工应税消费品的，为纳税人收回的应税消费品数量

［参考答案］ A

［答案解析］ 自产自用应税消费品的，以应税消费品的移送使用数量为课税数量。

26. A 高档化妆品厂委托 B 化妆品生产企业加工一批高档化妆品，材料成本为 15 万元，B 企业收取加工费（不含增值税）5 万元，辅助材料费（不含增值税）1 万元。B 化妆品生产企业代收代缴了消费税，A 高档化妆品厂收回加工完成后的高档化妆品以 33 万元的不含税价格卖出，下列关于消费税的说法正确的是（　　）。

A. A 高档化妆品厂需要缴纳消费税 1.24 万元

B. A 高档化妆品厂不需要缴纳消费税

C. A 高档化妆品厂需要缴纳消费税 3.6 万元

D. A 高档化妆品厂需要缴纳消费税 9.9 万元

［参考答案］A

［答案解析］组成计税价格 =（15 + 5 + 1）÷（1 − 15%）= 24.71（万元）

B 化妆品生产企业应代收代缴消费税 = 24.71 × 15% = 3.71（万元）

A 高档化妆品厂应缴纳消费税 = 33 × 15% − 3.71 = 1.24（万元）

27. 国内某汽车制造企业将一辆高档小轿车以 140 万元（不含增值税）的价格直接销售给某企业高管，该高档小轿车生产环节消费税税率 40%，则该汽车制造企业应纳消费税（　　）万元。

A. 78　　　　B. 56

C. 70　　　　D. 86

［参考答案］C

［答案解析］国内汽车生产企业直接销售给消费者的超豪华小汽车，消费税税率按照生产环节税率和零售环节税率加总计算。消费税应纳税额计算公式：

应纳税额 = 销售额 ×（生产环节税率 + 零售环节税率）

该汽车制造企业应纳消费税 = 140 ×（40% + 10%）= 70（万元）

28. 某啤酒生产企业（增值税一般纳税人）2021 年 4 月销售乙类啤酒 1 000 吨，取得含税销售额 226 万元，另收取单独记账核算的包装物押金 5.6 万元。当月没收逾期未退回包装物押金 4.52 万元。则该啤酒生产企业当月应缴纳增值税和消费税合计为（　　）万元。

A. 52.69　　　　B. 49.16

C. 48.52　　　　D. 51.96

［参考答案］C

［答案解析］啤酒是从量定额征收消费税的，和销售价款无关，所以包装物押金不计算啤酒的消费税。该啤酒生产企业当月应纳消费税 220 000 元（220 × 1 000）。对于销售啤酒收取的包装物押金，单独记账核算且时间在 1 年以内又未过期的，不并入销售额计征增值税，但因逾期未收回包装物不再退还的押金应并入销售额计征增值税。该啤酒生产企业当月应纳增值税 = 226 ÷（1 + 13%）× 13% + 4.52 ÷（1 + 13%）× 13% = 26.52（万元）。

因而，该啤酒生产企业当月应缴纳增值税和消费税合计为 48.52 万元。

29. 以下关于消费税纳税义务发生时间的说法，错误的是（　　）。

A. 某酒厂销售葡萄酒20箱并收取价款4 800元，其纳税义务发生时间为收款的当天

B. 某手表厂采取预收货款方式销售高档手表，其纳税义务发生时间为销售合同约定的收款日期的当天

C. 某烟花企业采用托收承付结算方式销售焰火，其纳税义务发生时间为发出焰火并办妥托收手续的当天

D. 某化妆品厂采用赊销方式销售高档化妆品，书面合同约定收款日期为6月30日，实际收到货款日为7月30日，纳税义务发生时间为6月30日

[参考答案] B

[答案解析] 采取直接收款结算方式的，消费税纳税义务发生时间为收讫销售款或者取得索取销售款凭据的当天，选项A正确；采取预收货款结算方式的，消费税纳税义务发生时间为发出应税消费品的当天，选项B错误；采取托收承付和委托银行收款方式的，为发出应税消费品并办妥托收手续的当天，选项C正确；采取赊销和分期收款结算方式的，为书面合同约定的收款日期的当天，书面合同没有约定收款日期或者无书面合同的，为发出应税消费品的当天，选项D正确。

30. 下列成品油中，暂缓征收消费税的是（　　）。

A. 石脑油　　B. 溶剂油

C. 航空煤油　　D. 润滑油

[参考答案] C

[答案解析] 航空煤油暂缓征收消费税。

二、多项选择题

1. 根据消费税现行政策规定，下列属于消费税纳税人的有（　　）。

A. 钻石的进口商　　B. 高档化妆品的生产商

C. 卷烟的批发商　　D. 金首饰的零售商

E. 红木筷子生产商

[参考答案] BCD

[答案解析] 高档化妆品的生产商在出厂销售时缴纳消费税；卷烟的批发

商自2009年5月1日以后在卷烟批发环节（批发商之间销售卷烟除外）加征一道消费税，所以选项B、C属于消费税纳税人。金银首饰、钻石、钻石首饰、铂金首饰的零售商在零售环节缴纳消费税，钻石进口环节不缴纳消费税，选项A错误。红木筷子不属于木制一次性筷子，不缴纳消费税，选项E错误。

2. 下列环节既征收消费税又征收增值税的有（　　）。

A. 卷烟的批发环节　　B. 白酒的批发环节

C. 金银首饰的零售环节　　D. 高档化妆品的进口环节

E. 汽油的生产环节

［参考答案］ACDE

［答案解析］白酒应于生产、委托加工和进口环节缴纳消费税，批发环节只缴纳增值税，不缴纳消费税。

3. 对于委托加工应税消费品，受托方（非个人）没有按规定代收代缴税款的，下列说法错误的有（　　）。

A. 受托方代委托方补缴税款

B. 委托方补缴税款

C. 委托方按受托方同类消费品销售价格补缴税款

D. 委托方一律按组成计税价格补缴税款

E. 对受托方处应代收代缴税款50%以上3倍以下的罚款

［参考答案］ACD

［答案解析］受托方未按规定代收代缴消费税的，应由委托方补税，受托方按征管法规定受到罚款处罚；委托方收回后直接销售的按销售额（不含增值税）补税，尚未销售或不能直接销售的才按照组成计税价格补税。

4. 根据现行消费税政策规定，下列费用计入消费税计税依据的有（　　）。

A. 延期付款利息　　B. 包装费

C. 优质费　　D. 黄酒的包装物押金

E. 价外收取的返还利润

［参考答案］ABCE

［答案解析］黄酒是从量计征消费税的，黄酒的包装物押金不作为消费税计税依据。

5. 下列各项中，应当征收消费税的有（　　）。

A. 化妆品厂作为样品赠送给客户的高档香水

B. 用于产品质量检验耗费的高尔夫球杆

C. 白酒生产企业向百货公司销售的试制药酒

D. 化妆品厂移送非独立核算门市部待销售的高档化妆品

E. 将自产的实木地板用于本企业职工宿舍装修

[参考答案] ACE

[答案解析] 选项 B，属于产品质量内部检测的高尔夫球杆不征消费税，产品质量检验属于生产环节的一道工序；选项 D，化妆品厂移送非独立核算部门待销售的化妆品，不征消费税，如果门市部已经对外销售，则应按门市部对外销售额计征消费税。

6. 以下符合卷烟批发环节征收消费税规定的有（　　）。

A. 卷烟批发商之间销售卷烟不缴纳消费税

B. 纳税人批发卷烟和其他商品不能分别核算销售额的，一并征收消费税

C. 卷烟批发企业总分支机构不在同一地区的，由各批发卷烟的分支机构分别纳税

D. 批发环节计算纳税时，不得扣除已含的生产环节消费税税款

E. 卷烟批发环节实行从价税加从量税复合计征

[参考答案] ABDE

[答案解析] 卷烟批发企业，总分支机构不在同一地区的，由总机构申报纳税，选项 C 错误。选项 A、B、D、E 符合规定。

7. 下列符合现行金银首饰消费税政策规定的有（　　）。

A. 带料加工的金银首饰，应按受托方销售同类金银首饰的销售价格确定计税依据征收消费税，没有同类金银首饰销售价格的，按照组成计税价格计算纳税

B. 纳税人采用以旧换新方式销售的金银首饰，应按照实际收取的不含增值税的全部价款确定计税依据征收消费税

C. 金银首饰与其他产品组成成套消费品销售的，应按销售额全额征收消费税

D. 外购的已税珠宝玉石生产的改在零售环节征收消费税的金银首饰，在计税时，准予按照生产领用量扣除外购珠宝玉石的已纳税款

E. 金银首饰连同包装物销售的，无论包装物是否单独计价，也无论会计上如何核算，均应并入金银首饰的销售额，计征消费税

［参考答案］ABCE

［答案解析］选项D，外购的已税珠宝玉石生产的改在零售环节征收消费税的金银首饰，在计税时，一律不得扣除外购珠宝玉石的已纳税款。

8. 下列属于消费税征税范围的有（　　）。

A. 20 000元一只的高档手表

B. 帆艇

C. 高档胭脂

D. 戏剧演员化妆用的油彩

E. 电动汽车

［参考答案］AC

［答案解析］选项A，每只10 000元（不含增值税）以上（含）的高档手表征收消费税；选项B，帆舰不属于征收消费税的机动艇，不征收消费税；选项C，高档胭脂属于高档化妆品税目，应征收消费税；选项D，戏剧演员化妆用的油彩不属于征收消费税的范围。

9. 某商场2020年4月零售的下列首饰中，应缴纳消费税的有（　　）。

A. 翡翠手镯

B. 钻石胸针

C. 镀金项链

D. 18K金镶嵌翡翠耳钉

E. 玉石项链

［参考答案］BD

［答案解析］金银首饰（含金基、银基合金首饰以及金、银和金基、银基合金的镶嵌首饰，但不含包金、包银、镀金、镀银首饰）、铂金首饰、钻石以及钻石饰品在零售环节纳税；其他贵重首饰和珠宝玉石在出厂环节纳税。

10. 下列委托加工行为中，受托方（非个人）应代收代缴消费税的有（　　）。

A. 建筑公司委托加工一批涂料

B. 某企业提供外购汽车底盘及配件委托加工成小货车

C. 某企业委托加工一批高档化妆品

D. 某企业提供烟叶委托加工成烟丝

E. 某企业委托加工一批木制一次性筷子

［参考答案］ACDE

［答案解析］选项B中的小货车不属于消费税的征税范围，不涉及代收代缴消费税。

11. 下列消费品中应征收消费税的有（　　）。

A. 用于职工福利的自产卷烟

B. 出厂前进行化学检验的自产高档化妆品

C. 作为礼品赠送给客户的自产高档化妆品

D. 用于管理部门的自产应税小汽车

E. 将自产应税小汽车用于投资

［参考答案］ACDE

［答案解析］选项A、C、D、E均属于视同销售应征收消费税的项目；选项B属于生产必备环节，不缴纳消费税。

12. 下列纳税人连续生产应税消费品再销售的，可按生产领用量扣除外购应税消费品已纳消费税税款的有（　　）。

A. 外购已税烟丝生产的卷烟

B. 外购已税蒸馏酒生产的配制酒

C. 进口葡萄酒连续生产应税葡萄酒

D. 外购已税润滑油生产的润滑油

E. 外购已税珠宝玉石生产的金银首饰

［参考答案］ACD

［答案解析］选项B，除葡萄酒之外的其他酒用于连续生产时，没有抵税规定。选项E，纳税人用外购的已税珠宝玉石连续生产的改在零售环节征收消费税的金银首饰，在计税时一律不得扣除外购已税珠宝玉石已纳消费税税款。

13. 纳税人用一定来源的葡萄酒，连续生产葡萄酒的，准予从葡萄酒消费税应纳税额中扣除所耗用应税葡萄酒已纳消费税税款。如本期消费税应纳税额不足抵扣的，余额留待下期抵扣。上述“一定来源”包括（　　）。

A. 从葡萄酒生产企业购进　　B. 从葡萄酒批发企业购进

C. 从葡萄酒零售企业购进　　D. 进口葡萄酒

E. 葡萄酒酒庄自酿葡萄酒

［参考答案］ADE

［答案解析］纳税人从葡萄酒生产企业购进，进口葡萄酒连续生产应税葡

萄酒的，准予从葡萄酒消费税应纳税额中扣除所耗用应税葡萄酒已纳消费税税款。如本期消费税应税税额不足抵扣的，余额留待下期抵扣。

14. 下列不同用途的应税消费品应缴纳消费税的有（　　）。

A. 将自产应税消费品用于投资的

B. 将自产应税消费品用于集体福利的

C. 用委托加工收回的应税消费品（受托方已代收代缴消费税）连续生产应税消费品后销售的

D. 将委托加工收回的应税消费品（受托方已代收代缴消费税）以不高于受托方计税价格直接销售的

E. 将自产应税消费品作为赞助提供给其他单位

[参考答案] ABCE

[答案解析] 选项 A、B、E，属于视同销售应缴纳消费税的情形；选项 C，对生产的应税消费品在出厂环节计算缴纳消费税；选项 D，委托加工收回的已税消费品以不高于受托方计税价值直接销售时不再缴纳消费税。

15. 根据消费税现行政策规定，下列消费品既征收增值税又征收消费税的有（　　）。

A. 某日化厂销售自产洗发水和沐浴露

B. 某葡萄酒厂销售自产的葡萄酒

C. 某烟酒经销商店零售外购的烟酒

D. 从国外进口小轿车

E. 某木器厂生产销售实木地板

[参考答案] BDE

[答案解析] 洗发水和沐浴露不属于消费税征收范围；烟酒经销商店零售外购的烟酒，不属于消费税的纳税环节，不再缴纳消费税。

16. 小汽车生产企业甲 2021 年 1 月生产小汽车 20 辆，其中 16 辆以每辆 120 万元（不含增值税，下同）的价格销售给乙汽车销售中心，1 辆直接以 136 万元的价格销售给影星丙；乙汽车销售中心以 138 万元/辆的价格将该批车辆中的 15 辆销售给消费者，假定该款车辆生产环节消费税税率为 12%，则以下说法错误的有（　　）。

A. 小汽车生产企业甲应缴纳消费税 260.76 万元

B. 乙汽车销售中心应缴纳消费税 207 万元

C. 影星丙是消费税的纳税人

D. 超豪华小汽车的判别标准是出厂价格超过 130 万元的小轿车

E. 甲企业将 1 辆小汽车以 136 万元销售给影星丙，消费税税率按照生产环节税率和零售环节税率加总计算

［参考答案］ ACD

［答案解析］2016 年 12 月 1 日起，“小汽车”税目下增设“超豪华小汽车”子税目。征收范围为每辆零售价格 130 万元（不含增值税）及以上的乘运车和中轻型商用客车。对豪华小汽车，在生产（进口）环节按现行税率征收消费税基础上，在零售环节加征消费税。将超豪华小汽车销售给消费者的单位和个人为超豪华小汽车零售环节纳税人，税率为 10%，所以选项 C 错误。而选项 D 的表述是出厂价为标准且没有表明包含中轻型商用客车，故选项 D 错误。选项 A，甲企业出厂销售 16 辆小汽车应缴纳生产环节消费税 230.40 万元（120 × 16 × 12%）；甲企业将 1 辆小汽车以 136 万元销售给影星丙，消费税税率按照生产环节税率和零售环节税率加总计算，应纳消费税 29.92 万元［136 ×（12% + 10%）］；甲企业合计应纳消费税 260.32 万元（230.40 + 29.2）。选项 B，乙汽车销售中心零售 15 辆超豪华小汽车应纳零售环节消费税 207 万元（138 × 15 × 10%）。

17. 关于消费税计税依据的说法，正确的有（　　）。

A. 啤酒生产企业生产销售啤酒时收取的包装物押金应并入销售额计税

B. 白酒生产企业向商业销售单位收取的“品牌使用费”应并入白酒销售额计税

C. 纳税人自产应税消费品用于换取生产资料和消费资料、投资入股和抵偿债务等方面，应以纳税人同类应税消费品的最高销售价格计税

D. 纳税人通过自设非独立核算门市部销售的自产应税消费品，应当按照门市部对外销售额或者销售数量计税

E. 卷烟生产企业实际销售价格低于核定计税价格，按实际销售价格计税

［参考答案］ BCD

［答案解析］啤酒生产企业生产销售啤酒时收取的包装物押金不应并入销售额计税，注意区分啤酒和白酒在本知识点上的不同处理。卷烟生产企业实际

销售价格低于核定计税价格，按核定计税价格计税。

18. 下列应税消费品中，准予扣除已纳消费税的有（　　）。

A. 以已税珠宝玉石为原料生产的金基镶嵌首饰

B. 以已税烟丝为原料生产的卷烟

C. 以已税小汽车改造生产小汽车

D. 以委托加工收回的实木地板生产实木复合地板

E. 以已税杆头、杆身和握把为原料生产的高尔夫球杆

［参考答案］ BDE

［答案解析］ 根据现行消费税政策规定，选项 A、C 不得扣除。

19. 以下关于白酒消费税最低计税价格的规定，正确的有（　　）。

A. 白酒消费税最低计税价格由白酒生产企业自行申报，税务机关核定

B. 白酒消费税最低计税价格由税务机关根据生产规模、白酒品牌、利润水平等情况在销售单位对外销售价格 70% 以上进行核定

C. 已核定最低计税价格的白酒，生产企业实际销售价格低于消费税最低计税价格的，按核定的最低计税价格申报纳税

D. 已核定最低计税价格的白酒，销售单位对外销售价格持续上涨或下降时间达到 3 个月以上，累计上涨和下降幅度在 20%（含）以上的，税务机关重新核定最低计税价格

E. 已核定最低计税价格的白酒，生产企业实际销售价格高于消费税最低计税价格的，按实际销售价格申报纳税

［参考答案］ ACDE

［答案解析］ 选项 B，白酒生产企业销售给销售单位的白酒，生产企业消费税计税价格低于销售单位对外销售价格 70% 以下的，消费税最低计税价格由税务机关根据生产规模、白酒品牌、利润水平等情况在销售单位对外销售价格 50%—70% 范围内自行核定。其中，生产规模较大、利润水平较高的企业生产的需要核定消费税最低计税价格的白酒，税务机关核定幅度原则上应选择在销售单位对外销售价格 60%—70% 范围内。

20. 以下符合消费税纳税义务发生时间规定的有（　　）。

A. 纳税人采用赊销和分期收款结算方式销售应税消费品的，其纳税义务的发生时间为实际收款日期的当天

B. 纳税人自产自用的应税消费品，其纳税义务的发生时间为移送使用的当天

C. 纳税人委托加工的应税消费品，其纳税义务的发生时间为委托方支付加工费的当天

D. 纳税人采取直接收款方式销售应税消费品的，其纳税义务的发生时间为收讫销售款或者取得索取销售款凭据的当天

E. 采取预收货款结算方式的，为发出应税消费品的当天

[参考答案] BDE

[答案解析] 选项A，纳税人采取赊销和分期收款结算方式销售应税消费品的，其纳税义务的发生时间为书面合同约定的收款日期的当天，书面合同未约定收款日期或无书面合同的，为发出应税消费品的当天；选项C，纳税人委托加工的应税消费品，其纳税义务的发生时间为纳税人提货的当天。

21. 以下关于消费税的纳税地点表述正确的有（　　）。

A. 委托加工的应税消费品，除受托方为个人外，由受托方向机构所在地或居住地主管税务机关解缴其代收代缴的消费税

B. 纳税人销售的应税消费品应当向纳税人机构所在地的主管税务机关申报纳税

C. 进口的应税消费品，由进口人或代理人向核算地海关申报纳税

D. 委托个人加工的应税消费品，由委托方向其机构所在地或者居住地主管税务机关申报纳税

E. 纳税人自产自用的应税消费品应当向纳税人机构所在地主管税务机关申报纳税

[参考答案] ABDE

[答案解析] 选项C，进口的应税消费品由进口人或者其代理人向报关地海关申报纳税。

22. 以下不符合现行消费税政策规定的有（　　）。

A. 进口应税消费品，由进口人或代理人向机构所在地申报纳税

B. 对自己不生产应税消费品，而只是购进后再销售应税消费品的工业企业，其销售的高档化妆品，凡不能构成最终消费品直接进入消费品市场，而需进一步生产加工的，应当征收消费税，但不能扣除外购高档化妆品的已纳税款

C. 委托加工应税消费品的组价公式中，加工费包括加工费和代垫辅料费等向委托方收取的全部费用，但不含增值税税额

D. 委托加工的应税消费品受托方交货时已代收代缴消费税，委托方收回后出售的，一律不再征收消费税

E. 纳税人应税消费品的计税价格明显偏低并无正当理由的，由主管税务机关核定其计税价格

［参考答案］ABD

［答案解析］进口应税消费品，由进口人或代理人向报关地海关申报纳税，选项A错误。对自己不生产应税消费品，而只是购进后再销售应税消费品的工艺企业，其销售的高档化妆品，凡不能构成最终消费品直接进入消费品市场，而需进一步生产加工的，应当征收消费税，同时允许扣除外购高档化妆品的已纳税款，选项B错误。委托加工的应税消费品，委托方收回后以不高于受托方计税价格出售的，不再缴纳消费税，以高于受托方计税价格出售的，需要按照规定申报缴纳消费税，在计税时准予扣除受托方已代收代缴的消费税，选项D错误。

23. 下列行为中，既缴纳增值税又缴纳消费税的有（　　）。

A. 酒厂将自产的白酒赠送给协作单位

B. 卷烟厂将自产的烟丝移送用于生产卷烟

C. 涂料厂将自产的涂料移送用于仓库在建工程

D. 汽车厂将自产的应税小汽车赞助给某艺术节组委会

E. 地板厂将生产的新型实木地板奖励给有突出贡献的职工

［参考答案］ADE

［答案解析］选项B，卷烟厂将自产的烟丝移送用于生产卷烟不缴纳消费税，也不缴纳增值税。选项C，涂料厂将自产的涂料移送用于仓库在建工程不缴纳增值税。

24. 下列各项中，应按照“高档化妆品”税目缴纳消费税的有（　　）。

A. 高档美容化妆品

B. 高档修饰类化妆品

C. 高档护肤类化妆品

D. 成套化妆品

E. 护肤护发品

［参考答案］ABCD

［答案解析］根据《关于调整化妆品消费税政策的通知》（财税〔2016〕103号）的规定，取消对普通美容、修饰类化妆品征收消费税，将“化妆品”税目名称更名为“高档化妆品”。征收范围包括高档美容、修饰类化妆品、高档护肤类化妆品和成套化妆品。税率调整为15%。

25. 下列关于消费税适用税率的说法，正确的有（ ）。

A. 残次品卷烟应当按照同牌号规格正品卷烟的征税类别确定税率

B. 委托加工的卷烟应当按照委托方同牌号规格卷烟的征税类别确定税率

C. 啤酒消费税单位税额按照包括包装物押金（不包括重复使用的塑料周转箱押金）在内的出厂价格划分档次

D. 卷烟由于接装过滤嘴提高销售价格后，应按照原销售价格确定征税类别和适用税率

E. 因逾期未收回的包装物不再退还的押金，应并入应税消费品的销售额，按照应税消费品的适用税率缴纳消费税

［参考答案］ACE

［答案解析］选项B，委托加工的卷烟按照受托方同牌号规格卷烟的征税类别和适用税率征税；选项D，卷烟由于接装过滤嘴、改变包装或其他原因提高销售价格后，应按照新的销售价格确定征税类别和适用税率。

26. 下列关于“超豪华小汽车”消费税的征税规定，正确的有（ ）。

A. 征收范围为每辆零售价格130万元（不含增值税）及以上的乘用车

B. 征收范围为每辆零售价格130万元（含增值税）及以上的中轻型商用客车

C. 对超豪华小汽车，在生产（进口）环节按现行税率征收消费税基础上，在零售环节加征消费税，税率为10%

D. 将超豪华小汽车销售给消费者的单位和个人为超豪华小汽车零售环节纳税人

E. “小汽车”税目下增设“超豪华小汽车”子税目

［参考答案］ACDE

［答案解析］根据《关于对超豪华小汽车加征消费税有关事项的通知》

（财税〔2016〕129 号）的规定，“小汽车”税目下增设“超豪华小汽车”子税目。征收范围为每辆零售价格 130 万元（不含增值税）及以上的乘用车和中轻型商用客车，即乘用车和中轻型商用客车子税目中的超豪华小汽车。对超豪华小汽车，在生产（进口）环节按现行税率征收消费税基础上，在零售环节加征消费税，税率为 10%。将超豪华小汽车销售给消费者的单位和个人为超豪华小汽车零售环节纳税人。选项 B，应为每辆零售价格 130 万元（不含增值税）及以上的中轻型商用客车。

27. 某高尔夫球生产企业（增值税一般纳税人）生产的高尔夫球平均销售价格（不含增值税）为 25 000 元/箱，最高销售价格（不含增值税）为 26 000 元/箱，2021 年 4 月该企业将 5 箱自产高尔夫球用于换取一批原材料。已知高尔夫球消费税税率 10%，则该企业上述业务应缴纳的增值税和消费税为（　　）。

A. 应缴纳增值税 16 250 元　　B. 应缴纳消费税 12 500 元

C. 应缴纳增值税 16 900 元　　D. 应缴纳消费税 13 000 元

［参考答案］AD

［答案解析］根据《消费税若干具体问题的规定》，纳税人用于换取生产资料和消费资料、投资入股和抵偿债务等方面的应税消费品，应当以纳税人同类应税消费品的最高销售价格作为计税依据计算消费税。而计算增值税则要按照平均销售价格作为计税依据。本题应缴纳的增值税 $=25\ 000\times 5\times 13\% =16\ 250$（元）

应缴纳的消费税 $=26\ 000\times 5\times 10\% =13\ 000$（元）

28. 下列有关消费税政策规定的表述中，错误的有（　　）。

A. 纳税人将生产的应税消费品偿还债务的，应当照章缴纳消费税

B. 随啤酒销售取得的包装物押金，无论是否返还，都应该征收消费税

C. 纳税人进口的应税消费品，其纳税义务的发生时间为货物到岸的当天

D. 纳税人将自产的应税消费品用于连续生产应税消费品的，在使用时缴纳消费税

E. 纳税人自产自用的应税消费品，按照纳税人生产的同类消费品的销售价格计算纳税

［参考答案］BCD

[答案解析] 啤酒属于从量计征消费税的应税消费品，包装物押金不征收消费税，所以选项 B 不正确；纳税人进口的应税消费品，其纳税义务的发生时间，为报关进口的当天，所以选项 C 不正确；纳税人将生产的应税消费品用于连续生产应税消费品的，不纳税，所以选项 D 不正确。

29. 下列关于免征消费税的规定，正确的有（　　）。

A. 对施工状态下挥发性有机物含量低于 450 克/升（含）的涂料免征消费税

B. 纯生物柴油免征消费税

C. 对成品油生产企业生产自用油免征消费税

D. 对以回收的废矿物油为原料生产的润滑油基础油免征消费税

E. 对以回收的废矿物油为原料生产的汽油、柴油等工业油料免征消费税

[参考答案] BCDE

[答案解析] 选项 A 错误，根据《关于对电池　涂料征收消费税的通知》（财税〔2015〕16 号）的规定，对施工状态下挥发性有机物（VOC）含量低于 420 克/升（含）的涂料免征消费税。

30. 下列电池免征消费税的有（　　）。

A. 无汞原电池

B. 太阳能电池

C. 铅蓄电池

D. 锂离子蓄电池

E. 燃料电池

[参考答案] ABDE

[答案解析] 根据《关于对电池　涂料征收消费税的通知》第二条的规定，自 2016 年 1 月 1 日起，对铅蓄电池按 4% 税率征收消费税。对无汞原电池、金属氢化物镍蓄电池、锂原电池、锂离子蓄电池、太阳能电池、燃料电池和全钒液流电池免征消费税。

三、判断题

1. 某啤酒生产企业生产销售果啤不需要向主管税务机关申报缴纳消费税，因为果啤不属于消费税征收范围。（　　）

[参考答案] 错误

[答案解析] 果啤是一种口味介于啤酒和饮料之间的低度酒精饮料，主要

成分为啤酒和果汁。尽管果啤在口味和成分上与普通啤酒有所区别，但无论是从产品名称，还是从产品含啤酒的本质上看，果啤均属于啤酒，应按规定征收消费税。

2. 某润滑油经销企业开具成品油发票时通过增值税发票管理新系统中成品油发票开具模块开具。（ ）

[参考答案] 正确

[答案解析] 所有成品油发票均须通过增值税发票管理新系统中成品油发票开具模块开具。

3. 对于由受托方提供原材料生产的应税消费品，或者受托方先将原材料卖给委托方，然后再接受加工的应税消费品可以作为委托加工应税消费品缴纳消费税。（ ）

[参考答案] 错误

[答案解析] 对于由受托方提供原材料生产的应税消费品，或者受托方先将原材料卖给委托方，然后再接受加工的应税消费品以及由受托方以委托方名义购进原材料生产的应税消费品，不论在财务上是否作为销售处理，都不得作为委托加工应税消费品，而应当按照销售自制应税消费品缴纳消费税。

4. 应税消费品连同包装物销售的，只要包装物单独计价，即可不并入应税消费品的销售额中缴纳消费税。（ ）

[参考答案] 错误

[答案解析] 应税消费品连同包装物销售的，无论包装物是否单独计价以及在会计上如何核算，均应并入应税消费品的销售额中缴纳消费税。

5. 某啤酒屋（增值税小规模纳税人）2020年9月销售自酿啤酒12吨，取得不含税销售额8万元，则该啤酒屋可以在享受小微企业免征增值税优惠的同时还可以免征消费税。（ ）

[参考答案] 错误

[答案解析] 该啤酒屋可以享受小微企业免征增值税优惠，但因消费税无小微企业免税优惠，应按单位税额250元/吨申报缴纳消费税。

6. 雪茄烟适用从价定率和从量定额相结合的复合计征办法征收消费税。（ ）

[参考答案] 错误

[答案解析] 消费税税目"烟"，包括3个子目：(1) 卷烟；(2) 雪茄烟；(3) 烟丝。其中，只有卷烟采用从价定率和从量定额相结合的复合计征办法，雪茄烟和烟丝为从价计征。

7. 某汽车生产企业购进厢式货车改装生产的商务车不属于消费税征税范围，不征收消费税。 (　　)

[参考答案] 正确

[答案解析]《关于厢式货车改装生产的汽车征收消费税问题的批复》(国税函〔2008〕452号) 规定，对于企业购进货车或厢式货车改装生产的商务车、卫星通信车等专用汽车不属于消费税征税范围，不征收消费税。

8. 啤酒消费税单位税额的确定，以每吨啤酒出厂价格3 000元为标准，每吨啤酒出厂价格（含包装物及包装物押金）在3 000元（含3 000元，不含增值税）以上的，单位税额220元/吨。 (　　)

[参考答案] 错误

[答案解析] 啤酒消费税单位税额的确定，以每吨啤酒出厂价格3 000元为标准，每吨啤酒出厂价格（含包装物及包装物押金）在3 000元（含3 000元，不含增值税）以上的，单位税额250元/吨；每吨啤酒出厂价格在3 000元（不含3 000元，不含增值税）以下的，单位税额220元/吨。

9. 包装物押金一般情况下不并入销售额中征收消费税，但对逾期未收回的包装物不再退还的和已收取半年以上的押金，应并入应税消费品的销售额，按照应税消费品的适用税率征收消费税。 (　　)

[参考答案] 错误

[答案解析] 半年表述不正确，应当是一年。

10. 征收消费税的高档手表是指销售价格（含增值税）每只在10 000元（含）以上的各类手表。 (　　)

[参考答案] 错误

[答案解析] 征收消费税的高档手表是指销售价格（不含增值税）每只在10 000元（含）以上的各类手表。

11. A市的某（企业）委托B市的乙（个人）加工一批应税消费品，该批消费品缴纳的消费税税款应由乙向B市税务机关解缴。 (　　)

[参考答案] 错误

［答案解析］委托个人加工的应税消费品，由委托方收回后缴纳消费税。

12. 国内某化妆品生产企业2021年4月生产销售面膜10 000片，取得（不含增值税）价款140 000元，则该企业本月应缴纳消费税21 000元（140 000×15%）。（　）

［参考答案］错误

［答案解析］该企业生产销售的面膜单价为14元（140 000÷10 000），而高档美容、修饰类化妆品和高档护肤类化妆品是指生产（进口）环节销售（完税）价格（不含增值税）在10元/毫升（克）或15元/片（张）及以上的美容、修饰类化妆品和护肤类化妆品。

13. 某涂料厂为增值税一般纳税人，下设一非独立核算的门市部，2021年2月该厂将生产的一批成本价70万元的涂料移送至门市部用于销售，门市部将其中的80%销售，取得不含税销售收入80万元。涂料的消费税税率为4%，成本利润率10%，该涂料厂2月应缴纳的消费税税额为3.2万元。（　）

［参考答案］正确

［答案解析］纳税人通过自设非独立核算的门市部销售自产应税消费品的，要按非独立核算门市部的销售额或销售数量计算消费税税额。

该涂料厂此项业务应缴纳消费税＝80×4%＝3.2（万元）

14. 某市烟草公司办理消费税纳税申报时应使用《烟类应税消费品消费税纳税申报表》。（　）

［参考答案］错误

［答案解析］烟草公司不属于烟草生产企业，办理消费税纳税申报时应使用《卷烟批发环节消费税纳税申报表》。

15. 某化妆品生产企业生产舞台、戏剧演员化妆用的上妆油、卸妆油、油彩，不需要申报缴纳消费税。（　）

［参考答案］正确

［答案解析］根据现行消费税政策规定，舞台、戏剧、影视演员化妆用的上妆油、卸妆油、油彩，不属于消费税的征收范围。

第三章　车辆购置税

一、单项选择题

1. 某汽车生产企业发生的下列行为中，需要缴纳车辆购置税的是（　　）。

A. 通过拍卖取得一辆小汽车自用　　B. 销售自产的大货车

C. 将自产的汽车赠送给股东　　D. 购买的车用于抵偿债务

［参考答案］A

［答案解析］以购买、进口、自产、受赠、获奖或者其他方式取得并自用应税车辆的行为，应当依照税法规定缴纳车辆购置税。

2. 某公司于2020年2月购买一辆小轿车自用，并于当月缴纳了车辆购置税3万元，2021年4月，因该车存在严重质量问题，该公司与厂家协商退车，并向税务机关申请车辆购置税退税。则该公司可得到的车辆购置税退税是（　　）万元。

A. 1.5　　B. 2.4

C. 2.7　　D. 3

［参考答案］C

［答案解析］纳税人将已征车辆购置税的车辆退回车辆生产企业或者销售企业的，可以向主管税务机关申请退还车辆购置税。退税额以已缴税款为基准，自缴纳税款之日至申请退税之日，每满一年扣减10%。应退税额计算公式如下：

应退税额 = 已纳税额 ×（1 − 使用年限 ×10%）

3. 下列不符合车辆购置税法规定的是（　　）。

A. 车辆购置税的纳税人为在我国境内购置应税车辆的单位和个人

B. 车辆购置税以列举的车辆为征税对象，未列举的车辆不纳税

C. 车辆购置税的纳税人不包括外国公民

D. 车辆购置税的征税范围包括农用三轮汽车

[参考答案] C

[答案解析] 在中华人民共和国境内购置应税车辆的单位和个人，为车辆购置税的纳税人，包括中国公民和外国公民。

4. 下列不符合车辆购置税法减免税规定的是（　　）。

A. 某乡政府购置的森林消防车辆

B. 北京2022年冬奥会组织委员会新购置车辆

C. 某城市公交企业购置的公共汽电车辆

D. 某公司新购置的设有固定装置的非运输专用作业车辆

[参考答案] A

[答案解析] 根据现行车辆购置税政策规定，森林消防部门用于指挥、检查、调度、报汛（警）、联络的由指定厂家生产的设有固定装置的指定型号的车辆免征车辆购置税。

5. 根据国民经济和社会发展的需要，可以规定减征或者其他免征车辆购置税情形的部门是（　　）。

A. 国家税务总局　　B. 国务院

C. 省级人民政府　　D. 财政部

[参考答案] B

[答案解析] 根据现行车辆购置税政策规定，国务院可以规定减征或者其他免征车辆购置税的情形，报全国人民代表大会常务委员会备案。

6. 某进口汽车销售公司2020年10月直接从德国进口一辆自用小轿车，关税完税价格300 000元，海关征收关税75 000元，并按规定分别缴纳进口环节增值税39 000元、消费税36 000元。则该公司应缴纳车辆购置税（　　）元。

A. 37 500　　B. 41 400

C. 41 100　　D. 45 000

[参考答案] C

［答案解析］纳税人进口自用应税车辆的计税价格，为关税完税价格加上关税和消费税。应纳车辆购置税 =（300 000 + 75 000 + 36 000）× 10% = 41 100（元）

7. 汤姆为某国驻我国的外交官，2021 年 3 月汤姆将其自用 2 年的一辆小轿车转让给我国公民王某，双方协议价为 15 万元，该辆小轿车初次办理纳税申报时确定的计税价格为 22 万元。则该辆小轿车在转让时应补缴车辆购置税（　　）元。

A. 15 000　　B. 17 600

C. 22 000　　D. 19 800

［参考答案］B

［答案解析］应补缴的车辆购置税 = 220 000 ×（1 − 2 × 10%）× 10% = 17 600（元）

8. 某汽车生产企业 2021 年 4 月将自产小汽车 10 辆向某汽车租赁公司进行投资，双方协议投资作价每辆 13 万元，将自产小汽车 5 辆转作本公司固定资产，将自产小汽车 3 辆奖励给公司员工。该公司的上述小汽车对外售价（不含增值税）每辆 18 万元，则该公司应缴纳车辆购置税（　　）元。

A. 90 000　　B. 130 000

C. 54 000　　D. 180 000

［参考答案］A

［答案解析］应纳车辆购置税 = 5 × 180 000 × 10% = 90 000（元）

9. 某汽车 4S 店将库存车辆调配至集团公司下属的其他 4S 店用于其对外销售应当开具的发票是（　　）。

A. 机动车销售统一发票　　B. 增值税专用发票

C. 二手车销售发票　　D. 增值税普通发票

［参考答案］B

［答案解析］根据《机动车发票使用办法》的规定，销售方根据不同情形，使用不同种类的机动车发票。购买方购进机动车自用的，销售方应当开具机动车销售统一发票；购买方购进机动车用于销售的，销售方应当开具增值税专用发票。

10. 我国车辆购置税实行法定减免税，下列不属于车辆购置税免税范围的是（　　）。

A. 回国服务的在外留学人员用现金购买1辆个人自用国产小汽车

B. 外国驻华使馆、领事馆和国际组织驻华机构及其有关人员自用的车辆

C. 长期来华定居专家进口1辆自用小汽车

D. 中国妇女发展基金会“母亲健康快车”项目的流动医疗车

［参考答案］A

［答案解析］回国服务的在外留学人员用现汇购买1辆个人自用国产小汽车免征车辆购置税，现汇与现金不是一个概念。

11. 蓝天救援队接受某汽车生产企业捐赠的一辆新客货两用车，捐赠时未开具机动车销售统一发票，则以下表述正确的是（　　）。

A. 直接按照组成计税价格确定车辆购置税计税依据

B. 该车可享受车辆购置税免税

C. 该车可减半征收车辆购置税

D. 按照该汽车生产企业销售同类应税车辆的销售价格确定计税价格

［参考答案］D

［答案解析］纳税人接受捐赠使用应税车辆的，原车辆所有人为车辆生产或者销售企业，未开具机动车销售统一发票的，按照车辆生产或者销售同类应税车辆的销售价格确定应税车辆的计税价格。无同类应税车辆销售价格的，按照组成计税价格确定应税车辆的计税价格。

12. 2021年5月张某从汽车4S店（增值税一般纳税人）购置了一辆排量为1.8升的乘用车，支付购车款（含增值税）248 600元，取得“机动车销售统一发票”，支付该车装饰费用5 650元并取得4S开具的票据。张某应缴纳的车辆购置税为（　　）元。

A. 20 000　　B. 21 500

C. 22 000　　D. 22 500

［参考答案］C

［答案解析］车辆购置税相关政策规定，车辆购置税的应纳税额按照应税车辆的计税价格乘以税率计算。纳税人购买自用应税车辆的计税价格，一般为发票电子信息中的不含增值税价款，不包含价外费用。装修车辆实际发生的车辆装修费不属于购车价款范畴，不是车辆购置税的计税依据。张某应缴纳的车

辆购置税 $=248\ 600\div(1+13\%)\times10\%=22\ 000$（元）

13. 以下列方式取得的车辆中，不需要缴纳车辆购置税的是（　　）。

A. 购置的二手汽车　　B. 自产自用的汽车

C. 进口自用的汽车　　D. 以获奖方式取得的自用的汽车

[参考答案] A

[答案解析] 车辆购置税的纳税人是指在中华人民共和国境内购置应税车辆的单位和个人。其中购置是指以购买、进口、自产、受赠、获奖或者其他方式取得并自用应税车辆的行为。车辆购置税单一环节一次课征，二手车已在一手环节缴纳过车购税，故不再重复缴纳。

14. 下列关于车辆购置税征收管理说法错误的是（　　）。

A. 车辆购置税实行一车一申报制度

B. 购买自用的汽车，自购买之日起60日内申报纳税

C. 购置不需要办理车辆登记的应税车辆的，应当向纳税人所在地的主管税务机关申报纳税

D. 车辆登记注册地是指纳税人住所地

[参考答案] D

[答案解析] 车辆登记注册地是指车辆的上牌落籍地或落户地。

15. 车辆购置税应税车辆完税或者免税电子信息与原申报资料不一致的，纳税人可以到税务机关办理完税或者免税电子信息更正，以下例外情形是（　　）。

A. 车辆识别代号（车架号）与原申报资料不一致

B. 发动机号与原申报资料不一致

C. 完税或者免税信息更正影响到车辆购置税税款

D. 纳税人名称与原申报资料不一致

[参考答案] C

[答案解析] 纳税人名称、车辆厂牌型号、发动机号、车辆识别代号（车架号）、证件号码等应税车辆完税或者免税电子信息与原申报资料不一致的，纳税人可以到税务机关办理完税或者免税电子信息更正，但是不包括以下情形：

(1) 车辆识别代号（车架号）和发动机号同时与原申报资料不一致。

（2）完税或者免税信息更正影响到车辆购置税税款。

（3）纳税人名称和证件号码同时与原申报资料不一致。

16. 按照现行车辆购置税政策规定，纳税人自产自用应税车辆的计税价格，按照同类应税车辆（即车辆配置序列号相同的车辆）的销售价格确定，关于车辆配置序列号，下列说法不正确的是（　　）。

A. 自2019年7月1日起，车辆生产（改装）企业或者进口车辆的单位和个人不再向税务机关报送车辆价格信息，保留车辆配置序列号管理机制

B. 车辆配置序列号由企业通过机动车合格证信息管理系统中的车辆配置信息管理系统编制，用于区分相同厂牌型号、不同配置的车型

C. 企业初次编制车辆配置序列号前，应当申请生产企业代码。自2019年7月1日起，新增企业的生产企业代码由企业通过车辆配置信息管理系统申请

D. 车辆生产（改装）企业名称发生变更的，车辆配置信息管理系统会重新编制生产企业代码

[参考答案] D

[答案解析] 选项D表述错误，车辆生产（改装）企业名称发生变更的，生产企业代码不变。根据《国家税务总局　工业和信息化部关于加强车辆配置序列号管理有关事项的公告》（国家税务总局　工业和信息化部公告2019年第25号）第一条规定，自2019年7月1日起，车辆生产（改装）企业或者进口车辆的单位和个人（以下简称企业）不再向税务机关报送车辆价格信息，保留车辆配置序列号管理机制。第二条规定，车辆配置序列号由企业通过机动车合格证信息管理系统中的车辆配置信息管理系统编制，用于区分相同厂牌型号、不同配置的车型。同类别同品牌同型号、配置相同的车型，不应重复编制车辆配置序列号。第四条规定，企业初次编制车辆配置序列号前，应当申请生产企业代码。自2019年7月1日起，新增企业的生产企业代码由企业通过车辆配置信息管理系统申请。车辆生产（改装）企业名称发生变更的，生产企业代码不变。

二、多项选择题

1. 下列车辆属于车辆购置税征税范围的有（　　）。

A. 无轨电车　　B. 汽车挂车

C. 排气量超过150毫升的摩托车　　D. 汽车

E. 电动摩托车

[参考答案] BCD

[答案解析] 根据现行车辆购置税政策规定，购置汽车、有轨电车、汽车挂车、排气量超过150毫升的摩托车单位和个人，为车辆购置税的纳税人。地铁、轻轨等城市轨道交通车辆，装载机、平地机、挖掘机、推土机等轮式专用机械车，以及起重机（吊车）、叉车、电动摩托车，不属于应税车辆。

2. 按照现行车辆购置税政策规定，下列属于免征车辆购置税的有（　　）。

A. 中国人民解放军和中国人民武装警察部队列入装备订货计划的车辆

B. 设有固定装置的非运输专用作业车辆

C. 城市公交企业购置的公共汽电车辆

D. 消防救援车辆

E. 外国驻华使馆、领事馆和国际组织驻华机构及其有关人员自用的车辆

[参考答案] ABCE

[答案解析] 悬挂应急救援专用号牌的国家综合性消防救援车辆免征车辆购置税，选项D项表述不准确；其他选项均符合车辆购置税免税政策。

3. 下列关于车辆购置税应税车辆计税价格确定的表述，说法正确的有（　　）。

A. 纳税人自产自用应税车辆的计税价格，按照纳税人生产的同类应税车辆的销售价格确定，包括增值税税款

B. 纳税人购买自用应税车辆的计税价格，为纳税人实际支付给销售者的全部价款，不包括增值税税款

C. 纳税人进口自用应税车辆的计税价格，为关税完税价格加上关税和消费税

D. 纳税人以受赠取得自用应税车辆的计税价格，按照购置应税车辆时相关凭证载明的价格确定，不包括增值税税款

E. 纳税人以获奖取得自用应税车辆的计税价格，按照购置应税车辆时相关凭证载明的价格确定，不包括增值税税款

[参考答案] BCDE

[答案解析] 根据现行车辆购置税政策规定，应税车辆的计税价格，按照

下列规定确定：

（1）纳税人购买自用应税车辆的计税价格，为纳税人实际支付给销售者的全部价款，不包括增值税税款；

（2）纳税人进口自用应税车辆的计税价格，为关税完税价格加上关税和消费税；

（3）纳税人自产自用应税车辆的计税价格，按照纳税人生产的同类应税车辆的销售价格确定，不包括增值税税款；

（4）纳税人以受赠、获奖或者其他方式取得自用应税车辆的计税价格，按照购置应税车辆时相关凭证载明的价格确定，不包括增值税税款。

4. 按照现行车辆购置税政策规定，免征车辆购置税的新能源汽车包括（　　）。

A. 纯电动汽车　　B. 燃料电池汽车

C. 太阳能汽车　　D. 插电式混合动力汽车

E. 氢发动机汽车

［参考答案］ ABE

［答案解析］ 自2021年1月1日至2022年12月31日，对购置的新能源汽车免征车辆购置税。免征车辆购置税的新能源汽车是指纯电动汽车、插电式混合动力（含增程式）汽车、燃料电池汽车。不包括太阳能汽车和氢发动机汽车。

5. 根据《机动车发票使用办法》（国家税务总局　工业和信息化部　公安部公告2020年第23号）规定，下列可以开通机动车发票开具模块的有（　　）。

A. 机动车生产企业　　B. 机动车授权经销企业

C. 其他机动车贸易商　　D. 机动车环保检测机构

E. 旧机动车回收企业

［参考答案］ ABC

［答案解析］《机动车发票使用办法》（国家税务总局　工业和信息化部　公安部公告2020年第23号）规定，开通机动车发票开具模块的销售方分为机动车生产企业、机动车授权经销企业、其他机动车贸易商三种类型。

6. 下列关于车辆购置税政策表述正确的有（　　）。

A. 车辆购置税实行一次性征收

B. 购置已征车辆购置税的车辆，不再征收车辆购置税

C. 应当向车辆登记地的主管税务机关申报缴纳车辆购置税

D. 购置不需要办理车辆登记的应税车辆的，应当向纳税人所在地的主管税务机关申报缴纳车辆购置税

E. 车辆购置税的纳税义务发生时间为纳税人购置应税车辆之日起60日内

[参考答案] ABCD

[答案解析] 选项E应为，车辆购置税的纳税义务发生时间为纳税人购置应税车辆的当日。纳税人应当自纳税义务发生之日起60日内申报缴纳车辆购置税。

7. 根据《中华人民共和国车辆购置税法》的规定，税务机关应当建立应税车辆信息共享和工作配合机制的部门包括（　　）。

A. 公安机关　　B. 工业和信息化部门

C. 商务等部门　　D. 海关

E. 交通部门

[参考答案] ABCD

[答案解析]《中华人民共和国车辆购置税法》规定，税务机关和公安、商务、海关、工业和信息化等部门应当建立应税车辆信息共享和工作配合机制，及时交换应税车辆和纳税信息资料。

8. 某增值税一般纳税人2021年5月购买一辆小轿车，在申报缴纳车辆购置税前发现发票开具错误，而该纳税人已抵扣增值税，在申请开具红字发票时，应退还给4S店其所持的机动车销售统一发票的联次包括（　　）。

A. 抵扣联　　B. 发票联

C. 存根联　　D. 报税联

E. 注册登记联

[参考答案] BDE

[答案解析]《机动车发票使用办法》规定，销售方开具红字发票时，应当收回消费者所持有的纸质机动车销售统一发票。如消费者已办理车辆购置税纳税申报的，不需退回报税联；如消费者已办理机动车注册登记的，不需退回注册登记联；如消费者为增值税一般纳税人且已抵扣增值税的，不需退回抵

扣联。

存根联为销售方自己持有。

9. 下列关于《机动车发票使用办法》的规定，表述正确的有（　　）。

A. 销售不属于机动车的其他商品不应开具机动车发票

B. 购买方购进机动车用于销售的，销售方应当开具增值税专用发票

C. 机动车销售方按照“一车一票”原则开具机动车销售统一发票

D. 购买方购进机动车自用的，销售方应当开具机动车销售统一发票

E. 销售方开具红字发票时，不需要收回消费者所持有的纸质机动车销售统一发票

［参考答案］ ABCD

［答案解析］ 选项A、B、C、D均符合《机动车发票使用办法》规定。选项E应为，销售方开具红字发票时，应当收回消费者所持有的纸质机动车销售统一发票。

10. 下列行为不得使用增值税发票管理系统机动车发票开具模块开具增值税专用发票的有（　　）。

A. 销售汽车装饰材料　　B. 销售汽车配件

C. 汽车整车销售　　D. 汽车保养

E. 汽车维修

［参考答案］ ABDE

［答案解析］ 根据《机动车发票使用办法》的规定，使用增值税发票管理系统机动车发票开具模块开具增值税专用发票，要正确选择机动车类商品和服务税收分类编码。销售材料、配件、维修、保养、装饰等非机动车整车销售业务，均不通过该模块开具发票。

三、判断题

1. 自2020年6月1日起，纳税人购置应税车辆办理车辆购置税纳税申报时，以纳税人提供的机动车销售统一发票上注明的不含税价作为申报计税价格。（　　）

［参考答案］ 错误

［答案解析］ 自2020年6月1日起，纳税人购置应税车辆办理车辆购置税

纳税申报时，以发票电子信息中的不含税价作为申报计税价格。

2. 国家税务总局、工业和信息化部、公安部联合制定的《机动车发票使用办法》，自 2021 年 5 月 1 日起正式施行。　　（　　）

［参考答案］错误

［答案解析］国家税务总局、工业和信息化部、公安部联合制定的《机动车发票使用办法》，自 2021 年 5 月 1 日起试行，2021 年 7 月 1 日起正式施行。

3. 某汽车经销商 2021 年 5 月 11 日向消费者销售一辆单价为 200 万元的机动车，开具机动车销售统一发票时可以分拆价款开具两张或两张以上机动车销售统一发票。　　（　　）

［参考答案］错误

［答案解析］《机动车发票使用办法》规定，自 2021 年 5 月 1 日起，销售机动车开具机动车销售统一发票时，应遵循"一车一票"原则开具机动车销售统一发票。即一辆机动车只能开具一张机动车销售统一发票，一张机动车销售统一发票只能填写一辆机动车的车辆识别代号/车架号。

4. 消费者丢失机动车销售统一发票，无法办理车辆购置税纳税申报或者机动车注册登记的，可通过政府信息共享系统查询确认后予以办理。　　（　　）

［参考答案］错误

［答案解析］消费者丢失机动车销售统一发票，无法办理车辆购置税纳税申报或者机动车注册登记的，应向销售方申请重新开具机动车销售统一发票。

5. 小张于 2021 年 4 月购买一辆摩托车，排量 125 毫升，不含增值税价款 8 700 元，小张应申报缴纳车辆购置税 870 元。　　（　　）

［参考答案］错误

［答案解析］排气量超过 150 毫升的摩托车为车辆购置税的征税范围。

6. 2021 年 6 月 30 日之前，对购置挂车减半征收车辆购置税。税务机关依据工业和信息化部核实后的减税标识以及办理车辆购置税纳税申报需提供的其他资料，办理车辆购置税减征手续。　　（　　）

［参考答案］正确

［答案解析］自 2018 年 7 月 1 日至 2021 年 6 月 30 日，对购置挂车减半征收车辆购置税。操作方法符合《关于对挂车减征车辆购置税的公告》（财政部　税务总局　工业和信息化部公告 2018 年第 69 号）。

7. 汤姆为某国驻我国的外交官，2021 年 3 月汤姆将其自用 2 年的一辆小轿车转让给我国公民王某，双方协议价为 15 万元，汤姆应当在办理车辆转移登记前缴纳车辆购置税。（　）

［参考答案］错误

［答案解析］已经办理免税手续的车辆因转让不再属于免税范围的，受让人王某为车辆购置税纳税人。

8. 车辆生产企业或者进口车辆的单位和个人应定期向税务机关报送车辆价格信息。（　）

［参考答案］错误

［答案解析］自 2019 年 7 月 1 日起，车辆生产（改装）企业或者进口车辆的单位和个人不再向税务机关报送车辆价格信息。

9. 纳税人购置应税车辆，应当向车辆登记地的主管税务机关申报缴纳车辆购置税。（　）

［参考答案］正确

［答案解析］纳税人购置应税车辆，应当向车辆登记地的主管税务机关申报缴纳车辆购置税。

10. 纳税人以外汇结算车辆购置税应税车辆价款的，按照购车之日的人民币汇率中间价折合成人民币计算缴纳税款。（　）

［参考答案］错误

［答案解析］纳税人以外汇结算车辆购置税应税车辆价款的，按照申报纳税之日的人民币汇率中间价折合成人民币计算缴纳税款。

11. 公安机关交通管理部门办理车辆注册登记，可以根据税务机关提供的应税车辆完税电子信息对纳税人申请登记的车辆信息办理车辆注册登记。（　）

［参考答案］错误

［答案解析］公安机关交通管理部门办理车辆注册登记，应当根据税务机关提供的应税车辆完税或者免税电子信息对纳税人申请登记的车辆信息进行核对，核对无误后依法办理车辆注册登记。

12. 自 2018 年 7 月 1 日至 2021 年 6 月 30 日，对购置挂车减半征收车辆购置税。进口挂车的购置日期按照《海关进口增值税专用缴款书》的开具日期确

定。　　（　　）

［参考答案］错误

［答案解析］自2018年7月1日至2021年6月30日，对购置挂车减半征收车辆购置税。购置日期按照《机动车销售统一发票》《海关关税专用缴款书》或者其他有效凭证的开具日期确定。

13. 纳税人申报的应税车辆计税价格明显偏低，由税务机关依照《中华人民共和国税收征收管理法》的规定核定其应纳税额。　　（　　）

［参考答案］错误

［答案解析］纳税人申报的应税车辆计税价格明显偏低，又无正当理由的，由税务机关依照《中华人民共和国税收征收管理法》的规定核定其应纳税额。

14. 王某2021年5月购买一辆小轿车，在申报缴纳车辆购置税后发现发票开具错误，随向4S店申请重新开具发票，则4S店必须将该发票的全部联次收回后方可开具红字发票。　　（　　）

［参考答案］错误

［答案解析］《机动车发票使用办法》规定，销售方开具红字发票时，应当收回消费者所持有的纸质机动车销售统一发票。如消费者已办理车辆购置税纳税申报的，不需退回报税联。

15. 城市公交企业只要取得县级以上（含县级）交通运输主管部门出具的《公共汽电车辆认定表》，即可办理车辆购置税免税手续。　　（　　）

［参考答案］错误

［答案解析］税务机关依据《公共汽电车辆认定表》以及办理车辆购置税纳税申报需要提供的其他资料，为已经列入《城市公共交通管理部门与城市公交企业名录》的城市公交企业购置的公共汽电车辆，办理车辆购置税免税手续。

第四章 企业所得税

一、单项选择题

1. 下列属于《中华人民共和国企业所得税法》（以下简称《企业所得税法》）规定的居民企业的是（　　）。

A. 依法在中国境内成立的合伙企业

B. 依法在中国境内成立的个人独资企业

C. 依照美国法律成立且实际管理机构在美国，在我国境内设立营业机构的企业

D. 依照香港法律成立，但实际管理机构在我国境内的企业

[参考答案] D

[答案解析] 根据《企业所得税法》规定，个人独资企业、合伙企业不适用企业所得税法，而是依法征收个人所得税，选项 A、B 错误。

《企业所得税法》规定，居民企业是指依法在中国境内成立，或者依照外国（地区）法律成立但实际管理机构在中国境内的企业，选项 C 错误。

2. 《企业所得税法》规定，下列属于非居民企业的是（　　）。

A. 根据我国法律成立，实际管理机构在中国的 A 公司

B. 根据我国法律成立，在国外设立机构场所的 B 公司

C. 根据外国法律成立，实际管理机构在我国的 C 公司

D. 根据外国法律成立且实际管理机构在国外，在我国设立机构场所的 D 公司

［参考答案］D

［答案解析］根据《企业所得税法》规定，非居民企业，是指依照外国（地区）法律成立且实际管理机构不在中国境内，但在中国境内设立机构、场所的，或者在中国境内未设立机构、场所，但有来源于中国境内所得的企业。

选项 A、B、C 均属于居民企业。

3. 境外某企业在中国境内未设立机构、场所，2020 年取得境内 A 公司支付的贷款利息收入 1 000 万元，取得境内 B 公司支付的财产转让收入 300 万元，该项财产净值 200 万元。2020 年该境外企业在我国应缴纳的企业所得税额为（　　）万元。

A. 100　　B. 110

C. 120　　D. 130

［参考答案］B

［答案解析］根据《企业所得税法》规定，非居民企业在中国境内未设立机构、场所的，或者虽设立机构、场所但取得的所得与其所设机构、场所没有实际联系的，其来源于中国境内的股息、红利等权益性投资收益和利息、租金、特许权使用费所得，以收入全额为应纳税所得额；转让财产所得，以收入全额减除财产净值后的余额为应纳税所得额。

根据《企业所得税法实施条例》规定，非居民企业在中国境内未设立机构、场所的，或者虽设立机构、场所但取得的所得与其所设机构、场所没有实际联系的，其来源于中国境内的所得减按 10% 的税率缴纳企业所得税。

因此，该企业应纳所得税额为 110 万元｛［1 000 +（300 − 200）］× 10%｝。

4. 依照英国法律成立的某企业（实际管理机构也在英国）在中国上海设立分支机构，2020 年该分支机构在中国境内取得不含增值税的咨询收入 100 万元，在北京为某公司培训技术人员，取得不含增值税培训收入 200 万元；该企业在美国洛杉矶以上海分支机构名义取得与上海分支机构无实际联系的所得 300 万元。2020 年度该企业应在我国缴纳企业所得税的收入是（　　）万元。

A. 100　　B. 200

C. 300　　D. 500

［参考答案］C

［答案解析］根据《企业所得税法》规定，非居民企业在中国境内设立机

构、场所的，应当就其所设机构、场所取得的来源于中国境内的所得以及发生在中国境外但与其所设机构、场所有实际联系的所得，缴纳企业所得税。

该企业来自境内的应税收入300万元（100+200）；在美国洛杉矶取得的所得不是境内所得，而且和境内机构无实际联系，所以不属于我国企业所得税应税收入。

5. 下列关于所得来源地确定方法不符合《企业所得税法》规定的是（　　）。

A. 提供劳务所得按照劳务发生地确定

B. 特许权使用费所得按照收取特许权使用费所得的企业所在地确定

C. 股息所得按照分配股息的企业所在地确定

D. 动产转让所得按照转让动产的企业所在地确定

[参考答案] B

[答案解析] 根据《中华人民共和国企业所得税法实施条例》（以下简称《企业所得税法实施条例》）规定，利息所得、租金所得、特许权使用费所得，按照负担、支付所得的企业或者机构、场所所在地确定，或者按照负担、支付所得的个人的住所地确定。

6. 下列关于企业所得税收入确认表述正确的是（　　）。

A. 采用售后回购方式销售商品的，企业所得税上不确认收入，收到的款项应确认为负债

B. 销售商品涉及商业折扣的，按扣除商业折扣后的金额确定销售商品收入金额

C. 采用以旧换新方式销售金银首饰的，按照销售的新货物和换入的旧货物的价格差额确认销售收入

D. 采用"买一赠一"方式销售商品的，赠送的商品应视同销售计入收入总额

[参考答案] B

[答案解析] 根据《国家税务总局关于确认企业所得税收入若干问题的通知》（国税函〔2008〕875号）规定，采用售后回购方式销售商品的，销售的商品按售价确认收入，回购的商品作为购进商品处理，选项A错误。

企业为促进商品销售而在商品价格上给予的价格扣除属于商业折扣，商品

销售涉及商业折扣的，应当按照扣除商业折扣后的金额确定销售商品收入金额，选项 B 正确。

销售商品以旧换新的，销售商品应当按照销售商品收入确认条件确认收入，回收的商品作为购进商品处理，选项 C 错误。

企业以“买一赠一”等方式组合销售本企业商品的，不属于捐赠，应将总的销售金额按各项商品的公允价值的比例来分摊确认各项的销售收入，选项 D 错误。

7. 根据企业所得税的相关规定，下列情形中，应当视同销售确认收入的是（　　）。

A. 将自产产品 A 用于加工产品 B

B. 将门面房对外出租

C. 将固定资产移送至境外分公司

D. 将自建商品房转为自用

［参考答案］ C

［答案解析］ 根据《国家税务总局关于企业处置资产所得税处理问题的通知》（国税函〔2008〕828 号）规定，企业发生下列情形的处置资产，除将资产转移至境外以外，由于资产所有权属在形式和实质上均不发生改变，可作为内部处置资产，不视同销售确认收入，相关资产的计税基础延续计算。(1) 将资产用于生产、制造、加工另一产品；(2) 改变资产形状、结构或性能；(3) 改变资产用途（如，自建商品房转为自用或经营）；(4) 将资产在总机构及其分支机构之间转移；(5) 上述两种或两种以上情形的混合；(6) 其他不改变资产所有权属的用途。

选项 C 将资产移送至境外分公司，应视同销售确认收入。

8. 某商业企业销售一条毛毯的同时赠送一块毛巾，毛毯单独售价 200 元/套，毛巾单独售价 20 元/条，均为不含增值税价格，毛毯成本为 160 元，领带成本为 15 元。毛毯和毛巾企业所得税应确认收入是（　　）。

A. 200 元、0　　B. 200 元、20 元

C. 160 元、15 元　　D. 181.82 元、18.18 元

［参考答案］ D

［答案解析］ 根据《国家税务总局关于确认企业所得税收入若干问题的通

知》（国税函〔2008〕875号）规定，企业以“买一赠一”等方式组合销售本企业商品的，不属于捐赠，应将总的销售金额按各项商品的公允价值的比例来分摊确认各项的销售收入。

毛毯的销售收入=200×[200÷(200+20)]=181.82（元）

毛巾的销售收入=200×[20÷(200+20)]=18.18（元）

9. 某企业2020年12月接受捐赠设备一台，收到的增值税专用发票上注明价款200万元，增值税22万元，企业另支付运输费用0.8万元，该项受赠资产应缴纳企业所得税是（　　）万元。

A. 55.7　　　　B. 50

C. 55.5　　　　D. 50.19

[参考答案] C

[答案解析] 根据《企业所得税法实施条例》规定，以非货币形式取得的收入，应当按照公允价值确定收入额；公允价值是指按照市场价格确定的价值。

因此，该项受赠资产应缴纳的企业所得税为55.5万元[(200+22)×25%]。

10. 某企业2019年11月份收到其他单位捐赠的产品一批，取得增值税专用发票上注明的价格为100万元，增值税税款为11万元，该企业2020年5月份将该批产品转让，取得收入105万元。则该企业接受捐赠收入确认的时间和金额分别为（　　）。

A. 2019年11月，100万元

B. 2019年11月，111万元

C. 2020年5月，105万元

D. 2020年5月，111万元

[参考答案] B

[答案解析] 根据《企业所得税法实施条例》规定，接受捐赠收入，按照实际收到捐赠资产的日期确认收入的实现。因此，确认收入的时间应为2019年11月。

《企业所得税法实施条例》规定，企业以非货币形式取得的收入，应当按照公允价值确认收入额。公允价值是指按照市场价格确定的价值。因此，确认收入的金额应为增值税专用发票的价格和增值税税额的合计额。

11. 会计和税法对政府补助收入确认时间的差异表现为（　　）。

A. 会计上将补贴收入确认为“递延收益”时，税收上调增应纳税所得额

B. 会计上将补贴收入确认为“递延收益”时，税收上调减应纳税所得额

C. 会计上于以后年度转入“营业外收入”科目时，税收上需要在该年度调增应纳税所得额

D. 会计上按收付实现制处理政府补助收入，税收上按权责发生制处理

[参考答案] A

[答案解析] 根据《国家税务总局关于企业取得财产转让等所得企业所得税处理问题的公告》（国家税务总局公告2010年第19号）规定，企业取得财产（包括各类资产、股权、债权等）转让收入、债务重组收入、接受捐赠收入、无法偿付的应付款收入等，不论是以货币形式，还是非货币形式体现，除另有规定外，均应一次性计入确认收入的年度计算缴纳企业所得税。

政府补助收入在税收上应按收付实现制一次性确认为补贴收入，调增当期应纳税所得额；以后年度调减应纳税所得额。故选项A正确。

12. 根据《企业所得税法》的相关规定，在计算企业所得税应纳税所得额时，下列项目准予扣除的是（　　）。

A. 行政罚款

B. 各项税收滞纳金、罚款支出

C. 非广告性赞助支出

D. 银行按规定加收的罚息

[参考答案] D

[答案解析] 根据《企业所得税法》规定，纳税人因违反法律、行政法规而交付的罚款、罚金、滞纳金，不得扣除；非广告性赞助支出，不得税前扣除；纳税人逾期归还银行贷款，银行按规定加收的罚息，不属于行政性罚款，允许在税前扣除。

13. 某企业2020年“营业外支出——罚款”发生额50万元，分别为：税款滞纳金5万元；不正当竞争罚款10万元；环境污染罚款10万元；银行罚息10万元；延期支付货款的罚息10万元；交通罚款0.2万元；经济业务保证金罚款4.8万元。则该企业税前可以扣除的罚款支出是（　　）万元。

A. 50

B. 49.8

C. 24.8

D. 19.8

［参考答案］C

［答案解析］根据《企业所得税法》规定，税收滞纳金、罚金、罚款等不得税前扣除。但是企业经营罚款和罚金可以税前扣除。因此，税前可以扣除的罚款支出 = 银行罚息 + 延期支付货款的罚息 + 经济业务保证金罚款，即 24.8 万元（10 + 10 + 4.8）。

14. 根据《企业所得税法》的规定，企业缴纳的下列税金中，在发生当期不得直接在税前扣除的是（　　）。

A. 契税　　B. 消费税

C. 资源税　　D. 房产税

［参考答案］A

［答案解析］选项 A，契税在发生当期计入相关资产的成本，在以后各期分摊扣除。

在全面试行营业税改征增值税后，“营业税金及附加”科目名称调整为“税金及附加”科目，该科目核算企业经营活动发生的消费税、城市维护建设税、资源税、教育费附加及房产税、土地使用税、车船使用税、印花税等相关税费。因此，选项 B、C、D 均可记入“税金及附加”科目，当期直接扣除。

15. 2020 年某软件企业实际发放的合理工资总额 3 000 万元；实际发生职工福利费用 600 万元、拨缴的工会经费 50 万元（已经取得工会组织开具的《工会经费收入专用收据》）、职工教育经费 410 万元（其中职工培训经费 80 万元），2020 年企业申报所得税时就上述费用应调整的应税所得额为（　　）万元。

A. 90　　B. 180

C. 270　　D. 350

［参考答案］C

［答案解析］职工福利费扣除的限额为 420 万元（3 000 × 14%），实际发生金额为 600 万元，需要纳税调增 180 万元；

软件企业支付给职工的培训费可以全额扣除，所以支付的 80 万元培训费可以全额扣除；

职工教育经费扣除限额为 240 万元（3 000 × 8%），实际发生金额为 330 万元（410 − 80），需要纳税调增 90 万元；

工会经费的扣除限额为60万元（3 000×2%），实际发生金额50万元，可以全额扣除。综上分析，上述费用应纳税调增所得额为270万元（180+90）。

16. 经认定的某软件企业，2020年发放的合理工资总额为300万元，实际发放的职工福利费45万元、工会经费5万元、职工培训费用25万元。2020年企业申报所得税时就上述费用应调增应税所得额（　　）万元。

A. 3　　B. 4

C. 5　　D. 6

[参考答案] A

[答案解析] 根据《国家税务总局关于企业所得税执行中若干税务处理问题的通知》（国税函〔2009〕202号）规定，软件生产企业发生的职工教育经费中的职工培训费用，可以全额在企业所得税前扣除。

因此，该企业职工福利费扣除限额为42万元（300×14%），需纳税调增3万元（45－42）；

工会经费扣除限额为6万元（300×2%），不需进行纳税调整；

职工培训费用不需进行纳税调增。

17. 甲企业为居民企业，2020年度取得产品销售收入4 000万元（不含增值税，下同），销售不需要的材料取得收入400万元，分回的投资收益500万元，出租房屋取得租金收入80万元，发生管理费用300万元，其中包括业务招待费50万元。假设无其他需要进行纳税调整的因素，该企业2020年度企业所得税税前可以扣除管理费用为（　　）万元。

A. 27.3　　B. 272.4

C. 30　　D. 260

[参考答案] B

[答案解析] 企业发生的与生产经营活动有关的业务招待费支出，按照实际发生额的60%扣除，但最高不得超过当年销售（营业）收入的5‰。销售（营业）收入包含主营业务收入、其他业务收入以及会计上不确认收入但税法上确认收入的视同销售收入。

销售（营业）收入=4 000+400+80=4 480（万元），22.4万元（4 480×5‰）<30万元（50×60%），因此税前扣除限额为22.4万元。

税前可以扣除的管理费用=300－（50－22.4）=272.4（万元）

18. 下列允许税前扣除的项目中，扣除比例错误的是（　　）。

A. 补充养老保险和补充养老保险不超过工资薪金总额5%的部分

B. 一般企业与具有合法经营资格中介服务机构或个人所签订服务协议或合同，手续费及佣金不超过收入金额的18%

C. 非公有制企业党组织工作经费不超过职工年度工资薪金总额1%的部分

D. 一般企业的职工教育经费不超过工资薪金总额8%的部分

[参考答案] B

[答案解析] 根据《财政部　税务总局关于保险企业手续费及佣金支出税前扣除政策的公告》（财政部　税务总局公告2019年第72号）规定，保险企业发生与其经营活动有关的手续费及佣金支出，不超过当年全部保费收入扣除退保金等后余额的18%（含本数）的部分，在计算应纳税所得额时准予扣除；超过部分，允许结转以后年度扣除。

但是，除保险企业以外的其他企业，根据《财政部　国家税务总局关于企业手续费及佣金支出税前扣除政策的通知》（财税〔2009〕29号）规定，与具有合法经营资格中介服务机构或个人（不含交易双方及其雇员、代理人和代表人等）所签订服务协议或合同确认的收入金额的5%计算限额。

除选项B外，其他选项均正确。

19. 根据企业所得税法律制度的规定，下列各项中，不得在企业所得税前扣除的是（　　）。

A. 非公益性捐赠支出

B. 企业向银行借款的利息支出

C. 企业发生的财产保险支出

D. 企业发生的广告性质的赞助支出

[参考答案] A

[答案解析] 根据《企业所得税法》规定，企业发生的公益性捐赠支出，在年度利润总额12%以内的部分，准予在计算应纳税所得额时扣除；超过年度利润总额12%的部分，准予结转以后三年内在计算应纳税所得额时扣除。而非公益性捐赠支出不得在税前扣除。

20. 某企业2020年度实现会计利润300万元，当年发生营业外支出60万元，其中通过当地民政部门向灾区捐赠40万元；通过某关联企业向灾区捐赠

10 万元。假设除此之外没有其他纳税调整事项。该企业 2020 年营业外支出项目应纳税调整（　　）万元。

A. －4　　　　B. 0

C. 14　　　　D. 36

［参考答案］C

［答案解析］根据《关于公益性捐赠支出企业所得税税前结转扣除有关政策的通知》（财税〔2018〕15 号）规定，企业通过公益性社会组织或者县级（含县级）以上人民政府及其组成部门和直属机构，用于慈善活动、公益事业的捐赠支出，在年度利润总额 12% 以内的部分，准予在计算应纳税所得额时扣除；超过年度利润总额 12% 的部分，准予结转以后三年内在计算应纳税所得额时扣除。

该企业的捐赠支出中只有通过当地民政部门向灾区捐赠的 40 万元属于公益性捐赠支出，通过关联企业捐赠的 10 万元不属于公益性捐赠，需要全额纳税调增。

公益性捐赠扣除限额为 36 万元（300×12%），应纳税调增 4 万元（40－36）。所以共需要纳税调增 14 万元。

21. 某居民企业 2020 年利润总额 10 000 万元，汇算清缴时税务机关发现，该企业利润总额中有公益性捐赠项目，通过非营利社会团体向贫困地区捐赠自产商品 1 万件，每件商品同类不含税售价 1 000 元，成本 700 元。假定不存在其他纳税调整项目，该企业应缴纳企业所得税为（　　）万元。

A. 2 500　　　　B. 2 575

C. 2 630　　　　D. 3 675

［参考答案］B

［答案解析］公益性捐赠项目应视同销售，视同销售业务应调增应纳税所得额为 300 万元［1×（1 000－700）］；

实际捐赠额为 810 万元（1×700＋1 000×1×11%）；而公益性捐赠支出扣除限额为 1 200 万元（10 000×12%），因此准予税前扣除 810 万元，不需要作纳税调增。

应纳税额＝（10 000＋300）×25%＝2 575（万元）

22. 某居民企业 2019 年度利润总额 1 000 万元，有一笔符合条件的公益性捐赠支出130万元，无其他纳税调整金额。2020年实现利润总额1 100万元，通过当地县政府向新型冠状肺炎疫情严重地区捐款100万元，发生其他符合条件的公益性捐赠支出200万元，则2020年结转至以后年度扣除的捐赠额是（　　）万元。

A. 68　　　　B. 78

C. 88　　　　D. 18

［参考答案］B

［答案解析］根据《关于公益性捐赠支出企业所得税税前结转扣除有关政策的通知》（财税〔2018〕15号）规定，企业通过公益性社会组织或者县级（含县级）以上人民政府及其组成部门和直属机构，用于慈善活动、公益事业的捐赠支出，在年度利润总额12%以内的部分，准予在计算应纳税所得额时扣除；超过年度利润总额12%的部分，准予结转以后三年内在计算应纳税所得额时扣除。企业在对公益性捐赠支出计算扣除时，应先扣除以前年度结转的捐赠支出，再扣除当年发生的捐赠支出。

根据《关于支持新型冠状病毒感染的肺炎疫情防控有关捐赠税收政策的公告》（财政部　税务总局公告2020年第9号）规定，企业和个人通过公益性社会组织或者县级以上人民政府及其部门等国家机关，捐赠用于应对新型冠状病毒感染的肺炎疫情的现金和物品，允许在计算应纳税所得额时全额扣除。

2019年公益性捐赠税前扣除限额为120万元（1 000×12%），实际支出130万元，结转以后年度扣除10万元。

2020年公益性捐赠税前扣除限额为132万元（1 100×12%），疫情捐款100万元允许全额扣除，其他捐赠200万元，超出当年扣除限额，应先扣除以前年度结转的捐赠支出，2020年结转至以后年度扣除的捐赠额为－78万元（132－10－200）。

23. 某公司2020年度通过乡政府，向该乡的一所小学捐赠50万元，通过某县民政局向当地贫困人口捐赠100万元。已知当年利润总额为1 000万元，则该公司2020年度允许扣除的捐赠为（　　）万元。

A. 50　　　　B. 100

C. 120　　　　D. 150

［参考答案］B

[答案解析] 该公司向该乡的一所小学捐赠50万元，由于捐赠行为未通过公益性社会组织或者县级（含县级）以上人民政府及其组成部门和直属机构实施，因此不允许税前扣除。

该公司2020年度捐赠限额为120万元（1 000×12%），企业当年发生允许扣除的捐赠为100万元，未超过限额，因此允许扣除的金额为100万元。

24. 某商业企业2020年度实现利润总额20万元，不符合小型微利企业条件。经稽查局检查发现，在“财务费用”账户中反映了两笔利息费用：一笔向银行借入流动资金200万元，借款期限6个月，支付利息费用4.5万元；另一笔向其他企业借入流动资金50万元，借款期限9个月，支付利息费用2.25万元。在“营业外支出”账户中列支了通过公益性社会团体向贫困地区的捐款5万元。假设不存在其他纳税调整事项，该企业2020年度应缴纳企业所得税（　　）万元。

A. 5.25　　B. 5.41

C. 5.48　　D. 5.79

[参考答案] D

[答案解析] 根据《企业所得税法实施条例》规定，非金融企业向金融企业借款的利息支出、金融企业的各项存款利息支出和同业拆借利息支出、企业经批准发行债券的利息支出，准予扣除；非金融企业向非金融企业借款的利息支出，不超过按照金融企业同期同类贷款利率计算的数额的部分，准予扣除。

因此，向银行借入资金的利息支出4.5万元允许全额税前扣除。

向银行借入资金的年利率＝4.5÷200÷6×12＝4.5%

向其他企业借入资金允许税前扣除的利息费用＝50×4.5%÷12×9＝1.69（万元）

纳税调增额＝2.25－1.69＝0.56（万元）

捐赠支出扣除限额＝20×12%＝2.4（万元），纳税调增额＝5－2.4＝2.6（万元）

该企业2020年度应纳税所得额＝20＋0.56＋2.6＝23.16（万元）

2020年度应纳税额＝23.16×25%＝5.79（万元）

25. 甲企业2020年度实际发生的与生产经营有关的业务招待费55万元，该公司2020年主营业务收入为6 200万元，出租仓库收入200万元，将自产产品用于捐赠，同类产品售价为100万元，营业外收入为150万元，投资收益150万元。在计算应纳税所得额时，该公司业务招待费应调增（　　）万元。

A. 21　　B. 22

C. 22.5　　D. 32.5

[参考答案] C

[答案解析] 计算业务招待费税前扣除基数的销售（营业）收入包括主营业务收入、其他业务收入、视同销售收入，不包括营业外收入和投资收益。

销售收入=6 200+200+100=6 500（万元）

实际发生业务招待费的60%为33万元（55×60%），业务招待费扣除限额为32.5万元（6 500×0.5%），应按照32.5万元扣除。因此，应调增应纳税所得额为22.5万元（55－32.5）。

26. 某商业企业2019年度产品不含税销售收入1 000万元，没收逾期未退包装物押金收入111万元，出售原材料取得含税收入222万元，房屋出租收入50万元，房屋转让收入320万元、房屋原值500万元、已提折旧300万元，接收现金捐赠200万元，投资收益50万元。2019年度发生业务招待费30万元，该企业2019年度允许税前扣除的业务招待费为（　　）万元。

A. 18　　B. 7.35

C. 6.75　　D. 6.85

[参考答案] C

[答案解析] 根据《企业所得税法实施条例》规定，企业发生的与生产经营活动有关的业务招待费支出，按照发生额的60%扣除，但最高不得超过当年销售（营业）收入的5‰。

当年销售（营业）收入包括主营业务收入、其他业务收入和视同销售收入。

因此，房屋转让收益为120万元［320－(500－300)］、接收现金捐赠200万元和投资收益50万元不可计入销售（营业）收入中。

业务招待费扣除限额为6.75万元［1 000＋111÷111%＋222÷111%＋50）×5‰］＜18万元（30×60%），因此，可税前扣除的业务招待费为6.75万元。

27. 某化妆品销售企业2020年的销售收入为2 000万元，当年实际发生的符合条件的广告费和业务宣传费为450万元，上年结转100万元尚未扣除。该企业准予税前扣除的广告费和业务宣传费为（　　）万元。

A. 300　　B. 450

C. 550　　D. 600

［参考答案］C

［答案解析］根据《财政部　税务总局关于广告费和业务宣传费支出税前扣除有关事项的公告》（财政部　税务总局公告2020年第43号）规定，对化妆品制造或销售、医药制造和饮料制造（不含酒类制造）企业发生的广告费和业务宣传费支出，不超过当年销售（营业）收入30%的部分，准予扣除；超过部分，准予在以后纳税年度结转扣除。

广告费和业务宣传费扣除限额为600万元（2 000×30%），因此准予扣除的广告费和业务宣传费包括当年实际发生额450万元和上年结转金额100万元。

28. 2020年度，甲企业实现不含税销售（营业）收入3 000万元，当年发生广告费400万元，上年度结转未扣除广告费60万元。已知广告费不超过当年销售收入15%的部分，准予扣除。则2020年度甲企业由于广告费需进行应纳税所得额调整的情况是（　　）。

A. 纳税调整增加50万元　　B. 纳税调整增加60万元

C. 纳税调整减少50万元　　D. 纳税调整减少60万元

［参考答案］C

［答案解析］根据《企业所得税法实施条例》第四十四条规定，企业发生的符合条件的广告费和业务宣传费支出，除国务院财政、税务主管部门另有规定外，不超过当年销售（营业）收入15%的部分，准予扣除；超过部分，准予在以后纳税年度结转扣除。

本年度广告费扣除限额为450万元（3 000×15%）；本年实际发生400万元，因此可以全额据实扣除；广告费超限额的部分可以结转到以后年度扣除，另外，还可以扣除上年度结转未扣除的广告费50万元，故纳税调减金额为50万元。

29. 某居民企业2020年度取得产品销售收入6 770万元，持有的2019年发行的铁路债券取得利息收入58.5万元，处置投资资产取得净收益102万元，本年发生的成本费用6 283万元，其中广告费支出158.7万元，上年结转的广告费是112.5万元，假设不存在其他纳税调整项目，本年应缴纳企业所得税

（　　）万元。

A. 161.88　　B. 126.44

C. 119.13　　D. 147.25

［参考答案］B

［答案解析］广告费扣除的限额为1 015.5万元（6 770×15%），实际发生了158.7万元准予全部扣除，同时上年度结转的广告费112.5万元也是可以扣除的。对企业投资者持有2019—2023年发行的铁路债券取得的利息收入，减半征收企业所得税。

应缴纳的企业所得税=(6 770+58.5×50%+102−6 283−112.5)×25%=126.44（万元）

30. A企业（居民企业）2020年1月1日向其境内的某关联企业B企业借款2 000万元，2020年12月31日归还本金1 000万元，另支付1年期利息费用200万元，B企业对A企业的权益性投资额为800万元，A企业的实际税负高于境内关联企业，同期同类银行贷款年利率为6%。该居民企业2020年在计算应纳税所得额的时候可以扣除的利息费用为（　　）万元。

A. 64　　B. 96

C. 104　　D. 120

［参考答案］B

［答案解析］根据《企业所得税法》规定，非金融企业向非金融企业借款的利息支出，不超过按照金融企业同期同类贷款利率计算的数额的部分，准予扣除。

同时，根据《财政部　国家税务总局关于企业关联方利息支出税前扣除标准有关税收政策问题的通知》（财税〔2008〕121号）规定，企业如果能够按照税法及其实施条例的有关规定提供相关资料，并证明相关交易活动符合独立交易原则的；或者该企业的实际税负不高于境内关联方的，其实际支付给境内关联方的利息支出，在计算应纳税所得额时准予扣除。否则，非金融企业实际支付给关联方的利息支出，在计算应纳税所得额时，应按照其接受关联方债权性投资与其权益性投资2∶1的比例确认金额。

因此，A企业债权性投资=权益性投资×2=800×2=1 600（万元）<2 000（万元）

A 企业利息支出扣除限额 =1 600 ×6% ×1 =96（万元）

31. 某金融企业注册资本为 2 000 万元，2020 年按同期金融机构贷款利率从其关联方借款 12 000 万元，发生借款利息 800 万元，关联方实际税负低于该企业，企业准予扣除的利息金额为（　　）万元。

A. 133.4　　B. 266.8

C. 667　　D. 800

［**参考答案**］C

［**答案解析**］根据《财政部　国家税务总局关于企业关联方利息支出税前扣除标准有关税收政策问题的通知》（财税〔2008〕121 号）规定，企业实际支付给关联方的利息支出，接受关联方债权性投资与其权益性投资比例为：金融企业为 5∶1，其他企业为 2∶1。超过的部分不得在发生当期和以后年度扣除。

该企业的注册资本为 2 000 万元，关联方债权性投资不应超过 10 000 万元（2 000 ×5），现借款 12 000 万元，准予扣除的利息金额是 10 000 万元产生的利息费用，因此，准予扣除的利息费用为 667 万元（800 ×10 000 ÷12 000）。

32. 某贸易公司 2020 年 3 月 1 日，以经营租赁方式租入固定资产使用，租期 1 年，一次性支付全部租金 1.2 万元；6 月 1 日以融资租赁方式租入机器设备一台，租期 5 年，当年支付租金 1.5 万元。该公司计算当年应纳税所得额时可直接扣除的租赁费用为（　　）万元。

A. 1　　B. 1.2

C. 1.5　　D. 2.7

［**参考答案**］A

［**答案解析**］根据《企业所得税法实施条例》规定，企业根据生产经营活动的需要租入固定资产支付的租赁费，按照以下方法扣除：（1）以经营租赁方式租入固定资产发生的租赁费支出，按照租赁期限均匀扣除；（2）以融资租赁方式租入固定资产发生的租赁费支出，按照规定构成融资租入固定资产价值的部分应当提取折旧费用，分期扣除。

应扣除的租赁费用 =1.2 ÷12 ×10 =1（万元）

33. 下列企业的手续费和佣金支出，在计算应纳税所得额时，按照规定比例计算的部分准予扣除，超过的部分，允许结转以后年度扣除的是（　　）。

A. 咨询企业　　B. 期货代理企业

C. 保险企业　　　　　　　　　　D. 银行

[参考答案] C

[答案解析] 根据《财政部　税务总局关于保险企业手续费及佣金支出税前扣除政策的公告》（财政部　税务总局公告2019年第72号）规定，保险企业发生与其经营活动有关的手续费及佣金支出，不超过当年全部保费收入扣除退保金等后余额的18%（含本数）的部分，在计算应纳税所得额时准予扣除；超过部分，允许结转以后年度扣除。

根据《财政部　国家税务总局关于企业手续费及佣金支出税前扣除政策的通知》（财税〔2009〕29号）规定，其他企业发生与生产经营有关的手续费及佣金支出按与具有合法经营资格中介服务机构或个人（不含交易双方及其雇员、代理人和代表人等）所签订服务协议或合同确认的收入金额的5%计算限额；超过部分，不得扣除。

34. 2018年初，A居民企业以实物资产500万元直接投资于B居民企业，取得B企业30%的股权。2020年11月，A企业将持有B企业的股权全部转让且完成股权变更手续，取得收入700万元，转让时B企业在A企业投资期间形成的未分配利润为100万元。关于A企业该项投资业务的说法，正确的是（　　）。

A. A企业取得投资转让所得200万元

B. A企业确认投资的利息所得30万元

C. A企业确认的应纳税所得额170万元

D. A企业投资转让所得应缴纳企业所得税42.5万元

[参考答案] A

[答案解析] 根据《国家税务总局关于贯彻落实企业所得税法若干税收问题的通知》（国税函〔2010〕79号）规定，企业转让股权收入，应于转让协议生效且完成股权变更手续时，确认收入的实现。转让股权收入扣除为取得该股权所发生的成本后，为股权转让所得。企业在计算股权转让所得时，不得扣除被投资企业未分配利润等股东留存收益中按该项股权所可能分配的金额。

A企业投资转让所得 = 700 - 500 = 200（万元）

35. 企业接收县级以上人民政府以股权投资方式投入的国有非货币性资产，企业应作为国家资本金处理，计税基础是（　　）。

A. 该资产的账面价值　　B. 该资产的账面原值

C. 该资产的公允价值　　D. 政府确定的接收价值

[参考答案] D

[答案解析] 根据《国家税务总局关于企业所得税应纳税所得额若干问题的公告》（国家税务总局公告2014年第29号）规定，县级以上人民政府（包括政府有关部门）将国有资产明确以股权投资方式投入企业，企业应作为国家资本金（包括资本公积）处理。该项资产如为非货币性资产，应按政府确定的接收价值确定计税基础。

36. 2020年1月，甲居民企业收购了境内上市乙公司20%的股权作为长期股权投资，2020年5月，乙公司增发普通股2 000万股，发行价格每股10元，每股面值1元，款项已全部收到并存入银行，2020年8月乙公司将股本溢价形成的资本公积转增股本。下列关于甲企业相关投资业务表述正确的是（　　）。

A. 甲企业应增加长期股权投资的计税基础3 600万元

B. 甲企业应确认股息收入3 600万元

C. 甲企业应减少长期股权投资的计税基础3 600万元

D. 甲企业长期股权投资计税基础保持不变

[参考答案] D

[答案解析] 根据《国家税务总局关于贯彻落实企业所得税法若干税收问题的通知》（国税函〔2009〕202号）规定，被投资企业将股权（票）溢价所形成的资本公积转为股本的，不作为投资方企业的股息、红利收入，投资方企业也不得增加该项长期投资的计税基础。因此，甲企业长期股权投资计税基础保持不变。

37. 甲企业共有股权10 000万股，为了将来有更好地发展，将80%的股权乙公司收购，然后成为乙公司的子公司。假定收购日甲公司每股资产的计税基础为8元，每股资产的公允价值为10元。在收购对价中乙企业以股权形式支付72 000万元，以银行存款支付8 000万元。甲公司取得非股权支付额对应的资产转让所得或损失为（　　）万元。

A. 1 600　　B. 2 000

C. 1 500　　D. 1 000

[参考答案] A

［答案解析］根据《财政部　国家税务总局关于企业重组业务企业所得税处理若干问题的通知》（财税〔2009〕59号）规定，股权收购，收购企业购买的股权不低于被收购企业全部股权的50%，且收购企业在该股权收购发生时的股权支付金额不低于其交易支付总额的85%，可以选择按特殊性税务处理。本题收购80%的股权，股份支付占比为72 000÷80 000＝90%，符合特殊性税务处理条件。

非股权支付对应的资产转让所得或损失＝（被转让资产的公允价值－被转让资产的计税基础）×（非股权支付金额÷被转让资产的公允价值）

资产转让所得＝(80 000－64 000)×(8 000÷80 000)＝16 000×10%＝1 600（万元）

38. 2018年1月1日，甲企业对乙企业投资1 600万元，取得乙企业30%的股权，2020年8月，甲企业全部撤回对乙企业的投资，取得资产总计2 500万元，投资撤回时乙企业累计未分配利润为1 000万元，累计盈余公积150万元。甲企业撤回投资所得应缴纳的企业所得税（　　）万元。

A. 0　　　　B. 85

C. 138.75　　　　D. 225

［参考答案］C

［答案解析］初始投资1 600万元确认为投资收回；

甲企业应确认的股息所得为345万元［（1 000＋150）×30%］，符合条件的居民企业之间的股息、红利等权益性投资收益是免税收益。甲企业应确认的投资资产转让所得为555万元（2 500－1 600－345）。

应纳企业所得税＝555×25%＝138.75（万元）

39. 甲公司和乙公司共同投资成立丙公司，甲公司出资3 000万元，占丙公司股份的30%，乙公司出资7 000万元，占丙公司股份的70%，2020年末甲公司将其持有的股份以7 000万元全部转让给乙公司。截至股权转让前，丙公司的未分配利润为2 000万元，盈余公积为3 000万元。甲公司转让股权的所得应缴纳企业所得税（　　）万元。

A. 1 000　　　　B. 1 500

C. 2 000　　　　D. 3 000

［参考答案］A

［答案解析］根据《国家税务总局关于贯彻落实企业所得税法若干税收问题的通知》（国税函〔2010〕79号）规定，企业转让股权收入，应于转让协议生效且完成股权变更手续时，确认收入的实现。转让股权收入扣除为取得该股权所发生的成本后，为股权转让所得。企业在计算股权转让所得时，不得扣除被投资企业未分配利润等股东留存收益中按该项股权所可能分配的金额。

因此，甲公司股权转让所得为4 000万元（7 000－3 000），应缴纳的企业所得税为1 000万元（4 000×25%）。

40. 摩托车生产企业合并一家小型股份公司，股份公司全部资产公允价值为5 700万元、全部负债公允价值为3 200万元、未超过弥补年限的亏损额为620万元。合并时摩托车生产企业给股份公司的股权支付额为2 300万元、银行存款200万元。该合并业务符合企业重组特殊性税务处理的条件且选择此方法执行。截止到当年年末国家发行的最长期限的国债利率为6%。则合并企业可弥补的被合并企业亏损限额为（　　）万元。

A. 620　　B. 120

C. 150　　D. 200

［参考答案］C

［答案解析］根据《企业所得税法》规定，特殊性税务处理条件下，被合并企业可由合并企业弥补的亏损限额＝被合并企业净资产公允价值×截至合并业务发生当年年末国家发行的最长期限的国债利率。

合并企业可弥补的被合并企业亏损限额＝（5 700－3 200）×6%＝150（万元）

41. 由于股权分置改革，张先生将2013年200万元购买额非流通股交付给A公司（居民企业）代持，成为限售股，但是不能准确计算限售股原值。2020年2月，A公司将限售股转让，取得转让收入2 000万元，则A公司就此项业务而言，当月应缴纳企业所得税（　　）万元。

A. 382.5　　B. 425

C. 450　　D. 500

［参考答案］B

［答案解析］根据《国家税务总局关于企业转让上市公司限售股有关所得税问题的公告》（国家税务总局公告2011年第39号）规定，因股权分置改革

造成原由个人出资而由企业代持有的限售股，企业在转让限售股时取得的所得应计算纳税。限售股转让收入扣除限售股原值和合理税费后的余额为该限售股转让所得。企业未能提供完整、真实的限售股原值凭证，不能准确计算该限售股原值的，主管税务机关一律按该限售股转让收入的15%，核定为该限售股原值和合理税费。

当月应缴纳的企业所得税额 $=2\ 000\times(1-15\%)\times25\%=425$（万元）

42. 税法规定，对固定资产提取折旧，下列说法错误的是（　　）。

A. 未投入使用的房屋、建筑物不能提取折旧

B. 未使用的机器不能提取折旧

C. 以经营租赁方式租入的固定资产不能提取折旧

D. 价值合并在房屋中作为固定资产入账的土地可以提取折旧

［参考答案］A

［答案解析］根据《企业所得税法》规定，下列固定资产不得计算折旧扣除：(1) 房屋、建筑物以外未投入使用的固定资产；(2) 以经营租赁方式租入的固定资产；(3) 以融资租赁方式租出的固定资产；(4) 已足额提取折旧仍继续使用的固定资产；(5) 与经营活动无关的固定资产；(6) 单独估价作为固定资产入账的土地；(7) 其他不得计算折旧扣除的固定资产。因此，按照税法规定，投入使用的房屋、建筑物可以提取折旧。

43. 下列固定资产可以提取折旧并在税前扣除的是（　　）。

A. 以经营租赁方式租出的固定资产

B. 以融资租赁方式租出的固定资产

C. 未使用的机器设备

D. 单独估价作为固定资产入账的土地

［参考答案］A

［答案解析］下列固定资产不得计算折旧扣除：(1) 房屋、建筑物以外未投入使用的固定资产；(2) 以经营租赁方式租入的固定资产；(3) 以融资租赁方式租出的固定资产；(4) 已足额提取折旧仍继续使用的固定资产；(5) 与经营活动无关的固定资产；(6) 单独估价作为固定资产入账的土地；(7) 其他不得计算折旧扣除的固定资产。融资租赁方式租出的固定资产。

44. 根据企业所得税法律制度的规定，下列表述中不正确的是（　　）。

A. 自创商誉计算的摊销费用，可以税前扣除

B. 林木类生产性生物资产计算折旧的最低年限为 10 年

C. 企业固定资产会计折旧年限已期满且会计折旧已提足，但税法规定的最低折旧年限尚未到期且税收折旧尚未足额扣除，其未足额扣除的部分准予在剩余的税收折旧年限继续按规定扣除

D. 企业应当自固定资产投入使用月份的次月起计算折旧

[参考答案] A

[答案解析] 根据《企业所得税法》规定，自创商誉不得计算摊销费用，税前扣除；外购商誉的支出在企业整体转让或者清算时，准予扣除。

45. 企业发生的下列支出中，可在发生当期直接在企业所得税税前扣除的是（　　）。

A. 固定资产的大修理支出

B. 租入固定资产的改建支出

C. 固定资产的日常修理支出

D. 已足额提取折旧的固定资产的改建支出

[参考答案] C

[答案解析] 根据《企业所得税法》规定，在计算应纳税所得额时，企业发生的下列支出作为长期待摊费用，按照规定摊销的，准予扣除：(1) 已足额提取折旧的固定资产的改建支出；(2) 租入固定资产的改建支出；(3) 固定资产的大修理支出；(4) 其他应当作为长期待摊费用的支出。

因此，选项 A、B、D 均应作为长期待摊费用，按规定摊销额扣除；选项 C 可在档期直接扣除。

46. 某制造加工企业 2020 年 10 月新购进一套大型生产设备，单位价值为 480 万元，则该企业允许一次性计入当期成本费用在计算应纳税所得额时扣除的最大金额是（　　）万元。

A. 48　　B. 80

C. 300　　D. 480

[参考答案] D

[答案解析] 根据《国家税务总局关于设备器具扣除有关企业所得税政策执行问题的公告》（国家税务总局公告 2018 年第 46 号）规定，企业在 2018 年

1月1日至2020年12月31日期间新购进的设备、器具，单位价值不超过500万元的，允许一次性计入当期成本费用在计算应纳税所得额时扣除，不再分年度计算折旧。因此，该企业可当期一次性税前扣除480万元。

47. 某企业2019年度购进货物时未及时取得发票，因此2019年度汇算清缴时主动未在企业所得税前扣除，2020年6月取得发票。税务机关检查时发现，下列做法正确的是（　　）。

A. 必须追补至2019年度税前扣除

B. 必须在2020年度税前扣除

C. 可追补至2019年度税前扣除，也可在2020年度税前扣除

D. 不允许税前扣除

[参考答案] C

[答案解析] 根据《企业所得税税前扣除凭证管理办法》（国家税务总局2018年第28号）规定，企业以前年度应当取得而未取得发票、其他外部凭证，且相应支出在该年度没有税前扣除的，在以后年度取得符合规定的发票、其他外部凭证或者按照规定提供可以证实其支出真实性的相关资料，相应支出可以追补至该支出发生年度税前扣除，但追补年限不得超过五年。

48. 下列关于房地产开发经营业务所得税处理的表述中，不正确的是（　　）。

A. 采取一次性全额收款方式销售开发产品的，应于合同约定的收款日期确认收入的实现

B. 采取分期收款方式销售开发产品的，按销售合同或协议约定的价款和付款日确认收入的实现，付款方提前付款的，在实际付款日确认收入的实现

C. 属于经济适用房的，销售未完工开发产品的计税毛利率不得低于3%

D. 企业以换取开发产品为目的，将土地使用权投资其他企业房地产开发项目的，企业应在首次取得开发产品时，将其分解为转让土地使用权和购入开发产品两项经济业务进行所得税处理

[参考答案] A

[答案解析] 根据《房地产开发经营业务企业所得税处理办法》（国税发〔2009〕31号）规定，采取一次性全额收款方式销售开发产品的，应于实际收讫价款或取得索取价款凭据（权利）之日，确认收入的实现。

49. 某企业2019年因政府整体规划开始实施政策性搬迁，下列关于该企业搬迁完成年度的年份错误的是（　　）。

A. 2021年　　B. 2022年

C. 2023年　　D. 2024年

［参考答案］D

［答案解析］根据《企业政策性搬迁所得税管理办法》（国家税务总局公告2012年第40号）规定，下列情形之一的，为搬迁完成年度，企业应进行搬迁清算，计算搬迁所得：(1) 从搬迁开始，5年内（包括搬迁当年度）任何一年完成搬迁的。(2) 从搬迁开始，搬迁时间满5年（包括搬迁当年度）的年度。

企业同时符合下列条件的，视为已经完成搬迁：（1）搬迁规划已基本完成；(2) 当年生产经营收入占规划搬迁前年度生产经营收入50%以上。

企业边搬迁、边生产的，搬迁年度应从实际开始搬迁的年度计算。

该企业2023年为搬迁时间满5年的年度，最晚应当于2023年确认搬迁所得（损失）。

50. 中华人民共和国政府同外国政府订立的有关税收协定与《中华人民共和国企业所得税法》有不同规定的，办理的依据是（　　）。

A. 税收协定

B.《中华人民共和国企业所得税法》

C.《中华人民共和国税收征收管理法》

D.《中华人民共和国宪法》

［参考答案］A

［答案解析］中华人民共和国政府同外国政府订立的有关税收的协定与我国税法有不同规定的，应依照协定的规定办理。

51. 位于我国境内的机构和个人向境外单笔支付等值5万美元以上外汇资金，以及外国投资者境内合法所得汇出或在境内再投资，除了规定情形外，均须办理对外支付税务备案，下列需要办理备案的情形是（　　）。

A. 境内机构在境外发生差旅费10万美元

B. 境内机构发生在境外的进口贸易佣金5万美元

C. 境内机构从境外进口口罩等物资25万美元

D. 境内机构向境外支付信息服务费5万美元以上的

［参考答案］D

［答案解析］根据《国家税务总局　国家外汇管理局关于服务贸易等项目对外支付税务备案有关问题的公告》（国家税务总局　国家外汇管理局公告2021年第19号）规定，境内机构在境外发生的差旅、会议、商品展销等各项费用，境内机构发生在境外的进出口贸易佣金、保险费、赔偿款等，无需办理和提交备案表，选项A、B属于无需办理备案的情形。进口口罩等防疫物资对外付汇属于货物贸易项下，不需要办理对外支付税务备案，选项C不正确。

52. A公司是中国居民企业，企业所得税税率为25%，2020年度境内应纳税所得额为1 000万元；其设立在某国的分公司B就其境外所得在甲国已纳企业所得税50万元，甲国企业所得税税率为10%。该居民企业2020年度企业所得税应纳税所得额是（　　）万元。

A. 1 450　　B. 1 500

C. 1 000　　D. 1 050

［参考答案］B

［答案解析］分公司B在某国缴纳的企业所得税50万元，可知其应纳税所得额为500万元（50÷10%）。A居民企业承担居民纳税的义务，故其应纳税所得额为1 500万元（1 000＋500）。

53. W集团为位于境外的非居民企业，D集团和C公司为我国居民企业，W集团持有C公司40%的股权。2016年1月8日，W集团与D集团签订股权转让合同，以人民币1 000万元的价格转让其持有的C公司30%的股权给D集团。上述股权W集团分三次取得，第一次投资人民币100万元，第二次投资人民币200万元，第三次投资人民币400万元。本次股权转让交易应确认的应纳税所得额为（　　）万元。

A. 1 000　　B. 700

C. 475　　D. 630

［参考答案］C

［答案解析］如果非居民企业通过多次投资或收购而持有一项股权，但仅部分对外转让，应从该项股权全部成本中按照转让比例计算确定被转让股权对应的成本。

W集团持有C公司40%股权的全部成本为700万元（100＋200＋400），本次交易转让比例为75%（30%÷40%），该被转让的C公司30%股权对应的成本则为525万元（700×75%），本次股权转让交易的应纳税所得额为475万元（1 000－525）。

54. 根据经济合作与发展组织（OECD）发布的税基侵蚀和利润转移（BEPS）项目15项行动计划，不属于提高税收透明度和确定性行动成果的有（　　）。

A.《衡量和监控BEPS》

B.《考虑透明度和实质性因素有效打击有害税收实践》

C.《强制披露规则》

D.《转让定价文档与国别报告》

［参考答案］B

［答案解析］BEPS行动计划包括五大类，15项行动计划。其中，《考虑透明度和实质性因素有效打击有害税收实践》是协调各国企业所得税税制类别下，有害税收实践行动计划的行动成果。

55. 在国际经济活动中，跨国纳税人利用各国税收的差异进行避税的手法多种多样，下列不属于国际避税方法的选项是（　　）。

A. 税收流亡　　B. 资本弱化

C. 转让定价　　D. 税收抵免

［参考答案］D

［答案解析］税收抵免属于避免国际重复征税的方法。

56. 当同一人同时构成中国和新加坡税收居民时，为了解决最终居民身份的归属，应当根据税收协定确定的标准进一步判定，下列关于双重居民身份下最终居民身份判定标准的排序依次是（　　）。

A. 国籍、习惯性居处、永久性住所、重要利益中心

B. 习惯性居处、国籍、永久性住所、重要利益中心

C. 永久性住所、国籍、习惯性居处、重要利益中心

D. 永久性住所、重要利益中心、习惯性居处、国籍

［参考答案］D

［答案解析］永久性住所、重要利益中心、习惯性居处、国籍为依次判断个人居民身份的标准。这些标准的使用是有先后顺序的，只有当使用前一个标

准无法解决问题时，才使用后一个标准。当采用上述标准依次判断仍然无法确定其身份时，可由缔约国双方主管当局通过相互协商解决。

57. 某外国公司未在中国设立机构场所，2019 年从中国境内某企业获得专有技术使用权转让收入 200 万元，该技术的成本 80 万元，从外商投资企业取得投资收益 300 万元。此外，转让其在中国境内的房屋一栋，转让收入 3 000 万元，原值 1 000 万元，已提折旧 600 万元。则该外国公司 2019 年应当向我国缴纳的企业所得税为（　　）万元。

A. 350　　B. 310

C. 50　　D. 250

[参考答案] B

[答案解析] 对于在中国境内未设立机构、场所的，或者虽设立机构、场所但取得的所得与其所设机构、场所没有实际联系的非居民企业的所得，按照下列方法计算应纳税所得额，股息、红利等权益性投资收益和利息、租金、特许权使用费所得，以收入全额为应纳税所得额，转让财产所得，以收入全额减除财产净值后的余额为应纳税所得额。

应缴纳企业所得税 $=(200+300)\times10\%+[3\ 000-(1\ 000-600)]\times10\%=310$（万元）

58. 在国际税收关系中，为了有效消除国际双重征税，世界各国广泛承认优先遵循的管辖权是（　　）。

A. 居民管辖权　　B. 属人管辖权

C. 地域管辖权　　D. 国籍管辖权

[参考答案] C

[答案解析] 目前，对跨国所得进行课税时，大多数国家在兼用居民（公民）管辖权和地域管辖权的同时，遵循收入来源地管辖权优先原则，即地域管辖权优先。

59. 我国与其他国家签订的税收协定一般规定适用的人的范围为“缔约国一方或同时为双方居民的人”，下列说法中错误的是（　　）。

A. 协定适用于“人”，这些人必须是居民

B. 身为居民的人必须属于缔约国一方或双方

C. 居民应是在一国负有全面纳税义务的人，但在一国负有纳税义务的人未

必都是该国居民

D. 为享受税收协定，纳税人应当申请开具《纳税记录》证明其负有全面纳税义务

［参考答案］D

［答案解析］企业或者个人为享受中国政府对外签署的税收协定（含与香港、澳门和台湾签署的税收安排或者协议）、航空协定税收条款、海运协定税收条款、汽车运输协定税收条款、互免国际运输收入税收协议或者换函待遇，可以向税务机关申请开具《税收居民身份证明》。

60. 中国居民企业A公司在境外投资，持有甲国B公司80%股份，B公司持有乙国C公司60%股份。B公司适用所得税率30%，当年其本国应纳税所得额2 000万元；C公司适用所得税率20%，当年其本国应纳税所得额1 000万元；A公司适用所得税率25%，当年其本国应纳税所得额3 000万元。假定上述国家预提所得税率均为10%，且B公司和C公司均按照持股比例对全部税后利润进行了分配，A公司当年应纳企业所得税为（　　）万元。

A. 1 000　　B. 980

C. 750　　D. 1 250

［参考答案］C

［答案解析］A公司直接持有B公司股份和间接持有的C公司股份均超过20%，可以适用间接抵免。

C公司在乙国缴纳所得税200万元，向B公司全额分配股息480万元，其由B公司间接负担的所得税额为120万元。

B公司境内外应纳税所得额合计为2 600万元（2 000＋480＋120），抵免限额为180万元，实际在乙缴纳168万元（120＋48），实际抵免168万元，B公司应纳税额612万元（2 600×30%－168）。

B公司向A公司分配股息1 456万元［（2 600－612－168）×80%］，A公司间接负担的B公司已纳税额624万元，A公司境内外应纳所得税额5 080万元（3 000＋1 456＋624），抵免限额520万元，A公司在境外实际缴纳769.6万元，A公司实际抵免520万元。

A公司当年应缴纳企业所得税750万元（5 080×25%－520）。

61. 某企业从事批发零售业务，按税收政策规定，企业亏损结转弥补年限

为5年。2014年亏损37万元，2015年盈利6万元，2016年亏损5万元，2017年、2018年、2019年各盈利7万元，2020年盈利20万元。2020年度应缴纳的企业所得税额为（　　）万元。

A. 3.75　　B. 2

C. 1.25　　D. 0

[参考答案] A

[答案解析]

年份	纳税调整后所得	弥补亏损情况
2014年	-37	2015年、2017年、2018年、2019年共弥补27万元，2020年已超过5年期限，不可弥补。故剩余10万元无法弥补
2015年	6	弥补2014年亏损6万元
2016年	-5	2020年弥补5万元
2017年	7	弥补2014年亏损7万元
2018年	7	弥补2014年亏损7万元
2019年	7	弥补2014年亏损7万元
2020年	20	2014年亏损无法弥补，弥补2016年亏损5万元后，纳税调整后所得为15万元

因此，2020年该企业应纳所得税额为3.75万元（15×25%）。

62. 某餐饮企业受新型冠状病毒感染的肺炎疫情影响，2020年度发生亏损。按税法规定，可以用以后纳税年度的所得逐年弥补，但弥补的年限不得超过（　　）。

A. 2023年　　B. 2025年

C. 2028年　　D. 2030年

[参考答案] C

[答案解析] 根据《财政部　税务总局关于支持新型冠状病毒感染的肺炎疫情防控有关税收政策的公告》（财政部　税务总局公告2020年第8号）规定，受疫情影响较大的困难行业企业2020年度发生的亏损，最长结转年限由5年延长至8年。困难行业企业，包括交通运输、餐饮、住宿、旅游（指旅行社及相关服务、游览景区管理两类）四大类。

63. 某居民企业2020年度生产经营所得120万元，从境内居民企业分回投资收益50万元；国库券转让收益25万元；境外投资发生亏损40万元。该企业

2019 年可弥补亏损额 30 万元。该企业 2020 年应纳所得税额（　　）万元。

A. 35　　B. 31.25

C. 30　　D. 28.75

［参考答案］D

［答案解析］根据《企业所得税法》规定，符合条件的居民企业之间的股息、红利等权益性投资收益为免税收入。

《国家税务总局关于企业国债投资业务企业所得税处理问题的公告》（国家税务总局公告 2011 年第 36 号）规定，企业转让国债，应作为转让财产，其取得的收益（损失）应作为企业应纳税所得额计算纳税。

《企业所得税法》第十七条规定，企业在汇总计算缴纳企业所得税时，其境外营业机构的亏损不得抵减境内营业机构的盈利。

《企业所得税法》第十八条规定，企业纳税年度发生的亏损，准予向以后年度结转，用以后年度的所得弥补，但结转年限最长不得超过五年。

因此，应纳税所得额 $=120+25-30=115$（万元）

应纳所得税额 $=115\times25\%=28.75$（万元）

64. 某企业 2018 年 6 月 30 日从银行购买一笔到期还本付息的 5 年期国债共 100 万元，年利率为 6%。2020 年 6 月 30 日在证券市场转让，取得转让收入 124.9 万元，支付交易费用 0.4 万元。适用所得税税率为 25%。转让国债应缴纳的企业所得税为（　　）万元。

A. 3.125　　B. 3.225

C. 6.125　　D. 6.225

［参考答案］A

［答案解析］根据《国家税务总局关于企业国债投资业务企业所得税处理问题的公告》（国家税务总局公告 2011 年第 36 号）规定，企业转让或到期兑付国债取得的价款，减除其购买国债成本，并扣除其持有期间按照规定计算的国债利息收入以及交易过程中相关税费后的余额，为企业转让国债收益（损失）。

国债利息收入 = 国债金额 ×（适用年利率 ÷365）× 持有天数 $=100\times(6\%\div365)\times365\times2=12$（万元）

转让国债收益（损失）$=124.9-100-12-0.4=12.5$（万元）

转让国债应缴纳的企业所得税 $=12.5\times25\%=3.125$（万元）

65. 企业法发行的符合条件的永续债，下列适用企业所得税的政策正确的是（　　）。

A. 可以适用股息、红利企业所得税政策，也可以按照债券利息适用企业所得税政策

B. 必须按照税收规定适用股息、红利企业所得税政策

C. 对永续债产品的税收处理方法一经确定，本纳税年度内不得变更

D. 对永续债采取的税收处理办法与会计核算方式不一致的，按照会计核算方式进行税前扣除

［参考答案］ A

［答案解析］ 根据《财政部　税务总局关于永续债企业所得税政策问题的公告》（财政部　税务总局公告2019年第64号）规定，企业发行的永续债，可以适用股息、红利企业所得税政策，也可以按照债券利息适用企业所得税政策；发行永续债的企业对每一永续债产品的税收处理方法一经确定，不得变更。企业对永续债采取的税收处理办法与会计核算方式不一致的，发行方、投资方在进行税收处理时须作出相应纳税调整。

66. 下列企业所得税优惠政策中，不能享受减计收入优惠政策的是（　　）。

A. 综合利用资源生产产品取得的收入

B. 取得的地方政府债券利息收入

C. 取得的铁路债券利息收入

D. 提供社区养老、托育、家政服务取得的收入

［参考答案］ B

［答案解析］ 根据《财政部　国家税务总局关于地方政府债券利息免征所得税问题的通知》（财税〔2013〕5号）规定，对企业和个人取得的2012年及以后年度发行的地方政府债券利息收入，免征企业所得税和个人所得税。因此，选项B属于免税收入优惠政策，其他选项均为减计收入。

67. 某企业为国家重点扶持的高新技术企业，2020年利润总额3 000万元，其中技术转让所得600万元。假定该企业无其他纳税调整事项，则2020年应纳企业所得税为（　　）万元。

A. 450　　B. 540

C. 462.5　　D. 495

［参考答案］C

［答案解析］根据《国家税务总局关于进一步明确企业所得税过渡期优惠政策执行口径问题的通知》（国税函〔2010〕157 号）规定，居民企业取得规定可减半征收企业所得税的所得，是指居民企业应就该部分所得单独核算，并依照 25% 的法定税率减半缴纳企业所得税。

因此，技术转让所得可减半征收的部分应当按照 25% 的法定税率计算缴纳。该企业 2020 年应缴纳的企业所得税为 462.5 万元［3 000 × 15% +（600 - 500）× 50% × 25%］。

68. 甲公司是从事绿色照明业务的企业，符合“三免三减半”的税收优惠条件，2017 年 12 月 1 日注册，2018 年 1 月份取得第一笔收入 10 万元，2020 年年初因其自身原因，把此业务转让给同样符合条件的节能服务企业乙公司，乙公司于 2020 年全年取得收入 20 万元，那么乙公司 2020 年此项目应缴纳企业所得税（　　）万元。

A. 0　　B. 2.5

C. 5　　D. 1.25

［参考答案］A

［答案解析］根据《国家税务总局　国家发展改革委关于落实节能服务企业合同能源管理项目企业所得税优惠政策有关征收管理问题的公告》（国家税务总局　国家发展改革委公告 2013 年第 77 号）规定，对符合条件的节能服务公司实施合同能源管理项目，实施“三免三减半”的优惠政策。“三免三减半”期间应连续计算，企业在优惠期限内转让所享受优惠的项目给其他符合条件的节能服务企业，受让企业可自项目受让之日起，在剩余期限内享受规定的优惠。2020 年还在免征企业所得税的期间内，所以无须缴纳企业所得税。

69. 某创业投资企业 2020 年纳税调整后所得为 200 万元，假设未享受其他优惠政策，以前年度无结转亏损额。在 2018 年 6 月份投资入股一个未上市的小型高新技术企业 100 万元。该企业 2020 年应缴纳企业所得税（　　）万元。

A. 0　　B. 45

C. 50　　D. 32.5

［参考答案］D

［答案解析］根据《企业所得税法实施条例》规定，抵扣应纳税所得额，

是指创业投资企业采取股权投资方式投资于未上市的中小高新技术企业2年以上的，可以按照其投资额的70%在股权持有满2年的当年抵扣该创业投资企业的应纳税所得额；当年不足抵扣的，可以在以后纳税年度结转抵扣。

可抵扣的应纳税所得额 = 100 × 70% = 70（万元）

应纳所得税额 = (200 − 70) × 25% = 32.5（万元）

70. 某企业2020年度为小型微利企业，全年取得销售收入210万元，成本、费用合计50万元，已计入相关成本费用的合理的工资、薪金支出20万元，其中支付残疾职工工资10万元。不考虑其他纳税调整项目，甲企业2020年应缴纳企业所得税为（　　）万元。

A. 7.5　　B. 8

C. 9.5　　D. 10

［参考答案］D

［答案解析］根据《企业所得税法实施条例》规定，企业安置残疾人员的，在按照支付给残疾职工工资据实扣除的基础上，按照支付给残疾职工工资的100%加计扣除。同时，2020年对小型微利企业年应纳税所得额不超过100万元的部分，减按25%计入应纳税所得额，按20%的税率缴纳企业所得税；对年应纳税所得额超过100万元但不超过300万元的部分，减按50%计入应纳税所得额，按20%的税率缴纳企业所得税。

该企业应纳税所得额 = 210 − 50 − 10 = 150（万元）

应缴纳的企业所得税 = [100 × 25% + (150 − 100) × 50%] × 20% = 10（万元）

71. 某企业2020年被认定为高新技术企业，其2015年发生的经税务机关审查的亏损，最长可结转弥补至（　　）。

A. 2020年　　B. 2021年

C. 2025年　　D. 2026年

［参考答案］C

［答案解析］根据《财政部　税务总局关于延长高新技术企业和科技型中小企业亏损结转年限的通知》（财税〔2018〕76号）规定，自2018年1月1日起，当年具备高新技术企业或科技型中小企业资格的企业，其具备资格年度之前5个年度发生的尚未弥补完的亏损，准予结转以后年度弥补，最长结转年限

由5年延长至10年。

72. 下列关于高新技术企业资格认定的条件，说法正确的是（　　）。

A. 通过自主研发、受让、受赠、并购等方式，或通过5年以上的独占许可方式，对其主要产品（服务）的核心技术拥有自主知识产权

B. 具有大学专科以上学历的科技人员占企业当年职工总数的30%以上

C. 最近一年销售收入小于5 000万元的企业，近三个会计年度的研究开发费用总额占同期销售收入总额的比例不低于6%

D. 企业在中国境内发生的研究开发费用总额占全部研究开发费用总额的比例不低于60%

［参考答案］ D

［答案解析］ 选项A，新修订的《高新技术企业认定管理办法》已取消“通过5年以上的独占许可方式”获得知识产权的方式，企业通过自主研发、受让、受赠、并购等方式，获得对其主要产品（服务）在技术上发挥核心支持作用的知识产权的所有权即满足条件。

选项B，新修订的《高新技术企业认定管理办法》已取消学历限制，企业从事研发和相关技术创新活动的科技人员占企业当年职工总数的比例不低于10%即满足条件。

选项C，新修订的《高新技术企业认定管理办法》将最近一年销售收入小于5 000万元的企业，近三个会计年度的研究开发费用总额占同期销售收入总额的比例由6%下调至5%。

73. 对于企业所得税法规定的税收优惠政策，下列说法错误的是（　　）。

A. 安置残疾人员及国家鼓励安置的其他就业人员所支付的工资，可以在计算应纳税所得额时加计扣除

B. 创业投资企业从事国家需要重点扶持和鼓励的创业投资，可以按投资额的一定比例抵扣应纳税所得额

C. 企业综合利用资源，生产符合国家产业政策规定的产品所取得的收入，可以在计算应纳税所得额时减计收入

D. 企业购置用于环境保护、节能节水、安全生产等专用设备的投资额，可以按投资额的一定比例抵扣应纳税所得额

［参考答案］ D

［答案解析］根据《企业所得税法》第三十四条规定，企业购置用于环境保护、节能节水、安全生产等专用设备的投资额，可以按一定比例实行税额抵免，因此选项D是错误的。选项A、B、C均正确。

74. 某企业2020年6月购置并实际投入使用一台环境保护专用设备（属于《环境保护专用设备企业所得税优惠目录》），取得增值税专用发票注明的价税合计额330万元，发生设备运输费20万元，2020年该企业应纳税所得额180万元。该企业2020年应缴纳企业所得税（　　）万元。

A. 10　　B. 12

C. 15　　D. 45

［参考答案］B

［答案解析］根据《财政部　国家税务总局关于执行环境保护专用设备企业所得税优惠目录　节能节水专用设备企业所得税优惠目录和安全生产专用设备企业所得税优惠目录有关问题的通知》（财税〔2008〕48号）第一条规定："企业自2008年1月1日起购置并实际使用列入《目录》范围内的环境保护、节能节水和安全生产专用设备，可以按专用设备投资额的10%抵免当年企业所得税应纳税额；企业当年应纳税额不足抵免的，可以向以后年度结转，但结转期不得超过5个纳税年度。"第二条规定："专用设备投资额，是指购买专用设备发票价税合计价格，但不包括按有关规定退还的增值税税款以及设备运输、安装和调试等费用。"

该企业应纳所得税额 $=180\times25\%-330\times10\%=12$（万元）

75. 下列各项，不符合企业所得税税收优惠政策的是（　　）。

A. 对在海南自由贸易港设立的旅游业、现代服务业、高新技术产业企业新增境外直接投资取得的所得，免征企业所得税

B. 企业从事环境保护项目的所得，自项目取得第一笔生产经营收入所属纳税年度起享受"三免三减半"优惠

C. 一个纳税年度内，居民企业技术转让所得不超过500万元的部分，免征企业所得税

D. 自2019年1月1日起，适用规定的固定资产加速折旧优惠的行业范围，扩大至全部行业

［参考答案］D

[答案解析] 自2019年1月1日起，适用《财政部　国家税务总局关于进一步完善固定资产加速折旧企业所得税政策的通知》（财税〔2015〕106号），固定资产加速折旧优惠的行业范围，扩大至全部制造业领域。

76. 某企业2019年被认定为高新技术企业，2020年12月购进属于《安全生产专用设备企业所得税优惠目录》规定的安全生产专用设备一台，取得增值税专用发票，注明价款500万元，进项税额55万元。该企业全年应纳税所得额1 000万元，假设无其他调整事项，2020年度应缴纳的企业所得税额是（　　）万元。

A. 94.5　　B. 100

C. 194.5　　D. 200

[参考答案] B

[答案解析] 根据《企业所得税法实施条例》规定，企业购置并实际使用《环境保护专用设备企业所得税优惠目录》《节能节水专用设备企业所得税优惠目录》和《安全生产专用设备企业所得税优惠目录》规定的环境保护、节能节水、安全生产等专用设备的，该专用设备的投资额的10%可以从企业当年的应纳税额中抵免；当年不足抵免的，可以在以后5个纳税年度结转抵免。

《国家税务总局关于环境保护节能节水　安全生产等专用设备投资抵免企业所得税有关问题的通知》（国税函〔2010〕256号）规定，进行税额抵免时，如增值税进项税额允许抵扣，其专用设备投资额不再包括增值税进项税额；如增值税进项税额不允许抵扣，其专用设备投资额应为增值税专用发票上注明的价税合计金额。企业购买专用设备取得普通发票的，其专用设备投资额为普通发票上注明的金额。

该企业应缴纳的企业所得税额＝1 000×15%－500×10%＝100（万元）

77. 某企业总机构在北京，沈阳、大连分设两个分支机构，2019年沈阳分支机构的营业收入、职工薪酬和资产总额分别是80万元、30万元和40万元；大连分支机构的营业收入、职工薪酬和资产总额分别是60万元、40万元和60万元。2020年第一季度总机构汇总计算应纳企业所得税税额160万元，沈阳分支机构第一季度预缴税款为（　　）万元。

A. 37.6　　B. 67.2

C. 75.2　　D. 82.3

[参考答案] A

[答案解析] 根据《跨地区经营汇总纳税企业所得税征收管理办法》（国家税务总局公告2012年第5号）规定：

总机构分摊税款＝汇总纳税企业当期应纳所得税额×50%

所有分支机构分摊税款总额＝汇总纳税企业当期应纳所得税额×50%

某分支机构分摊税款＝所有分支机构分摊税款总额×该分支机构分摊比例

某分支机构分摊比例＝（该分支机构营业收入÷各分支机构营业收入之和）×0.35＋（该分支机构职工薪酬÷各分支机构职工薪酬之和）×0.35＋（该分支机构资产总额÷各分支机构资产总额之和）×0.30

沈阳分支机构分摊比例＝80÷140×35%＋30÷70×35%＋40÷100×30%＝47%

沈阳分支机构分摊税款＝160×50%×47%＝37.6（万元）

78. 某建筑企业公司因会计账簿不健全，不能准确地核算收入总额，但成本费用可以准确核算，税务机关决定2020年按照核定的方法对其征收企业所得税，核定应税所得率为15%。2020年全年成本费用支出额为200万元，该公司应缴纳的企业所得税为（　　）万元。

A. 6.52
B. 8.82
C. 7.50
D. 6.35

[参考答案] B

[答案解析] 根据《企业所得税核定征收办法（试行）》规定，应纳税所得额＝成本（费用）支出额÷(1－应税所得率)×应税所得率

该公司应纳税所得额＝200÷(1－15%)×15%＝35.29（万元）

应缴纳企业所得税＝35.29×25%＝8.82（万元）

79. 2020年，某居民企业的征收方式被税务机关依职权认定为核定征收方式。该企业全年申报收入总额210万元，成本费用支出总额215万元，收入总额不能准确核算，但成本费用支出核算准确，应税所得率为15%。2020年度该企业应缴纳企业所得税（　　）万元。

A. 7.88
B. 8.06
C. 9.49
D. 0

[参考答案] C

[答案解析] 根据《企业所得税核定征收办法》规定：

应纳所得税额＝应纳税所得额×适用税率

应纳税所得额＝应税收入额×应税所得率

或：应纳税所得额＝成本（费用）支出额÷(1－应税所得率)×应税所得率

该企业成本费用可以准确核算，因此应纳税所得额＝成本（费用）支出额÷(1－应税所得率)×应税所得率＝215÷(1－15%)×15%＝37.94（万元）

应纳所得税额＝37.94×25%＝9.49（万元）

80. 某企业由于成本费用无法准确核算，2021 年被税务机关认定为核定征收企业，应税所得率为 8%，同时符合小型微利企业条件。2021 年第一季度收入总额为 1 800 万元，该企业第一季度应缴纳企业所得税（　　）万元。

A. 6.9　　B. 9.4

C. 14.4　　D. 36

[参考答案] A

[答案解析] 根据《财政部　税务总局关于实施小微企业和个体工商户所得税优惠政策的公告》（财政部　税务总局公告 2012 年第 12 号）规定，自 2021 年 1 月 1 日至 2022 年 12 月 31 日，对小型微利企业年应纳税所得额不超过 100 万元的部分，减按 12.5% 计入应纳税所得额，按 20% 的税率缴纳企业所得税；对年应纳税所得额超过 100 万元但不超过 300 万元的部分，减按 50% 计入应纳税所得额，按 20% 的税率缴纳企业所得税。小型微利企业无论按查账征收方式或核定征收方式缴纳企业所得税，均可享受上述优惠政策。

该企业应纳税所得额＝1 800×8%＝144（万元）

应纳税额＝100×12.5%×20%＋(144－100)×50%×20%＝6.9（万元）

二、多项选择题

1. 下列属于企业所得税纳税人的有（　　）。

A. 中外合资企业　　B. 股份有限公司

C. 个人独资企业　　D. 一人有限责任公司

E. 有限责任公司

[参考答案] ABDE

［答案解析］企业登记注册类型包括：国有企业、集体企业、股份合作企业、联营企业、有限责任公司、股份有限公司、私营企业、其他内资企业、港澳台商投资企业、外商投资企业等。因此，选项 A、B、E 正确。

选项 C 错误，根据《企业所得税法》规定，在中华人民共和国境内，企业和其他取得收入的组织为企业所得税的纳税人，依照规定缴纳企业所得税。个人独资企业、合伙企业不是企业所得税纳税人。

选项 D 正确，根据《中华人民共和国公司法》第五十七条规定，一人有限责任公司，是指只有一个自然人股东或者一个法人股东的有限责任公司，属于企业所得税纳税人。

2. 下列关于所得来源地确定方法的表述中，符合企业所得税法规定的有（　）。

A. 提供劳务所得按照劳务发生地确定

B. 特许权使用费所得按照收取特许权使用费所得的企业所在地确定

C. 股息所得按照分配股息的企业所在地确定

D. 动产转让所得按照转让动产的企业所在地确定

E. 利息所得按照支付利息的企业所在地确定

［参考答案］ACDE

［答案解析］根据《企业所得税法实施条例》规定，企业来源于中国境内、境外的所得，按照以下原则确定：

（1）销售货物所得，按照交易活动发生地确定；

（2）提供劳务所得，按照劳务发生地确定；

（3）转让财产所得，不动产转让所得按照不动产所在地确定，动产转让所得按照转让动产的企业或者机构、场所所在地确定，权益性投资资产转让所得按照被投资企业所在地确定；

（4）股息、红利等权益性投资所得，按照分配所得的企业所在地确定；

（5）利息所得、租金所得、特许权使用费所得，按照负担、支付所得的企业或者机构、场所所在地确定，或者按照负担、支付所得的个人的住所地确定；

（6）其他所得，由国务院财政、税务主管部门确定。

因此，选项 B 特许权使用费所得，应当按照负担、支付特许权使用费所得的企业所在地确定，或者按照负担、支付特许权使用费所得的个人的住所地确定。

3. 下列属于企业取得收入的非货币形式的有（　　）。

A. 债务的豁免　　B. 股权投资

C. 不准备持有到期的债券投资　　D. 无形资产

E. 应收票据

[参考答案] BCD

[答案解析] 根据《企业所得税法实施条例》规定，企业取得收入的货币形式，包括现金、存款、应收账款、应收票据、准备持有至到期的债券投资以及债务的豁免等；企业取得收入的非货币形式，包括固定资产、生物资产、无形资产、股权投资、存货、不准备持有至到期的债券投资、劳务以及有关权益等。

选项 A、E 属于收入的货币形式。

4. 下列关于收入确认时间的说法中，不正确的有（　　）。

A. 接受非货币形式捐赠，在计算缴纳企业所得税时应分期确认收入

B. 企业转让股权收入，应于转让协议生效且完成股权变更手续时，确认收入的实现

C. 股息等权益性投资收益以投资方收到所得的日期确认收入的实现

D. 特许权使用费收入以实际取得收入的日期确认收入的实现

E. 为特定客户开发软件的收费，应根据开发的完工进度确认收入

[参考答案] ACD

[答案解析] 选项 A，根据《国家税务总局关于企业取得财产转让等所得企业所得税处理问题的公告》（国家税务总局公告 2010 年第 19 号）规定，企业取得财产（包括各类资产、股权、债权等）转让收入、债务重组收入、接受捐赠收入、无法偿付的应付款收入等，不论是以货币形式、还是非货币形式体现，除另有规定外，均应一次性计入确认收入的年度计算缴纳企业所得税。

选项 C，根据《企业所得税法实施条例》规定，股息、红利等权益性投资收益，除国务院财政、税务主管部门另有规定外，按照被投资方做出利润分配决定的日期确认收入的实现。

选项 D，根据《企业所得税法实施条例》规定，特许权使用费收入，按照合同约定的特许权使用人应付特许权使用费的日期确认收入的实现。

5. 下列关于收入确认时间的说法中，正确的有（　　）。

A. 利息收入，按照合同约定的债务人应付利息的日期确认收入的实现

B. 特许权使用费收入，按照应付特许权使用费的日期确认收入的实现

C. 租金收入，按照合同约定的承租人应付租金的日期确认收入的实现

D. 股息、红利等权益性投资收益，除另有规定外，按照被投资方作出利润分配决定的日期确认收入的实现

E. 接受捐赠收入，按照实际收到捐赠资产的日期确认收入的实现

［参考答案］ACDE

［答案解析］选项 B，根据《企业所得税法实施条例》规定，特许权使用费收入，按照合同约定的特许权使用人应付特许权使用费的日期确认收入的实现。

6. 根据企业所得税的相关规定，下列表述正确的有（　　）。

A. 商品销售涉及商业折扣的，按折扣前的金额确定商品销售收入

B. 商品销售涉及现金折扣的，应当按折扣后的金额确定商品销售收入

C. 已经确认销售收入的售出商品发生销售折让和销售退回，应当在发生当期冲减当期销售商品收入

D. 属于提供初始及后续服务的特许权费，在提供服务时确认收入

E. 申请入会或加入会员，只允许取得会籍，所有其他服务或商品都要另行收费的，在取得该会员费时确认收入

［参考答案］CDE

［答案解析］根据《国家税务总局关于确认企业所得税收入若干问题的通知》（国税函〔2008〕875 号）规定，商品销售涉及商业折扣的，应当按照扣除商业折扣后的金额确定销售商品收入金额；销售商品涉及现金折扣的，应当按扣除现金折扣前的金额确定销售商品收入金额，现金折扣在实际发生时作为财务费用扣除。因此，选项 A、B 错误。其他选项正确。

7. 某冰箱生产企业于 2021 年 3 月 1 日给经销商发出冰箱一批，价值 100 万元（不含税），该经销商已于当年 2 月 20 日提前预付货款 50 万元（不含税），并且合同约定于 6 月 5 日付剩余货款 50 万元（不含税）。该笔业务应于（　　）确认第一季度企业所得税收入，确认收入金额为（　　）万元。

A. 3 月 1 日　　　　B. 2 月 20 日

C. 100　　　　D. 50

E. 0

［参考答案］AD

［答案解析］根据《国家税务总局关于确认企业所得税收入若干问题的通知》（国税函〔2008〕875号）规定，销售商品采取预收款方式的，在发出商品时确认收入。因此，第一季度确认收入的时间为发出冰箱的时间，即3月1日。

根据《企业所得税法实施条例》规定，以分期收款方式销售货物的，按照合同约定的收款日期确认收入的实现。因此，第一季度申报时应确认收入的金额为50万元。

8. 按照企业所得税的相关规定，下列按照完工进度确认收入的项目有（　　）。

A. 广告的制作费　　　　B. 宣传媒介的收费

C. 为特定客户开发软件的收费　　　　D. 招待宴会得收费

E. 商品售价内可区分的服务费

［参考答案］AC

［答案解析］根据《国家税务总局关于确认企业所得税收入若干问题的通知》（国税函〔2008〕875号）规定，下列提供劳务满足收入确认条件的，应按规定确认收入：

（1）安装费。应根据安装完工进度确认收入。安装工作是商品销售附带条件的，安装费在确认商品销售实现时确认收入。

（2）宣传媒介的收费。应在相关的广告或商业行为出现于公众面前时确认收入。广告的制作费，应根据制作广告的完工进度确认收入。

（3）软件费。为特定客户开发软件的收费，应根据开发的完工进度确认收入。

（4）服务费。包含在商品售价内可区分的服务费，在提供服务的期间分期确认收入。

（5）艺术表演、招待宴会和其他特殊活动的收费。在相关活动发生时确认收入。收费涉及几项活动的，预收的款项应合理分配给每项活动，分别确认收入。

（6）会员费。申请入会或加入会员，只允许取得会籍，所有其他服务或商品都要另行收费的，在取得该会员费时确认收入。申请入会或加入会员后，会员在会员期内不再付费就可得到各种服务或商品，或者以低于非会员的价格销售商品或提供服务的，该会员费应在整个受益期内分期确认收入。

（7）特许权费。属于提供设备和其他有形资产的特许权费，在交付资产或转移资产所有权时确认收入；属于提供初始及后续服务的特许权费，在提供服务时确认收入。

（8）劳务费。长期为客户提供重复的劳务收取的劳务费，在相关劳务活动发生时确认收入。

9. 下列企业行为属于视同销售，应计算缴纳企业所得税的有（　　）。

A. 某化妆品公司将自产化妆品作为福利发给职工

B. 某房地产企业将开发房产以固定资产投资用作对外投资

C. 企业将自产的原材料继续加工生产产品

D. 某工业企业将产品捐赠给贫困地区

E. 将外购产品在总分机构间移送

[参考答案] ABD

[答案解析] 根据《国家税务总局关于企业处置资产所得税处理问题的通知》（国税函〔2008〕828号）规定，企业将资产移送他人的下列情形，因资产所有权属已发生改变而不属于内部处置资产，应按规定视同销售确定收入。

（1）用于市场推广或销售；

（2）用于交际应酬；

（3）用于职工奖励或福利；

（4）用于股息分配；

（5）用于对外捐赠；

（6）其他改变资产所有权属的用途。

而选项C、E由于资产所有权属在形式和实质上未发生改变，作为内部处置资产，不视同销售。

10. 企业所得税中的不征税收入有（　　）。

A. 财政拨款

B. 依法收取并纳入财政管理的行政事业性收费、政府性基金

C. 符合条件的居民企业之间的股息、红利等权益性投资收益

D. 国债利息收入

E. 符合条件的非营利组织的收入

[参考答案] AB

[答案解析] 根据《企业所得税法》规定，收入总额中的下列收入为不征税收入：

(1) 财政拨款；

(2) 依法收取并纳入财政管理的行政事业性收费、政府性基金；

(3) 国务院规定的其他不征税收入。

选项C、D、E错误，根据《企业所得税法》规定，符合条件的居民企业之间的股息、红利等权益性投资收益，国债利息收入和符合条件的非营利组织的收入均属于免税收入。

11. 根据企业所得税法的有关规定，下列表述正确的有（　　）。

A. 不征税收入用于支出所形成的费用，不得在计算应纳税所得额时扣除

B. 企业取得的属于国家投资的财政性资金，应计入企业当年收入总额征收企业所得税

C. 对企业取得的由国务院财政、税务主管部门规定专项用途并经国务院批准的财政性资金，准予作为不征税收入，在计算应纳税所得额时从收入总额中减除

D. 计入应税收入的财政性资金用于支出所形成的费用，允许在计算应纳税所得额时扣除

E. 企业将取得的符合条件的财政性资金作不征税收入处理后，在3年内未发生支出且未缴回财政部门或其他拨付资金的政府部门的部分，应计入取得该资金第4年的应税收入总额征税

[参考答案] ACD

[答案解析] 选项B错误，根据《财政部　国家税务总局关于财政性资金　行政事业性收费　政府性基金有关企业所得税政策问题的通知》（财税〔2008〕151号）规定，企业取得的各类财政性资金，除属于国家投资和资金使用后要求归还本金的以外，均应计入企业当年收入总额。

选项E，根据《财政部　国家税务总局关于专项用途财政性资金有关企业所得税处理问题的通知》（财税〔2009〕87号）规定，企业将符合规定条件的财政性资金作不征税收入处理后，在5年（60个月）内未发生支出且未缴回财政或其他拨付资金的政府部门的部分，应重新计入取得该资金第六年的收入总额；重新计入收入总额的财政性资金发生的支出，允许在计算应纳税所得额时扣除。

12. 下列各项关于企业接收政府和股东划入资产的企业所得税处理中，说法正确的有（　　）。

A. 县级以上人民政府将国有资产明确以股权投资方式投入企业，企业应作为国家资本金（包括资本公积）处理

B. 县级以上人民政府将国有资产无偿划入企业，凡指定专门用途并按相关规定进行管理的，企业可作为不征税收入进行企业所得税处理

C. 企业接收政府划入资产，均应按照公允价值确定该项资产的计税基础

D. 企业接收股东划入资产，凡合同、协议约定作为资本金（包括资本公积）且在会计上已作实际处理的，不计入企业的收入总额，企业应按公允价值确定该项资产的计税基础

E. 企业接收股东划入资产，凡作为收入处理的，应按公允价值计入收入总额，计算缴纳企业所得税，同时按公允价值确定该项资产的计税基础

[参考答案] ABDE

[答案解析] 根据《国家税务总局关于企业所得税应纳税所得额若干问题的公告》（国税函〔2008〕875号）规定，（1）县级以上人民政府（包括政府有关部门）将国有资产明确以股权投资方式投入企业，企业应作为国家资本金（包括资本公积）处理。该项资产如为非货币性资产，应按政府确定的接收价值确定计税基础。（2）县级以上人民政府将国有资产无偿划入企业，凡指定专门用途并按《财政部　国家税务总局关于专项用途财政性资金企业所得税处理问题的通知》规定进行管理的，企业可作为不征税收入进行企业所得税处理。其中，该项资产属于非货币性资产的，应按政府确定的接收价值计算不征税收入。县级以上人民政府将国有资产无偿划入企业，属于上述（1）、（2）项以外情形的，应按政府确定的接收价值计入当期收入总额计算缴纳企业所得税。政府没有确定接收价值的，按资产的公允价值计算确定应税收入。

13. 依据《企业所得税税前扣除凭证管理办法》的规定，以下说法正确的有（　　）。

A. 企业于当年度12月31日前取得的税前扣除凭证才能税前扣除

B. 企业在境内发生的支出项目，其支出必须以发票作为税前扣除凭证

C. 汇算清缴期结束后，税务机关发现企业应当取得而未取得发票并且告知企业的，企业应当自被告知之日起60日内补开、换开符合规定的发票

D. 汇算清缴期结束后，因对方注销、破产等特殊原因无法补开、换开发票、其他外部凭证的，企业应当按照规定自被告知之日起60日内提供可以证实其支出真实性的相关资料

E. 企业租用办公用房发生的水、电、燃气等费用，出租方作为应税项目开具发票的，企业以发票作为税前扣除凭证；出租方采取分摊方式的，企业可以出租方开具的其他外部凭证作为税前扣除凭证

［参考答案］CDE

［答案解析］选项A错误，根据《企业所得税税前扣除凭证管理办法》规定，企业应在当年度企业所得税法规定的汇算清缴期结束前取得税前扣除凭证。

选项B错误，根据《企业所得税税前扣除凭证管理办法》规定，企业在境内发生的支出项目属于增值税应税项目的，对方为已办理税务登记的增值税纳税人，其支出以发票（包括按照规定由税务机关代开的发票）作为税前扣除凭证。企业在境内发生的支出项目不属于应税项目的，对方为单位的，以对方开具的发票以外的其他外部凭证作为税前扣除凭证；对方为个人的，以内部凭证作为税前扣除凭证。

14. 某企业为大型五金商贸企业，按照企业所得税相关规定，该企业对于存货核算可以采用的成本计算办法有（　　）。

A. 先进先出法　　B. 后进先出法

C. 月加权平均法　　D. 个别计价法

E. 移动加权平均法

［参考答案］ACDE

［答案解析］根据《企业所得税法实施条例》规定，企业使用或者销售的存货的成本计算方法，可以在先进先出法、加权平均法、个别计价法中选用一

种。计价方法一经选用，不得随意变更。

15. 根据企业所得税的相关规定，下列关于投资资产的税务处理的说法中，正确的有（　　）。

A. 企业的投资资产，以历史成本为计税基础

B. 以支付现金方式取得的投资资产，以购买价款为成本

C. 以支付现金以外的方式取得的投资资产，以该资产的公允价值和支付的相关税费为成本

D. 企业对外投资期间，投资资产的成本准予扣除

E. 企业在转让或者处置投资资产时，投资资产的成本准予扣除

［参考答案］ABCE

［答案解析］选项D，根据《企业所得税法》规定，企业对外投资期间，投资资产的成本在计算应纳税所得额时不得扣除。

16.《企业所得税年度纳税申报表（A类）》（表A100000）第3行“税金及附加”一栏应当包括（　　）。

A. 先征后返的增值税

B. 企业当期缴纳的消费税

C. 矿山企业收购未税铁矿石代扣代缴的资源税

D. 企业当期缴纳的城建税和教育费附加

E. 服装制造企业销售生产车间应纳的土地增值税

［参考答案］BD

［答案解析］根据《企业所得税法实施条例》规定，企业所得税法所称税金，是指企业发生的除企业所得税和允许抵扣的增值税以外的各项税金及其附加。

《企业所得税年度纳税申报表（A类）》表A100000填报说明：第3行“税金及附加”填报纳税人经营活动发生的消费税、城市维护建设税、资源税、土地增值税和教育费附加等相关税费。

而选项A，先征后返的增值税应记入“营业外收入”；选项C，矿山企业收购未税铁矿石代扣代缴的资源税应记入采购成本；选项E，服装制造企业销售生产车间应纳的土地增值税，通过“固定资产清理”核算。

17. 根据企业所得税法律制度的规定，下列支出在企业所得税前不得扣除

的有（　　）。

A. 工商机关的罚款　　B. 银行对逾期贷款的罚息

C. 税收滞纳金　　D. 司法机关没收财物损失

E. 违约金

［参考答案］ACD

［答案解析］根据《企业所得税法》规定，在计算应纳税所得额时，下列支出不得扣除：

（1）向投资者支付的股息、红利等权益性投资收益款项；

（2）企业所得税税款；

（3）税收滞纳金；

（4）罚金、罚款和被没收财物的损失；

（5）本法第九条规定以外的捐赠支出；

（6）赞助支出；

（7）未经核定的准备金支出；

（8）与取得收入无关的其他支出。

而选项 B、E 不属于行政性罚款，允许税前扣除。

18. 根据企业所得税的相关规定，下列各项属于合理的工资薪金总额的有（　　）。

A. 生产车间季节工的工资

B. 销售部门临时工的工资

C. 职工食堂临时工的工资

D. 科研部门返聘退休员工的工资

E. 国有企业超过政府限定数额的工资

［参考答案］ABD

［答案解析］根据《国家税务总局关于企业工资薪金及职工福利费扣除问题的通知》（国税函〔2009〕3 号）规定，税务机关在对工资薪金进行合理性确认时，可按以下原则掌握：

（1）企业制订了较为规范的员工工资薪金制度；

（2）企业所制订的工资薪金制度符合行业及地区水平；

（3）企业在一定时期所发放的工资薪金是相对固定的，工资薪金的调整是有序进行的；

(4) 企业对实际发放的工资薪金，已依法履行了代扣代缴个人所得税义务；

(5) 有关工资薪金的安排，不以减少或逃避税款为目的。

因此，选项E错误。选项C错误，职工食堂临时工工资应作为职工福利费核算。

19. 下列属于职工福利费范围的项目有（　　）。

A. 内设职工浴室的设施维修费

B. 探亲假路费

C. 企业向职工发放的职工防暑降温费

D. 劳动保护费

E. 列入企业员工工资薪金制度、固定与工资薪金一起发放的福利性补贴

[参考答案] ABC

[答案解析] 选项D，根据《企业所得税法实施条例》规定，企业发生的合理的劳动保护支出，准予扣除。因此，劳动保护费应计入生产成本、制造费用或销售费用据实扣除。

选项E，根据《国家税务总局关于企业工资薪金和职工福利费等支出税前扣除问题的公告》（国家税务总局公告2015年第34号）规定，列入企业员工工资薪金制度、固定与工资薪金一起发放的福利性补贴，符合《国家税务总局关于企业工资薪金及职工福利费扣除问题的通知》工资薪金支出规定的，可作为企业发生的工资薪金支出，按规定在税前扣除。不能同时符合上述条件的福利性补贴，应作为职工福利费，按规定计算限额税前扣除。

20. 根据企业所得税法的相关规定，下列不属于职工福利费范畴的项目有（　　）。

A. 职工交通补贴

B. 向企业内设职工食堂的临时工支付的工资薪金

C. 为企业生产车间的工人缴纳的住房公积金

D. 由企业统一制作并要求员工工作时统一着装所发生的工作服饰费

E. 职工浴室的设备维修费

[参考答案] CD

［答案解析］选项C，根据《国家税务总局关于企业工资薪金及职工福利费扣除问题的通知》（国税函〔2009〕3号）规定，企业内设福利部门工作人员的工资薪金、社会保险费、住房公积金、劳务费，属于职工福利费的范畴，生产车间工人不包括在内。

选项D，根据《国家税务总局关于企业所得税若干问题的公告》（国家税务总局公告2011年第34号）规定，企业根据其工作性质和特点，由企业统一制作并要求员工工作时统一着装所发生的工作服饰费用，可以作为企业合理的支出给予税前扣除，而不属于职工福利费。

21. 依据企业所得税相关规定，准予在税前扣除的保险费有（　　）。

A. 为企业运输车辆支付的保险费

B. 按规定上缴劳动保障部门的职工养老保险费

C. 企业为投资者支付的商业保险费

D. 按国家规定为特殊工种职工支付的法定人身安全保险费

E. 按规定比例为员工缴纳的补充养老保险和补充医疗保险

［参考答案］ABDE

［答案解析］根据《企业所得税法实施条例》规定，除企业依照国家有关规定为特殊工种职工支付的人身安全保险费和国务院财政、税务主管部门规定可以扣除的其他商业保险费外，企业为投资者或者职工支付的商业保险费，不得扣除。故选项C错误，其他选项均正确。

22. 根据企业所得税相关规定，在计算应纳税所得额时下列项目准予扣除的有（　　）。

A. 银行企业内营业机构之间支付的利息

B. 未投入使用的机器设备的折旧

C. 企业的房屋缴纳的财产保险

D. 企业实际发放的工资薪金

E. 企业所得税税款

［参考答案］ACD

［答案解析］选项A正确，根据《企业所得税法实施条例》规定，企业之间支付的管理费、企业内营业机构之间支付的租金和特许权使用费，以及非银行企业内营业机构之间支付的利息，不得扣除。而银行企业内营业机构之间支

付的利息可以扣除。

选项B错误，根据《企业所得税法》规定，房屋、建筑物以外未投入使用的固定资产，不得计算折旧扣除。故机器设备如果未投入使用不得计算折旧扣除。

选项C正确，根据《企业所得税法实施条例》规定，企业参加财产保险，按照规定缴纳的保险费，准予扣除。

选项D正确，根据《企业所得税法实施条例》规定，企业发生的合理的工资薪金支出，准予扣除。

选项E错误，根据《企业所得税法》规定，企业所得税税款在计算应纳税所得额时，下列支出不得扣除。

23. 根据企业所得税相关规定，在计算应纳税所得额时，下列不得税前扣除的有（　　）。

A. 向投资者支付的股息

B. 子公司支付给母公司的管理费

C. 未经核定的准备金支出

D. 依照有关规定提取的用于环境保护、生态恢复等方面的专项资金

E. 对外投资期间的投资成本

［**参考答案**］ABCE

［**答案解析**］选项D错误，根据《企业所得税法实施条例》规定，企业依照法律、行政法规有关规定提取的用于环境保护、生态恢复等方面的专项资金，准予扣除。

24. A企业2019年财务费用中共支付利息1 200万元，其中300万元是向银行借款的利息支出，还有500万元为向其他企业借款的利息支出（非关联企业且不是金融企业）。已知，A企业权益性投资为1 500万元，向非关联企业借款的利息支出年利率统一为10%，金融企业同期同类贷款年利率为4.8%，则下列关于A企业财务费用的说法正确的有（　　）。

A. 支付银行贷款的利息费用300万元可据实扣除

B. 向其他企业支付的利息费用500万元可以据实扣除

C. 向其他企业支付的利息费用需调增应纳税所得额200万元

D. 向其他企业支付的利息费用需调增应纳税所得额260万元

E. 向其他企业支付的利息费用需调增应纳税所得额356万元

[参考答案] AD

[答案解析] 向金融企业借款的利息支出可以据实扣除，因此选项A正确。根据《企业所得税法实施条例》规定，非金融企业向非金融企业借款的利息支出，不超过按照金融企业同期同类贷款利率计算的数额的部分。

A企业向其他企业借款的利息扣除限额为240万元（500÷10%×4.8%），应调增应纳税所得额为260万元（500－240）。

25. 下列各项中，不能作为业务招待费税前扣除限额计算依据的有（　　）。

A. 转让无形资产使用权的收入

B. 因债权人原因确实无法支付的应付款项

C. 转让无形资产所有权的收入

D. 出售固定资产的收入

E. 自产的用于职工福利的货物

[参考答案] BCD

[答案解析] 根据《企业所得税法实施条例》规定，企业发生的与生产经营活动有关的业务招待费支出，按照发生额的60%扣除，但最高不得超过当年销售（营业）收入的5‰。

当年销售（营业）收入包括主营业务收入、其他业务收入和视同销售收入。选项A为其他业务收入，选项E为视同销售收入，选项B、C、D均为营业外收入。

26. 下列企业中，发生的广告费和业务宣传费支出，以当年销售（营业）收入30%为限额扣除的有（　　）。

A. 化妆品销售企业

B. 化妆品制造企业

C. 医药制造企业

D. 酒类制造企业

E. 烟草企业

[参考答案] ABC

[答案解析] 根据《财政部　税务总局关于广告费和业务宣传费支出税前扣除有关事项的公告》（财政部　税务总局公告2020年第43号）规定，对化妆品制造或销售、医药制造和饮料制造（不含酒类制造）企业发生的广告费和

业务宣传费支出，不超过当年销售（营业）收入30%的部分，准予扣除；超过部分，准予在以后纳税年度结转扣除。烟草企业的烟草广告费和业务宣传费支出，一律不得在计算应纳税所得额时扣除。

27. A企业将一台设备出租给B企业，租赁合同约定租赁期限为2019年4月1日至2020年3月31日，租金为12万元，租金在2019年3月31日一次性付清。在2019年度汇算清缴时，该笔业务A企业应确认的租赁收入和B企业应扣除的租赁费的表述正确的有（　　）。

A. A企业应确认的收入是9万元

B. A企业应确认的收入是12万元

C. A企业应确认的收入是9万元或12万元

D. B企业应扣除的租赁费是9万元

E. B企业应扣除的租赁费是12万元

［参考答案］CD

［答案解析］根据《企业所得税法实施条例》规定，租金收入按照合同约定的承租人应付租金的日期确认收入的实现。

根据《国家税务总局关于贯彻落实企业所得税法若干税收问题的通知》（国税函〔2010〕79号）规定，企业提供固定资产、包装物或者其他有形资产的使用权取得的租金收入，应按交易合同或协议规定的承租人应付租金的日期确认收入的实现。其中，如果交易合同或协议中规定租赁期限跨年度，且租金提前一次性支付的，根据收入与费用配比原则，出租人可对上述已确认的收入，在租赁期内，分期均匀计入相关年度收入。

因此，A企业可以选择确认收入9万元，也可以确认收入12万元。

根据《企业所得税法实施条例》规定，以经营租赁方式租入固定资产发生的租赁费支出，按照租赁期限均匀扣除。因此，企业应扣除的租赁费为9万元。

28. 依据企业所得税相关规定，公益性捐赠中允许全额据实扣除的有（　　）。

A. 用于目标脱贫地区的符合条件的扶贫捐赠支出

B. 用于应对新型冠状病毒感染的肺炎疫情的符合条件的公益性捐赠

C. 通过某县民政局向贫困地区的希望小学的公益性捐赠

D. 直接向承担疫情防治任务的医院捐赠用于应对新型冠状病毒感染的肺

炎疫情的物品

E. 直接捐助给残疾人员的捐款

[参考答案] ABD

[答案解析] 选项C属于符合条件的公益性捐赠，但须限额扣除。选项E不得税前扣除。

29. 下列支出项目超过税法规定标准的部分，在当年应纳税所得额中不得扣除，但可以结转以后年度扣除。结转扣除无时限要求的有（　　）。

A. 职工教育经费

B. 公益性捐赠

C. 广告费和业务宣传费

D. 创业投资按一定比例抵扣应纳税所得额

E. 保险企业手续费及佣金

[参考答案] ACDE

[答案解析] 选项B，根据《企业所得税法》规定，企业发生的公益性捐赠支出，在年度利润总额12%以内的部分，准予在计算应纳税所得额时扣除；超过年度利润总额12%的部分，准予结转以后三年内在计算应纳税所得额时扣除。

其他选项均无结转年限限制。

30. 根据企业所得税相关规定，下列关于筹建期间的支出说法正确的有（　　）。

A. 筹办费未明确列作长期待摊费用的，企业可以在开始经营之日的当年一次性扣除，也可按照税法有关长期待摊费用的处理规定处理，一经选定，不得改变

B. 企业筹办期发生的业务招待费直接按实际发生额的60%计入企业筹办费，并按有关规定在税前扣除

C. 广告费和业务宣传费按销售（营业）收入的15%计入企业筹办费，并按有关规定在税前扣除

D. 广告费和业务宣传费按实际发生额，计入企业筹办费，并按有关规定在税前扣除

E. 企业从事生产经营之前进行筹建活动期间发生筹建费用支出，不得计算

为当期的亏损

［参考答案］ABDE

［答案解析］根据《国家税务总局关于企业所得税应纳税所得额若干税务处理问题的公告》（国家税务总局公告 2012 年第 15 号）规定，企业在筹建期间，发生的与筹办活动有关的业务招待费支出，可按实际发生额的60%计入企业筹办费，并按有关规定在税前扣除；发生的广告费和业务宣传费，可按实际发生额计入企业筹办费，并按有关规定在税前扣除。因此选项 C 错误。

31. 下列关于混合性投资业务的说法，正确的有（　　）。

A. 混合性投资业务，是指兼营权益性投资业和债权性投资业务

B. 混合性投资业务，是指兼具权益和债权双重特性的投资业

C. 对于被投资企业支付的利息，投资企业应于被投资企业应付利息的日期，确认收入的实现并计入当期应纳税所得额

D. 被投资企业应于应付利息的日期，确认利息支出，不超过按照金融企业同期同类贷款利率计算的数额的部分，准予税前扣除

E. 对于被投资企业赎回的投资，投资双方应于赎回时将赎价与投资成本之间的差额确认为债务重组损益，分别计入当期应纳税所得额

［参考答案］BCDE

［答案解析］选项 A 错误，根据《国家税务总局关于企业混合性投资业务企业所得税处理问题的公告》规定（国家税务总局公告 2013 年第 41 号），企业混合性投资业务，是指兼具权益和债权双重特性的投资业务。

32. 新购进设备的下列企业中，可以享受企业所得税加速折旧优惠的有（　　）。

A. 仪器仪表制造厂　　B. 食品制造厂

C. 财务咨询公司　　D. 信息技术服务公司

E. 软件开发公司

［参考答案］ABDE

［答案解析］根据固定资产加速折旧相关政策规定，自 2019 年起，享受企业所得税加速折旧优惠的行业范围包括制造业和信息传输、软件和信息技术服务业。

选项 C，财务咨询公司既不属于制造业，也不属于信息传输、软件和信息

技术服务业，而是属于商务服务业。

33. 企业的固定资产由于技术进步等原因，确需加速折旧的，可以采取的方法有（ ）。

A. 缩短折旧年限法　　B. 加速折旧

C. 双倍余额递减法　　D. 年数总和法

E. 工作量法

[参考答案] ABCD

[答案解析] 根据《企业所得税法》第三十二条规定，企业的固定资产由于技术进步等原因，确需加速折旧的，可以缩短折旧年限或者采取加速折旧的方法。

根据《企业所得税法实施条例》第九十八条规定，采取加速折旧方法的，可以采取双倍余额递减法或者年数总和法。

34. 根据企业所得税法的相关规定，下列关于无形资产的税务处理，说法正确的有（ ）。

A. 自创商誉，不得计算摊销费用在税前扣除

B. 外购商誉的支出，在企业整体转让或者清算时，准予扣除

C. 通过其他企业投资的方式取得的无形资产，以该资产的转出时的资产净值为计税基础

D. 除有关法律规定或合同约定了使用年限的以外，无形资产的摊销年限不得低于10年

E. 自行开发的支出已在计算应纳税所得额时扣除的无形资产，可以计算摊销费用在税前扣除

[参考答案] ABD

[答案解析] 根据《企业所得税法》规定，在计算应纳税所得额时，企业按照规定计算的无形资产摊销费用，准予扣除。下列无形资产不得计算摊销费用扣除：

（1）自行开发的支出已在计算应纳税所得额时扣除的无形资产；

（2）自创商誉；

（3）与经营活动无关的无形资产；

（4）其他不得计算摊销费用扣除的无形资产。

因此，选项 A 正确，选项 E 错误。

根据《企业所得税法实施条例》规定，无形资产按照以下方法确定计税基础：

（1）外购的无形资产，以购买价款和支付的相关税费以及直接归属于使该资产达到预定用途发生的其他支出为计税基础；

（2）自行开发的无形资产，以开发过程中该资产符合资本化条件后至达到预定用途前发生的支出为计税基础；

（3）通过捐赠、投资、非货币性资产交换、债务重组等方式取得的无形资产，以该资产的公允价值和支付的相关税费为计税基础。

无形资产按照直线法计算的摊销费用，准予扣除。无形资产的摊销年限不得低于 10 年。作为投资或者受让的无形资产，有关法律规定或者合同约定了使用年限的，可以按照规定或者约定的使用年限分期摊销。

外购商誉的支出，在企业整体转让或者清算时，准予扣除。

因此，选项 B、D 正确，选项 C 错误。

35. 2020 年 1 月甲公司向乙公司转让一项专利取得收入 80 万元，双方约定使用期限 5 年，此专利原值 100 万元，转让时账面净值 60 万元，2019 年年末累计已提减值准备 10 万元，转让发生相关税费 4 万元。此项专利权有效期限为 20 年，尚有 8 年有效保护期，不考虑相关税费。下列表述正确的有（　　）。

A. 甲公司提取的减值准备允许在 2020 年度作纳税调减

B. 甲公司转让专利取得净收益为 26 万元

C. 乙公司此项专利的计税基础是 54 万元

D. 乙公司此项专利的计税基础是 60 万元

E. 乙公司此项专利摊销年限为 5 年

[参考答案] ABE

[答案解析] 选项 A 正确，2019 年年末累计已提减的值准备 10 万元已在以前各年度进行纳税调增，2010 年应作纳税调减。

选项 B 正确，处置无形资产的净损益 = 出售价款 -（无形资产的原值 - 累计摊销 - 无形资产减值准备 + 应交税费）

甲公司净收益 = 80 -（60 - 10 + 4）= 26（万元）

选项 C、D 错误，乙公司此项专利的计税基础应为 80 万元。

选项 E 正确，根据《企业所得税法实施条例》规定，无形资产的摊销年限不得低于 10 年；作为投资或者受让的无形资产，有关法律规定或者合同约定了使用年限的，可以按照规定或者约定的使用年限分期摊销。因此，乙公司此项专利摊销年限确定为 5 年是正确的。

36. 根据企业所得税法的规定，下列支出应作为长期待摊费用的有（　　）。

A. 自行开发无形资产，开发过程中的相关支出

B. 租入固定资产的改建支出

C. 固定资产的大修理支出

D. 已足额提取折旧的固定资产的改建支出

E. 融资租入固定资产的租赁费支出

[参考答案] BCD

[答案解析] 根据《企业所得税法》第十三条规定，在计算应纳税所得额时，企业发生的下列支出作为长期待摊费用，按照规定摊销的，准予扣除：

（1）已足额提取折旧的固定资产的改建支出；

（2）租入固定资产的改建支出；

（3）固定资产的大修理支出；

（4）其他应当作为长期待摊费用的支出。

选项 A 错误，自行开发无形资产，开发过程中发生的不符合资本化条件的支出记入“管理费用”科目核算。

选项 E 错误，根据《企业所得税法实施条例》规定，以融资租赁方式租入固定资产发生的租赁费支出，按照规定构成融资租入固定资产价值的部分应当提取折旧费用，分期扣除。

37. 根据企业所得税法律制度的规定，下列关于资产计提折旧或摊销年限的表述中，正确的有（　　）。

A. 为企业购买的电脑，最低折旧年限为 5 年

B. 林木类生产性生物资产的最低折旧年限为 10 年

C. 无形资产的摊销年限不得低于 10 年

D. 已足额提取折旧的固定资产的改建支出，按照固定资产预计尚可使用年限分期摊销

E. 停止使用的固定资产，应当自停止使用月份的当月起停止计算折旧

［参考答案］BCD

［答案解析］根据《企业所得税法实施条例》规定，资产的折旧或摊销有以下规定：

“一、固定资产

固定资产按照直线法计算的折旧，准予扣除。

除国务院财政、税务主管部门另有规定外，固定资产计算折旧的最低年限如下：

（一）房屋、建筑物，为20年；

（二）飞机、火车、轮船、机器、机械和其他生产设备，为10年；

（三）与生产经营活动有关的器具、工具、家具等，为5年；

（四）飞机、火车、轮船以外的运输工具，为4年；

（五）电子设备，为3年。

企业应当自固定资产投入使用月份的次月起计算折旧；停止使用的固定资产，应当自停止使用月份的次月起停止计算折旧。

二、生产性生物资产

生产性生物资产按照直线法计算的折旧，准予扣除。

生产性生物资产计算折旧的最低年限如下：

（一）林木类生产性生物资产，为10年；

（二）畜类生产性生物资产，为3年。

三、无形资产

无形资产按照直线法计算的摊销费用，准予扣除。

无形资产的摊销年限不得低于10年。

四、长期待摊费用

作为长期待摊费用的支出，自支出发生月份的次月起，分期摊销，摊销年限不得低于3年。

已足额提取折旧的固定资产的改建支出，按照固定资产预计尚可使用年限分期摊销；租入固定资产的改建的支出，按照合同约定的剩余租赁期限分期摊销。”

38. 根据企业所得税相关规定，固定资产大修理支出需要同时符合的条件

有（　　）。

A. 修理后固定资产被用于新的或不同的用途

B. 修理后固定资产的使用年限延长 2 年以上

C. 修理后固定资产的使用年限延长 1 年以上

D. 修理支出达到取得固定资产时计税基础的 70% 以上

E. 修理支出达到取得固定资产时计税基础的 50% 以上

［参考答案］BE

［答案解析］根据《企业所得税法实施条例》规定，固定资产的大修理支出，是指同时符合下列条件的支出：

（1）修理支出达到取得固定资产时的计税基础 50% 以上；

（2）修理后固定资产的使用年限延长 2 年以上。

39. 受疫情影响较大的困难行业企业，其弥补亏损的结转年限由 5 年延长至 8 年。这里所称的困难行业包括（　　）。

A. 交通运输　　B. 住宿、餐饮

C. 现代服务业　　D. 旅游

E. 电影

［参考答案］ABDE

［答案解析］根据《财政部　税务总局关于支持新型冠状病毒感染的肺炎疫情防控有关税收政策的公告》（财政部　税务总局公告 2020 年第 9 号）规定，受疫情影响较大的困难行业企业 2020 年度发生的亏损，最长结转年限由 5 年延长至 8 年。困难行业企业，包括交通运输、餐饮、住宿、旅游（指旅行社及相关服务、游览景区管理两类）四大类，具体判断标准按照现行《国民经济行业分类》执行。困难行业企业 2020 年度主营业务收入须占收入总额（剔除不征税收入和投资收益）的 50% 以上。

根据《财政部　税务总局关于电影等行业税费支持政策的公告》（财政部　税务总局公告 2020 年第 25 号）规定，对电影行业企业 2020 年度发生的亏损，最长结转年限由 5 年延长至 8 年。电影行业企业限于电影制作、发行和放映等企业，不包括通过互联网、电信网、广播电视网等信息网络传播电影的企业。

40. 下列情形中，可作为坏账损失在计算应纳税所得额时扣除的有（　　）。

A. 债务人2年未清偿且有确凿证据证明无力偿还的应收账款

B. 因自然灾害导致无法收回的应收账款

C. 债务人被依法注销，其清算财产不足以清偿的应收账款

D. 法院批准破产重整计划后无法追偿的应收账款

E. 债务人死亡，其财产或者遗产不足清偿的

［参考答案］BCDE

［答案解析］根据《财政部　国家税务总局关于企业资产损失税前扣除政策的通知》（财税〔2009〕57号）规定，企业除贷款类债权外的应收、预付账款符合下列条件之一的，减除可收回金额后确认的无法收回的应收、预付款项，可以作为坏账损失在计算应纳税所得额时扣除：（1）债务人依法宣告破产、关闭、解散、被撤销，或者被依法注销、吊销营业执照，其清算财产不足清偿的；（2）债务人死亡，或者依法被宣告失踪、死亡，其财产或者遗产不足清偿的；（3）债务人逾期3年以上未清偿，且有确凿证据证明已无力清偿债务的；（4）与债务人达成债务重组协议或法院批准破产重整计划后，无法追偿的；（5）因自然灾害、战争等不可抗力导致无法收回的；（6）国务院财政、税务主管部门规定的其他条件。

因此，选项A债务人未清偿，且有确凿证据证明已无力清偿的应收账款应逾期3年以上。

41. 下列关于资产损失税前扣除的说法中，错误的是（　　）。

A. 法定资产损失，应当在企业会计上已作损失处理的年度申报扣除

B. 实际资产损失，准予追补至该项损失发生年度扣除，其追补确认期限一般不得超过五年

C. 资产损失申报材料和纳税资料作为企业所得税年度纳税申报表的附件一并向税务机关报送

D. 跨地区的分支机构所属的资产捆绑打包转让所发生的资产损失，由分支机构自行向当地主管税务机关进行专项申报

E. 企业实际资产损失发生年度扣除追补确认的损失后出现亏损的，应先调整资产损失发生年度的亏损额，再按弥补亏损的原则计算以后年度多缴的企业所得税税款

［参考答案］ABE

［答案解析］选项C错误，根据《国家税务总局关于企业所得税资产损失资料留存备查有关事项的公告》（国家税务总局公告2018年第15号）规定，企业向税务机关申报扣除资产损失，仅需填报企业所得税年度纳税申报表《资产损失税前扣除及纳税调整明细表》，不再报送资产损失相关资料。相关资料由企业留存备查。

选项D错误，根据《企业资产损失所得税税前扣除管理办法》（国家税务总局令第13号）规定，总机构将跨地区分支机构所属资产捆绑打包转让所发生的资产损失，由总机构向当地主管税务机关进行专项申报。

42. 依据企业所得税的相关规定，下列关于金融企业贷款损失准备金的说法正确的有（　　）。

A. 抵押贷款提取贷款损失准备金准予在税前扣除

B. 委托贷款提取贷款损失准备金准予在税前扣除

C. 同业拆出资金提取贷款损失准备金准予在税前扣除

D. 金融企业发生的符合条件的贷款损失，应先冲减已在税前扣除的贷款损失准备金，不足冲减部分可据实在计算当年应纳税所得额时扣除

E. 涉农贷款和中小企业贷款按照风险分类的，损失类贷款按照50%的比例计提的贷款损失准备金，准予在计算应纳税所得额时扣除

［参考答案］ACD

［答案解析］根据《财政部　税务总局关于金融企业贷款损失准备金企业所得税税前扣除有关政策的公告》（财政部　税务总局公告2019年第86号）规定，准予税前提取贷款损失准备金的贷款资产范围包括：

（1）贷款（含抵押、质押、保证、信用等贷款）；

（2）银行卡透支、贴现、信用垫款（含银行承兑汇票垫款、信用证垫款、担保垫款等）、进出口押汇、同业拆出、应收融资租赁款等具有贷款特征的风险资产；

（3）由金融企业转贷并承担对外还款责任的国外贷款，包括国际金融组织贷款、外国买方信贷、外国政府贷款、日本国际协力银行不附条件贷款和外国政府混合贷款等资产。

金融企业的委托贷款、代理贷款、国债投资、应收股利、上交央行准备金以及金融企业剥离的债权和股权、应收财政贴息、央行款项等不承担风险和损

失的资产，以及上述列举资产之外的其他风险资产，不得提取贷款损失准备金在税前扣除。

根据《财政部　税务总局关于金融企业涉农贷款和中小企业贷款损失准备金税前扣除有关政策的公告》（财政部　税务总局公告2019年第85号）规定，金融企业《贷款风险分类指引》，对其涉农贷款和中小企业贷款进行风险分类后，按照以下比例计提的贷款损失准备金，准予在计算应纳税所得额时扣除：

（1）关注类贷款，计提比例为2%；

（2）次级类贷款，计提比例为25%；

（3）可疑类贷款，计提比例为50%；

（4）损失类贷款，计提比例为100%。

43. 下列关于居民企业非货币性资产投资所得的说法，正确的有（　　）。

A. 确认收入的金额为非货币性资产的账面净值

B. 确认收入的时间为投资协议生效并办理股权登记手续时

C. 可在不超过5年期限内，分期均匀计入相应年度的应纳税所得额，按规定计算缴纳企业所得税

D. 对外投资5年内转让或投资收回的，应就递延期内尚未确认的非货币性资产转让所得，在转让股权或投资收回当年的企业所得税年度汇算清缴时，一次性计算缴纳企业所得税

E. 企业在对外投资5年内注销的，应就递延期内尚未确认的非货币性资产转让所得，在注销当年的企业所得税年度汇算清缴时，一次性计算缴纳企业所得税

[参考答案] BCDE

[答案解析] 选项A错误，根据《财政部　国家税务总局关于非货币性资产投资企业所得税政策问题的通知》（财税〔2014〕116号）规定，企业以非货币性资产对外投资，应对非货币性资产进行评估并按评估后的公允价值扣除计税基础后的余额，计算确认非货币性资产转让所得。

44. 下列关于投资资产的税务处理的说法中，正确的有（　　）。

A. 以支付现金方式取得的投资资产，以购买价款为成本

B. 以支付现金以外的方式取得的投资资产，以该资产的公允价值和支付的相关税费为成本

C. 企业对外投资期间，投资资产的成本准予扣除

D. 企业在转让或者处置投资资产时，投资资产的成本准予扣除

E. 包括企业对外进行权益性投资和债权性投资形成的资产

［参考答案］ABDE

［答案解析］根据《企业所得税法》第十四条规定，企业对外投资期间，投资资产的成本在计算应纳税所得额时不得扣除。

45. 企业实施合并重组，适用企业所得税一般性税务处理方法时，下列处理正确的有（　　）。

A. 被合并企业的亏损不得在合并企业结转弥补

B. 合并企业应按照账面价值确定接受被合并企业负债的计税基础

C. 被合并企业及其股东都应按清算进行所得税处理

D. 合并企业应按公允价值确定接受被合并企业各项资产的计税基础

E. 被合并企业亏损可在合并企业限额弥补

［参考答案］ACD

［答案解析］根据《财政部　国家税务总局关于企业重组业务企业所得税处理若干问题的通知》（财税〔2009〕59 号）规定，企业重组一般性税务处理方法下的企业合并，当事各方应按下列规定处理：（1）合并企业应按公允价值确定接受被合并企业各项资产和负债的计税基础；（2）被合并企业及其股东都应按清算进行所得税处理；（3）被合并企业的亏损不得在合并企业结转弥补。

46. 企业重组适用特殊性税务处理须满足的条件有（　　）。

A. 具有合理的商业目的

B. 企业重组后的连续 12 个月内不改变重组资产原来的实质性经营活动

C. 取得股权支付的原主要股东，在重组后连续 12 个月内，不得转让所取得的股权

D. 被收购、合并或分立部分的资产或股权不低于全部资产或股权的 75%

E. 重组交易对价中涉及股权支付金额不低于交易支付总额的 75%

［参考答案］ABC

［答案解析］根据《财政部　国家税务总局关于企业重组业务企业所得税处理若干问题的通知》（财税〔2009〕59 号）规定，被收购、合并或分立部分的资产或股权不低于全部资产或股权的 50%；重组交易对价中涉及股权支付金

额不低于交易支付总额的85%。

47. 对房地产开发经营企业，下列说法正确的有（　　）。

A. 采取视同买断方式委托销售开发产品的，属于企业与购买方签订销售合同或协议，或企业、受托方、购买方三方共同签订销售合同或协议的，如果销售合同或协议中约定的价格高于买断价格，则应按买断价格计算的价款确认收入的实现

B. 企业发生的期间费用、已销开发产品计税成本、营业税金及附加、土地增值税准予当期按规定扣除

C. 已销开发产品的计税成本，按当期已实现销售的可售面积和可售面积单位工程成本确认

D. 企业对尚未出售的已完工开发产品和按照有关法律、法规或合同规定对已售开发产品（包括共用部位、共用设施设备）进行日常维护、保养、修理等实际发生的维修费用，准予在当期据实扣除

E. 企业在开发区内建造的会所、物业管理场所、幼儿园等配套设施，属于营利性的，或产权归企业所有的，可将其视为公共配套设施，其建造费用按公共配套设施费的有关规定进行处理

［参考答案］BCD

［答案解析］选项A错误，根据《房地产开发经营业务企业所得税处理办法》（国税发〔2019〕31号）规定，采取视同买断方式委托销售开发产品的，属于企业与购买方签订销售合同或协议，或企业、受托方、购买方三方共同签订销售合同或协议的，如果销售合同或协议中约定的价格高于买断价格，则应按销售合同或协议中约定的价格计算的价款于收到受托方已销开发产品清单之日确认收入的实现；如果属于前两种情况中销售合同或协议中约定的价格低于买断价格，以及属于受托方与购买方签订销售合同或协议的，则应按买断价格计算的价款于收到受托方已销开发产品清单之日确认收入的实现。

选项E错误，根据《房地产开发经营业务企业所得税处理办法》规定，企业在开发区内建造的会所、物业管理场所、电站、热力站、水厂、文体场馆、幼儿园等配套设施，按以下规定进行处理：

（1）属于非营利性且产权属于全体业主的，或无偿赠与地方政府、公用事业单位的，可将其视为公共配套设施，其建造费用按公共配套设施费的有关规

定进行处理。

(2) 属于营利性的，或产权归企业所有的，或未明确产权归属的，或无偿赠与地方政府、公用事业单位以外其他单位的，应当单独核算其成本。除企业自用应按建造固定资产进行处理外，其他一律按建造开发产品进行处理。

48. 下列关于非居民企业取得与其境内所设机构、场所没有实际联系的所得，确定应纳税所得额时说法正确的有（　　）。

A. 利息所得，以收入全额为应纳税所得额

B. 股息、红利等权益性投资收益，以收入全额为应纳税所得额

C. 特许权使用费所得，以收入全额为应纳税所得额

D. 租金，以收入全额为应纳税所得额

E. 转让财产所得，以收入全额为应纳税所得额

[参考答案] ABCD

[答案解析] 根据《企业所得税法实施条例》规定，非居民企业在中国境内未设立机构、场所的，或者虽设立机构、场所但取得的所得与其所设机构、场所没有实际联系的，取得来源于中国境内的所得，按照下列方法计算其应纳税所得额：

(1) 股息、红利等权益性投资收益和利息、租金、特许权使用费所得，以收入全额为应纳税所得额；

(2) 转让财产所得，以收入全额减除财产净值后的余额为应纳税所得额；

(3) 其他所得，参照前两项规定的方法计算应纳税所得额。

上述所称收入全额，是指非居民企业向支付人收取的全部价款和价外费用。

上述所称财产净值，是指有关资产、财产的计税基础减除已经按照规定扣除的折旧、折耗、摊销、准备金等后的余额。

49. 以下关于国际税收的说法，错误的有（　　）。

A. 国际税收的实质是国家间的税收分配关系和税收协调关系，因此国家税收派生于国际税收

B. 国际税收不能脱离国家税收而独立存在

C. 外国税收和本国税收都同属于国家税收范畴

D. 纳税人收入国际化产生了国际税收

E. 国家税收是凭借政治权利进行的强制课征形式

［参考答案］AD

［答案解析］选项A，国家税收是国际税收的基础，国际税收不能脱离国家税收而独立存在；选线D，国际税收的产生需要两个客观条件：一是纳税人收入的国际化；二是所得税制的普遍推行。

选项C，外国税收和本国税收都同属于其本国的国家税收范畴。

50. 非居民企业委托营业代理人在中国境内从事生产经营活动的，该营业代理人视为非居民企业在中国境内设立的机构、场所。上述“生产经营活动”包括（　　）。

A. 经常代其签订合同　　B. 收集信息

C. 提供咨询　　D. 交付货物

E. 储存货物

［参考答案］ADE

［答案解析］非居民企业委托营业代理人在中国境内从事生产经营活动的，包括委托单位或者个人经常代其签订合同，或者储存、交付货物等，该营业代理人被视为非居民企业在中国境内设立的机构、场所。

51. 由中国境内的企业或企业集团作为主要控股投资者，在境外依据外国（地区）法律注册成立的企业同时符合规定条件的，应判定其为实际管理机构在中国境内的居民企业，应当就其来源于中国境内、境外的所得征收企业所得税。上述“规定条件”包括（　　）。

A. 企业负责实施日常生产经营管理运作的高层管理人员及其高层管理部门履行职责的场所主要位于中国境内

B. 企业的财务决策（如借款、放款、融资、财务风险管理等）和人事决策（如任命、解聘和薪酬等）由位于中国境内的机构或人员决定，或需要得到位于中国境内的机构或人员批准

C. 一方直接或者间接持有另一方的股份总和达到25%以上；双方直接或者间接同为第三方所持有的股份达到25%以上

D. 企业的主要财产、会计账簿、公司印章、董事会和股东会议纪要档案等位于或存放于中国境内

E. 企业1/2（含1/2）以上有投票权的董事或高层管理人员经常居住于中

国境内

［参考答案］ABDE

［答案解析］选项C是判断企业构成关联关系的条件。其他选项均正确。

52. 下列关于未在中国境内设立机构、场所的非居民企业税收管理说法错误的有（　　）。

A. 非居民企业取得来源于中国境内的担保费，应按照劳务报酬所得的规定计算缴纳企业所得税

B. 非居民企业转让境内土地使用权，以取得的土地使用权收入总额作为土地使用权转让所得计算缴纳企业所得税，并由扣缴义务人在支付时代扣代缴

C. 非居民企业出租位于中国境内的房屋，以其取得的租金收入全额计算缴纳企业所得税，由中国境内的承租人在每次支付或到期应支付时代扣代缴

D. 非居民企业以融资租赁方式将设备、租给境内企业使用，应以租赁费扣除设备价款后的余额，按照贷款利息所得计算缴纳企业所得税

E. 非居民企业取得应源泉扣缴的所得为股息、红利等权益性投资收益的，相关应纳税款扣缴义务发生之日为做出利润分配决定的日期

［参考答案］ABE

［答案解析］选项A，非居民企业取得来源于中国境内的担保费，应按照利息所得的规定计算缴纳企业所得税。

选项B，非居民企业在中国境内未设立机构、场所而转让中国境内土地使用权，或者虽设立机构、场所但取得的土地使用权转让所得与其所设机构、场所没有实际联系的，应以其取得的土地使用权转让收入总额减除计税基础后的余额作为土地使用权转让所得计算缴纳企业所得税，并由扣缴义务人在支付时代扣代缴。

选项E，非居民企业取得应源泉扣缴的所得为股息、红利等权益性投资收益的，相关应纳税款扣缴义务发生之日为股息、红利等权益性投资收益实际支付之日。

53. 非居民企业K从我国取得一项股息所得，扣缴义务人未依法扣缴，根据我国税法规定主管税务机关向该非居民企业追缴应纳税款时可以采取的措施包括（　　）。

A. 责令纳税人限期申报缴纳应纳税款

B. 向该其他项目支付人发出《税务事项通知书》，从该非居民企业其他收入项目款项中追缴欠缴税款及应缴的滞纳金

C. 由扣缴义务人所在地主管税务机关依照《中华人民共和国行政处罚法》规定责令扣缴义务人补扣税款，并依法追究扣缴义务人责任

D. 非居民企业在税务机关责令限期缴纳前自行申报缴纳税款的，视为已按期缴纳税款

E. 通过国际征管协作的形式，请求其他缔约方追缴税款，但不协助提供保全措施

[参考答案] ABCD

[答案解析] 主管税务机关追缴非居民企业应纳税款时可以采取以下措施：(1) 责令该非居民企业限期申报缴纳应纳税款。(2) 收集、查实该非居民企业在中国境内其他收入项目及其支付人的相关信息，并向该其他项目支付人发出《税务事项通知书》，从该非居民企业其他收入项目款项中依照法定程序追缴欠缴税款及应缴的滞纳金。我国在《多边税收征管互助公约》批准书中声明，不协助其他缔约方追缴税款，不协助提供保全措施。

54. 税务机关实施特别纳税调查，应当重点关注企业的风险特征有（　　）。

A. 与低税国家（地区）关联方发生关联交易

B. 未按照规定进行申报或者办理汇算清缴

C. 低于同行业利润水平

D. 存在长期亏损、微利或者跳跃性盈利

E. 对利润不做分配或者减少分配

[参考答案] ACD

[答案解析] 税务机关实施特别纳税调查，应当重点关注具有以下风险特征的企业：(1) 关联交易金额较大或者类型较多；(2) 存在长期亏损、微利或者跳跃性盈利；(3) 低于同行业利润水平；(4) 利润水平与其所承担的功能风险不相匹配，或者分享的收益与分摊的成本不相配比；(5) 与低税国家（地区）关联方发生关联交易；(6) 未按照规定进行关联申报或者准备同期资料；(7) 从其关联方接受的债权性投资与权益性投资的比例超过规定标准；(8) 由居民企业，或者由居民企业和中国居民控制的设立在实际税负低于12.5%的国

家（地区）的企业，并非由于合理的经营需要而对利润不作分配或者减少分配；(9) 实施其他不具有合理商业目的的税收筹划或者安排。

55. 根据税收协定有关条款和相关条文解释，下列关于执行税收协定的做法正确的有（　　）。

A. 疫情防控期间临时居家办公，该临时居家办公场所不构成常设机构定义所称的“企业进行全部或部分营业的固定营业场所”

B. 疫情防控期间，雇员在位于中国境内的临时居家办公场所为境外企业工作并以雇主名义签订合同，该雇员在我国构成常设机构

C. 某建筑工程项目受疫情影响，人员全部撤出场地，项目暂时全面停工，导致实际工期最终超过税收协定中建筑型常设机构时间门槛，在计算该工程项目持续时间时，应允许扣除因疫情影响造成全面停工的日期

D. 疫情防控措施下个人居住地的临时性变化通常不会造成个人永久性住所或重要利益中心所在地的改变，因此其税收协定下的居民身份通常不会发生改变

E. 疫情防控措施使某企业高管团队滞留某国 4 个月，期间企业决策均发生在该国，根据税收协定该企业实际管理机构所在地改变，应改变其税收居民身份

[参考答案] ACD

[答案解析] 选项 B，疫情防控期间临时改为居家办公，在位于中国境内的居家办公场所为境外企业雇主工作并以雇主名义签订合同，通常情况下，此类活动属于偶发行为，不满足经常性要求，因此不构成代理型常设机构。选项 E，在判断企业实际管理机构所在地时，通常需要综合考虑包括高管决策所在地在内的多方面因素，在考虑决策地时，应考虑其通常作出决策的地点，而不是在特殊时期（比如疫情期间）的决策所在地。因此，疫情防控措施下高管决策地的临时性变化通常不会导致对企业实际管理机构所在地评判的改变，不会影响根据企业实际管理机构所在地判断的其税收协定下居民身份。

56. 非居民企业具有以下（　　）情形之一的，可不参加当年度的所得税汇算清缴。

A. 临时来华承包工程和提供劳务不足 1 年，已终止经营活动并已结清税款

B. 汇算清缴期内已办理注销

C. 仅从境内一地取得所得

D. 实行核定定额征收企业所得税

E. 经指定采用代扣代缴方式缴纳企业所得税

［参考答案］ABDE

［答案解析］非居民企业具有下列情形之一的，可不参加当年度的所得税汇算清缴：临时来华承包工程和提供劳务不足1年，在年度中间终止经营活动，且已经结清税款；汇算清缴期内已办理注销；其他经主管税务机关批准可不参加当年度所得税汇算清缴。凡经过主管税务机关依法指定，采用代扣代缴方式缴纳企业所得税的非居民企业，可不参加当年度的所得税汇算清缴。实行核定定额征收企业所得税的纳税人，不进行汇算清缴。

57. 下列关于国际税收合作的说法，正确的有（　　）。

A.《实施税收协定相关措施以防止税基侵蚀和利润转移的多边公约》以“利润在实质经济活动和价值创造地征税”为根本原则

B.《BEPS行动计划》是在全球范围内协调跨境投资所得税收政策的多边法律文件

C.《多边税收征管互助公约》适用于在我国范围内征收的所有税种

D.《非居民金融账户涉税信息尽职调查管理办法》规定，金融机构应对在本机构开立的相关账户进行尽职调查，识别非居民金融账户，记录并报送非居民金融账户相关信息

E.《非居民金融账户涉税信息尽职调查管理办法》规定，账户持有人同时构成中国税收居民和其他国家（地区）税收居民的，金融机构也应当收集并报送其账户信息

［参考答案］DE

［答案解析］选项A，《BEPS行动计划》以“利润在实质经济活动和价值创造地征税”为根本原则的多边法律文件。

选项B，《实施税收协定相关措施以防止税基侵蚀和利润转移的多边公约》是在全球范围内协调跨境投资所得税收政策的多边法律文件。

选项C，《多边税收征管互助公约》不适用于关税、船舶吨税。

58. 除缔约国双方另有规定外，情报交换的范围一般有（　　）。

A. 仅限于与我国正式签订含有情报交换条款的税收协定并生效执行的

国家

B. 仅限于税收协定规定的税种，主要为具有所得（和财产）性质的税种

C. 仅限于税务机关不负有保密义务的纳税人信息

D. 仅限于缔约国双方有效行使税收管辖权的区域

E. 仅限于与我国的税收利益无关的情报请求

［参考答案］ABD

［答案解析］税务机关不得以情报请求与我国的税收利益无关、税务机关对纳税人信息有保密义务等理由拒绝向缔约国提供情报。

59. 企业所得税优惠事项采取的办理方式有（　　）。

A. 电子税务局提交备案资料

B. 自行判别

C. 申报享受

D. 相关资料留存备查

E. 企业对优惠事项留存备查资料的真实性、合法性承担法律责任

［参考答案］BCDE

［答案解析］根据《企业所得税优惠政策事项办理办法》规定，企业享受优惠事项采取“自行判别、申报享受、相关资料留存备查”的办理方式。企业应当根据经营情况以及相关税收规定自行判断是否符合优惠事项规定的条件，符合条件的可以按照《目录》列示的时间自行计算减免税额，并通过填报企业所得税纳税申报表享受税收优惠。同时，按照本办法的规定归集和留存相关资料备查。无须通过电子税务局报送备案资料。

60. 根据企业所得税法律制度的规定，下列收入中，不属于企业所得税免税收入的有（　　）。

A. 在中国境内设立机构、场所的非居民企业从非上市居民企业取得与该机构、场所有实际联系的股息、红利等权益性投资收益

B. 国债利息收入

C. 非营利性组织从事营利性活动取得的收入

D. 企业投资者持有 2019—2023 年发行的铁路债券取得利息收入

E. 企业持有的 2012 年以后发行的地方政府债券利息收入

［参考答案］CD

[答案解析] 选项C，根据《企业所得税法实施条例》规定，符合条件的非营利组织的收入，不包括非营利组织从事营利性活动取得的收入，但国务院财政、税务主管部门另有规定的除外。

选项D，根据《财政部　税务总局关于铁路债券利息收入所得税政策的公告》（财政部　税务总局公告2019年第57号）规定，企业投资者持有2019—2023年发行的铁路债券取得的利息收入减半征收企业所得税。

61. 根据企业所得税相关规定，下列关于企业亏损的说法，正确的有（　　）。

A. 境外营业机构的亏损可以用境内营业机构的盈利弥补

B. 企业从事生产经营之前筹办活动期间发生的筹办费用支出，不得计算为当期的亏损

C. 企业重组的一般性税务处理下被合并企业的亏损可以在合并企业弥补

D. 国家鼓励的线宽小于130纳米（含）的集成电路生产企业，属于国家鼓励的集成电路生产企业清单年度之前5个纳税年度发生的尚未弥补完的亏损，准予向以后年度结转，总结转年限最长不得超过10年

E. 除另有规定外，亏损弥补的年限最长不得超过5年

[参考答案] BDE

[答案解析] 选项A，根据《企业所得税法》规定，企业在汇总计算缴纳企业所得税时，其境外营业机构的亏损不得抵减境内营业机构的盈利。

选项C，根据《财政部　国家税务总局关于企业重组业务企业所得税处理若干问题的通知》（财税〔2009〕59号）规定，企业重组一般性税务处理下被合并企业的亏损不得在合并企业结转弥补。

62. 依据企业所得税税收优惠政策的规定，下列收入中，属于免税收入的有（　　）。

A. 企业购买国债取得的收入

B. 符合条件的非营利组织取得的非营利性收入

C. 在境内设立机构的非居民企业从非上市居民企业取得与该机构有实际联系的红利收入

D. 符合条件的居民企业之间的股息、红利等权益性投资收益

E. 社区家庭服务收入

［参考答案］ABCD

［答案解析］根据《企业所得税法》规定，企业的下列收入为免税收入：

（1）国债利息收入；

（2）符合条件的居民企业之间的股息、红利等权益性投资收益；

（3）在中国境内设立机构、场所的非居民企业从居民企业取得与该机构、场所有实际联系的股息、红利等权益性投资收益；

（4）符合条件的非营利组织的收入。

根据《财政部　税务总局　发展改革委　民政部　商务部　卫生健康委关于养老、托育、家政等社区家庭服务业税费优惠政策的公告》（财政部　税务总局　发展改革委　民政部　商务部　卫生健康委公告2019年第76号）规定，提供社区养老、托育、家政服务取得的收入，在计算应纳税所得额时，减按90%计入收入总额。因此，选项E属于减计收入优惠政策。

63. 企业从事研发活动，允许加计扣除的人员人工费用，包括（　　）。

A. 直接从事研发活动人员的工资薪金

B. 直接从事研发活动人员的基本养老保险费、基本医疗保险费、失业保险费、工伤保险费、生育保险费

C. 直接从事研发活动人员的住房公积金

D. 外聘研发人员的劳务费用

E. 直接从事研发活动人员的职工福利费

［参考答案］ABCD

［答案解析］根据《国家税务总局关于研发费用税前加计扣除归集范围有关问题的公告》（国家税务总局公告2017年第40号）规定，允许加计扣除的人员人工费用是指直接从事研发活动人员的工资薪金、基本养老保险费、基本医疗保险费、失业保险费、工伤保险费、生育保险费和住房公积金，以及外聘研发人员的劳务费用。

直接从事研发活动人员的职工福利费计入其他相关费用中。

64. 企业从事研发活动发生的下列费用支出，可在税前加计扣除的研究开发费用范围的有（　　）。

A. 直接从事研发活动人员的工资薪金

B. 外聘研发人员的劳务费用

C. 不构成固定资产的样品、样机及一般测试手段购置费

D. 用于研发活动的软件的摊销费用

E. 研发设施的改建、改装、装修和修理过程中发生的长期待摊费用

［参考答案］ ABCD

［答案解析］ 选项 E，属于认定高新技术企业时研究开发费用归集范围，但不属于允许加计扣除的研发费用归集范围。

选项 A、B、C、D 均属于可以加计扣除的研究开发费用。

65. 下列不适用企业所得税研究开发费用加计扣除政策的行业有（　　）。

A. 餐饮行业　　B. 批发业

C. 制造业　　D. 租赁业

E. 烟草制造业

［参考答案］ ABDE

［答案解析］ 根据《财政部　国家税务总局　科学技术部关于完善研究开发费用税前加计扣除政策的通知》（财税〔2015〕119 号）规定，不适用税前加计扣除政策的行业：

（1）烟草制造业；

（2）住宿和餐饮业；

（3）批发和零售业；

（4）房地产业；

（5）租赁和商务服务业；

（6）娱乐业；

（7）财政部和国家税务总局规定的其他行业。

66. 某农业企业主要经营蔬菜、水果、树苗、花卉等种植销售，该企业可以享受免征企业所得税的优惠政策的项目有（　　）。

A. 蔬菜种植　　B. 水果种植

C. 树苗种植　　D. 花卉种植

E. 海水养殖

［参考答案］ ABC

［答案解析］ 根据《企业所得税法实施条例》规定，企业从事农、林、牧、渔业项目的所得，可以免征、减征企业所得税，是指：

“（一）企业从事下列项目的所得，免征企业所得税：

（1）蔬菜、谷物、薯类、油料、豆类、棉花、麻类、糖料、水果、坚果的种植；

（2）农作物新品种的选育；

（3）中药材的种植；

（4）林木的培育和种植；

（5）牲畜、家禽的饲养；

（6）林产品的采集；

（7）灌溉、农产品初加工、兽医、农技推广、农机作业和维修等农、林、牧、渔服务业项目；

（8）远洋捕捞。

（二）企业从事下列项目的所得，减半征收企业所得税：

（1）花卉、茶以及其他饮料作物和香料作物的种植；

（2）海水养殖、内陆养殖。

企业从事国家限制和禁止发展的项目，不得享受本条规定的企业所得税优惠”。

67. 下列企业所得税优惠政策中，享受减半征收企业所得税的有（　　）。

A. 海水养殖

B. 远洋捕捞

C. 技术转让所得超过500万元的部分

D. 国家重点扶持的公共基础设施项目取得第一笔生产经营收入的第五年

E. 资源综合利用取得的收入

[参考答案] ACD

[答案解析] 选项B错误，远洋捕捞项目享受免征企业所得税的优惠政策。选项E错误，资源综合利用取得的收入减按90%计入收入总额。

68. 可享受企业所得税优惠政策的小型微利企业必须满足的条件包括（　　）。

A. 从业人数不超过100人

B. 从业人数不超过300人

C. 年度应纳税所得额不超过300万元

D. 从事国家非限制和禁止行业

E. 资产总额不超过5 000万元

［参考答案］BCDE

［答案解析］根据《国家税务总局关于实施小型微利企业普惠性所得税减免政策有关问题的公告》（国家税务总局公告2019年第2号）规定，小型微利企业无论按查账征收方式或核定征收方式缴纳企业所得税，均可享受小型微利企业优惠政策。小型微利企业是指从事国家非限制和禁止行业，且同时符合年度应纳税所得额不超过300万元、从业人数不超过300人、资产总额不超过5 000万元等三个条件的企业。

69. 下列企业中，适用企业所得税15%优惠税率的有（　　）。

A. 经认定的技术先进型服务企业

B. 注册在海南自由贸易港并实质性运营的鼓励类产业企业

C. 国家需要重点扶持的高新技术企业

D. 符合条件的从事污染防治的第三方企业

E. 国家鼓励的集成电路企业和软件企业

［参考答案］ABCD

［答案解析］选项E，根据《财政部　税务总局　发展改革委　工业和信息化部关于促进集成电路产业和软件产业高质量发展企业所得税政策的公告》（财政部　税务总局　发展改革委　工业和信息化部公告2020年第45号）规定，自2020年1月1日起，国家鼓励的重点集成电路设计企业和软件企业，自获利年度起，第1年至第5年免征企业所得税，接续年度减按10%的税率征收企业所得税。

其他选项均适用15%的优惠税率。

70. 根据企业所得税相关规定，实际税负或优惠税率为10%的情形有（　　）。

A. 经认定的技术先进型服务企业

B. 符合条件的小型微利企业，应纳税所得额超过100万元但不超过300万元的部分

C. 非居民企业在中国境内未设立机构、场所的，来源于境内的所得

D. 国家规划布局内的重点软件企业和集成电路设计企业，如当年未享受免

税优惠的

E. 文化事业单位转制企业

[参考答案] BC

[答案解析] 选项 A 错误，经认定的技术先进型服务企业适用 15% 的优惠税率。

选项 D 错误，自 2020 年 1 月 1 日起，国家鼓励的重点集成电路设计企业和软件企业，自获利年度起，第 1 年至第 5 年免征企业所得税，接续年度减按 10% 的税率征收企业所得税。

选项 E 错误，经营性文化事业单位转制为企业，自转制注册之日起免征企业所得税。

71. 下列关于集成电路企业生产、设计企业和软件企业，说法正确的有（　　）。

A. 国家鼓励的集成电路线宽小于 28 纳米（含），且经营期在 15 年以上的集成电路生产企业或项目，第 1 年至第 10 年免征企业所得税

B. 国家鼓励的集成电路线宽小于 65 纳米（含），且经营期在 15 年以上的集成电路生产企业或项目，第 1 年至第 5 年免征企业所得税，第 6 年至第 10 年按照 25% 的法定税率减半征收企业所得税

C. 国家鼓励的集成电路线宽小于 130 纳米（含），且经营期在 10 年以上的集成电路生产企业或项目，第 1 年至第 2 年免征企业所得税，第 3 年至第 5 年按照 25% 的法定税率减半征收企业所得税

D. 国家鼓励的集成电路设计、装备、材料、封装、测试企业和软件企业，自获利年度起，第 1 年至第 2 年免征企业所得税，第 3 年至第 5 年按照 25% 的法定税率减半征收企业所得税

E. 国家鼓励的重点集成电路设计企业和软件企业，减按 10% 的税率征收企业所得税

[参考答案] ABCD

[答案解析] 根据《财政部　税务总局　发展改革委　工业和信息化部关于促进集成电路产业和软件产业高质量发展企业所得税政策的公告》（财政部　税务总局　发展改革委　工业和信息化部公告 2020 年第 45 号）规定，自 2020 年 1 月 1 日起，国家鼓励的重点集成电路设计企业和软件企业，自获利年

度起，第1年至第5年免征企业所得税，接续年度减按10%的税率征收企业所得税。

72. 根据企业所得税法律制度的规定，下列关于企业所得税的优惠政策中，说法不正确的有（　　）。

A. 企业安置残疾人员所支付的工资，按支付给残疾职工工资的75%加计扣除

B. 企业购置并实际使用规定的环境保护、节能节水、安全生产等专用设备的，该专用设备的投资额的20%可以从企业当年的应纳税额中抵免

C. 企业从事国家重点扶持的公共基础设施项目的投资经营的所得，自项目取得第一笔生产经营收入所属纳税年度起，第1年至第3年免征企业所得税，第4年至第6年减半征收企业所得税

D. 创业投资企业采取股权投资方式投资于未上市的中小高新技术企业2年以上的，可以按照其投资额的70%在股权持有满2年的当年抵扣该创业投资企业的应纳税所得额；当年不足抵扣的，可以在以后纳税年度结转抵扣

E. 企业以《资源综合利用企业所得税优惠目录》规定的资源作为主要原材料，生产国家非限制和禁止并符合国家和行业相关标准的产品取得的收入，减按90%计入收入总额

[**参考答案**] CDE

[**答案解析**] 选项A错误，根据《企业所得税法实施条例》规定，企业安置残疾人员的，在按照支付给残疾职工工资据实扣除的基础上，按照支付给残疾职工工资的100%加计扣除。

选项B错误，企业购置并实际使用《环境保护专用设备企业所得税优惠目录》《节能节水专用设备企业所得税优惠目录》和《安全生产专用设备企业所得税优惠目录》规定的环境保护、节能节水、安全生产等专用设备的，该专用设备的投资额的10%可以从企业当年的应纳税额中抵免；当年不足抵免的，可以在以后5个纳税年度结转抵免。

73. 下列只能在汇算清缴时享受，预缴申报时不能享受的企业所得税优惠政策有（　　）。

A. 安置残疾人员所支付的工资加计扣除

B. 创业投资企业按投资额的一定比例抵扣应纳税所得额

C. 支持和促进重点群体创业就业企业限额减征企业所得税

D. 技术转让所得免征企业所得税

E. 购置安全生产专用设备抵免应纳税额

[参考答案] ABCE

[答案解析] 符合条件的技术转让所得减免征收企业所得税预缴申报时可享受优惠。

74. 下列企业所得税的优惠以及征收方式可以叠加享受的有（　　）。

A. 小型微利企业优惠和研发费用加计扣除优惠

B. 小型微利企业优惠和高新技术企业优惠

C. 小型微利企业优惠和核定征收方式

D. 小型微利企业优惠和重点群体创业就业税额抵减优惠

E. 高新技术企业优惠和研发费用加计扣除优惠

[参考答案] ACDE

[答案解析] 选项 B，小型微利企业优惠和高新技术企业优惠同属于税率优惠，不可叠加享受。

75. 企业所得税征收管理中下列说法不正确的有（　　）。

A. 企业自年度终了之日起 5 个月内，向税务机关报送年度企业所得税纳税申报表，并汇算清缴，结清应缴应退税款

B. 企业在年度中间终止经营活动的，应当自实际经营终止之日起至 30 日内，向税务机关办理当期企业所得税汇算清缴

C. 企业应当自月份或者季度终了之日起 15 日内，向税务机关报送预缴企业所得税纳税申报表，预缴税款

D. 非居民企业以扣缴义务人所在地为纳税地点

E. 企业依法清算时，应当以清算期间作为一个纳税年度

[参考答案] BD

[答案解析] 选项 B，根据《企业所得税法》规定，企业在年度中间终止经营活动的，应当自实际经营终止之日起 60 日内，向税务机关办理当期企业所得税汇算清缴。

选项 D，根据《企业所得税法》规定，非居民企业在中国境内未设立机构、场所的，以机构、场所所在地为纳税地点。非居民企业在中国境内设立两

个或者两个以上机构、场所的，经税务机关审核批准，可以选择由其主要机构、场所汇总缴纳企业所得税。非居民企业在中国境内未设立机构、场所，或者虽设立机构、场所但取得的所得与其所设机构、场所没有实际联系的，以扣缴义务人所在地为纳税地点。

76. 下列关于企业所得税汇算清缴的描述，正确的有（　　）。

A. 企业试营业的年度不进行汇算清缴

B. 定额征收的企业不进行汇算清缴

C. 查账征收企业须同时报送《企业年度关联业务往来报告表》

D. 纳税人在汇算清缴期内发现当年企业所得税申报有误的，可在汇算清缴期内重新办理企业所得税年度纳税申报

E. 纳税人对纳税申报的真实性、准确性和完整性负法律责任

[参考答案] BDE

[答案解析] 选项A，根据《企业所得税汇算清缴管理办法》规定，凡在纳税年度内从事生产、经营（包括试生产、试经营），或在纳税年度中间终止经营活动的纳税人，无论是否在减税、免税期间，也无论盈利或亏损，均应按照企业所得税法及其实施条例和本办法的有关规定进行企业所得税汇算清缴。

选项C，涉及关联方业务往来的企业才须同时报送《企业年度关联业务往来报告表》。

77. 下列属于居民企业可核定征收企业所得税的情形有（　　）。

A. 依照法律、行政法规的规定可以不设置账簿的

B. 擅自销毁账簿或者拒不提供纳税资料的

C. 虽设置账簿，但账目混乱或者成本资料、收入凭证、费用凭证残缺不全，难以查账的

D. 发生纳税义务，未按照规定的期限办理纳税申报

E. 企业自愿采用核定征收方式

[参考答案] ABCD

[答案解析] 选项E错误，根据《企业所得税核定征收办法（试行）》规定，税务机关应根据纳税人具体情况，对核定征收企业所得税的纳税人，核定应税所得率或者核定应纳所得税额。核定征收是依职权事项，企业不得自行申请。

78. 下列企业不得采取核定征收办法缴纳企业所得税的有（　　）。

A. 依法享受免税收入优惠政策的非营利组织

B. 某典当公司

C. 某资产评估公司

D. 新设立的某房地产开发企业

E. 某从事工程造价业务的民营企业

［参考答案］BCE

［答案解析］根据《国家税务总局关于企业所得税核定征收若干问题的通知》（国税函〔2009〕377号）规定，不得核定征收企业所得税的纳税人包括：

（1）享受《企业所得税法》及其实施条例和国务院规定的一项或几项企业所得税优惠政策的企业（不包括仅享受《企业所得税法》第二十六条规定免税收入优惠政策的企业）；

（2）汇总纳税企业；

（3）上市公司；

（4）银行、信用社、小额贷款公司、保险公司、证券公司、期货公司、信托投资公司、金融资产管理公司、融资租赁公司、担保公司、财务公司、典当公司等金融企业；

（5）会计、审计、资产评估、税务、房地产估价、土地估价、工程造价、律师、价格鉴证、公证机构、基层法律服务机构、专利代理、商标代理以及其他经济鉴证类社会中介机构；

（6）国家税务总局规定的其他企业。

因此，选项A依法享受免税收入优惠政策的非营利组织和选项D房地产开发企业，在符合核定征收条件的情况下可以采取核定征收企业所得税的方式。

79. 下列关于跨地区经营的汇总纳税企业所得税管理，说法正确的有（　　）。

A. 汇总纳税企业汇总计算的企业所得税，25%由总机构就地办理缴库或退库，25%就地全额缴入中央国库或退库，50%在各分支机构间分摊

B. 总机构按照上年度分支机构的营业收入、职工薪酬和资产总额三个因素计算各分支机构分摊所得税款的比例，三因素的权重依次为0.30、0.35和0.35

C. 总机构设立的具有主体生产经营职能的部门，可汇总到总机构进行核算

D. 税务机关对总机构进行税务检查时发现的查补税款，应当全额由总机构缴纳

E. 新设立的二级分支机构，设立当年不就地分摊缴纳企业所得税

[参考答案] AE

[答案解析] 选项B错误，根据《跨地区经营汇总纳税企业所得税征收管理办法》（国家税务总局公告2012年第57号）规定，总机构计算各二级分支机构分摊所得税款的比例，应按照上年度二级分支机构的营业收入、职工薪酬和资产总额三个因素计算，三因素的权重依次为0.35、0.35和0.30。计算公式如下：

某分支机构分摊比例 =（该分支机构营业收入 ÷ 各分支机构营业收入之和）×0.35 +（该分支机构职工薪酬 ÷ 各分支机构职工薪酬之和）×0.35 +（该分支机构资产总额 ÷ 各分支机构资产总额之和）×0.30。

选项C错误，总机构设立具有主体生产经营职能的部门，且该部门的营业收入、职工薪酬和资产总额与管理职能部门分开核算的，可将该部门视同一个二级分支机构，按规定计算分摊并就地缴纳企业所得税；该部门与管理职能部门的营业收入、职工薪酬和资产总额不能分开核算的，该部门不得视同一个二级分支机构计算分摊并就地缴纳企业所得税。

选项D错误，总机构应将查补所得税款的50%分摊给各分支机构缴纳，各分支机构根据分摊查补税款就地办理缴库；50%分摊给总机构缴纳。

80. 企业清算的所得税处理包括（　　）。

A. 资产按公允价值确认资产转让所得或损失

B. 预提费用不允许纳税调增

C. 确认债权清理、债务清偿的所得或损失

D. 不允许弥补经营期间形成的亏损

E. 确定可向股东分配的剩余财产、应付股息等

[参考答案] CE

[答案解析] 根据《财政部　国家税务总局关于企业清算业务企业所得税处理若干问题的通知》（财税〔2009〕60号）规定，企业清算的所得税处理包括以下内容：

（1）全部资产均应按可变现价值或交易价格，确认资产转让所得或损失；

（2）确认债权清理、债务清偿的所得或损失；

（3）改变持续经营核算原则，对预提或待摊性质的费用进行处理；

（4）依法弥补亏损，确定清算所得；

（5）计算并缴纳清算所得税；

（6）确定可向股东分配的剩余财产、应付股息等。

三、判断题

1. 居民企业以企业注册登记地为企业所得税的纳税地点。（　　）

［参考答案］错误

［答案解析］根据《企业所得税法》规定，除税收法律、行政法规另有规定外，居民企业以企业登记注册地为纳税地点；但登记注册地在境外的，以实际管理机构所在地为纳税地点。居民企业在中国境内设立不具有法人资格的营业机构的，应当汇总计算并缴纳企业所得税。

2. 根据企业所得税相关规定，权益性投资资产的转让所得，应当按照投资企业所在地确定所得来源地。（　　）

［参考答案］错误

［答案解析］根据《企业所得税法实施条例》规定，转让财产所得，不动产转让所得按照不动产所在地确定，动产转让所得按照转让动产的企业或者机构、场所所在地确定，权益性投资资产转让所得按照被投资企业所在地确定。

3. A 企业 2020 年 1 月份向 B 企业销售一台大型设备 200 万元，合同约定货款分四年付清，每年 1 月 31 日前付款 50 万元。但是，2020 年由于 B 企业亏损严重，货款一直拖欠未付。因此，A 企业 2020 年度汇算清缴时暂不确认收入，待实际收到货款时再确认收入。（　　）

［参考答案］错误

［答案解析］根据《企业所得税法实施条例》规定，以分期收款方式销售货物的，按照合同约定的收款日期确认收入的实现。

4. 企业将资产移送他人，应按规定视同销售确定收入。如果属于企业自制的资产，应按企业同类资产同期对外销售价格确定销售收入；如果属于外购的资产，可按购入时的价格确定销售收入。（　　）

［参考答案］错误

［答案解析］《国家税务总局关于企业所得税有关问题的公告》（国家税务总局公告2018年第28号）规定，企业发生取得视同销售收入，除另有规定外，应按照被移送资产的公允价值确定销售收入。

5. 某企业2020年收到一笔捐赠收入2 000万元，由于占全年应纳税所得额50%及以上，因此需分5年均匀计入各年度的应纳税所得额，2020年当年先确认收入400万元缴纳企业所得税。（　　）

［参考答案］错误

［答案解析］根据《国家税务总局关于企业取得财产转让等所得企业所得税处理问题的公告》（国家税务总局公告2010年第19号）规定，企业取得财产（包括各类资产、股权、债权等）转让收入、债务重组收入、接受捐赠收入、无法偿付的应付款收入等，不论是以货币形式、还是非货币形式体现，除另有规定外，均应一次性计入确认收入的年度计算缴纳企业所得税。

因此，该企业此笔收入应当一次性确认收入缴纳企业所得税。

6. 某企业2019年12月份预提绩效奖金500万元，但年底之前并没有实际发放，直到2020年2月份绩效考核后将这笔奖金进行发放。那么，该企业计提的这笔绩效奖只能在2021年5月底前进行2020年度汇算清缴时按规定进行扣除。（　　）

［参考答案］错误

［答案解析］根据《国家税务总局关于企业工资薪金和职工福利费等支出税前扣除问题的公告》（国家税务总局公告2015年第34号）规定，企业在年度汇算清缴结束前向员工实际支付的已预提汇缴年度工资薪金，准予在汇缴年度按规定扣除。

7. 企业发生的支付给员工的工伤保险赔偿以外的赔偿金可以全额税前扣除。（　　）

［参考答案］错误

［答案解析］根据《国家税务总局关于企业工资薪金及职工福利费扣除问题的通知》（国家税务总局公告2015年第34号）规定，企业职工福利费包括：

（1）尚未实行分离办社会职能的企业，其内设福利部门所发生的设备、设施和人员费用，包括职工食堂、职工浴室、理发室、医务所、托儿所、疗养院等集体福利部门的设备、设施及维修保养费用和福利部门工作人员的工资薪金、社会保险费、住房公积金、劳务费等。

（2）为职工卫生保健、生活、住房、交通等所发放的各项补贴和非货币性福利，包括企业向职工发放的因公外地就医费用、未实行医疗统筹企业职工医疗费用、职工供养直系亲属医疗补贴、供暖费补贴、职工防暑降温费、职工困难补贴、救济费、职工食堂经费补贴、职工交通补贴等。

（3）按照其他规定发生的其他职工福利费，包括丧葬补助费、抚恤费、安家费、探亲假路费等。

根据《企业所得税法实施条例》第四十条规定，企业发生的职工福利费支出，不超过工资薪金总额14%的部分，准予扣除。

因此，除工伤保险赔偿外的赔偿金，可作为职工福利费在税前限额扣除。

8. 企业职工公务出差时，差旅费中购买机票所附带的人身意外保险费，由于是为职工个人支付的商业保险费，故不得税前扣除。（　　）

[参考答案] 错误

[答案解析] 根据《国家税务总局关于企业所得税有关问题的公告》（国家税务总局公告2016年第80号）规定，企业职工因公出差乘坐交通工具发生的人身意外保险费支出，准予企业在计算应纳税所得额时扣除。

9. 2020年某公益性社会组织确认税前扣除资格时发现，该年度受疫情影响，未及时认定非营利组织免税资格，不符合确认条件，因此无法办理公益性捐赠税前扣除资格认定。（　　）

[参考答案] 错误

[答案解析] 根据《财政部　税务总局　民政部关于公益性捐赠税前扣除资格确认有关衔接事项的公告》（财政部　税务总局　民政部公告2021年第3号）规定，考虑新冠肺炎疫情影响，确认2020—2022年度公益性捐赠税前扣除资格时，可暂不考虑社会组织的非营利组织免税资格。

10. 融资性租赁发生的租入固定资产租赁费，根据租赁期限均匀扣除。（　　）

[参考答案] 错误

[答案解析] 根据《企业所得税法实施条例》规定，以经营租赁方式租入固定资产发生的租赁费支出，按照租赁期限均匀扣除；以融资租赁方式租入固

定资产发生的租赁费支出，按照规定构成融资租入固定资产价值的部分应当提取折旧费用，分期扣除。

11. 银行企业内各营业机构间支付的利息，可据实税前扣除。（　　）

[参考答案] 正确

[答案解析] 根据《企业所得税法实施条例》规定，企业之间支付的管理费、企业内营业机构之间支付的租金和特许权使用费，以及非银行企业内营业机构之间支付的利息，不得扣除。

12. 企业所有以现金等非转账方式支付的手续费及佣金不得在税前扣除。（　　）

[参考答案] 错误

[答案解析] 根据《财政部　国家税务总局关于企业手续费及佣金支出税前扣除政策的通知》（财税〔2009〕29号）规定，除委托个人代理外，企业以现金等非转账方式支付的手续费及佣金不得在税前扣除。

13. 依照法律、行政法规有关规定已预提但未实际使用的环境保护专项基金不得税前扣除。（　　）

[参考答案] 错误

[答案解析] 企业依照法律、行政法规有关规定提取的用于环境保护、生态恢复等方面的专项资金，准予扣除。上述专项资金提取后改变用途的，不得扣除。

14. 某小额贷款公司经省级金融管理部门批准成立，其2020年度按规定计提的贷款损失准备金准予税前扣除。（　　）

[参考答案] 正确

[答案解析] 根据《财政部　税务总局关于小额贷款公司有关税收政策的通知》（财税〔2017〕48号）规定，自2017年1月1日至2019年12月31日，对经省级金融管理部门（金融办、局等）批准成立的小额贷款公司按年末贷款余额的1%计提的贷款损失准备金准予在企业所得税税前扣除。《财政部　税务总局关于延续实施普惠金融有关税收优惠政策的公告》（财政部　税务总局公告2020年第22号）规定，上述优惠政策实施期限延续至2023年12月31日。

15. 金融企业计提涉农贷款和中小企业贷款损失准备金时，按照贷款金额1%的计提方式和按照四级风险分类的比例计提方式不得重复适用。（　　）

[参考答案] 正确

［答案解析］根据《财政部　税务总局关于金融企业贷款损失准备金企业所得税税前扣除有关政策的公告》（财政部　税务总局公告2019年第86号）规定，金融企业涉农贷款和中小企业贷款损失准备金的税前扣除政策，凡已按照四级风险分类计提比例的规定计提贷款损失准备金的，不再适用按贷款金额1%计提的规定。

16. 某企业2020年购进一间小型仓库，价值480万元，按企业所得税政策规定，可在税前一次性扣除。（　　）

［参考答案］错误

［答案解析］根据《财政部　税务总局关于设备 器具扣除有关企业所得税政策的通知》（财税〔2018〕54号）规定，企业在2018年1月1日至2020年12月31日期间新购进的设备、器具，单位价值不超过500万元的，允许一次性计入当期成本费用在计算应纳税所得额时扣除，不再分年度计算折旧，但上述所称设备、器具，是指除房屋、建筑物以外的固定资产。

因此新购置的仓库不可享受一次性税前扣除政策。

17. 盘盈的固定资产按照历史成本金额确认计税基础。（　　）

［参考答案］错误

［答案解析］根据《企业所得税法实施条例》规定，盘盈的固定资产，以同类固定资产的重置完全价值为计税基础。

18. 某企业2018年将一笔长期无法收回的坏账100万元作为资产损失按规定在税前扣除，会计上也已作处理。但2020年又全部收回，于是该企业在2020年度汇算清缴时计入收入。（　　）

［参考答案］正确

［答案解析］根据《企业所得税法实施条例》规定，企业发生的损失，减除责任人赔偿和保险赔款后的余额，依照国务院财政、税务主管部门的规定扣除。企业已经作为损失处理的资产，在以后纳税年度又全部收回或者部分收回时，应当计入当期收入。

19. 股权收购业务中，收购企业购买的股权不低于被收购企业全部股权的75%才能满足特殊性税务处理的条件。（　　）

［参考答案］错误

［答案解析］根据《财政部　国家税务总局关于促进企业重组有关企业所

得税处理问题的通知》（财税〔2014〕109号）规定，股权收购中符合特殊性税务处理条件的收购企业购买的股权占被收购企业全部股权的比例由75%下调到50%。

20. 房地产开发企业销售尚未完工的经济适用房，计算应纳税所得额时计税毛利率不低于2%。（　　）

［参考答案］ 错误

［答案解析］ 根据《房地产开发经营业务企业所得税处理办法》（国税发〔2009〕31号）规定，企业销售未完工开发产品的计税毛利率由各省、自治区、直辖市税务局按下列规定进行确定：（1）开发项目位于省、自治区、直辖市和计划单列市人民政府所在地城市城区和郊区的，不得低于15%。（2）开发项目位于地及地级市城区及郊区的，不得低于10%。（3）开发项目位于其他地区的，不得低于5%。（4）属于经济适用房、限价房和危改房的，不得低于3%。

21. 某房地产开发经营企业将开发的产品转为自用，实际使用6个月后又对外销售，企业可扣除该产品按规定计算的6个月折旧费用。（　　）

［参考答案］ 错误

［答案解析］ 根据《房地产开发经营业务企业所得税处理办法》（国税发〔2009〕31号）规定，企业开发产品转为自用的，其实际使用时间累计未超过12个月又销售的，不得在税前扣除折旧费用。

22. 房地产开发企业开发一期楼盘，2020年已全部完工，部分业主已交房并投入使用，但由于客观原因该楼盘一直未办理竣工决算，也未向房地产管理部门备案。因此，该楼盘在计算企业所得税时，尚不能确认完工。（　　）

［参考答案］ 错误

［答案解析］ 根据《房地产开发经营业务企业所得税处理办法》（国税发〔2009〕31号）规定，企业房地产开发经营业务包括土地的开发，建造、销售住宅、商业用房以及其他建筑物、附着物、配套设施等开发产品。除土地开发之外，其他开发产品符合下列条件之一的，应视为已经完工：

（1）开发产品竣工证明材料已报房地产管理部门备案。

（2）开发产品已开始投入使用。

（3）开发产品已取得了初始产权证明。

由于该楼盘满足第二个条件，即开发产品已开始投入，因此企业所得税应确认收入。

23. 企业政策性搬迁期间，以前年度结转的可弥补的亏损额，企业所得税法规定的弥补亏损年限可减除。　（　）

[参考答案] 正确

[答案解析] 根据《国家税务总局关于发布企业政策性搬迁所得税管理办法的公告》（国家税务总局公告2012年第40号）规定，企业以前年度发生尚未弥补的亏损的，凡企业由于搬迁停止生产经营无所得的，从搬迁年度次年起，至搬迁完成年度前一年度止，可作为停止生产经营活动年度，从法定亏损结转弥补年限中减除。

24. 某企业为实行查账征收的居民企业，其为境外关联方提供来料加工业务，2020年度该企业亏损2 000万元，年度境外关联交易总额为3 000万元，且最终控股企业所属企业集团未准备同期资料主体文档，该企业不需要报送同期资料本地文档。　（　）

[参考答案] 错误

[答案解析] 企业为境外关联方从事来料加工或者进料加工等单一生产业务，或者从事分销、合约研发业务，原则上应当保持合理的利润水平。上述企业如出现亏损，无论是否达到《国家税务总局关于完善关联申报和同期资料管理有关事项的公告》（国家税务总局公告2016年第42号）中的同期资料准备标准，均应当就亏损年度准备同期资料本地文档。

25. 按照我国企业所得税法及相关规定，居民企业的境外分支机构在境外实际缴纳的企业所得税和居民企业来源于境外的股息在境外被源泉扣缴的预提所得税可抵免境外所得税税额。　（　）

[参考答案] 正确

[答案解析] 境外税额抵免分为直接抵免和间接抵免。

直接抵免是指，企业直接作为纳税人就其境外所得在境外缴纳的所得税额在我国应纳税额中抵免。直接抵免主要适用于企业就来源于境外的营业利润所得在境外所缴纳的企业所得税，以及就来源于或发生于境外的股息、红利等权益性投资所得、利息、租金、特许权使用费、财产转让等所得在境外被源泉扣缴的预提所得税。

间接抵免是指，境外企业就分配股息前的利润缴纳的外国所得税额中由我国居民企业就该项分得的股息性质的所得间接负担的部分，在我国的应纳税额中抵免。间接抵免的适用范围为居民企业从其符合规定的境外子公司取得的股息、红利等权益性投资收益所得。

26. 甲公司是一家中国公司，2020 年在泰国购买了一家企业 15% 股权，根据规定其应在办理企业所得税预缴申报时应向主管税务机关填报《居民企业参股外国企业信息报告表》。（　　）

［参考答案］正确

［答案解析］根据《国家税务总局关于居民企业报告境外投资和所得信息有关问题的公告》（国家税务总局公告 2014 年第 38 号）规定，符合以下情形之一，且按照中国会计制度可确认的，居民企业应当在办理企业所得税预缴申报时向主管税务机关填报《居民企业参股外国企业信息报告表》：（1）2014 年 9 月 1 日，居民企业直接或间接持有外国企业股份或有表决权股份达到 10%（含）以上；（2）在 2014 年 9 月 1 日后，居民企业在被投资外国企业中直接或间接持有的股份或有表决权股份自不足 10% 的状态改变为达到或超过 10% 的状态；（3）在 2014 年 9 月 1 日后，居民企业在被投资外国企业中直接或间接持有的股份或有表决权股份自达到或超过 10% 的状态改变为不足 10% 的状态。

27. 在中国境内发生纳税义务的非居民纳税人可以按照“自行判断、申报享受、相关资料留存备查”的方式享受税收协定待遇，上述方式适用于自行申报纳税，不适用于源泉扣缴和指定扣缴情况。（　　）

［参考答案］错误

［答案解析］根据国家税务总局关于发布《非居民纳税人享受协定待遇管理办法》（国家税务总局公告 2019 年第 35 号）的公告规定，非居民纳税人自行申报的，自行判断符合享受协定待遇条件且需要享受协定待遇，应在申报时报送《非居民纳税人享受协定待遇信息报告表》，并按照规定归集和留存相关资料备查。在源泉扣缴和指定扣缴情况下，非居民纳税人自行判断符合享受协定待遇条件且需要享受协定待遇的，应当如实填写《非居民纳税人享受协定待遇信息报告表》，主动提交给扣缴义务人，并按照规定归集和留存相关资料备查。

28. 某行业协会已取得非营利组织免税资格，其当年收取的会费收入可享受免征企业所得税优惠政策，但所对应的各项成本费用不得在计算企业应纳税

所得额时扣除。（　　）

［参考答案］错误

［答案解析］根据《国家税务总局关于贯彻落实企业所得税法若干税收问题的通知》规定，企业取得的各项免税收入所对应的各项成本费用，除另有规定者外，可以在计算企业应纳税所得额时扣除。

29. 企业发行符合规定条件的永续债，可以适用股息、红利企业所得税政策，也可以按照债券利息适用企业所得税政策。（　　）

［参考答案］正确

［答案解析］根据《财政部　税务总局关于永续债企业所得税政策问题的公告》（国税函〔2010〕79号）规定，企业发行的永续债，可以适用股息、红利企业所得税政策，即：投资方取得的永续债利息收入属于股息、红利性质，按照现行企业所得税政策相关规定进行处理，其中，发行方和投资方均为居民企业的，永续债利息收入可以适用企业所得税法规定的居民企业之间的股息、红利等权益性投资收益免征企业所得税规定；同时发行方支付的永续债利息支出不得在企业所得税税前扣除；也可以按照债券利息适用企业所得税政策，即：发行方支付的永续债利息支出准予在其企业所得税税前扣除；投资方取得的永续债利息收入应当依法纳税。

30. 研发费用加计扣除优惠政策的享受优惠时间是“汇缴享受”，所以企业只有在汇算清缴时才可以享受此项优惠政策。（　　）

［参考答案］错误

［答案解析］根据《财政部　税务总局关于进一步完善研发费用税前加计扣除政策的公告》（财政部　税务总局公告2021年第13号）规定，自2021年1月1日起，企业预缴申报当年第3季度（按季预缴）或9月份（按月预缴）企业所得税时，可以自行选择就当年上半年研发费用享受加计扣除优惠政策，采取“自行判别、申报享受、相关资料留存备查”办理方式。企业办理第3季度或9月份预缴申报时，未选择享受研发费用加计扣除优惠政策的，可在次年办理汇算清缴时统一享受。

31. 企业外聘的直接从事研发活动的科技人员，虽然是与劳务派遣企业签订劳务用工协议，计入“劳务费”科目，但是仍然可以归集至“人员人工费用”享受加计扣除优惠政策。（　　）

［参考答案］ 正确

［答案解析］ 根据《国家税务总局关于研发费用税前加计扣除归集范围有关问题的公告》（国家税务总局公告2017年第40号）规定，研发费用税前加计扣除归集范围中的人员人工费用是指直接从事研发活动人员的工资薪金、基本养老保险费、基本医疗保险费、失业保险费、工伤保险费、生育保险费和住房公积金，以及外聘研发人员的劳务费用。

32. 企业委托境内、外的机构和个人开展研发活动发生的研发费用都可以按规定比例加计扣除。（　　）

［参考答案］ 错误

［答案解析］ 根据《国家税务总局关于企业研究开发费用税前加计扣除政策有关问题的公告》（国家税务总局公告2015年第97号）第三条规定，企业委托外部机构或个人开展研发活动发生的费用，可按规定税前扣除；加计扣除时按照研发活动发生费用的80%作为加计扣除基数。

根据《财政部　税务总局　科技部关于企业委托境外研究开发费用税前加计扣除有关政策问题的通知》（财税〔2018〕64号）第一条规定，委托境外进行研发活动所发生的费用，按照费用实际发生额的80%计入委托方的委托境外研发费用。委托境外研发费用不超过境内符合条件的研发费用三分之二的部分，可以按规定在企业所得税前加计扣除。委托境外进行研发活动不包括委托境外个人进行的研发活动。

33. 企业承包经营某项国家重点扶持的公共基础设施项目，可享受“三免三减半”的企业所得税优惠政策。（　　）

［参考答案］ 错误

［答案解析］ 根据《财政部　国家税务总局关于执行公共基础设施项目企业所得税优惠目录有关问题的通知》（财税〔2008〕46号）规定，企业承包经营、承包建设和内部自建自用公共基础设施项目，不得享受“三免三减半”的企业所得税优惠。

34. 2021年，个人独资企业和合伙企业的应纳税所得额不超100万的部分，可以享受小型微利企业和个体工商户再减半征收企业所得税的普惠性优惠政策。（　　）

［参考答案］ 错误

［答案解析］根据《财政部　税务总局关于实施小微企业和个体工商户所得税优惠政策的公告》（财政部　税务总局公告2021年第12号）规定，对小型微利企业年应纳税所得额不超过100万元的部分，优惠政策基础上，再减半征收企业所得税。对个体工商户年应纳税所得额不超过100万元的部分，在现行优惠政策基础上，减半征收个人所得税。

因此，上述政策不适用个人独资企业和合伙企业。

35. 未认定高新技术企业资格的企业，不得享受研发费用加计扣除优惠政策。（　）

［参考答案］错误

［答案解析］根据《企业所得税法》规定，企业开发新技术、新产品、新工艺发生的研究开发费用，可以在计算应纳税所得额时加计扣除。

根据《财政部　国家税务总局　科学技术部关于完善研究开发费用税前加计扣除政策的通知》（财税〔2015〕119号）第四条规定，不适用税前加计扣除政策的行业包括：（1）烟草制造业。（2）住宿和餐饮业。（3）批发和零售业。（4）房地产业。（5）租赁和商务服务业。（6）娱乐业。（7）财政部和国家税务总局规定的其他行业。

因此，即使企业未认定高新技术企业资格，符合上述条件也可以享受研发费用加计扣除政策。

36. 企业可自行选择按月或者按季预缴企业所得税，一经选定，一年内不得随意变更。（　）

［参考答案］错误

［答案解析］根据《企业所得税法实施条例》规定，企业所得税分月或者分季预缴，由税务机关具体核定。

37. 纳税人在办理企业所得税预缴纳税申报时，不得弥补以前年度的亏损。（　）

［参考答案］错误

［答案解析］《企业所得税月（季）度预缴纳税申报表（A）类》填报说明，A200 000表第8行“弥补以前年度亏损”填报纳税人截至税款所属期末，按照税收规定在企业所得税税前弥补的以前年度尚未弥补亏损的本年累计金额。

38. 某建筑企业总机构设在北京，其二级分支机构设在A市。该二级分支机构直接管理的项目部，均应按项目实际经营收入的0.2%按月或按季向项目所在地预分企业所得税，并由项目部向所在地主管税务机关预缴。（　　）

［参考答案］错误

［答案解析］根据《国家税务总局关于跨地区经营建筑企业所得税征收管理问题的通知》（国税函〔2010〕156号）规定，建筑企业总机构直接管理的跨地区设立的项目部，应按项目实际经营收入的0.2%按月或按季由总机构向项目所在地预分企业所得税，并由项目部向所在地主管税务机关预缴；第二条规定，建筑企业所属二级或二级以下分支机构直接管理的项目部（包括与项目部性质相同的工程指挥部、合同段等）不就地预缴企业所得税，其经营收入、职工工资和资产总额应汇总到二级分支机构统一核算，由二级分支机构按照规定的办法预缴企业所得税。

39. 合伙企业中法人合伙人缴纳企业所得税时，应当先弥补合伙企业的亏损，再计算应纳税所得额。（　　）

［参考答案］错误

［答案解析］根据《财政部　国家税务总局关于合伙企业合伙人所得税问题的通知》（财税〔2008〕65号）规定，合伙企业的合伙人是法人和其他组织的，合伙人在计算其缴纳企业所得税时，不得用合伙企业的亏损抵减其盈利。

40. 企业的清算所得不得弥补正常经营期间形成的亏损。（　　）

［参考答案］错误

［答案解析］根据《财政部　国家税务总局关于企业清算业务企业所得税处理若干问题的通知》（财税〔2009〕60号）规定，企业清算的所得税处理包括以下内容：

（1）全部资产均应按可变现价值或交易价格，确认资产转让所得或损失；

（2）确认债权清理、债务清偿的所得或损失；

（3）改变持续经营核算原则，对预提或待摊性质的费用进行处理；

（4）依法弥补亏损，确定清算所得；

（5）计算并缴纳清算所得税；

（6）确定可向股东分配的剩余财产、应付股息等。

因此，企业清算时需先弥补正常生产经营期间的亏损，再确认清算所得。

第五章　个人所得税

一、单项选择题

1. 我国现行个人所得税采用的税制类型是（　　）。

A. 分类税制　　B. 综合税制

C. 分类与综合相结合的税制　　D. 单一税制

[参考答案] C

[答案解析] 自2019年1月1日起，我国个人所得税采用分类与综合相结合的税制，即将工资、薪金所得，劳务报酬所得，稿酬所得和特许权使用费所得采用综合税制征收，除这些之外的其他各项所得采用分类税制征收。

2. 2021年1月1日至2022年12月31日，个体工商户年应纳税所得额不超过100万元的部分，在现行优惠政策基础上，再进一步实施的个人所得税优惠政策是（　　）。

A. 减按25%征收个人所得税　　B. 减按50%征收个人所得税

C. 减按10%征收个人所得税　　D. 减按75%征收个人所得税

[参考答案] B

[答案解析] 根据《关于实施小微企业和个体工商户所得税优惠政策的公告》（财政部　税务总局公告2021年第12号）规定，自2021年1月1日至2022年12月31日，个体工商户年应纳税所得额不超过100万元的部分，在现行优惠政策基础上。减半征收个人所得税。

3. 根据《中华人民共和国个人所得税法》（以下简称《个人所得税法》的

规定，以收入减除20%的费用后的余额为收入额，然后收入额减按70%计算个人所得税的所得是（　　）。

A. 劳务报酬所得　　B. 财产租赁所得

C. 特许权使用费　　D. 稿酬所得

［参考答案］D

［答案解析］根据《个人所得税法》规定，劳务报酬所得、稿酬所得、特许权使用费所得以收入减除20%的费用后的余额为收入额。稿酬所得的收入额减按70%计算。

4. 外籍个人安迪2021年3月1日来华任职，2021年4月25日离境，该外籍个人境内居住天数为（　　）天。

A. 53　　B. 54

C. 55　　D. 56

［参考答案］B

［答案解析］无住所个人一个纳税年度内在中国境内累计居住天数，按照个人在中国境内累计停留的天数计算。在中国境内停留的当天满24小时的，计入中国境内居住天数，在中国境内停留的当天不足24小时的，不计入中国境内居住天数，因此安迪来华当天和离境当天都不计算在居住天数内，3月居住30天，4月居住24天，因此其累计居住时间为54天。

5. 下列各项中，应当按照“工资、薪金所得”项目征收个人所得税的是（　　）。

A. 保险营销员、证券经纪人取得的佣金收入

B. 个人因从事彩票代销业务而取得的所得

C. 退休人员再任职取得的收入

D. 编剧从其任职的电视剧制作单位取得的剧本使用费收入

［参考答案］C

［答案解析］选项A，保险营销员、证券经纪人取得的佣金收入，按照“劳务报酬所得”项目征收个人所得税；选项B，个人因从事彩票代销业务而取得的所得，按照“经营所得”项目征收个人所得税；选项D，编剧从电视剧的制作单位取得的剧本使用费，按“特许权使用费所得”项目征收个人所得税。

6. 下列个人领取年金，适用个人所得税税率错误的情形是（　　）。

A. 年金按月领取的，适用月度税率表

B. 年金按季领取的，适用月度税率表

C. 年金按年领取的，适用综合所得税率表

D. 因出国定居一次性领取年金的，适用月度税率表

[参考答案] D

[答案解析] 个人因出国定居一次性领取年金个人资金账户，或个人死亡后其指定的受益人或法定继承人一次性领取年金个人账户余额，适用综合所得税率表计算个人所得税。

7. 下列属于个人所得税专项扣除的是（　　）。

A. 基本养老保险费

B. 继续教育支出

C. 赡养老人支出

D. 符合国家规定的商业健康保险

[参考答案] A

[答案解析] 选项B、C，属于专项附加扣除；选项D，属于依法确定的其他扣除。

8. 居民个人取得综合所得需要办理个人所得税汇算清缴的，税法规定的汇算清缴时间是（　　）。

A. 次年3月1日至5月31日

B. 次年5月1日至6月30日

C. 次年6月30日至12月31日

D. 次年3月1日至6月30日

[参考答案] D

[答案解析] 居民个人取得综合所得，按年计算个人所得税；有扣缴义务人的，由扣缴义务人按月或者按次预扣预缴税款；需要办理汇算清缴的，应当在取得所得的次年3月1日至6月30日内办理汇算清缴。

9. 中国公民李某任职于国内甲企业，2021年出版著作一部取得稿酬20 000元，关于稿酬应预扣预缴个税计算正确的是（　　）。

A. （20 000 - 800）×70% ×20% =2 688（元）

B. 20 000 ×（1 -20%）×70% ×20% =2 240（元）

C. 20 000 ×（1 -20%）×20% =3 200（元）

D. （20 000 - 800）×20% =3 840（元）

［参考答案］B

［答案解析］稿酬所得以收入减除费用后的余额为收入额，稿酬所得的收入额减按70%计算。稿酬所得每次收入4 000元以上的，减除费用按20%计算。

10. 王某2016年购买一处价值20万元的住房，将其赠与张某，受赠房屋时张某缴纳相关税费6.5万元，2021年初张某把该房屋转让，取得不含税转让收入40万元，转让时缴纳除增值税和个人所得税之外的其他税费5.5万元，张某2021年应缴纳个人所得税为（　　）万元。

A. 4　　B. 2.9

C. 2　　D. 1.6

［参考答案］D

［答案解析］应纳税所得额＝转让受赠房屋的收入－原捐赠人取得该房屋的实际购置成本－赠与和转让过程中受赠人支付的相关税费

应缴纳个人所得税＝(40－20－6.5－5.5)×20%＝1.6（万元）

11. 根据《中华人民共和国个人所得税法》规定，下列可减征个人所得税的所得是（　　）。

A. 国家发行的金融债券利息　　B. 军人的退役金

C. 救济金　　D. 残疾人取得的经营所得

［参考答案］D

［答案解析］有下列情形之一的，可以减征个人所得税，具体幅度和期限，由省、自治区、直辖市人民政府规定，并报同级人民代表大会常务委员会备案：

（1）残疾、孤老人员和烈属的所得；

（2）因自然灾害遭受重大损失的。

12. 在中国境内无住所而一个纳税年度在中国境内居住累计满183天的居民个人，其缴纳个人所得税的所得来源是（　　）。

A. 中国境内、境外　　B. 中国境内

C. 户籍所在城市　　D. 居住城市

［参考答案］A

［答案解析］上述个人符合居民纳税人条件，居民个人从中国境内和境外

取得的所得，依照法律规定缴纳个人所得税。

13. 某保险公司营销员王某2021年1月从该公司取得佣金收入50 000元，个人缴纳“三险一金”1 200元，缴纳企业年金1 000元，王某家中有两个孩子，老大上小学一年级，老二上幼儿园每月花费教育子女支出5 000元（夫妻双方约定都由王某扣除），同时王某为独生子女，父亲2021年61周岁，母亲58周岁，假设无其他扣除。王某2021年1月应预扣预缴个人所得税（　　）元。

A. 1 580

B. 1 360

C. 720

D. 2 530

［参考答案］C

［答案解析］根据《财政部　国家税务总局关于个人所得税法修改后有关优惠政策衔接问题的通知》（财税〔2018〕164号）规定，对保险营销员、证券经纪人取得的佣金收入，扣缴单位应当按照累计预扣法计算预扣个人所得税。结合个人所得税法及其实施条例有关规定，累计预扣法预扣预缴个人所得税的具体计算公式为：本期应预扣预缴税额=（累计预扣预缴应纳税所得额×预扣率-速算扣除数）-累计减免税额-累计已预扣预缴税额；累计预扣预缴应纳税所得额=累计收入额-累计减除费用-累计其他扣除。

其中，收入额按照不含增值税的收入减除20%的费用后的余额计算；累计减除费用按照5 000元/月乘以纳税人当年截至本月在本单位的从业月份数计算；其他扣除按照展业成本、附加税费和依法确定的其他扣除（注：个人缴付符合国家规定的企业年金、职业年金、个人购买符合国家规定的商业健康保险、税收递延性商业养老保险的支出，以及国务院规定可以扣除的其他项目）之和计算，其中展业成本按照收入额的25%计算。

上述公式中的预扣率、速算扣除数，比照《个人所得税扣缴申报管理办法（试行）》所附的《个人所得税预扣率表一》（年税率表）执行。因此王某计税如下：

（1）王某1月取得佣金收入50 000元免征增值税，因此无需进行价税分离，亦无需计算附加税。

（2）按劳务报酬扣除20%费用，计算收入额为40 000元［50 000×（1-20%）］。

（3）计算展业成本 =40 000 ×25% =10 000（元）

（4）计算“累计预扣预缴应纳税所得额” =40 000 -5 000 -10 000 -1 000 =24 000（元）

（5）24 000 ×3% -0 =720（元）

14. 某律师事务所雇员律师 A 每月工资 5 000 元，同时与单位签订分成协议，每笔案件按收入的 30% 取得分成收入，2020 年 3 月该律师成功办理了一个案件取得收入 50 000 元，在办案过程中支付相关的交通费、资料费共计 5 000 元。（不考虑其他扣除项）2020 年 3 月律师 A 应该缴纳的个人所得税为（　　）元。

A. 2 340　　B. 790

C. 315　　D. 2 350

［参考答案］ C

［答案解析］ 根据《关于律师事务所从业人员取得收入征收个人所得税有关业务问题的通知》（国税发〔2000〕149 号）规定，“作为律师事务所雇员的律师与律师事务所按规定的比例对收入分成，律师事务所不负担律师办理案件支出的费用（如交通费、资料费、通讯费及聘请人员等费用），律师当月的分成收入按规定扣除办理案件支出的费用后，余额与律师事务所发给的工资合并，按‘工资、薪金所得’应税项目计征个人所得税。

律师从其分成收入中扣除办理案件支出费用的标准，由各省税务局根据当地律师办理案件费用支出的一般情况、律师与律师事务所之间的收入分成比例及其他相关参考因素，在律师当月分成收入的 30% 比例内确定”。因此，律师 A 应纳税额计算如下：

（1）收入额确定：工资薪金收入额：每月 5 000 元，2020 年 1—3 月累计收入额为 15 000 元（5 000 ×3）；办案分成收入额为 15 000 元（50 000 ×30%）；办案分成收入额扣除标准为 4 500 元（15 000 ×30%）（实际支出 5 000 元，超过标准，只能扣除 4 500 元）

（2）累计预扣预缴应纳税所得额：15 000 +（15 000 -4 500）-5 000 ×3 =10 500（元）

（3）累计应纳税额：10 500 ×3% =315（元）

由于该个人前两个月工资薪金收入额 5 000 元不缴纳税款，因此该律师 3

月应缴纳个人所得税315元。

15. 个税改革后，下列属于分类所得的项目是（　　）。

A. 稿酬所得　　B. 偶然所得

C. 其他所得　　D. 特许权使用费所得

［参考答案］B

［答案解析］新个人所得税法修订后，按照综合与分类相结合的税制，综合所得包括：工资薪金所得、劳务报酬所得、稿酬所得和特许权使用费所得；分类所得包括：经营所得、股息利息红利所得、财产租赁所得、财产转让所得、偶然所得。

16. 李某和其妻子钱某婚后购买一套住房，属于首套住房贷款，下列说法正确的是（　　）。

A. 李某和钱某约定后各按500元标准扣除住房贷款利息

B. 李某和钱某每月均可扣除的额度是1 000元

C. 李某和钱某可以由其中一人扣除，每月扣除额度是1 000元

D. 李某、钱某所购买住房如果在北上广深等城市，扣除的标准要高于1 000元

［参考答案］C

［答案解析］纳税人本人或者配偶单独或者共同使用商业银行或者住房公积金个人住房贷款为本人或者其配偶购买中国境内住房，发生的首套住房贷款利息支出，在实际发生贷款利息的年度，按照每月1 000元的标准定额扣除，扣除期限最长不超过240个月。纳税人只能享受一次首套住房贷款的利息扣除。

17. 2020年9月1日美国人亨瑞受其任职的境外公司委派来华，到境内合资企业从事技术服务工作，12月31日离开中国，在中国境内工作期间每月取得境外公司支付的工资50 000元，境内合资企业支付的工资40 000元，该个人12月份应缴纳个人所得税（　　）元。

A. 6 090　　B. 23 090

C. 10 503.69　　D. 25 300

［参考答案］B

［答案解析］该纳税人在中国境内居住时间满90天未满183天，就其来源于中国境内的所得缴纳个人所得税（包括境内支付和境外支付部分）

应纳税所得额 = 50 000 + 40 000 − 5 000 = 85 000（元）

应纳税额 = 85 000 × 45% − 15 160 = 23 090（元）

18. 纳税人 A 有姊妹两人，父母均在老家，由在老家的妹妹负责日常照料。以下赡养老人专项附加扣除金额分摊方法正确的是（　　）。

A. A 跟其妹妹约定，每人每月均摊扣除 1 000 元

B. A 跟其妹妹约定，由 A 全部扣除 2 000 元

C. 老人指定 A 分摊 1 500 元，其妹妹分摊 500 元

D. 老人指定 A 分摊 500 元，其妹妹分摊 1 500 元

[参考答案] A

[答案解析] 纳税人为非独生子女的，由其与兄弟姐妹分摊每月 2 000 元的扣除额度，每人分摊的额度不能超过每月 1 000 元。可以由赡养人均摊或者约定分摊，也可以由被赡养人指定分摊。约定或者指定分摊的须签订书面分摊协议，指定分摊优先于约定分摊。具体分摊方式和额度在一个纳税年度内不能变更。

19. 我国个人所得税住房租金专项附加扣除的标准档次数量是（　　）。

A. 两档　　B. 三档

C. 四档　　D. 五档

[参考答案] B

[答案解析]（1）直辖市、省会（首府）城市、计划单列市以及国务院确定的其他城市，扣除标准为每月 1 500 元；

（2）除第一项所列城市以外，市辖区户籍人口超过 100 万人的城市，扣除标准为每月 1 100 元；市辖区户籍人口不超过 100 万人的城市，扣除标准为每月 800 元。

20. 2020 年明星李某应邀参加抗击新型冠状肺炎疫情演出，一次性获得表演收入 50 000 元，其将 30 000 元通过红十字协会捐赠给抗疫一线医护人员，李某取得的该笔演出收入应预扣预缴个人所得税为（　　）元（不考虑其他税费）。

A. 10 000　　B. 13 200

C. 2 000　　D. 6 000

[参考答案] C

［答案解析］预扣预缴应纳税所得额为40 000元［50 000×(1－20%)］，个人通过公益性组织发生的抗疫捐赠可全额扣除。

扣除捐赠后的应纳税所得额为10 000元（40 000－30 000），适用预扣率20%，应预扣预缴个人所得税为2 000元（10 000×20%）。

21. 某个体工商户加工厂2020年取得加工收入28万元；成本、费用及相关税费支出20万元，其中包括给投资者王某每月发放工资4 000元，发生广告费、业务宣传费5万元，业务招待费3万元，缴纳税收滞纳金1 000元。王某家中有一位上小学的孩子和年满61周岁的父亲（王某为独生子女，且仅开办此一处加工厂），2020年该加工厂应缴纳个人所得税（　　）元。

A. 5 460　　B. 5 120

C. 16 350　　D. 19 950

［参考答案］A

［答案解析］(1) 应纳税所得额的确定：会计利润为8万元（28－20）；广告费当年扣除限额为4.2万元（28×15%），实际发生5万元，纳税调增0.8万元（广告费准予以后年度结转扣除）；业务招待费扣除限额为1.8万元（3×60%）、0.14万元（28×0.5%），实际发生3万元，纳税调增2.86万元；税收滞纳金不得扣除，纳税调增0.1万元；投资者工资不允许税前扣除，纳税调增为4.8万元（0.4×12）；专项附加扣除：子女教育扣除1.2万元、赡养老人扣除2.4万元；

应纳税所得额＝8＋0.8＋2.86＋0.1＋4.8－6－1.2－2.4＝6.96（万元）

(2) 应纳税额的计算＝6.96×10%－0.15＝0.546（万元）＝5 460（元）

22. 2021年4月1日起个体工商户、个人独资企业、合伙企业和个人，代开货物运输业增值税发票时，对于个人所得税正确的处理是（　　）。

A. 按照1.5%预征率　　B. 按照0.5%预征率

C. 不再预征　　D. 按照经营所得税率

［参考答案］C

［答案解析］根据《国家税务总局关于落实支持小型微利企业和个体工商户发展所得税优惠政策有关事项的公告》（国家税务总局公告2021年第8号）规定，自2021年4月1日起，对个体工商户、个人独资企业、合伙企业和个人，代开货物运输业增值税发票时，不再预征个人所得税。个体工商户业主、

个人独资企业投资者、合伙企业个人合伙人和其他从事货物运输经营活动的个人，应依法自行申报缴纳经营所得个人所得税。

23. 2021年纳税人张某经营个体工商户，年应纳税所得额为1 200 000元，同时其可以享受残疾人减免税额6 000元，那么张某2021年应缴纳个人所得税（　　）元。

A. 354 500　　B. 208 750

C. 348 500　　D. 174 250

[参考答案] B

[答案解析] 2021年张某在享受现行优惠政策的基础上，再享受减半征收的优惠：张某应纳税额为354 500元（1 200 000×35% －65 500）；张某减半征收政策的减免税额为139 750元｛[（1 000 000×35% －65 500）－6 000×1 000 000÷1 200 000]×（1 －50%）｝；则实际应纳税额为208 750元（354 500－6 000－139 750）。

24. 李某将其位于市区的住房2021年1月按市场价格出租给他人用于居住，租期为2年，每月不含税租金2 500元，一次性收取了一年的租金，2021年1月对房屋进行了修缮，修缮费用2 000元，则邓某2021年应缴纳个人所得税（　　）元。

A. 2 800　　B. 1 840

C. 1 960　　D. 1 760

[参考答案] B

[答案解析] 财产租赁所得允许扣除的修缮费用每次800元为限，一次扣不完的，下次可以继续扣除，所以本题发生的修缮费在1月、2月可各扣800元，3月扣剩余的400元。该纳税人2021年应缴纳个人所得税：

（2 500 －800 －800）×10% ×2 +（2 500 －400 －800）×10% +（2 500 －800）×10% ×9 =1 840（元）

25. 个人所得税纳税人申请退税，应当提供其在中国境内开设的银行账户，并在规定地点办理税款退库，具体退税地点是（　　）。

A. 户籍所在地　　B. 所得发生的

C. 汇算清缴地　　D. 收入来源地

[参考答案] C

［答案解析］纳税人申请退税，应当提供其在中国境内开设的银行账户，并在汇算清缴地就地办理税款退库。

26. 下列项目中，计征个人所得税时允许在税前扣除一部分费用的是（　　）。

A. 分得的股息所得　　B. 存款利息所得

C. 有奖销售中奖所得　　D. 股权转让所得

［参考答案］D

［答案解析］选项 A、B 属于利息、股息、红利所得，选项 C 属于偶然所得，都是以每次收入额为应纳税所得额；选项 D 属于财产转让所得以转让财产的收入额减除财产原值和合理费用后的余额，为应纳税所得额。

27. 在 2021 年 12 月 31 日前，居民个人取得股票期权等股权激励的个人所得税处理正确的是（　　）。

A. 并入当年综合所得计算纳税

B. 不作为应税所得征收个人所得税

C. 不并入当年综合所得，全额单独适用综合所得税率计算纳税

D. 不并入当年综合所得，单独适用综合所得税率按月份数分摊计算纳税

［参考答案］C

［答案解析］居民个人取得股票期权、股票增值权、限制性股票、股权奖励等股权激励，符合规定的相关条件的，在 2021 年 12 月 31 日前，不并入当年综合所得，全额单独适用综合所得税率表计算纳税。

28. 李某是国内某企业的工作人员，2020 年 12 月与企业解除劳动合同，并于当月取得企业给付的一次性补偿收入 80 000 元和工资 6 000 元。假设，李某每月领取的工资为 6 000 元，除费用扣除外无其他扣除。已知，当地上年职工平均工资为 30 000 元。李某 2020 年应缴纳个人所得税（　　）元。

A. 360　　B. 6 680

C. 8 150　　D. 6 230

［参考答案］A

［答案解析］个人因与用人单位解除劳动关系而取得的一次性补偿收入，其收入在当地上年职工平均工资 3 倍数额以内的部分，免征个人所得税。当地上年职工平均工资的 3 倍为 90 000（30 000 ×3）大于因解除劳动关系取得的一

次性补偿收入为 80 000 元，所以免征个人所得税。仅对其取得的工资薪金计算缴纳个人所得税为 360 元［(6 000 × 12 − 60 000) × 3%］。

29. 个人购买符合规定的商业健康保险产品的支出，个人所得税扣除限额是（　　）。

A. 200 元/月　　B. 400 元/月

C. 1 000 元/月　　D. 2 000 元/月

［参考答案］ A

［答案解析］ 个人购买符合规定的商业健康保险产品的支出，允许在当年（月）计算应纳税所得额时予以税前扣除，扣除限额为 200 元/月，即 2 400 元/年。单位统一为员工购买符合规定的商业健康保险产品的支出，应分别计入员工个人工资薪金，视同个人购买，按上述限额予以扣除。

30. 根据个人所得税的现行规定，从 2014 年 1 月 1 日起，个人根据国家有关政策规定缴付的年金个人缴费部分，在不超过本人缴费工资计税基数的一定标准内的部分，暂从个人当期的应纳税所得额中扣除，具体标准为（　　）。

A. 1/6　　B. 4%

C. 1/12　　D. 8%

［参考答案］ B

［答案解析］ 根据《财政部　国家税务总局　人力资源和社会保障部关于企业年金职业年金个人所得税有关问题的通知》规定，个人根据国家有关政策规定缴付的年金个人缴费部分，在不超过本人缴费工资计税基数的 4% 标准内的部分，暂从个人当期的应纳税所得额中扣除。

31. 张某为独生子女，父母都已去世，赡养 60 岁以上的岳父母，在计算个人所得税时，每月可以扣除的赡养老人支出是（　　）元。

A. 1 500　　B. 1 000

C. 2 000　　D. 0

［参考答案］ D

［答案解析］ 根据《个人所得税专项附加扣除暂行办法》规定，纳税人赡养一位及以上被赡养人的赡养支出，统一按照以下标准定额扣除：纳税人为独生子女的，按照每月 2 000 元的标准定额扣除。被赡养人是指年满 60 岁的父母，以及子女均已去世的年满 60 岁的祖父母、外祖父母。

32. 办理2020年度个人所得税综合所得汇算清缴时，无任职受雇单位的个人，不能申报办理汇算清缴的是（　　）。

A. 户籍所在地　　B. 实际工作地

C. 主要收入来源地　　D. 经常居住地

［参考答案］B

［答案解析］根据《关于办理2020年度个人所得税综合所得汇算清缴事项的公告》（国家税务总局公告2021年第2号）规定，纳税人没有任职受雇单位的，向其户籍所在地、经常居住地或者主要收入来源地的主管税务机关申报。主要收入来源地，是指纳税人纳税年度内取得的劳务报酬、稿酬及特许权使用费三项所得累计收入最大的扣缴义务人所在地。

33. 2019年3月公民方某将持有的境内上市公司限售股转让，取得转让收入20万元，假设该限售股原值无法确定，方某转让限售股应缴纳的个人所得税为（　　）万元。

A. 0　　B. 2

C. 3.4　　D. 4

［参考答案］C

［答案解析］限售股转让收入扣除限售股原值和合理税费后的余额为该限售股转让所得。企业未能提供完整，真实的限售股原值凭证，不能准确计算该限售股原值的，主管税务机关一律按该限售股转让收入的15%，核定为该限售股原值和合理税费。应纳个人所得税为3.4万元［20×(1－15%)×20%］。

34. 2020年某保险营销员取得不含税佣金收入37.5万元，假定不考虑其他附加税费、专项扣除和专项附加扣除，下列关于该营销员取得的佣金收入个人所得税的有关政策，说法正确的是（　　）。

A. 该营销员应确认佣金的收入额375 000元

B. 该营销员应确认佣金的展业成本为60 000元

C. 该营销员佣金并入综合所得的金额为225 000元

D. 应缴纳个人所得税33 000元

［参考答案］C

［答案解析］保险营销员、证券经纪人取得的佣金收入，属于劳务报酬所得，以不含增值税的收入减除20%的费用后的余额为收入额，收入额减去展业

成本以及附加税费后，并入当年综合所得，计算缴纳个人所得税。保险营销员、证券经纪人展业成本按照收入额的25%计算。选项A，收入额为300 000元［375 000×(1－20%)］；选项B，展业成本为75 000元（300 000×25%）；选项C，并入综合所得的金额为225 000元（300 000－75 000）。选项D，应缴纳个人所得税为16 080元［(225 000－60 000)×20%－16 920］。

35. 纳税人张三向税务机关举报某企业伪造增值税发票而获得5万元奖金，下列说法正确的是（　　）。

A. 该笔奖金按照偶然所得减按50%计算缴纳个人所得税

B. 该笔奖金不征个人所得税

C. 该笔奖金超过1万元，按照偶然所得征收个人所得税

D. 该笔奖金免征个人所得税

［参考答案］ D

［答案解析］ 根据财政部、国家税务总局《关于个人所得税若干政策问题的通知》（财税字〔1994〕20号）第二条规定，对于个人举报、协查各种违法、犯罪行为而获得的奖金免征个人所得税。

36. 张先生2020年12月20日因流感住院，2020年12月31日按医院要求支付医药费3万元（医保范围内自负部分），2021年1月15日出院，结算再支付医药费1万元（医保范围内自负部分），取得发票及费用清单。结合上述案例，在以下关于张先生大病医疗专项附加扣除的时间和允许扣除金额的表述当中，正确的是（　　）。

A. 2020年12月，允许扣除1.5万元

B. 2021年1月，允许扣除1万元

C. 2021年1月1日—3月31日，允许扣除1.5万元

D. 2022年3月31日—6月30日，允许扣除2.5万元

［参考答案］ D

［答案解析］ 根据国家税务总局规定，纳税人申报享受大病医疗扣除，以医疗费用结算单上的结算时间为准，因此该医疗支出属于是第二年的医疗费用，到2021年结束时，如果达到大病医疗扣除的“起付线”，可以在2022年3—6月汇算清缴时享受扣除。

37. 小张是独生子，2020年6月获得在职研究生毕业证书和CPA证书，

2020 年 9 月入职某企业上班，无其他所得。2020 年 5 月份小张的父亲年满 60 周岁，小张的母亲 2020 年 9 月年满 60 岁；小张的女儿 2020 年 6 月到早教中心全托学习，2020 年 8 月年满 3 周岁。在以下关于小张 2020 年度可以享受的专项附加扣除的表述当中，不正确的是（　　）。

A. 小张 2020 年可以扣除的继续教育专项附加扣除为 8 400 元

B. 小张 2020 年可以扣除的继续教育专项附加扣除为 6 000 元

C. 小张 2020 年可以扣除的赡养父母专项附加扣除为 16 000 元

D. 小张 2020 年可以扣除的子女教育专项附加扣除为 5 000 元

［参考答案］A

［答案解析］选项 B 纳税人接受技能人员职业资格继续教育支出，在取得相关证书的当年，按照 3 600 元定额扣除；学历教育为接受学历教育期间每月定额扣除 400 元，小李在 2020 年 1—6 月属于接受研究生学历教育期间，因此当年的取得综合所得可以扣除 2 400 元（6×400），则继续教育共可扣除 6 000 元（3 600+2 400）。选项 C 父母有一位年满 60 周岁即可享受扣除，父亲 5 月满 60 周岁，小张可以扣除 16 000 元。选项 D 子女教育满 3 周岁开始起算。

38. 扣缴义务人每月或者每次预扣、代扣的税款缴入国库，并向税务机关报送《个人所得税扣缴申报表》的时间是（　　）。

A. 次月 7 日　　B. 次月 10 日

C. 次月 15 日　　D. 次月 30 日

［参考答案］C

［答案解析］扣缴义务人每月或者每次预扣、代扣的税款，应当在次月 15 日内缴入国库，并向税务机关报送《个人所得税扣缴申报表》。

39. 中国居民杨某在境内某企业任职，2020 年 1—12 月每月应从任职企业取得工资、薪金收入 16 000 元；任职企业每月按有关规定标准为其代缴“三险一金”2 500 元，从 1 月开始享受子女教育和赡养老人专项附加扣除合计 3 000 元。另从甲公司取得劳务报酬收入 3 000 元，从乙公司取得稿酬收入 2 000 元、从丙公司取得劳务报酬收入 30 000 元，从丁公司取得特许权使用费收入 2 000 元。已知当年取得四项所得时已被支付方足额预扣预缴税款合计 10 128 元，年终汇算清缴杨某应退个人所得税（　　）元。

A. 3 136　　B. 3 100

C. 3 300　　D. 3 000

［参考答案］A

［答案解析］（1）年综合所得年收入额 = 工资、薪金收入额 + 劳务报酬收入额 + 稿酬收入额 + 特许权使用费收入额 = 16 000 × 12 + (3 000 + 30 000) × (1 - 20%) + 2 000 × (1 - 20%) × 70% + 2 000 × (1 - 20%) = 221 120（元）

（2）综合所得年应纳税所得额 = 年收入额 - 60 000 - 专项扣除 - 专项附加扣除 - 依法确定的其他扣除 = 221 120 - 60 000 - (2 500 × 12) - (3 000 × 12) = 95 120（元）

（3）年综合所得应纳税额 = 年应纳税所得额 × 适用税率一速算扣除数 = 95 120 × 10% - 2 520 = 6 992（元）

（4）年终汇算清缴应补（退）税额 = 应纳税额 - 预扣预缴税额 = 6 992 - 10 128 = -3 136（元）

40. 非居民个人汤姆2021年2月取得工资薪金所得10 000元、劳务报酬所得3 000元、稿酬所得2 000元、特许权使用费所得8 000元，下列个人所得税的计算，正确的是（　　）。

A. 工资薪金所得应缴纳个人所得税290元

B. 劳务报酬所得应缴纳个人所得税440元

C. 稿酬所得应缴纳个人所得税168元

D. 特许权使用费所得应缴纳个人所得税1 280元

［参考答案］A

［答案解析］工资薪金所得应缴纳个人所得税 = (10 000 - 5 000) × 10% - 210 = 290（元）；劳务报酬所得应缴纳个人所得税 = 3 000 × (1 - 20%) × 3% = 72（元）；稿酬所得应缴纳个人所得税 = 2 000 × (1 - 20%) × 70% × 3% = 33.6（元）；特许权使用费所得应缴纳个人所得税 = 8 000 ×（1 - 20%）× 10% - 210 = 430（元）

41. 运动员张某参加世锦赛获得冠军，其户籍所在地市级政府为奖励其取得的荣誉颁发体育荣誉奖金5万元，以下对于其获得奖金应当缴纳个人所得税的表述当中，正确的是（　　）。

A. 免征个人所得税　　B. 全额征收个人所得税

C. 减半征收个人所得税　　D. 不征个人所得税

［参考答案］B

［答案解析］依据《个人所得税法》第四条规定，省级人民政府、国务院部委和中国人民解放军军以上单位，以及外国组织、国际组织颁发的科学、教育、技术、文化、卫生、体育、环境保护等方面的奖金可免征个人所得税。

42. 下列个人中，属于非居民个人的是（　　）。

A. 在中国境内有住所的甲

B. 在中国境内无住所，于 2019 年 9 月 1 日入境、2020 年 3 月 31 日离境的乙

C. 在中国境内无住所，于 2019 年 3 月 1 日入境、2019 年 10 月 31 日离境的丙

D. 在中国境内无住所，于 2019 年 2 月 1 日入境、2019 年 10 月 31 日离境，其间 5 月 1 日回国探亲、5 月 20 日返回的丁

［参考答案］B

［答案解析］在中国境内有住所，或者无住所而一个纳税年度内在中国境内居住累计满 183 天的个人，为居民个人。在中国境内无住所又不居住，或者无住所而一个纳税年度内在中国境内居住累计不满 183 天的个人，为非居民个人。

43. 2021 年 3 月刘某通过拍卖行将一幅珍藏多年的字画拍卖，取得拍卖收入 600 000 元，拍卖过程中缴纳相关税费 20 000 元，经文物部门鉴定，该字画为海外回流文物，刘某无法提供完整的财产原值凭证。刘某取得的拍卖收入应缴纳个人所得税（　　）元。

A. 12 000　　B. 9 600

C. 18 000　　D. 116 000

［参考答案］A

［答案解析］根据《国家税务总局关于加强和规范个人取得拍卖收入征收个人所得税有关问题的通知》（国税发〔2007〕38 号）规定，对个人财产拍卖所得征收个人所得税时，纳税人如不能提供合法、完整、准确的财产原值凭证，不能正确计算财产原值的，拍卖品为经文物部门认定是海外回流文物的，按转让收入额的 2% 征收率计算缴纳个人所得税。因此，刘某取得的拍卖收入应缴纳个人所得税为 12 000 元（600 000 × 2%）。

44. 在中国境内无住所，但在一个纳税年度中在中国境内居住不超过 90 天的外籍个人（非高级管理人员或董事），其来源于中国境内、境外所得。下列说法正确的是（　　）。

A. 境内所得境内企业与境外企业支付的均纳税

B. 境内所得境外企业支付的部分不纳税

C. 境外所得境外企业支付的部分纳税

D. 境外所得境内企业支付的部分纳税

［参考答案］B

［答案解析］根据《个人所得税法实施条例》第五条规定，在中国境内无住所的个人，在一个纳税年度内在中国境内居住累计不超过 90 天的，其来源于中国境内的所得，由境外雇主支付并且不由该雇主在中国境内的机构、场所负担的部分，免予缴纳个人所得税。

45. 根据个人所得税相关政策，依法批准设立的非营利性研究开发机构和高等学校根据《中华人民共和国促进科技成果转化法》规定，从职务科技成果转化收入中给予科技人员的现金奖励，可减按一定比例计入科技人员当月“工资、薪金所得”，依法缴纳个人所得税。这个比例是（　　）。

A. 20%　　B. 25%

C. 50%　　D. 75%

［参考答案］C

［答案解析］根据《财政部　税务总局　科技部关于科技人员取得职务科技成果转化现金奖励有关个人所得税政策的通知》（财税〔2018〕58 号）规定：依法批准设立的非营利性研究开发机构和高等学校根据《中华人民共和国促进科技成果转化法》规定，从职务科技成果转化收入中给予科技人员的现金奖励，可减按 50% 计入科技人员当月“工资、薪金所得”，依法缴纳个人所得税。

46. 2020 年度某个人独资企业发生生产经营费用 10 万元，经主管税务机关审核，与其家庭生活费用无法划分。依据个人所得税的相关规定，该个人独资企业允许税前扣除的生产经营费用为（　　）万元。

A. 0　　B. 4

C. 6　　D. 10

［参考答案］A

［答案解析］个人独资企业投资者及其家庭发生的生活费用与经营费用混在一起，并且难以划分的，一律不能扣除。

47. 下列取得 2020 年度综合所得的纳税人，需办理汇算清缴的是（　　）。

A. 纳税人年度汇算需补税但年度综合所得收入不超过 12 万元

B. 纳税人年度汇算需补税金额不超过 400 元

C. 纳税人已预缴税额与年度应纳税额一致

D. 2020 年度已预缴税额大于年度应纳税额且申请退税

［参考答案］D

［答案解析］符合下列情形之一的，纳税人需要办理年度汇算：（1）2020 年度已预缴税额大于年度应纳税额且申请退税的。（2）2020 年度综合所得收入超过 12 万元且需要补税金额超过 400 元的。

48. 下列关于个人所得税纳税申报的时间，说法不正确的是（　　）。

A. 纳税人办理 2020 年度综合所得汇算的时间为 2021 年 3 月 1 日至 6 月 30 日

B. 经营所得，在取得所得的次年 6 月 30 日前办理汇算清缴

C. 非居民个人取得四项所得，在取得所得的次年 6 月 30 日前办理纳税申报

D. 纳税人取得利息、股息、红利所得，扣缴义务人未扣缴的，应当在取得所得的次年 6 月 30 日前办理自行纳税申报

［参考答案］B

［答案解析］经营所得，在取得所得的次年 3 月 31 日前，向经营管理所在地主管税务机关办理汇算清缴。

49. 居民个人赵某为一名远洋船员，2020 年在船航行时间累计 210 天。赵某 2020 年全年工资收入合计 23 万元，每月赵某负担的三险一金合计为 1 800 元，不考虑其他扣除项目，2020 年赵某应缴纳个人所得税（　　）元。

A. 1 002　　　　B. 4 900

C. 6 380　　　　D. 12 760

［参考答案］A

［答案解析］根据《财政部　国家税务总局关于远洋船员个人所得税政策

的公告》（财政部　国家税务总局公告2019年第97号）规定："自2019年1月1日起至2023年12月31日止，一个纳税年度内在船航行时间累计满183天的远洋船员，其取得的工资薪金收入减按50%计入应纳税所得额，依法缴纳个人所得税。"

2020年赵某应缴纳个人所得税 =（230 000 × 50% − 60 000 − 1 800 × 12）× 3% = 1 002（元）。

50. 某有限责任公司股东张某从该企业借钱30万元购买小汽车用于上下班，到年底仍未归还，下列说法正确的是（　　）。

A. 该笔借款按照工资薪金所得缴纳个人所得税

B. 该笔借款作为企业的应收账款，不需缴纳个人所得税

C. 该笔借款按照个体工商户的生产经营所得缴纳个人所得税

D. 该笔借款按照利息、股息、红利所得缴纳个人所得税

［参考答案］D

［答案解析］纳税年度内个人投资者从其投资企业（个人独资企业、合伙企业除外）借款，在该纳税年度终了后仍不归还，又未用于企业生产经营的，其未归还的借款可视为企业对个人投资者的红利分配，依照"利息、股息、红利所得"项目计征个人所得税。

51. 上市公司授予个人的股票期权、限制性股票和股权奖励，经向主管税务机关备案，个人可自股票期权行权、限制性股票解禁或取得股权奖励之日起，在规定的期限内缴纳个人所得税。具体规定不超过（　　）。

A. 6个月　　　　B. 12个月

C. 24个月　　　　D. 36个月

［参考答案］B

［答案解析］根据《财政部　国家税务总局关于完善股权激励和技术入股有关所得税政策的通知》（财税〔2016〕101号）规定：上市公司授予个人的股票期权、限制性股票和股权奖励，经向主管税务机关备案，个人可自股票期权行权、限制性股票解禁或取得股权奖励之日起，在不超过12个月的期限内缴纳个人所得税。

52. 中国居民张某从2021年1月1日起出租两居室住房用于居住，扣除相关税费后的每月租金所得3 000元，全年共计36 000元。张某该收入应缴纳个

人所得税（　　）元。

A. 2 640　　B. 5 280

C. 5 760　　D. 2 880

［参考答案］A

［答案解析］个人出租住房适用10%的个人所得税税率。

应纳的个人所得（3 000－800）×10%×12＝2 640（元）

53. 居民个人张某2021年4月至10月在乙单位提供兼职咨询劳务，按照合同规定，每月提供咨询4次，每次收入3 800元。乙单位当年4月应预扣预缴张某的个人所得税（　　）元。

A. 2 000　　B. 2 400

C. 2 300　　D. 2 432

［参考答案］D

［答案解析］劳务报酬所得，属于同一项目连续性收入的，以一个月内取得的收入为一次。乙单位当年4月应预扣预缴张某的个人所得税为2 432元［3 800×4×（1－20%）×20%］。

54. 李教授2021年5月分别为A市的甲企业和B市的乙企业做员工培训，为甲企业每周讲课一次，每次讲课费2 000元，一个月讲课4次。为乙企业讲课一天，讲课费3 000元。王教授为两个企业讲课应预缴个人所得税是（　　）。

A. 1 400元　　B. 1 720元

C. 1 760元　　D. 1 280元

［参考答案］B

［答案解析］劳务报酬所得属于同一事项连续取得收入，以一个月内取得的收入为一次。根据《国家税务总局关于个人所得税偷税案件查处中有关问题的补充通知》规定：关于劳务报酬所得"次"的规定，《个人所得税法实施条例》第二十一条规定"属于同一项目连续性收入的，以一个月内取得的收入为一次"，考虑属地管辖与时间划定有交叉的特殊情况，统一规定以县（含县级市、区）为一地，其管辖内的一个月内劳务服务为一次；当月跨县地域的，则应分别计算。因此，李教授应预缴个人所得税为1 720元［2 000×4×(1－20%)×20%＋(3 000－800)×20%］。

55. 居民纳税人张某一次性取得特许权使用费收入 20 000 元，按现行个人所得税的相关规定，其应预扣预缴个人所得税（　　）元。

A. 2 240　　B. 3 200

C. 11 200　　D. 20 000

［参考答案］B

［答案解析］居民个人取得稿酬所得，以收入减除费用后的余额为收入额，稿酬所得的收入额减按 70% 计算，以每次收入额为预扣预缴应纳税所得额。每次收入 4 000 元以上的，减除费用按照收入的 20% 计算。其应预扣预缴个人所得税为 3 200 元［20 000 ×（1 − 20%）× 20%］。

56. 退役士兵李某 2021 年 1 月注册成立了一户个体工商户，所缴税款采取核定应税所得率的征收方式，在以下涉税业务的表述当中，说法正确的是（　　）。

A. 该奶茶店取得经营所得，办理个人所得税预缴纳税申报时应填报《个人所得税经营所得纳税申报表（A 表）》

B. 该奶茶店申报时可以通过电子税务局也可以通过 ITS 系统进行申报

C. 该奶茶店在取得经营所得的次年 6 月 30 日前，向税务机关办理汇算清缴

D. 该奶茶店 2021 年可以以 12 000 元为限额依次扣减其当年实际应缴纳的个人所得税、增值税、教育费附加和地方教育附加

［参考答案］A

［答案解析］选项 B 非定期定额征收个体工商户只能通过 ITS 系统办理申报；C 选项核定征收个体工商户不需要办理汇算清缴；选项 D 自主就业退役士兵从事个体经营的，自办理个体工商户登记当月起，在 3 年内按每户每年 12 000 元为限额依次扣减其当年实际应缴纳的增值税、城市维护建设税、教育费附加、地方教育附加和个人所得税。

57. 无住所外籍个人约翰，受美国任职机构委托来华工作，2020 年 5 月 6 日来华，7 月 2 日回美国，7 月 12 日返回中国，7 月 31 日完成在华工作回美国。7 月取得中国境内企业支付的工薪 3 万元人民币，外国公司每月支付工薪 5 万元人民币。下列个人所得税的说法，正确的是（　　）。

A. 约翰 2020 年在中国境内的居住天数为 73.5 天

B. 2020 年约翰属于非居民个人

C. 约翰 7 月在中国境内的工作天数 21 天

D. 2020 年 7 月份约翰应缴纳个人所得税 1 500 元

［参考答案］B

［答案解析］选项 A、B，在中国境内停留的当天满 24 小时的，计入中国境内居住天数，在中国境内停留的当天不足 24 小时的，不计入中国境内居住天数。约翰 2020 年在中国境内的居住天数为 74 天（25 + 30 + 19）< 183 天，约翰属于非居民个人。选项 C，在境内、境外单位同时担任职务或者仅在境外单位任职的个人，在境内停留的当天不足 24 小时的，按照半天计算境内工作天数。约翰 7 月在中国境内的工作天数为 20.5 天（19 + 0.5 + 0.5 + 0.5）。选项 D，应缴纳个人所得税为 1 557.74 元｛(30 000 + 50 000) × [(30 000 ÷ 80 000) × (20.5 ÷ 31)] − 5 000｝× 20% − 1 410。

58. 下列所得不属于减按 50% 计入应纳税所得额缴纳个人所得税的是（　　）。

A. 2021 年内在船航行时间累计满 183 天的远洋船员，其取得的工资、薪金收入

B. 非营利性科研机构和高校，从职务科技成果转化收入中给予科技人员的现金奖励

C. 个人从公开发行和转让市场取得的上市公司股票，持股 2 个月取得的股息

D. 高等学校转化职务科技成果以股权给予科技人员个人奖励

［参考答案］D

［答案解析］选项 D，科研机构、高等学校转化职务科技成果以股份或出资比例等股权形式给予科技人员个人奖励，经主管税务机关审核后，暂不征收个人所得税。

59. 计算个人所得税综合所得应纳税所得额时，下列支出不得扣除的是（　　）。

A. 个人购买的互助型医疗保险支出

B. 个人购买的税收递延型商业养老保险支出

C. 个人缴付符合国家规定的企业年金支出

D. 个人购买符合国家规定的商业健康保险支出

［参考答案］A

［答案解析］选项B、C、D，属于依法确定的其他扣除，可以在计算个人所得税综合所得应纳税所得额时扣除。

60. 根据个人所得税专项附加扣除的规定，住房贷款利息扣除的期限最长不得超过（　　）。

A. 36个月

B. 48个月

C. 120个月

D. 240个月

［参考答案］D

［答案解析］扣除期限最长不超过240个月。

二、多项选择题

1. 自然人纳税人首次办理涉税事项时，向税务机关提供的有效身份证件包括（　　）。

A.《中华人民共和国居民身份证》

B.《中华人民共和国护照》和华侨身份证明

C.《中华人民共和国外国人永久居留身份证》

D.《中华人民共和国外国人工作许可证》

E.《中华人民共和国暂住证》

［参考答案］ABCD

［答案解析］根据《国家税务总局关于自然人纳税人识别号有关事项的公告》（国家税务总局公告2018年第59号）明确的“有效身份证件”有《中华人民共和国居民身份证》《中华人民共和国护照》和华侨身份证明、《中华人民共和国外国人永久居留身份证》、外国护照、《中华人民共和国外国人工作许可证》。

2. 纳税人办理2020年度个人所得税综合所得汇算清缴的方式有（　　）。

A. 自行办理年度汇算

B. 通过任职受雇单位代为办理

C. 无需办理

D. 支付劳务报酬所得的支付方办理

E. 委托涉税专业服务机构或其他单位及个人办理

[参考答案] ABE

[答案解析] 《个体工商户个人所得税计税办法》规定，根据《国家税务总局关于办理2020年度个人所得税综合所得汇算清缴事项的公告》（国家税务总局公告2021年第2号）规定，明确了办理年度汇算的三种方式：自己办、单位办和请人办。

3. 依据个人所得税法的相关规定，个体工商户的下列支出，可以在税前扣除的有（　　）。

A. 使用或者销售存货，按照规定计算的存货成本

B. 用于个人和家庭的支出

C. 实际支付给从业人员的、合理的工资薪金支出

D. 参加财产保险，按照规定缴纳的保险费

E. 个人所得税税款

[参考答案] ACD

[答案解析] 个体工商户下列支出不得扣除：(1) 个人所得税税款；(2) 税收滞纳金；(3) 罚金、罚款和被没收财物的损失；(4) 不符合扣除规定的捐赠支出；(5) 赞助支出；(6) 用于个人和家庭的支出；(7) 与取得生产经营收入无关的其他支出；(8) 国家税务总局规定不准扣除的支出。

4. 计算个人所得税时，下列捐赠可以全额从应纳税所得额中扣除的有（　　）。

A. 通过非营利的社会团体，对青少年活动中心的捐赠

B. 个人直接向承担疫情防治任务的医院捐赠用于应对新型冠状病毒感染的肺炎疫情的物品

C. 个人通过公益性社会组织或者县级以上人民政府及其部门等国家机关，捐赠用于应对新型冠状病毒感染的肺炎疫情的现金和物品

D. 通过公益性社会团体对老年社会福利院的捐赠

E. 个人直接捐赠给希望小学的捐款

[参考答案] ABCD

[答案解析] 根据《财政部　税务总局关于支持新型冠状病毒感染的肺炎疫情防控有关捐赠税收政策的公告》（财政部　税务总局公告2020年第9号）

规定，选项B、C发生的捐赠可以在个人所得税税前全额扣除。个人通过非营利的社会团体，对红十字事业、农村义务教育和青少年活动中心的捐赠可以全额扣除；对福利性、非营利性老年服务机构的捐赠，可以全额扣除。

5. 下列关于应纳税所得额的基本规定和费用扣除标准的说法，正确的有（　　）。

A. 居民个人的综合所得，以每一纳税年度的收入额减除费用60 000元以及专项扣除、专项附加扣除和依法确定的其他扣除后的余额，为年应纳税所得额

B. 偶然所得，以每次收入额减除费用后的余额为应纳税所得额

C. 非居民个人的工资、薪金所得，以每月收入额减除费用5 000元后的余额为应纳税所得额

D. 利息、股息、红利所得，以每次收入额减除费用后的余额为应纳税所得额

E. 居民个人取得劳务报酬所得，以收入减除20%的费用后的余额为收入额

[参考答案] ACE

[答案解析] 利息、股息、红利所得和偶然所得，以每次收入额为应纳税所得额，不得减除费用。

6. 在计算个人所得税时，下列各项中，以每次收入额为个人所得税应纳税所得额的有（　　）。

A. 偶然所得

B. 经营所得

C. 财产转让所得

D. 利息、股息、红利所得

E. 工资薪金所得

[参考答案] AD

[答案解析] 根据《个人所得税法实施条例》第十四条规定："个人所得税法第六条第一款第二项、第四项、第六项所称每次，分别按照下列方法确定：（一）劳务报酬所得、稿酬所得、特许权使用费所得，属于一次性收入的，以取得该项收入为一次；属于同一项目连续性收入的，以一个月内取得的收入为一次。（二）财产租赁所得，以一个月内取得的收入为一次。（三）利息、股息、红利所得，以支付利息、股息、红利时取得的收入为一次。（四）偶然所

得，以每次取得该项收入为一次。”

7. 居民个人发生的下列各项行为，应征收个人所得税的是（　　）。

A. 取得房屋转租收入

B. 按月领取企业年金

C. 股份制企业用股票溢价发行收入所形成的资本公积金转增股本

D. 取得退休工资

E. 取得省级人民政府颁发的教育方面的奖金

［参考答案］AB

［答案解析］选项A，应按“财产租赁所得”计征个人所得税；选项B，根据《财政部　税务总局关于个人所得税法修改后有关优惠政策衔接问题的通知》（财税〔2018〕164号）规定，个人达到国家规定的退休年龄，领取的企业年金、职业年金，符合财税〔2013〕103号文件规定的，不并入综合所得，全额单独计算应纳税款；选项C，根据《国家税务总局关于股份制企业转增股本和派发红股征免个人所得税的通知》规定，股份制企业用资本公积金转增股本不属于股息、红利性质的分配，对个人取得的转增股本数额，不作为个人所得，不征收个人所得税；选项D，免征收个人所得税。

8. 下列个人所得税应纳税所得额的计算正确的有（　　）。

A. 某外籍个人为非居民纳税人，当月取得归属于境内的工资收入20 000元，应纳税所得额为15 000元

B. 朱某取得股息红利5 000元，应纳税所得额为4 000元

C. 自由职业者王某2020年取得稿酬所得20万元，无其他综合所得且无其他扣除项，王某年应纳税所得额为5.2万元

D. 刘某转让一套住房，取得收入500万元，该房屋原有120万元购买，无相关税费，应纳税所得额为380万元

E. 张某取得劳务报酬收入3 000元，预扣预缴个人所得税480元

［参考答案］ACD

［答案解析］选项B股息红利以收入额作为应纳税所得额。选项C稿酬所得超过4 000元的以收入扣减20%的费用后按70%计入收入额，王某无其他综合所得，计算应纳税所得额时扣减6万标准费用扣除。选项E劳务报酬所得4 000元以下的以收入扣减800元的费用后计入收入额。

9. 以下纳税人需要办理2020年度个人所得税汇算清缴纳税申报的有（　　）。

A. 张三2020年在两个公司任职，取得收入50万元，且综合所得年收入额减除专项扣除后的余额超过6万元

B. 李四2020年因病住院支付医疗费20万元（医保范围自付部分）

C. 某公司高层王五每月收入25万元，2020年7月退休

D. 刘某2020年综合所得预扣预缴的税款与年度应纳税额一致

E. 外籍个人汤姆2020年1月与中国境内企业签订5个月的雇佣合同，因工作延期导致合同延期到2021年3月

［参考答案］ABCE

［答案解析］根据《国家税务总局关于办理2020年度个人所得税综合所得汇算清缴事项的公告》（国家税务总局公告2021年第2号）第三条规定，明确了需要办理2020年度汇算的情形，分为退税、补税两类。

一类是预缴税额高于应纳税额，需要申请退税的纳税人。

（1）2020年度综合所得年收入额不足6万元，但平时预缴过个人所得税的；

（2）2020年度有符合享受条件的专项附加扣除，但预缴税款时没有申报扣除的；

（3）因年中就业、退职或者部分月份没有收入等原因，减除费用6万元、“三险一金”等专项扣除、子女教育等专项附加扣除、企业（职业）年金以及商业健康保险、税收递延型养老保险等扣除不充分的；

（4）没有任职受雇单位，仅取得劳务报酬、稿酬、特许权使用费所得，需要通过年度汇算办理各种税前扣除的；

（5）纳税人取得劳务报酬、稿酬、特许权使用费所得，年度中间适用的预扣预缴率高于全年综合所得年适用税率的；

（6）预缴税款时，未申报享受或者未足额享受综合所得税收优惠的，如残疾人减征个人所得税优惠等；

（7）有符合条件的公益慈善事业捐赠支出，但预缴税款时未办理扣除的等。

另一类是预缴税额小于应纳税额，应当补税的纳税人。依法补税是纳税人

的义务。综合所得年收入超过12万元且年度汇算补税金额超过400元的纳税人，需要依法办理年度汇算并及时补税。实践中有一些常见情形，将导致年度汇算时需要或可能需要补税，主要如下：

（1）在两个以上单位任职受雇并领取工资薪金，预缴税款时重复扣除了减除费用（5 000元/月）；

（2）除工资薪金外，纳税人还有劳务报酬、稿酬、特许权使用费所得，各项综合所得的收入加总后，导致适用综合所得年税率高于预扣预缴率等。

同时，选项D无住所个人预先判定为非居民个人，因延长居住天数达到居民个人条件的，一个纳税年度内税款扣缴方法保持不变，年度终了后按照居民个人有关规定办理汇算清缴。

10. 下列各项中，不适用5%—35%的五级超额累进税率征收个人所得税的有（　　）。

A. 工资薪金所得　　B. 经营所得

C. 财产转让所得　　D. 财产租赁所得

E. 偶然所得

[参考答案] ACDE

[答案解析] 经营所得适用5%—35%的五级超额累进税率；工资薪金所得适用七级超额累进税率；财产转让所得、财产租赁所得和偶然所得适用20%的比例税率。

11. 下列各项中，属于个人所得税专项附加扣除项目的有（　　）。

A. 子女教育　　B. 大病医疗

C. 住房贷款利息　　D. 住房维修

E. 赡养老人

[参考答案] ABCE

[答案解析] 根据《个人所得税法》规定，专项附加扣除，是指个人所得税法规定的子女教育、继续教育、大病医疗、住房贷款利息或者住房租金、赡养老人等6项专项附加扣除。

12. 在计算个人所得税综合所得时，享受子女教育专项附加扣除的主体包括（　　）。

A. 祖父母　　B. 生父母

C. 养父母　　　　D. 未成年人的监护人

E. 继父母

［参考答案］BCDE

［答案解析］根据《个人所得税专项附加扣除暂行办法》规定，享受子女教育专项附加扣除的主体是父母，包括生父母、继父母、养父母，父母之外的其他人担任未成年人的监护人的，比照本办法规定执行。

13. 根据个人所得税法的有关规定，下列说法正确的有（　　）。

A. 个人独资企业以投资者为纳税义务人，合伙企业以合伙企业为纳税义务人

B. 取得经营所得的个人，计算其每一纳税年度的应纳税所得额时，应当减除费用6万元、专项扣除、专项附加扣除以及依法确定的其他扣除

C. 实行查账征税方式的个人独资企业和合伙企业改为核定征税方式后，在查账征税方式下认定的年度经营亏损未弥补完的部分，不得再继续弥补

D. 个人独资企业的投资者及其家庭发生的生活费用与企业生产经营费用混合在一起，并且难以划分的，全部视为投资者个人及其家庭发生的生活费用，不允许在税前扣除

E. 利息、股息、红利所得，以支付利息、股息、红利时取得的收入为一次

［参考答案］CDE

［答案解析］选项A，个人独资企业以投资者为纳税义务人，合伙企业以每一个合伙人为纳税义务人；选项B，取得经营所得的个人，没有综合所得的，计算其每一纳税年度的应纳税所得额时，应当减除费用6万元、专项扣除、专项附加扣除以及依法确定的其他扣除。

14. 依据个人所得税现行政策，下列不属于工资、薪金性质的补贴、津贴或者不属于纳税人本人工资、薪金所得项目的收入，不征税的有（　　）。

A. 独生子女补贴　　　　B. 托儿补助费

C. 上下班交通补贴　　　　D. 差旅费津贴

E. 午餐补助

［参考答案］ABD

［答案解析］根据《国家税务总局关于印发〈征收个人所得税若干问题的规定〉的通知》（国税发〔1994〕89号）规定，下列不属于工资、薪金性质的

补贴、津贴或者不属于纳税人本人工资、薪金所得项目的收入，不征税：(1) 独生子女补贴；(2) 执行公务员工资制度未纳入基本工资总额的补贴、津贴差额和家属成员的副食品补贴；(3) 托儿补助费；(4) 差旅费津贴、误餐补助。

15. 居民个人取得的下列所得中，应当在汇算清缴时向税务机关提供有关信息，减除专项附加扣除的有（　　）。

A. 工资薪金所得　　B. 劳务报酬所得

C. 稿酬所得　　D. 特许权使用费所得

E. 财产转让所得

[参考答案] BCD

[答案解析] 根据《个人所得税实施条例》第二十八条规定，“居民个人取得劳务报酬所得、稿酬所得、特许权使用费所得，应当在汇算清缴时向税务机关提供有关信息，减除专项附加扣除”。

16. 下列应按“经营所得”征收个人所得税的有（　　）。

A. 合伙企业的个人投资者以企业资金为本人购买汽车

B. 有限责任公司的个人投资者，以企业资金为本人支付与企业生产经营无关的消费性支出

C. 个人因从事彩票代销业务而取得的所得

D. 承包人对企业经营成果拥有所有权，按合同的规定只向发包方交纳一定费用后，企业经营成果归其所有的

E. 企业个人股东向企业借款 1 年以上不归还的

[参考答案] ACD

[答案解析] 根据《财政部　国家税务总局关于规范个人投资者个人所得税征收管理的通知》(财税〔2003〕158 号) 规定，个人独资企业、合伙企业的个人投资者以企业资金为本人、家庭成员及其相关人员支付与企业生产经营无关的消费性支出及购买汽车、住房等财产性支出，视为企业对个人投资者的利润分配，并入投资者个人的生产经营所得，依照“个体工商户的生产经营所得”项目计征个人所得税。

除个人独资企业、合伙企业以外的其他企业的个人投资者，以企业资金为本人、家庭成员及其相关人员支付与企业生产经营无关的消费性支出及购买汽车、住房等财产性支出，视为企业对个人投资者的红利分配，依照“利息、股

息、红利所得”项目计征个人所得税。

17. 根据个人所得税的有关规定，下列所得，不论支付地点是否在中国境内，均为来源于中国境内的所得有（　　）。

A. 外籍个人在中国境内任职、受雇而取得的工资、薪金所得

B. 中国公民转让位于境外的土地使用权取得的所得

C. 外籍个人将小汽车出租给承租人在中国境内使用而取得的所得

D. 外籍个人转让在中国境内使用的专利权所得

E. 外籍个人取得从中国境内企业分得的股息红利所得

［参考答案］ ACDE

［答案解析］ 选项A，因任职、受雇、履约等在中国境内提供劳务取得的所得，属于来源于中国境内的所得；选项B，转让中国境内的不动产等财产或者在中国境内转让其他财产取得的所得，属于来源于中国境内的所得，转让中国境外的土地使用权取得的所得，是来源于中国境外的所得；选项C，将财产出租给承租人在中国境内使用而取得的所得，属于来源于中国境内的所得；选项D，许可各种特许权在中国境内使用而取得的所得，属于来源于中国境内的所得；选项E，从中国境内的公司、企业以及其他经济组织或者个人取得的利息、股息、红利所得，属于来源于中国境内的所得。

18. 根据个人所得税的有关规定，有下列情形之一的，可以减征个人所得税（　　）。

A. 残疾、孤老人员和烈属的所得

B. 因自然灾害造成重大损失的

C. 个人举报、协查各种违法行为而获得的奖金

D. 个人转让自用达5年以上并且是唯一家庭生活用房取得的所得

E. 个人出租自有住房

［参考答案］ AB

［答案解析］ 选项C，根据《财政部　国家税务总局关于个人所得税若干政策问题的通知》（财税字〔1994〕20号）规定：个人举报、协查各种违法、犯罪行为而获得的奖金暂免征收个人所得税；选项D，根据《国家税务总局关于个人转让房屋有关税收征管问题的通知》（国税发〔2007〕33号）规定：个人转让自用达5年以上并且是唯一的家庭生活用房取得的所得，暂免征收个人

所得税；选项 E，需要征收个人所得税。

19. 自然人纳税人办理下列涉税事项中，应当向税务机关或扣缴义务人提供纳税人识别号的有（　　）。

A. 纳税申报　　B. 申请退税

C. 纳税查询　　D. 设立税务登记

E. 开具完税凭证

［参考答案］ABCE

［答案解析］自然人纳税人办理纳税申报、税款缴纳、申请退税、开具完税凭证、纳税查询等涉税事项时应当向税务机关或扣缴义务人提供纳税人识别号。

20. 按照个人所得税法的有关规定，工资、薪金所得与劳务报酬所得的主要区别在于（　　）。

A. 独立个人劳动与非独立个人劳动的关系

B. 经营所得与偶然所得的关系

C. 主动劳动与被动劳动的关系

D. 雇佣与非雇佣的关系

E. 兼职与非兼职关系

［参考答案］AD

［答案解析］根据《国家税务总局关于印发〈征收个人所得税若干问题的规定〉的通知》（国税发〔1994〕89 号）规定，工资、薪金所得是指个人因任职受雇而取得的各项所得，而劳务报酬所得是指个人独立从事各种非雇佣的各种劳务所取得的所得。

21. 夫妻双方婚前分别购买住房发生的首套住房贷款，其贷款利息支出，婚后在计算个人所得税时正确的处理有（　　）。

A. 可以选择其中一套购买的住房，由购买方按扣除标准的 100% 扣除

B. 可以选择其中一套购买的住房，由夫妻双方分别按扣除标准的 50% 扣除

C. 可以由夫妻双方对各自购买的住房分别按扣除标准的 50% 扣除

D. 不得扣除

E. 可以由夫妻双方对各自购买的住房分别按扣除标准的 100% 扣除

［参考答案］AC

［答案解析］根据《个人所得税专项附加扣除暂行办法》（国发〔2018〕42号）规定夫妻双方婚前分别购买住房发生的首套住房贷款，其贷款利息支出，婚后可以选择其中一套购买的住房，由购买方按扣除标准的100%扣除，也可以由夫妻双方对各自购买的住房分别按扣除标准的50%扣除，具体扣除方式在一个纳税年度内不能变更。

22. 下列财产转让中，不征收或免征个人所得税的有（　　）。

A. 个人转让自用5年以上且是家庭唯一住房的所得

B. 个人因离婚办理房屋产权过户手续

C. 个人转让离婚析产房屋所取得的收入

D. 个人转让境内上市公司股票所得

E. 个人转让自用2年以内的住房的所得

［参考答案］ABD

［答案解析］根据《国家税务总局关于明确个人所得税若干政策执行问题的通知》（国税发〔2009〕121号）规定，个人转让离婚析产房屋所取得的收入，允许扣除其相应的财产原值和合理费用后，余额按照规定的税率缴纳个人所得税；个人转让住房，按照财产转让所得征收个人所得税。

23.《个体工商户个人所得税计税办法》（国家税务总局令第35号）规定，个体工商户在有关资产购置、建造期间发生的合理的借款费用应当作为资本性支出计入有关资产的成本，并依照规定扣除。这里的有关资产包括（　　）。

A. 购置、建造固定资产

B. 购置、建造无形资产

C. 购置金融资产

D. 建造15个月的存货资产

E. 建造10个月的存货资产

［参考答案］ABD

［答案解析］《个体工商户个人所得税计税办法》规定，个体工商户为购置、建造固定资产、无形资产和经过12个月以上的建造才能达到预定可销售状态的存货发生借款的，在有关资产购置、建造期间发生的合理的借款费用，应当作为资本性支出计入有关资产的成本，并依照本办法的规定扣除。

24. 张某为某证券公司经纪人，2021年7月取得不含增值税佣金收入24 000元，假定不考虑相关税费，则下列相关表述正确的有（　　）。

A. 张某取得的佣金收入按照“工资、薪金所得”项目计税

B. 证券公司向张某支付佣金时，应按照累计预扣法计算预扣税款

C. 该笔佣金收入的收入额为19 200元

D. 该笔佣金收入的展业成本为4 800元

E. 张某取得的佣金收入按照“劳务报酬所得”项目计税

[**参考答案**] BCDE

[**答案解析**] 保险营销员、证券经纪人取得的佣金收入，属于劳务报酬所得，以不含增值税的收入减除20%的费用后的余额为收入额，即19 200元［24 000×(1－20%)］。保险营销员、证券经纪人展业成本按照收入额的25%计算，即4 800元（19 200×25%）。扣缴义务人向保险营销员、证券经纪人支付佣金收入时，应按照规定的累计预扣法计算预扣税款。

25. 根据《个人所得税法》规定，居民个人取得综合所得个人所得税，处理说法正确的有（　　）。

A. 按年计算个人所得税

B. 有扣缴义务人的，由扣缴义务人按月或者按次预扣预缴税款

C. 必须办理汇算清缴

D. 居民个人向扣缴义务人提供专项附加扣除信息的，扣缴义务人按月预扣预缴税款时应当请示税务机关

E. 按月缴纳个人所得税

[**参考答案**] AB

[**答案解析**]《个人所得税法》第十一条规定，居民个人取得综合所得，按年计算个人所得税；有扣缴义务人的，由扣缴义务人按月或者按次预扣预缴税款；需要办理汇算清缴的，应当在取得所得的次年三月一日至六月三十日内办理汇算清缴。预扣预缴办法由国务院税务主管部门制定。居民个人向扣缴义务人提供专项附加扣除信息的，扣缴义务人按月预扣预缴税款时应当按照规定予以扣除，不得拒绝。

26. 关于个人非货币性资产投资有关个人所得税处理，说法正确的有（　　）。

A. 以发生非货币性资产投资行为并取得被投资企业股权的个人为纳税人

B. 非货币性资产投资个人所得税由纳税人向主管税务机关自行申报缴纳

C. 非货币性资产投资个人所得税由被投资企业扣缴申报

D. 非货币性资产投资应以被投资企业所在地税务机关为主管税务机关

E. 个人以不动产投资的，以不动产所在地地税机关为主管税务机关

［参考答案］ABE

［答案解析］根据《国家税务总局关于个人非货币性资产投资有关个人所得税征管问题的公告》（国家税务总局公告2015年第20号）规定，非货币性资产投资个人所得税以发生非货币性资产投资行为并取得被投资企业股权的个人为纳税人。非货币性资产投资个人所得税由纳税人向主管税务机关自行申报缴纳。纳税人以不动产投资的，以不动产所在地地税机关为主管税务机关；纳税人以其持有的企业股权对外投资的，以该企业所在地地税机关为主管税务机关；纳税人以其他非货币资产投资的，以被投资企业所在地地税机关为主管税务机关。

27. 下列各项中，应按照“工资、薪金所得”项目征收个人所得税的有（　　）。

A. 企业支付给营销人员的年终奖

B. 个体工商户业主的工资

C. 企业支付给在本企业任职董事长的董事费

D. 企业支付给职工的过节费

E. 保险营销员取得的佣金收入

［参考答案］ACD

［答案解析］工资、薪金所得，是指个人因任职或者受雇取得的工资、薪金、奖金、年终加薪、劳动分红、津贴、补贴以及与任职或者受雇有关的其他所得。个体工商户业主的工资不得税前扣除；《国家税务总局关于明确个人所得税若干政策执行问题的通知》规定，个人在公司（包括关联公司）任职、受雇，同时兼任董事、监事的，应将董事费、监事费与个人工资收入合并，统一按工资、薪金所得项目缴纳个人所得税。

28. 个人取得归属于中国境内工作期间的工资薪金所得为来源于境内的工资薪金所得。境内工作期间按照个人在境内工作天数计算，具体包括（　　）。

A. 在境内的实际工作日

B. 境内工作期间在境内、境外享受的公休假

C. 境内工作期间在境外享受的个人休假

D. 境外工作期间在境内接受培训的天数

E. 境内工作期间在境外接受培训的天数

[参考答案] ABCE

[答案解析] 根据《财政部　国家税务总局关于非居民个人和无住所居民个人有关个人所得税政策的公告》（财政部　税务总局公告2019年第35号）规定，个人取得归属于中国境内工作期间的工资薪金所得为来源于境内的工资薪金所得。境内工作期间按照个人在境内工作天数计算，包括其在境内的实际工作日以及境内工作期间在境内、境外享受的公休假、个人休假、接受培训的天数。

29. 李某于2021年5月28日到6月4日为某大厦设计一个规划图，协议规定按完工进度分3次付款，5月份分别支付10 000元、15 000元，6月支付3 500元；7月份提供装潢获得收入5 000元，除个人所得税外不考虑其他税费，则下列表述正确的有（　　）。

A. 设计业务分3次预扣预缴个人所得税

B. 设计业务和装潢业务分别预扣预缴个人所得税

C. 设计业务可以和装潢业务合并预扣预缴税款

D. 设计业务共预扣预缴个人所得税4 840元

E. 设计业务和装潢业务按照劳务报酬所得预扣预缴个人所得税

[参考答案] BDE

[答案解析] 劳务报酬所得，凡属于一次性收入的，以取得该收入为一次，按次确定应纳税所得额；凡属于同一项目连续性收入的，一个月的收入作为一次，据以确定应纳税所得；设计业务取得3次收入属于李某的“一次性收入”，不属于“连续性收入”，设计业务应预扣预缴个人所得税额为4 840元［(10 000＋15 000＋3 500)×(1－20%)×30%－2 000］；提供设计业务和装潢业务不属于同一项目，不能合并纳税。装潢业务应预扣预缴个人所得税为800元［5 000×(1－20%)×20%］。

30. 作家梁某发生以下业务，按照个人所得税法的有关规定，下列表述不正确的是（　　）。

A. 梁某的连载小说在某杂志上连续刊登三个月，每月取得稿酬1 000元，则梁某应就三次稿酬应合并为一次征税

B. 梁某的微型小说同时被两家报社出版，每处获得稿酬 2 000 元，则张某应合并两处取得的所得纳税

C. 梁某的连载小说因期刊加印而获得稿酬，单独作为稿酬所得计税

D. 梁某不幸生病去世后，其儿子取得梁某生前出版的一部小说的稿酬尾款，该笔所得不再征收个人所得税

E. 梁某去世后，其儿子取得其遗作稿酬后，应按稿酬所得缴税

［参考答案］BCD

［答案解析］选项 A，个人同一作品在报刊上连载，应合并其应连载取得的所有稿酬所得为一次。选项 B，在两处或两处以上出版、发表或再版同一作品而取得的稿酬，则各处取得的所得或再版所得分次征税。选项 C，个人每次以图书、报刊方式出版、发表同一作品，不论出版单位是预付还是分笔支付稿酬，或者加印该作品后再付稿酬，均应合并为一次征税。选项 D、E，作者去世后，对取得其遗作稿酬的个人，按稿酬所得征税。

31. 下列关于个人取得拍卖收入的表述，正确的有（　　）。

A. 作者将自己的文字作品手稿原件或复印件拍卖取得的所得，按“财产转让所得”征税

B. 对个人财产拍卖所得征收个人所得税时，以该项财产最终拍卖成交价格为其转让收入额

C. 纳税人按照规定实际支付的拍卖费（佣金）、鉴定费、评估费、图录费、证书费可在税前扣除

D. 纳税人如不能提供合法、完整、准确的财产原值凭证，不能正确计算财产原值的，按转让收入额的 2% 征收率计算缴纳个人所得税

E. 作者将自己的文字作品手稿原件或复印件拍卖取得的收入，按“特许权使用费”所得计税

［参考答案］BCE

［答案解析］选项 A、E，作者将自己的文字作品手稿原件或复印件拍卖取得的所得，按照“特许权使用费”所得缴纳个人所得税。选项 D，纳税人如不能提供合法、完整、准确的财产原值凭证，不能正确计算财产原值的，按转让收入额的 3% 计算缴纳个人所得税；拍卖品经文物部门认定是海外回流文物的，按转让收入额的 2% 计算缴纳个人所得税。

32. 下列关于股票期权个人所得税征收管理的说法，不符合政策规定的有（　　）。

A. 内地居民张三2019年5月转让其通过深港通投资香港联交所上市股票而取得差价所得，暂免缴纳个人所得税

B. 某企业对持有本企业股票期权的员工进行净利润分配，员工王某获得12万元应按照工资、薪金所得缴纳个人所得税

C. 上市公司高管人员李某取得股票期权所得，可向税务机关申请自其股票期权行权之日起，在不超过12个月的期限内缴纳个人所得税

D. 某公司员工蒋某取得股票期权，以行权日股票期权所指定的股票市场价与施权价之间的差额，按股息所得缴纳个人所得税

E. 某非上市公司员工张某，取得该公司授予其的股票期权，在取得时公司按照“工资薪金所得”代扣其个人所得税

［参考答案］BDE

［答案解析］选项A，根据《财政部　国家税务总局　证监会关于深港股票市场交易互联互通机制试点有关税收政策的通知》（财税〔2016〕127号）规定，对内地个人投资者通过深港通投资香港联交所上市股票取得的转让差价所得，自2016年12月5日起至2019年12月4日止，暂免征收个人所得税；选项B，应该按照股息、红利所得的相关规定征收个人所得税；选项C，根据《财政部　国家税务总局关于完善股权激励和技术入股有关所得税政策的通知》（财税〔2016〕101号）规定，上市公司授予个人的股票期权、限制性股票和股权奖励，经向主管税务机关备案，个人可自股票期权行权、限制性股票解禁或取得股权奖励之日起，在不超过12个月的期限内缴纳个人所得税；选项D，按照工资薪金所得缴纳个人所得税。选项E，根据《财政部　国家税务总局关于完善股权激励和技术入股有关所得税政策的通知》规定，非上市公司授予本公司员工的股票期权、股权期权、限制性股票和股权奖励，符合规定条件的，经向主管税务机关备案，可实行递延纳税政策，即员工在取得股权激励时可暂不纳税，递延至转让该股权时纳税；股权转让时，按照股权转让收入减除股权取得成本以及合理税费后的差额，适用“财产转让所得”项目，按照20%的税率计算缴纳个人所得税。

33. 根据个人所得税相关政策，对非上市公司授予本公司员工的股票期权、

股权期权、限制性股票和股权奖励，符合规定条件的，实行递延纳税政策，以下说法正确的有（　　）。

A. 实行递延纳税政策，即员工在取得股权激励时可暂不纳税，递延至转让该股权时纳税

B. 股权转让时，应按照“财产转让所得”和“工资、薪金所得”项目分别纳税

C. 属于境内居民企业的股权激励计划才可以实行递延纳税政策

D. 股权转让时，按照股权转让收入减除股权取得成本以及合理税费后的差额，适用“财产转让所得”项目

E. 非上市公司授予本公司员工的股票期权、股权期权、限制性股票和股权奖励，员工在取得股权激励时，按照“工资薪金”所得缴纳个人所得税

[参考答案] ACD

[答案解析] 根据《财政部　国家税务总局关于完善股权激励和技术入股有关所得税政策的通知》规定：“（一）非上市公司授予本公司员工的股票期权、股权期权、限制性股票和股权奖励，符合规定条件的，经向主管税务机关备案，可实行递延纳税政策，即员工在取得股权激励时可暂不纳税，递延至转让该股权时纳税；股权转让时，按照股权转让收入减除股权取得成本以及合理税费后的差额，适用‘财产转让所得’项目，按照20%的税率计算缴纳个人所得税。”“（二）享受递延纳税政策的非上市公司股权激励（包括股票期权、股权期权、限制性股票和股权奖励，下同）须同时满足以下条件：1. 属于境内居民企业的股权激励计划。”

34. 根据个人所得税相关政策，关于纳税人享受符合规定的专项附加扣除的计算时间，说法正确的有（　　）。

A. 子女教育中的学前教育阶段，为子女年满3周岁当月至小学入学当月

B. 大病医疗，为医疗保障信息系统记录的医药费用实际支出的当年

C. 住房租金，为租赁合同（协议）约定的房屋租赁期开始的当月至租赁期结束的当月

D. 赡养老人，为被赡养人年满60周岁的当月至赡养义务终止的当月

E. 住房贷款利息，为贷款合同约定开始还款的次月至贷款全部归还或贷款合同终止的次月

[参考答案] BC

[答案解析] 根据《个人所得税专项附加扣除操作办法（试行）》（国发〔2018〕41号）规定，子女教育中的学前教育阶段，为子女年满3周岁当月至小学入学前一月。赡养老人，为被赡养人年满60周岁的当月至赡养义务终止的年末。住房贷款利息。为贷款合同约定开始还款的当月至贷款全部归还或贷款合同终止的当月，扣除期限最长不得超过240个月。

35. 在计算个人所得税时，有关大病医疗专项附加扣除，说法正确的有（　　）。

A. 纳税人发生的医药费用支出可以选择由本人或其配偶一方扣除

B. 未成年子女发生的医药费用支出可以选择由其父母一方扣除

C. 纳税人及其配偶、未成年子女发生的医药费用支出，可按规定分别计算扣除额

D. 享受大病医疗专项附加扣除的纳税人，在向汇缴地主管税务机关办理汇算清缴申报时扣除

E. 大病医疗专项附加扣除，只能由纳税人本人进行扣除

[参考答案] ABCD

[答案解析]《个人所得税专项附加扣除暂行办法》（国发〔2018〕41号）第十二条规定，纳税人发生的医药费用支出可以选择由本人或者其配偶扣除；未成年子女发生的医药费用支出可以选择由其父母一方扣除。纳税人及其配偶、未成年子女发生的医药费用支出，按本办法第十一条规定分别计算扣除额。《个人所得税专项附加扣除操作办法（试行）》（国家税务总局公告2018年第60号）规定，享受大病医疗专项附加扣除的纳税人，由其在次年3月1日至6月30日内，自行向汇缴地主管税务机关办理汇算清缴申报时扣除。

36. 个人所得税自行纳税申报时，需要向税务机关报送《个人所得税自行纳税申报表（A表）》的纳税人包括（　　）。

A. 注销户籍前办理当年综合所得汇算清缴的纳税人

B. 取得综合所得正常办理汇算清缴的居民个人

C. 在中国境内从两处以上取得工资，薪金所得的非居民个人

D. 取得财产租赁所得，扣缴义务人未扣缴税款的纳税人

E. 取得经营所得，进行年度汇算清缴的纳税人

［参考答案］CD

［答案解析］根据《国家税务总局关于个人所得税自行纳税申报有关问题的公告》（国家税务总局公告2018年第62号）规定，选项A、B属于需要向税务机关报送《个人所得税年度自行纳税申报表》的纳税人，选项C、D属于需要向税务机关报送《个人所得税自行纳税申报表（A表）》的纳税人。选项E，适用《个人所得税经营所得纳税申报表（B表）》。

37. 纳税人享受专项附加扣除时需要留存备查资料，子女在境外接受教育的，应当留存的境外教育佐证资料有（　　）。

A. 境外学校录取通知书　　B. 境外学校学习证明

C. 境外学校学习成绩单　　D. 留学签证

E. 境外学校入学证明

［参考答案］AD

［答案解析］根据《个人所得税专项附加扣除暂行办法》第七条规定，纳税人子女在中国境外接受教育的，纳税人应当留存境外学校录取通知书、留学签证等相关教育的证明资料备查。

38. 营改增后有关个人所得税计税依据说法，正确的有（　　）。

A. 个人转让房屋的个人所得税应税收入不含增值税

B. 其取得房屋时所支付价款中包含的增值税不得计入财产原值

C. 免征增值税的，确定计税依据时，转让房地产取得的收入不扣减增值税额

D. 个人转租房屋的，其向房屋出租方支付的租金及增值税额，在计算转租所得时予以扣除

E. 计征增值税的，确定计税依据时，个人转让房屋的收入不得扣减增值税

［参考答案］ACD

［答案解析］根据《财政部　国家税务总局关于营改增后契税　房产税　土地增值税　个人所得税计税依据问题的通知》（财税〔2016〕43号）规定，个人转让房屋的个人所得税应税收入不含增值税，其取得房屋时所支付价款中包含的增值税计入财产原值，计算转让所得时可扣除的税费不包括本次转让缴纳的增值税。个人出租房屋的个人所得税应税收入不含增值税，计算房屋出租所得可扣除的税费不包括本次出租缴纳的增值税。个人转租房屋的，其向房屋

出租方支付的租金及增值税额，在计算转租所得时予以扣除。

39. 个人取得的下列所得，不免征个人所得税的有（　　）。

A. 县级人民政府颁发的教育方面的奖金

B. 按国家统一规定发放的补贴、津贴

C. 提前退休发放的一次性补贴

D. 转让国债的所得

E. 退役军人退役费

［参考答案］ACD

［答案解析］选项A，省级人民政府颁发的教育方面的奖金，免征个人所得税，县级人民政府颁发的不免个人所得税；选项C，提前退休发放的一次性补贴，不属于免税的离退休工资收入，应按照“工资、薪金所得”项目征收个人所得税；选项D，国债利息收入免征个人所得税，转让国债的所得不免税，要交个人所得税。

40. 根据个人所得税的有关规定，下列赠与行为中，对当事双方均不征收个人所得税的有（　　）。

A. 房屋产权所有人将房屋产权无偿赠与子女

B. 房屋产权所有人将房屋产权无偿赠与兄弟姐妹

C. 房屋产权所有人将房屋产权无偿赠与好友

D. 房屋产权所有人将房屋产权无偿赠与对其承担直接抚养义务的抚养人

E. 房屋产权所有人将房屋产权无偿赠与其姨

［参考答案］ABD

［答案解析］以下情形的房屋产权无偿赠与，对当事双方不征收个人所得税：（1）房屋产权所有人将房屋产权无偿赠与配偶、父母、子女、祖父母、外祖父母、孙子女、外孙子女、兄弟姐妹；（2）房屋产权所有人将房屋产权无偿赠与对其承担直接抚养或者赡养义务的抚养人或者赡养人；（3）房屋产权所有人死亡，依法取得房屋产权的法定继承人、遗嘱继承人或者受遗赠人。

41. 根据个人所得税法的相关规定，下列关于纳税申报的表述中，错误的有（　　）。

A. 非居民个人取得工资、薪金所得，有扣缴义务人的，由扣缴义务人代扣代缴税款，不办理汇算清缴

B. 纳税人取得经营所得，按年计算个人所得税，由纳税人在月度或者季度终了后 15 日内向税务机关报送纳税申报表，并预缴税款，在取得所得的次年 3 月 1 日至 6 月 30 日内办理汇算清缴

C. 非居民个人在中国境内从两处以上取得工资、薪金所得的，应当在取得所得的次月 15 日内申报纳税

D. 居民个人从中国境外取得所得的，应当在取得所得的次年 3 月 31 日前申报纳税

E. 非居民个人取得工资、薪金所得，劳务报酬所得，稿酬所得，特许权使用费所得的，应当在取得所得的次年 6 月 30 日前，向扣缴义务人所在地主管税务机关办理纳税申报

[参考答案] BD

[答案解析] 选项 B，纳税人取得经营所得，按年计算个人所得税，由纳税人在月度或者季度终了后 15 日内向税务机关报送纳税申报表，并预缴税款，在取得所得的次年 3 月 31 日前办理汇算清缴；选项 D，居民个人从中国境外取得所得的，应当在取得所得的次年 3 月 1 日至 6 月 30 日内申报纳税。

42. 根据公益慈善事业捐赠个人所得税的相关政策，下列说法正确的有（　　）。

A. 非居民个人发生的公益捐赠支出，未超过其在公益捐赠支出发生的当月应纳税所得额 30% 的部分，可以从其应纳税所得额中扣除

B. 居民个人取得工资薪金所得的，其发生的捐赠支出可以选择在预扣预缴时扣除，也可以选择在年度汇算清缴时扣除

C. 居民个人取得劳务报酬所得、稿酬所得、特许权使用费所得的，其发生的捐赠支出可以在预扣预缴扣除，也可以选择在年度汇算清缴时扣除

D. 居民个人发生的公益捐赠支出可以在财产租赁所得、财产转让所得、利息股息红利所得、偶然所得、综合所得或者经营所得中扣除。在当期一个所得项目扣除不完的公益捐赠支出，可以按规定在其他所得项目中继续扣除

E. 扣缴义务人已经代扣且解缴税款的，居民个人可以在公益捐赠之日起 90 日内提请扣缴义务人向征收税款的税务机关办理更正申报追补扣除，税务机关和扣缴义务人应当予以办理

[参考答案] ABDE

［答案解析］选项C，根据《财政部　税务总局关于公益慈善事业捐赠个人所得税政策的公告》（财政部　税务总局公告2019年第99号）规定，居民个人取得劳务报酬所得、稿酬所得、特许权使用费所得的，预扣预缴时不扣除公益捐赠支出，统一在汇算清缴时扣除。选项E，扣缴义务人已经代扣且解缴税款的，居民个人可以在公益捐赠之日起90日内提请扣缴义务人向征收税款的税务机关办理更正申报追补扣除，税务机关和扣缴义务人应当予以办理。

43. 下列关于个人领取年金的表述中，正确的有（　　）。

A. 个人达到国家规定的退休年龄领取的年金，符合规定的，不并入综合所得，全额单独计算应纳税款

B. 按月领取的年金，适用月度税率表计算纳税

C. 按季领取的年金，平均分摊计入各月，按每月领取额适用月度税率表计算纳税

D. 个人因出境定居而一次性领取的年金个人账户资金，平均分摊计入12个月，按每月领取额适用月度税率表计算纳税

E. 个人退休后一次性领取全部年金，按照综合所得年税率计征个人所得税

［参考答案］ABC

［答案解析］根据《财政部　税务总局关于个人所得税法修改后有关优惠政策衔接问题的通知》（财税〔2018〕164号）规定，“个人达到国家规定的退休年龄，领取的企业年金、职业年金，符合《财政部　人力资源社会保障部　国家税务总局关于企业年金 职业年金个人所得税有关问题的通知》（财税〔2013〕103号）规定的，不并入综合所得，全额单独计算应纳税款。其中按月领取的，适用月度税率表计算纳税；按季领取的，平均分摊计入各月，按每月领取额适用月度税率表计算纳税；按年领取的，适用综合所得税率表计算纳税。

个人因出境定居而一次性领取的年金个人账户资金，或个人死亡后，其指定的受益人或法定继承人一次性领取的年金个人账户余额，适用综合所得税率表计算纳税。对个人除上述特殊原因外一次性领取年金个人账户资金或余额的，适用月度税率表计算纳税。”

44. 个人进行下列公益救济性捐赠，以其申报的应纳税所得额30%为限额扣除的有（　　）。

A. 个人捐赠住房作为公租房，符合税收法律法规规定的

B. 个人将其所得对教育事业进行捐赠

C. 个人通过公益性社会组织，捐赠用于应对新型冠状病毒感染的肺炎疫情的物品

D. 个人通过县级以上人民政府，捐赠用于应对新型冠状病毒感染的肺炎疫情的现金

E. 个人将其所得对环境保护进行捐赠

［参考答案］ABE

［答案解析］选项 C、D 为 100% 全额扣除的捐赠。

45. 高校教师肖某为中国居民，2020 年全年取得任职高校支付工资、薪金收入 240 000 元（已代扣代缴“三险一金”）。2020 年 6 月，肖某承接甲国一项咨询业务，取得劳务报酬折合人民币 100 000 元。2020 年 9 月，肖某的一本专著在乙国出版，取得稿酬所得折合人民币 80 000 元。肖某的劳务报酬所得已按甲国税法缴纳个人所得税 15 000 元；稿酬所得已按乙国税法缴纳个人所得税 4 200 元。肖某 2020 年每月享受的专项附加扣除金额为 3 000 元，境内工资、薪金已预扣预缴税款 11 880 元。下列有关个人所得税的计算，正确的有（　　）。

A. 境内、境外综合所得应纳税额 36 840 元

B. 肖某来自甲国所得的抵免限额 8 078.95 元

C. 来自乙国所得的抵免税额 4 200 元

D. 肖某 2020 年综合所得汇算清缴应补税额 12 681.05 元

E. 来自乙国所得的抵免税额 4 524.21 元

［参考答案］ABCD

［答案解析］选项 A，来源于境内工资、薪金收入额为 240 000 元。来源于甲国的劳务报酬收入额为 80 000 元［100 000 ×（1 − 20%）］；来源于乙国的稿酬收入额为 44 800 元［80 000 ×（1 − 20%）× 70%］；境内外综合所得收入额为 364 800 元（240 000 + 80 000 + 44 800）；境内、境外综合所得应纳税额为 36 840 元［（364 800 − 60 000 − 3 000 × 12）× 20% − 16 920］。选项 B，肖某来自甲国所得的抵免限额 = 境内境外全部综合所得应纳税额 ×（甲国综合所得收入额 ÷ 全部综合所得收入额），即 8 078.95 元［36 840 ×（80 000 ÷ 364 800）］，在甲国实际缴纳个人所得税 15 000 元，所以按限额 8 078.95 元进行抵免。选项 C，来自乙国所得的抵免限额 = 境内境外全部综合所得应纳税额 ×（乙国综合所得收

入额÷全部综合所得收入额)，即 4 524.21 元［36 840×(44 800÷364 800)］，在乙国实际缴纳的所得税 4 200 元，所以按实缴税款 4 200 元进行抵免。选项 D，应补税额为 12 681.05 元（36 840－11 880－8 078.95－4 200)。

46. 下列不属于可抵免的境外所得税额的有（　　）。

A. 按照境外所得税法律属于错缴的境外所得税税额

B. 因少缴或迟缴境外所得税而追加的利息、滞纳金、罚款

C. 境外所得税纳税人从境外征税主体得到实际返还的境外所得税税款

D. 按照我国《个人所得税法》及其实施条例规定，已经免税的境外所得负担的境外所得税税款

E. 居民个人取得境外所得，依照该所得来源国（地区）税收法律应当缴纳且实际已经缴纳的所得税性质的税额

[参考答案] ABCD

[答案解析] 可抵免的境外所得税税额，是指居民个人取得境外所得，依照该所得来源国（地区）税收法律应当缴纳且实际已经缴纳的所得税性质的税额。可抵免的境外所得税额不包括以下情形：

(1) 按照境外所得税法律属于错缴或错征的境外所得税税额。

(2) 按照我国政府签订的避免双重征税协定以及内地与香港、澳门签订的避免双重征税安排规定不应征收的境外所得税税额。

(3) 因少缴或迟缴境外所得税而追加的利息、滞纳金或罚款。

(4) 境外所得税纳税人或者其利害关系人从境外征税主体得到实际返还或补偿的境外所得税税款。

(5) 按照我国《个人所得税法》及其实施条例规定，已经免税的境外所得负担的境外所得税税款。

47. 个人取得的下列所得，不并入当年综合所得，全额单独适用税率表计算纳税的有（　　）。

A. 保险营销员、证券经纪人取得的佣金收入

B. 解除劳动关系取得的一次性补偿收入

C. 提前退休取得的一次性补贴收入

D. 股权激励收入

E. 加班取得的加班费收入

［参考答案］BCD

［答案解析］选项A，以不含增值税的收入减除20%的费用后的余额为收入额，收入额减去展业成本以及附加税费后，并入当年综合所得，计算缴纳个人所得税。选项B、C、D，根据《财政部　税务总局关于个人所得税法修改后有关优惠政策衔接问题的通知》（财税〔2018〕164号）规定，不并入当年综合所得，全额单独适用税率表，计算纳税。选项E，要并入综合所得计征个人所得税。

48. 下列所得，免征个人所得税的有（　　）。

A. 外籍个人以现金形式取得的住房补贴

B. 外籍个人按合理标准取得的境外出差补贴

C. 外籍个人取得合理的子女教育费

D. 对个人购买福利彩票，一次中奖收入超过1万元

E. 个人购买体育彩票，中奖取得500元奖金

［参考答案］BCE

［答案解析］选项A，外籍个人以非现金形式或实报实销形式取得的住房补贴、伙食补贴、搬迁费、洗衣费，免征个人所得税；选项D、E：对个人购买福利彩票、赈灾彩票、体育彩票，一次中奖收入在1万元以下（含）的暂免征收个人所得税，超过1万元的，全额征收个人所得税。

49. 下列有关专项附加扣除操作的说法中，正确的有（　　）。

A. 纳税人选择在扣缴义务人发放工资、薪金所得时享受专项附加扣除的，首次享受时应当填写并向扣缴义务人报送《扣除信息表》

B. 纳税年度中间相关信息发生变化的，纳税人应当更新《扣除信息表》相应栏次，并及时报送给扣缴义务人

C. 更换工作单位的纳税人，需要由新任职、受雇扣缴义务人办理专项附加扣除的，应当在入职的当月，填写并向扣缴义务人报送《扣除信息表》

D. 纳税人选择在汇算清缴申报时享受专项附加扣除的，应当填写并向汇缴地主管税务机关报送《扣除信息表》

E. 纳税人选择在汇算清缴申报时享受专项附加扣除的，无需报送《扣除信息表》

［参考答案］ABCD

［答案解析］根据《个人所得税专项附加扣除操作办法（试行）》（国发〔2018〕41号）第八条规定："纳税人选择在扣缴义务人发放工资、薪金所得时享受专项附加扣除的，首次享受时应当填写并向扣缴义务人报送《扣除信息表》；纳税年度中间相关信息发生变化的，纳税人应当更新《扣除信息表》相应栏次，并及时报送给扣缴义务人。更换工作单位的纳税人，需要由新任职、受雇扣缴义务人办理专项附加扣除的，应当在入职的当月，填写并向扣缴义务人报送《扣除信息表》。"第十条规定："纳税人选择在汇算清缴申报时享受专项附加扣除的，应当填写并向汇缴地主管税务机关报送《扣除信息表》。"

50. 个人专项附加扣除相关信息的报送方式有（　　）。

A. 远程办税端　　B. 电子报送

C. 纸质报表　　D. 个人所得税 APP

E. 不报送

［参考答案］ABCD

［答案解析］根据《个人所得税专项附加扣除操作办法（试行）》（国发〔2018〕41号）第十九条规定："纳税人可以通过远程办税端、电子或者纸质报表等方式，向扣缴义务人或者主管税务机关报送个人专项附加扣除信息。"

51. 中国公民姚某2021年3月将自有的一套住房按照市场价格出租，每月取得租金收入12 000元（不含增值税），每月缴纳税费共计681.6元，当月因该住房漏雨，发生修缮费用1 500元，以上支出均能提供合法有效的凭证，关于姚某2021年4月和5月出租房屋应缴纳个人所得税，下列选项中，计算正确的有（　　）。

A. 姚某4月应缴纳个人所得税785.47元

B. 姚某4月应缴纳个人所得税841.47元

C. 姚某5月应缴纳个人所得税841.47元

D. 姚某5月应缴纳个人所得税849.47元

E. 姚某4月应缴纳个人所得税849.47元

［参考答案］BD

［答案解析］根据《财政部　国家税务总局关于廉租住房、经济适用住房和住房租赁有关税收政策的通知》（财税〔2008〕24号）规定，对个人出租住房取得的所得减按10%的税率征收个人所得税。《国家税务总局关于印发〈征

收个人所得税若干问题的规定〉的通知》规定，财产租赁所得每月准予扣除的实际开支的修缮费用以800元为限。

姚某4月应缴纳个人所得税 =（12 000 − 681.6 − 800）×（1 − 20%）×10% = 841.47（元）

姚某5月应缴纳个人所得税 =（12 000 − 681.6 − 700）×（1 − 20%）×10% = 849.47（元）

52. 纳税人办理综合所得汇算清缴，应当准备与收入、扣除、享受税收优惠等相关资料，按规定留存备查或报送，这些扣除包括（　　）。

A. 专项扣除　　B. 专项附加扣除

C. 依法确定的其他扣除　　D. 捐赠

E. 费用扣除

［参考答案］ABCD

［答案解析］根据《国家税务总局关于个人所得税自行纳税申报有关问题的公告》（国家税务总局公告2018年第62号）的规定，纳税人办理综合所得汇算清缴，应当准备与收入、专项扣除、专项附加扣除、依法确定的其他扣除、捐赠、享受税收优惠等相关的资料，并按规定留存备查或报送。

53. 在以下企业向个人赠送礼品的情形中，不征收个人所得税的有（　　）。

A. 企业通过价格折让方式向个人销售商品

B. 企业通过价格折扣方式向个人销售商品

C. 企业对累计消费达到一定额度的顾客，给予额外抽奖机会，个人的获奖所得

D. 企业对累积消费达到一定额度的个人按消费积分反馈礼品

E. 通信企业对个人购买手机赠话费、入网费或者购话费赠手机

［参考答案］ABDE

［答案解析］根据《关于企业促销展业赠送礼品有关个人所得税问题的通知》（财税〔2011〕50号）规定，企业在销售商品（产品）和提供服务过程中向个人赠送礼品，属于下列情形之一的，不征收个人所得税：（1）企业通过价格折让、折扣方式向个人销售商品；（2）企业向个人销售商品（产品）和提供服务的同时给予赠品，如通信企业对个人购买手机赠话费、入网费、或者购话

费赠手机等；（3）企业对累积消费达到一定额度的个人按消费积分反馈礼品。

54. 根据个人所得税相关规定，下列各项中关于个人保险代理人缴纳个人所得税，表述正确的有（　　）。

A. 个人保险代理人为保险企业提供保险代理服务应当缴纳个人所得税，由保险公司按照现行规定依法代扣代缴

B. 个人保险代理人以其取得的佣金、奖励和劳务费等相关收入（不含增值税）减除20%的费用后的余额为收入额，收入额减去相关税费及展业成本，并入当年综合所得，按规定计算缴纳个人所得税

C. 个人保险代理人为保险企业提供保险代理服务，展业成本按照收入额的25%计算

D. 个人保险代理人，是指根据保险企业的委托，在保险企业授权范围内代理为办理保险业务的自然人和个体工商户

E. 个人保险代理人，是指根据保险企业的委托，在保险企业授权范围内代理为办理保险业务的自然人，不包括个体工商户

［**参考答案**］ABCE

［**答案解析**］根据《财政部　税务总局关于个人所得税法修改后有关优惠政策衔接问题的通知》（财税〔2018〕164号）规定，本通知所称个人保险代理人，是指根据保险企业的委托，在保险企业授权范围内代为办理保险业务的自然人，不包括个体工商户。

55. 个人偶然所得的所得形式包括（　　）。

A. 现金　　B. 实物

C. 有价证券　　D. 其他形式的经济利益

E. 口头承诺

［**参考答案**］ABCD

［**答案解析**］根据《个人所得税法实施条例》第八条规定，个人所得的形式，包括现金、实物、有价证券和其他形式的经济利益。

56. 下列选项中，计算个人所得税时税目使用正确的有（　　）。

A. 李某取得借款利息8 000元，按股息、利息、红利所得缴纳个人所得税

B. 个人独资业主翟某以企业资金为个人购买住房，按工资、薪金所得缴纳个人所得税

C. 有限公司股东以企业资金为本人购买汽车，按股息、利息、红利所得缴纳个人所得税

D. 赵某取得任职单位借款利息，按工资、薪金所得缴纳个人所得税

E. 李某为杂志社编辑，其在其任职杂志社发表文章取得的收入，按照“稿酬所得”缴纳个人所得税

［参考答案］ AC

［答案解析］ 选项B，根据《财政部　税务总局关于企业为个人购买房屋或其他财产征收个人所得税问题的批复》（财税〔2008〕83号）规定，应按照个体工商户生产、经营所得项目征收个人所得税；选项D，《个人所得税法实施条例》第八条规定，应按照股息、利息、红利所得征收个人所得税。选项E，任职、受雇于报纸、杂志等单位的记者、编辑等专业人员，在本单位的报纸、杂志上发表的作品取得的所得，属于任职、受雇所得，按照“工资、薪金”所得征税。

57. 下列应按“稿酬所得”征收个人所得税的有（　　）。

A. 作者去世后，财产继承人取得的遗作稿酬

B. 任职于杂志社的编辑在本单位的杂志上发表的作品取得的所得

C. 出版社的专业作者翻译的作品，由本社以图书形式出版而取得的稿费收入

D. 企业对其营销业绩突出的非雇员通过免收旅游费对其实行的营销业绩奖励

E. 杂志社为在社内任职的编辑发放的加班补助

［参考答案］ AC

［答案解析］ 选项B，任职、受雇于报纸、杂志等单位的记者、编辑等专业人员，在本单位的报纸、杂志上发表的作品取得的所得，属于任职、受雇所得，按照“工资、薪金”所得征税。选项D，应根据所发生费用的全额作为该营销人员当期的劳务收入，按照“劳务报酬所得”项目征收个人所得税。选项E，应按照“工资薪金”所得征收个人所得税。

58. 居民个人的下列所得，应并入综合所得计税的有（　　）。

A. 工资薪金所得　　　　B. 劳务报酬所得

C. 稿酬所得　　　　D. 财产租赁所得

E. 偶然所得

[参考答案] ABC

[答案解析] 根据《个人所得税法》规定，综合所得包含工资薪金所得、劳务报酬所得、稿酬所得、特许权使用费所得。

59. 根据个人所得税的有关规定，下列各项中，有扣缴义务人的，由扣缴义务人扣缴税款的有（　　）。

A. 工资、薪金所得

B. 劳务报酬所得

C. 经营所得

D. 财产转让所得

E. 偶然所得

[参考答案] ABDE

[答案解析] 根据《个人所得税法》相关规定，经营所得没有扣缴义务人，需自行申报纳税。

60. 个人所得税是世界各国普遍征收的一个税种，我国个人所得税的特点有（　　）。

A. 超额累进税率与比例税率并用

B. 费用扣除额较宽

C. 计算较复杂

D. 采取源泉扣缴和自行申报纳税

E. 实行分类所得征收方式

[参考答案] ABCD

[答案解析] 我国个人所得税主要有以下特点：(1) 实行分类与综合相结合的征收方式；(2) 超额累进税率与比例税率并用；(3) 费用扣除额较宽；(4) 计算较复杂；(5) 采取源泉扣缴和自行申报纳税。

三、判断题

1. 个人所得税，以所得人为纳税义务人，以实际承担税负的单位或者个人为扣缴义务人。（　　）

[参考答案] 错误

[答案解析]《个人所得税法实施条例》第九条规定，个人所得税以所得人为纳税人，以支付所得的单位或者个人为扣缴义务人。

2. 扣缴义务人向居民个人支付综合所得时，应当按照累计预扣法计算预扣税款，并按月办理扣缴申报。（　　）

［参考答案］ 错误

［答案解析］ 扣缴义务人向居民个人支付工资、薪金所得时，应当按照累计预扣法计算预扣税款，并按月办理扣缴申报。

3. 在中国境内无住所的个人，在中国境内居住累计满183天的年度连续不满五年的，经向主管税务机关备案，其来源于中国境外且由境外单位或者个人支付的所得，免予缴纳个人所得税。（　　）

［参考答案］ 错误

［答案解析］《个人所得税法实施条例》第四条规定，在中国境内无住所的个人，在中国境内居住累计满183天的年度连续不满六年的，经向主管税务机关备案，其来源于中国境外且由境外单位或者个人支付的所得，免予缴纳个人所得税。

4. 个人所得税纳税人可以委托扣缴义务人或者其他单位和个人办理汇算清缴。（　　）

［参考答案］ 正确

［答案解析］《个人所得税法实施条例》第二十九条规定，纳税人可以委托扣缴义务人或者其他单位和个人办理汇算清缴。

5. 纳税人办理自行纳税申报时，应当一并报送税务机关要求报送的其他有关资料。首次申报或者个人基础信息发生变化的，还应报送《个人所得税基础信息表（A表）》。（　　）

［参考答案］ 错误

［答案解析］ 纳税人办理自行纳税申报时，应当一并报送税务机关要求报送的其他有关资料。首次申报或者个人基础信息发生变化的，还应报送《个人所得税基础信息表（B表）》。

6. 根据《个人所得税法实施条例》规定，取得经营所得的个人，计算其每一纳税年度的应纳税所得额时，应当减除费用6万元、专项扣除、专项附加扣除以及依法确定的其他扣除。（　　）

［参考答案］ 错误

［答案解析］ 根据《个人所得税法实施条例》第十五条规定，取得经营所得

得的个人，没有综合所得的，计算其每一纳税年度的应纳税所得额时，应当减除费用6万元、专项扣除、专项附加扣除以及依法确定的其他扣除。专项附加扣除在办理汇算清缴时减除。

7. 在计算个人所得税时，父母之外的其他人担任未成年人的监护人的，也能享受子女教育专项附加扣除规定。（　）

［参考答案］ 正确

［答案解析］ 根据《个人所得税专项附加扣除暂行办法》（国发〔2018〕41号）第二十九条规定，本办法所称父母，是指生父母、继父母、养父母。本办法所称子女，是指婚生子女、非婚生子女、继子女、养子女。父母之外的其他人担任未成年人的监护人的，比照本办法规定执行。

8. 居民个人取得综合所得，按年计算个人所得税。无论扣缴义务人是否足额扣缴税款，纳税人都必须在次年6月30日办理汇缴申报。（　）

［参考答案］ 错误

［答案解析］ 居民个人取得综合所得，已经由扣缴义务人全额扣缴税款的，且无须申请退税的，无须办理年度汇缴。

9. 2019年1月1日以后，纳税人根据税法规定自行向税务机关办理纳税申报的，不论是否实际缴纳税款，均可以申请开具《纳税记录》。（　）

［参考答案］ 正确

［答案解析］《国家税务总局关于将个人所得税〈税收完税证明〉（文书式）调整为〈纳税记录〉有关事项的公告》（国家税务总局公告2018年第55号）规定，纳税人2019年1月1日以后取得应税所得并由扣缴义务人向税务机关办理了全员全额扣缴申报，或根据税法规定自行向税务机关办理纳税申报的，不论是否实际缴纳税款，均可以申请开具《纳税记录》。

10. 赵某以专利技术投资入股到境内某居民企业，被投资企业以股权作为支付的全部对价，赵某可选择就评估增值部分确认非货币性资产转让所得，并在五个公历年度内分期缴纳，也可选择适用递延纳税优惠政策，至转让股权时缴纳个人所得税。（　）

［参考答案］ 正确

［答案解析］ 根据《财政部　国家税务总局关于完善股权激励和技术入股有关所得税政策的通知》（财税〔2016〕101号）相关规定，企业或个人以技

术成果（含专利技术）投资入股到境内居民企业，被投资企业支付的对价全部为股票（权）的，企业或个人可选择继续按现行有关税收政策执行，也可选择适用递延纳税优惠政策。根据《财政部　国家税务总局关于个人非货币性资产投资有关个人所得税政策的通知》（财税〔2015〕41号）相关规定，个人以非货币性资产投资，应按照“财产转让所得”项目依法计算缴纳个人所得税，一次性缴税有困难的，可合理确定分期缴纳计划并报主管税务机关备案后，自发生上述应税行为之日起不超过5个公历年度内（含）分期缴纳个人所得税。

11. 根据《个人所得税法》规定，税务机关依照规定作出纳税调整，需要补征税款的，应当补征税款，并依法处以罚款。（　）

［参考答案］ 错误

［答案解析］ 根据《个人所得税法》第八条规定，税务机关依照前款规定作出纳税调整，需要补征税款的，应当补征税款，并依法加收利息。

12. 对个人投资者持有2019—2023年发行的铁路债券取得的利息收入，暂免征收个人所得税。（　）

［参考答案］ 错误

［答案解析］ 根据《财政部　税务总局关于铁路债券利息收入所得税政策的公告》（财政部　税务总局公告2019年第57号）规定，对个人投资者持有2019—2023年发行的铁路债券取得的利息收入，减按50%计入应纳税所得额计算征收个人所得税。税款由兑付机构在向个人投资者兑付利息时代扣代缴。

13. 在计算个人所得税时，纳税人父母年龄均超过60周岁，在进行赡养老人扣除时，可以按照两倍标准扣除。（　）

［参考答案］ 错误

［答案解析］ 扣除标准是按照每个纳税人有两位赡养老人测算的。只要父母其中一位达到60岁就可以享受扣除，不按照老人人数计算。

14. 企业在业务宣传、广告等活动中，随机向本单位以外的个人赠送的具有价格折扣或折让性质的消费券按“偶然所得”征收个人所得税。（　）

［参考答案］ 错误

［答案解析］《财政部　税务总局关于个人取得有关收入适用个人所得税应税所得项目的公告》（财政部　税务总局公告2019年第74号）规定，企业在业务宣传、广告等活动中，随机向本单位以外的个人赠送礼品（包括网络红

包，下同），以及企业在年会、座谈会、庆典以及其他活动中向本单位以外的个人赠送礼品，个人取得的礼品收入，按照“偶然所得”项目计算缴纳个人所得税，但企业赠送的具有价格折扣或折让性质的消费券、代金券、抵用券、优惠券等礼品除外。

15. 对符合地方政府规定条件的城镇住房保障家庭从地方政府领取的住房租赁补贴，免征个人所得税。（　　）

［参考答案］ 正确

［答案解析］ 根据《财政部　税务总局关于公共租赁住房税收优惠政策的公告》（财政部　税务总局公告2019年第61号）规定，对符合地方政府规定条件的城镇住房保障家庭从地方政府领取的住房租赁补贴，免征个人所得税。

16. 无住所个人一个纳税年度内在中国境内累计居住天数，按照个人在中国境内累计停留的天数计算。在中国境内停留的当天满24小时的，计入中国境内居住天数，在中国境内停留的当天不足24小时的，按半天计入中国境内居住天数。（　　）

［参考答案］ 错误

［答案解析］ 根据《财政部　税务总局关于在中国境内无住所的个人居住时间判定标准的公告》（财政部　税务总局公告2019年第34号）规定，无住所个人一个纳税年度内在中国境内累计居住天数，按照个人在中国境内累计停留的天数计算。在中国境内停留的当天满24小时的，计入中国境内居住天数，在中国境内停留的当天不足24小时的，不计入中国境内居住天数。

17. 无住所居民个人为外籍个人的，2022年1月1日前计算工资薪金收入额时，已经按规定减除住房补贴、子女教育费、语言训练费等八项津补贴的，不能同时享受专项附加扣除。（　　）

［参考答案］ 正确

［答案解析］ 根据《财政部　国家税务总局关于非居民个人和无住所居民个人有关个人所得税政策的公告》（财政部　税务总局公告2019年第35号）规定，无住所居民个人为外籍个人的，2022年1月1日前计算工资薪金收入额时，已经按规定减除住房补贴、子女教育费、语言训练费等八项津补贴的，不能同时享受专项附加扣除。

18. 因任职、受雇、履约等在中国境内提供劳务取得所得，不论支付地点

是否在中国境内，均为来源于中国境内的所得。（ ）

［参考答案］正确

［答案解析］根据《个人所得税实施条例》第三条规定，因任职、受雇、履约等在中国境内提供劳务取得所得，不论支付地点是否在中国境内，均为来源于中国境内的所得。

19. 扣缴义务人向居民个人支付综合所得时，应当按照累计预扣法计算预扣税款，并按月办理扣缴申报。（ ）

［参考答案］错误

［答案解析］扣缴义务人向居民个人支付工资、薪金所得时，应当按照累计预扣法计算预扣税款，并按月办理扣缴申报。

20. 住房租金支出由签订租赁住房合同的承租人扣除。夫妻双方主要工作城市相同的，只能由一方扣除住房租金支出。夫妻双方主要工作城市不相同的，且各自在其主要工作城市都没有住房的，可以分别扣除住房租金支出。（ ）

［参考答案］正确

［答案解析］根据《个人所得税专项附加扣除暂行办法》（国发〔2018〕41号）第十七条规定，纳税人在主要工作城市没有自有住房而发生的住房租金支出，可以按照标准定额扣除；第十八条规定，夫妻双方主要工作城市相同的，只能由一方扣除住房租金支出；第十九条规定，住房租金支出由签订租赁住房合同的承租人扣除。

21. 对个人购买社会福利有奖募捐奖券一次中奖收入不超过10 000元的暂免征收个人所得税，对一次中奖收入超过10 000元的，应按税法法规超额征税。（ ）

［参考答案］错误

［答案解析］根据《国家税务总局关于社会福利有奖募捐发行收入税收问题的通知》（国税发〔1994〕127号）规定，对个人购买社会福利有奖募捐奖券一次中奖收入不超过10 000元的暂免征收个人所得税，对一次中奖收入超过10 000元的，应按税法法规全额征税。

22. 税务机关发现纳税人提供虚假信息的，应当责令改正并通知扣缴义务人；情节严重的，有关部门应当依法予以处理，纳入信用信息系统并实施联合

惩戒。（　　）

［参考答案］正确

［答案解析］《个人所得税实施条例》第三十条规定，税务机关发现纳税人提供虚假信息的，应当责令改正并通知扣缴义务人；情节严重的，有关部门应当依法予以处理，纳入信用信息系统并实施联合惩戒。

23. 在计算个人所得税时，所得为人民币以外货币的，按照办理纳税申报或者扣缴申报月初人民币汇率中间价，折合成人民币计算应纳税所得额。

（　　）

［参考答案］错误

［答案解析］《个人所得税实施条例》第三十二条规定，所得为人民币以外货币的，按照办理纳税申报或者扣缴申报的上一月最后一日人民币汇率中间价，折合成人民币计算应纳税所得额。

24. 个人所得税纳税申报表、扣缴个人所得税报告表和个人所得税完税凭证式样，由国务院税务主管部门统一制定。（　　）

［参考答案］正确

［答案解析］《个人所得税实施条例》第三十四条规定，个人所得税纳税申报表、扣缴个人所得税报告表和个人所得税完税凭证式样，由国务院税务主管部门统一制定。

25. 纳税人老李 2019 年 5 月办理提前退休收入并取得一次性补贴收入 20 万，老李应按照办理提前退休手续至法定离退休年龄之间实际年度数平均分摊，确定适用税率和速算扣除数。（　　）

［参考答案］正确

［答案解析］根据《财政部　税务总局关于个人所得税法修改后有关优惠政策衔接问题的通知》（财税〔2018〕164 号）规定，个人办理提前退休手续而取得的一次性补贴收入，应按照办理提前退休手续至法定离退休年龄之间实际年度数平均分摊，确定适用税率和速算扣除数，单独适用综合所得税率表，计算纳税。

26. 个体工商户生产经营活动中，应当分别核算生产经营费用和个人、家庭费用。对于生产经营与个人、家庭生活混用难以分清的费用，其 60% 视为与生产经营有关费用，准予扣除。（　　）

［参考答案］ 错误

［答案解析］ 根据《个体工商户个人所得税计税办法》第十六条规定，个体工商户生产经营活动中，应当分别核算生产经营费用和个人、家庭费用。对于生产经营与个人、家庭生活混用难以分清的费用，其40%视为与生产经营有关费用，准予扣除。

27. 根据个人所得税相关政策，在年金缴费环节，由个人所在单位在其缴费时，对超出规定标准的部分随同当月工资、薪金所得一并计算代扣个人所得税，并向其所在单位主管税务机关申报缴纳。（　　）

［参考答案］ 正确

［答案解析］ 根据《财政部　国家税务总局　人力资源和社会保障部关于企业年金职业年金个人所得税有关问题的通知》（财税〔2013〕103号）规定：超过规定的标准缴付的年金单位缴费和个人缴费部分，应并入个人当期的工资、薪金所得，依法计征个人所得税。税款由建立年金的单位代扣代缴，并向主管税务机关申报解缴。

28. 个人转让不动产的，税务机关应当根据不动产登记等相关信息核验应缴的个人所得税，登记机构办理转移登记时，应当查验与该不动产转让相关的个人所得税的完税凭证。（　　）

［参考答案］ 正确

［答案解析］《个人所得税法》第十五条规定，个人转让不动产的，税务机关应当根据不动产登记等相关信息核验应缴的个人所得税，登记机构办理转移登记时，应当查验与该不动产转让相关的个人所得税的完税凭证。个人转让股权办理变更登记的，市场主体登记机关应当查验与该股权交易相关的个人所得税的完税凭证。

29. 个人合伙人按照其应从基金年度股权转让所得中分得的份额计算其应纳税额，并由创投企业在次年6月30日前代扣代缴个人所得税。（　　）

［参考答案］ 错误

［答案解析］ 根据《财政部　税务总局　发展改革委　证监会关于创业投资企业个人合伙人所得税政策问题的通知》（财税〔2019〕8号）规定，个人合伙人按照其应从基金年度股权转让所得中分得的份额计算其应纳税额，并由创投企业在次年3月31日前代扣代缴个人所得税。

30. 对个人投资者从投保基金公司取得的行政和解金，依法征收个人所得税。（　　）

［参考答案］错误

［答案解析］根据《财政部　国家税务总局关于行政和解金有关税收政策问题的通知》（财税〔2016〕100 号）规定，对企业投资者从投保基金公司取得的行政和解金，应计入企业当期收入，依法征收企业所得税；对个人投资者从投保基金公司取得的行政和解金，暂免征收个人所得税。

31. 在中国境内有住所的个人，是指因户籍、家庭、经济利益关系而在中国境内习惯性居住的个人。（　　）

［参考答案］正确

［答案解析］《个人所得税法实施条例》第二条规定，个人所得税法第一条所称在中国境内有住所，是指因户籍、家庭、经济利益关系而在中国境内习惯性居住。

32. 财产转让所得，以转让财产的收入额减除财产净值和合理费用后的余额，为应纳税所得额。（　　）

［参考答案］错误

［答案解析］根据《个人所得税法》规定，财产转让所得，以转让财产的收入额减除财产原值和合理费用后的余额，为应纳税所得额。

33. 非居民个人一个月内取得股权激励所得，单独按照规定计算当月收入额，不与当月其他工资薪金合并，按 12 个月分摊计税，不减除费用，适用月度税率表计算应纳税额。（　　）

［参考答案］错误

［答案解析］根据《财政部　国家税务总局关于非居民个人和无住所居民个人有关个人所得税政策的公告》（财政部　税务总局公告 2019 年第 35 号）规定，非居民个人一个月内取得股权激励所得，单独按照规定计算当月收入额，不与当月其他工资薪金合并，按 6 个月分摊计税（一个公历年度内的股权激励所得应合并计算），不减除费用，适用月度税率表计算应纳税额。

34. 个体工商户应纳税所得额的计算，以权责发生制为原则；职工取得企业发放工资薪金所得额以收付实现制为原则。（　　）

［参考答案］正确

[答案解析]《个体工商户个人所得税计税办法》（国家税务总局令第35号）规定，个体工商户应纳税所得额的计算，以权责发生制为原则；职工取得企业发放工资薪金所得额以收付实现制为原则。

35. 个体工商户某科技工作室为研发新产品购置一台20万元的测试仪器，允许当期直接扣除。（　　）

[参考答案] 错误

[答案解析] 根据《个体工商户个人所得税计税办法》（国家税务总局令第35号）第三十八条规定，个体工商户研究开发新产品、新技术、新工艺所发生的开发费用，以及研究开发新产品、新技术而购置单台价值在10万元以下的测试仪器和试验性装置的购置费准予直接扣除；单台价值在10万元以上（含10万元）的测试仪器和试验性装置，按固定资产管理，不得在当期直接扣除。

36. 在计算个人所得税时，两个或两个以上的个人共同取得同一项目收入的，应当对每个人取得的收入分别按照税法规定减除费用后计算纳税。（　　）

[参考答案] 正确

[答案解析] 两个或者两个以上的个人共同取得同一项目收入的，应当对每个人取得的收入分别按照税法规定减除费用后计算纳税。即实行“先分、后扣、再税”。

37. 个人所得税纳税人可以委托扣缴义务人或者其他单位和个人办理汇算清缴。（　　）

[参考答案] 正确

[答案解析] 根据《个人所得税法实施条例》第二十九条规定，纳税人可以委托扣缴义务人或者其他单位和个人办理汇算清缴。

38. 非居民个人的工资、薪金所得，以每月收入额减除费用5 000元后的余额为应纳税所得额；其劳务报酬所得、稿酬所得、特许权使用费所得，以每月收入额为应纳税所得额。（　　）

[参考答案] 错误

[答案解析] 根据《个人所得税法》第六条规定，劳务报酬所得、稿酬所得、特许权使用费所得，以每次收入额为应纳税所得额。

39. 对个人取得企业派发的现金网络红包，不征收个人所得税。（　　）

［参考答案］ 错误

［答案解析］ 根据《国家税务总局关于加强网络红包个人所得税征收管理的通知》（税总函〔2015〕409号）的规定，对个人取得的企业派发的现金网络红包，应按照偶然所得项目计算缴纳个人所得税，税款由派发红包的企业代扣代缴。

40. 居民个人在中国境外一个国家（地区）实际已经缴纳的个人所得税税额，超过来源于该国家（地区）所得的抵免限额的，其超过部分不得抵免。

（　　）

［参考答案］ 错误

［答案解析］ 居民个人在中国境外一个国家（地区）实际已经缴纳的个人所得税税额，超过来源于该国家（地区）所得的抵免限额的，其超过部分不得在本纳税年度的应纳税额中抵免，但是可以在以后纳税年度来源于该国家（地区）所得的抵免限额的余额中补扣。补扣期限最长不得超过5年。

第六章　土地增值税

一、单项选择题

1. 下列属于土地增值税纳税人的是（　　）。

A. 甲公司销售一间购置的写字楼

B. 乙公司出租一处生产车间

C. 丙公司转让一处集体用地

D. 丁公司转让地下车位的使用权 15 年

［**参考答案**］A

［**答案解析**］《中华人民共和国土地增值税暂行条例》规定，转让国有土地使用权、地上的建筑物及其附着物（以下简称转让房地产）并取得收入的单位和个人，为土地增值税的纳税义务人（以下简称纳税人），应当依照本条例缴纳土地增值税。

2. 土地增值税所使用的税率形式是（　　）。

A. 超额累进税率

B. 比例税率

C. 定额税率

D. 超率累进税率

［**参考答案**］D

［**答案解析**］土地增值税实行四级超率累进税率。

3. 下列对企业转让房地产纳税地点的说法，正确的是（　　）。

A. 转让房地产坐落地与其机构所在地或经营所在地不一致的，由税务机关确定纳税地点

B. 转让房地产坐落地与其机构所在地或经营所在地一致的，应在受让人机构所在地税务机关申报纳税

C. 转让房地产坐落地与其机构所在地或经营所在地不一致的，则应在办理税务登记的原管辖税务机关申报纳税

D. 转让房地产坐落地与其机构所在地或经营所在地不一致的，则应在房地产坐落地的主管税务机关申报纳税

[参考答案] D

[答案解析] 纳税人是法人的，转让房地产坐落地与其机构所在地或经营所在地一致的，应在办理税务登记的原管辖税务机关申报纳税；如果不一致的，则应在房地产坐落地的主管税务机关申报纳税。

4. 下列项目应征土地增值税的是（　　）。

A. 因国家建设需要而被政府征收、收回的房地产

B. 因城市实施规划、国家建设需要而搬迁，纳税人自行转让的房地产

C. 转让旧房作为公共租赁住房房源、且增值额超过扣除项目金额20%的

D. 个人销售住房

[参考答案] C

[答案解析] 转让旧房作为公共租赁住房房源、且增值额未超过扣除项目金额20%的，免征土地增值税。

5. 下列房地产交易行为应当缴纳土地增值税的是（　　）。

A. 房地产公司出租别墅

B. 非营利的基金会将合作建造的房屋转让

C. 房地产公司销售普通标准住宅且增值额未超过扣除项目金额20%的

D. 城市居民之间互换自有居住用房屋且经当地税务机关核实

[参考答案] B

[答案解析] 双方合作建房，建成后分房自用的，暂免征收土地增值税；建成后转让的，要计算缴纳土地增值税。

6. 下列行为属于土地增值税征税范围的是（　　）。

A. 政府向国有企业划转土地使用权

B. 事业单位出租闲置房产

C. 村委会自行转让土地

D. 企业以房地产抵债

［参考答案］ D

［答案解析］ 企业以房地产抵债，发生房地产产权转让，属于土地增值税的征税范围。选项 A，政府向国有企业划转土地使用权，不属于土地增值税征税范围；选项 B，出租房产，没有发生房地产产权的转让，不属于土地增值税的征税范围；选项 C，自行转让集体土地是一种违法行为，应由有关部门依照相关法律来处理，而不应纳入土地增值税的征税范围。

7. 在土地增值税清算时未转让的尾盘房地产，清算后销售或有偿转让的，纳税人应按规定进行土地增值税的纳税申报。下列关于扣除项目金额确认方法正确的是（　　）。

A. 销售时单位建筑面积成本费用×销售或转让面积

B. 清算时单位建筑面积成本费用×销售或转让面积

C. 开发时单位建筑面积成本费用×销售或转让面积

D. 完工时单位建筑面积成本费用×销售或转让面积

［参考答案］ B

［答案解析］ 在土地增值税清算时未转让的房地产，清算后销售或有偿转让的，纳税人应按规定进行土地增值税的纳税申报，扣除项目金额按清算时的单位建筑面积成本费用乘以销售或转让面积计算。

单位建筑面积成本费用＝清算时的扣除项目总金额÷清算的总建筑面积

8. 根据土地增值税有关规定，确认房地产开发公司扣除项目金额时，下列可以作为加计 20% 扣除基数的是（　　）。

A. 房地产开发企业转让房地产时缴纳的税金

B. 与房地产开发相关的管理费用

C. 管理开发项目发生的职工福利费

D. 与房地产开发相关的利息支出

［参考答案］ C

［答案解析］《中华人民共和国土地增值税暂行条例实施细则》（财法字〔1995〕6 号）规定，对从事房地产开发的纳税人可按下列两项规定计算的金

额之和，加计20%的扣除：

（1）取得土地使用权所支付的金额；

（2）开发土地和新建房及配套设施的成本。

选项C是开发土地和新建房及配套设施的成本中的开发间接费用。其他选项不符合规定。

9. A房地产企业以2 000万元出售一幢使用4年的办公楼，账面原值300万元，累计折旧30万元。该办公楼取得了原始购买发票，发票所载金额为300万元。支付房地产转让有关费用8万元。该房产未进行资产评估。该企业转让办公楼应缴纳的土地增值税为（　　）万元。

A. 650　　　　B. 932.45

C. 744.95　　　　D. 379.6

［参考答案］ C

［答案解析］

（1）A企业办公楼转让收入2 000万元。

（2）与转让房地产有关的税金为111万元［2 000×5%×（1+7%+3%）+2 000×0.5‰］。

（3）支付房地产转让有关费用8万元。

（4）土地增值税扣除项目=发票所载金额×［1+（转让年度－购买年度）×5%］+与房地产转让有关税金+与房地产转让有关费用=300×（1+4×5%）+111+8=479（万元）

（5）增值额为1 521万元（2 000－479）。

（6）增值率为318%（1 521÷479）。

（7）应纳土地增值税税额为744.95万元（1 521×60%－479×35%）。

10. 下列情形不属于主管税务机关可要求纳税人进行土地增值税清算的是（　　）。

A. 已竣工验收的房地产开发项目，已转让的房地产建筑面积占整个项目可售建筑面积的比例在85%以上，或该比例虽未超过85%，但剩余的可售建筑面积已经出租或自用的

B. 取得销售（预售）许可证满三年仍未销售完毕的

C. 直接转让土地使用权的

D. 纳税人申请注销税务登记但未办理土地增值税清算手续的

［参考答案］C

［答案解析］选项 C 属于应当进行土地增值税的清算的情形。不属于主管税务机关可要求纳税人进行土地增值税清算的情形。

11. 在计算土地增值税时，下列各项中，不能计入为取得土地使用权所支付金额中扣除的是（　　）。

A. 建筑物拆迁补偿费

B. 为取得土地使用权缴纳的契税

C. 按国家统一规定缴纳的过户手续费

D. 为取得土地使用权支付的地价款

［参考答案］A

［答案解析］建筑物拆迁补偿费计入房地产开发成本中扣除。取得土地使用权所支付的金额，是指纳税人为取得土地使用权所支付的地价款和按国家统一规定交纳的有关费用。

12. 在计算土地增值税时，下列属于取得土地使用权所支付金额的是（　　）。

A. 土地出让金

B. 前期工程费

C. 土地征用及拆迁补偿费

D. 耕地占用税

［参考答案］A

［答案解析］取得土地使用权所支付的金额，是指纳税人为取得土地使用权所支付的地价款和按国家统一规定缴纳的有关费用，故选项 A 正确；选项 B、C、D 属于房地产开发成本。

13. 税务检查中，下列情形不属于应当进行土地增值税清算的是（　　）。

A. 房地产开发项目全部竣工、完成销售的

B. 取得销售（预售）许可证满三年仍未销售完毕的

C. 整体转让未竣工决算房地产开发项目的

D. 直接转让土地使用权的

［参考答案］B

［答案解析］取得销售（预售）许可证满三年仍未销售完毕的属于主管税务机关可要求纳税人进行土地增值税清算的情形，而不是应当进行土地增值税

清算的情形。

14. 根据土地增值税有关规定，下列关于房地产转让说法正确的是（　　）。

A. 以分期收款方式转让房产的，根据实际的收款日期确定纳税期限

B. 以一次交割、付清价款方式转让房产的，在办理过户和登记手续后一次性缴纳土地增值税

C. 因国家建设需要而搬迁，由纳税人自行转让其房产的，应从签订房地产转让合同之日起 7 日内到房地产所在地主管税务机关备案

D. 纳税人因国家建设需要被依法征用房地产并得到经济补偿的，应从签订房地产转让合同之日起 15 日内到房地产所在地主管税务机关备案

［参考答案］C

［答案解析］选项 A，以分期收款方式转让房地产的，主管税务机关可根据合同规定的收款日期来确定具体的纳税期限；选项 B，以一次交割、付清价款方式转让房地产的，主管税务机关可在纳税人办理纳税申报后，根据其应纳税额的大小及向有关部门办理过户、登记手续的期限等，规定其在办理过户、登记手续前一次性缴纳全部土地增值税；选项 D，因国家建设需要依法征用、收回的房地产，纳税人因此得到经济补偿的，应从签订房地产转让合同之日起 7 日内，到房地产所在地主管税务机关备案。

15. 下列项目中属于计算土地增值税时房地产开发成本的是（　　）。

A. 安置动迁用房支出　　B. 借款利息费用

C. 契税　　D. 土地出让金

［参考答案］A

［答案解析］选项 B 属于房地产开发费用；选项 C、D 属于为取得土地使用权所支付的金额。房地产开发成本主要包括土地征用及拆迁补偿费、前期工程费、建筑安装工程费、基础设施费、公共配套设施费、开发间接费用等。

16. 下列关于土地增值税收入额的确定，说法错误的是（　　）。

A. 营改增后，纳税人转让房地产的土地增值税应税收入不含增值税

B. 对取得的实物收入，要按收入时的市场价格折算成货币收入

C. 当月以分期收款方式取得的外币收入，应按实际收款日或收款当月 1 日国家公布的市场汇价折合成人民币

D. 对于县级及县级以上人民政府要求房地产开发企业在售房时代收的各项费用，一律作为转让房地产所取得的收入计税

[参考答案] D

[答案解析] 对于县级及县级以上人民政府要求房地产开发企业在售房时代收的各项费用，如果代收费用是计入房价中向购买方一并收取的，可作为转让房地产所取得的收入计税；如果代收费用未计入房价中，而是在房价之外单独收取的，可以不作为转让房地产的收入。

17. 下列房地产交易中免征土地增值税的是（　　）。

A. 张某将一处商铺赠给朋友

B. 王某转让住宅一套

C. 甲企业将购置的房产无偿赠送给子公司

D. 李某销售写字间一套

[参考答案] B

[答案解析]《财政部　国家税务总局关于调整房地产交易环节税收政策的通知》（财税〔2008〕137号）规定，对个人销售住房暂免征收土地增值税。

18. 下列关于土地增值税纳税义务发生时间的说法，正确的是（　　）。

A. 纳税人应当自取得销售收入之日起7日内向房地产所在地主管税务机关办理纳税申报

B. 纳税人应当自转让房地产合同签订之日起7日内向房地产所在地主管税务机关办理纳税申报

C. 纳税人应当自转让房地产合同签订之日起15日内向房地产所在地主管税务机关办理纳税申报

D. 纳税人应当自取得销售收入之日起15日内向机构所在地主管税务机关办理纳税申报

[参考答案] B

[答案解析] 纳税人应当自转让房地产合同签订之日起7日内向房地产所在地主管税务机关办理纳税申报，并在税务机关核定的期限内缴纳土地增值税。

19. 某企业转让一幢2012年建造的写字楼，当时的造价为680万元。经房地产评估机构评定，该楼的重置成本价为4 000万元，成新度折扣率为六成。

在计算土地增值税时，其评估价格为（　　）万元。

A. 500　　B. 3 000

C. 1 800　　D. 2 400

［参考答案］D

［答案解析］评估价格 =4 000 × 60% =2 400（万元）

20. 某工业企业2020年11月转让一栋旧的生产车间，取得不含税转让收入530万元，缴纳相关税费共计30万元（不含增值税）。该生产车间原造价380万元，取得土地使用权支付80万元土地出让金，经房地产评估机构评定按现行市场价的材料、人工费计算，建造同样的生产车间需700万元，该生产车间成新度为5成。该企业转让生产车间应缴纳的土地增值税为（　　）万元。

A. 12.00　　B. 21.00

C. 19.50　　D. 15.50

［参考答案］B

［答案解析］收入总额为530万元，扣除项目为460万元（700 × 50% +80 +30），增值额为70万元（530 −460），增值率为15.21%（70 ÷ 460 × 100%），适用税率为30%。则应纳土地增值税为21万元（70 × 30%）。

二、多项选择题

1. 下列属于土地增值税征税范围的有（　　）。

A. 英国人凯特将中国境内一处房产赠送给好友

B. 企业为办理银行贷款将厂房进行抵押且尚在抵押期间

C. 房地产开发公司受托对某企业闲置厂房进行改造

D. 居民个人之间交换非居住房产

E. 企业出租一栋写字楼

［参考答案］AD

［答案解析］选项B，抵押期内的房地产，权属未发生转移，不征收土地增值税。选项C、E，权属未发生转移，不征收土地增值税。

2. 下列应缴纳土地增值税的行为有（　　）。

A. 将房屋产权赠与直系亲属的

B. 双方合作建房后按比例分房自用的

C. 以房地产抵债而发生房地产产权转让的

D. 以房地产作价入股投资于房地产开发公司的

E. 企业出租地下车位

[参考答案] CD

[答案解析] 选项A，将房屋产权赠与直系亲属的，不征收土地增值税；选项B，合作建房后由双方按比例分房自用的，暂免征收土地增值税；选项E，企业出租地下车位不属于土地增值税征税范围，不征收土地增值税。

3. 下列关于土地增值税收入额的确定，说法正确的有（　　）。

A. 营改增后，纳税人转让房地产的土地增值税应税收入不含增值税

B. 对取得的实物收入，要按收入时的市场价格折算成货币收入

C. 当月以分期收款方式取得的外币收入，应按实际收款日或收款当月1日国家公布的市场汇价折合成人民币

D. 对于县级及县级以上人民政府要求房地产开发企业在售房时代收的各项费用，一律作为转让房地产所取得的收入计税

E. 房地产开发企业将开发产品用于职工福利按本企业在同一地区、同一年度销售的同类房地产的平均价格确定

[参考答案] ABCE

[答案解析] 对于县级及县级以上人民政府要求房地产开发企业在售房时代收的各项费用，如果代收费用是计入房价中向购买方一并收取的，可作为转让房地产所取得的收入计税；如果代收费用未计入房价中，而是在房价之外单独收取的，可以不作为转让房地产的收入。

4. 房地产开发企业发生的下列业务，在计算土地增值税时视同销售的有（　　）。

A. 将开发产品用于职工福利

B. 将开发产品用于对外投资

C. 将开发产品用于分配给股东

D. 将开发产品用于抵偿债务

E. 将开发产品用于本单位办公

[参考答案] ABCD

[答案解析] 房地产开发企业将开发产品用于职工福利、奖励、对外投资、分配给股东或投资人、抵偿债务、换取其他单位和个人的非货币性资产等，发生所有权转移时应视同销售房地产。

5. 下列应缴纳土地增值税的有（　　）。

A. 事业单位转让土地使用权

B. 母公司在改制重组时以土地、房屋权属向其全资子公司增资（母子公司均非房地产开发公司）

C. 外商投资企业将接受投资投入的房地产再转让

D. 房地产企业将其建造的商品房作股投资给某社会团体

E. 个人转让商铺

[参考答案] ACDE

[答案解析] 单位、个人在改制重组时以房地产作价入股进行投资，对其将房地产转移、变更到被投资的企业，暂不征土地增值税。选项 B 错误。

6. 在土地增值税清算中，下列符合条件可实行核定征收的有（　　）。

A. 依照法律、行政法规的规定应当设置但未设置账簿的

B. 擅自销毁账簿或者拒不提供纳税资料的

C. 虽设置账簿，但账目混乱或者成本资料、收入凭证、费用凭证残缺不全，难以确定转让收入或扣除项目金额的

D. 符合土地增值税清算条件，企业未按照规定的期限办理清算手续的

E. 申报的计税依据明显偏低，又无正当理由的

[参考答案] ABCE

[答案解析] 在土地增值税清算中符合以下条件之一的，可实行核定征收。

（1）依照法律、行政法规的规定应当设置但未设置账簿的；

（2）擅自销毁账簿或者拒不提供纳税资料的；

（3）虽设置账簿，但账目混乱或者成本资料、收入凭证、费用凭证残缺不全，难以确定转让收入或扣除项目金额的；

（4）符合土地增值税清算条件，企业未按照规定的期限办理清算手续，经税务机关责令限期清算，逾期仍不清算的；

（5）申报的计税依据明显偏低，又无正当理由的。

7. 土地增值税清算时，房地产开发企业开发建造的与清算项目配套的会所等公共设施，其成本费用可以扣除的情形有（　　）。

A. 建成后开发企业转为自用的

B. 建成后开发企业用于出租的

C. 建成后有偿转让的

D. 建成后产权属于全体业主所有的

E. 建成后用于抵债的

［参考答案］CDE

［答案解析］选项 A、B 不计入土地增值税收入，所以成本也不能扣除。

8. 房地产开发企业在确定土地增值税的扣除项目时，不允许作为“与转让房地产有关的税金”单独扣除的是（　　）。

A. 印花税　　B. 房产税

C. 城市维护建设税　　D. 增值税

E. 耕地占用税

［参考答案］ABDE

［答案解析］选项 A，房地产开发企业的印花税计入管理费用，通过房地产开发费用扣除，不能再单独扣除；选项 B，计算土地增值税可扣除的税金不包括房产税；选项 D 增值税是价外税，不能扣除；选项 E，耕地占用税计入开发成本，通过开发成扣除，不能单独扣除。

9. 在计算土地增值税时，下列项目中属于房地产开发成本的有（　　）。

A. 取得土地使用权所支付的地价款

B. 前期工程费

C. 建筑安装工程费

D. 基础设施费

E. 土地征用费

［参考答案］BCDE

［答案解析］房地产开发成本包括：(1) 土地征用及拆迁补偿费；(2) 前期工程费；(3) 建筑安装工程费；(4) 基础设施费；(5) 公共配套设施费；(6) 开发间接费用。

10. 在计算土地增值税时，下列项目中属于房地产开发费用的有（　　）。

A. 缴纳的印花税　　B. 贷款利息支出

C. 管理项目人员职工福利费　　D. 项目设计费

E. 耕地占用税

［参考答案］AB

［答案解析］ 选项 C、D、E 属于开发成本。

11. 下列符合土地增值税税收优惠政策的有（　　）。

A. 纳税人建造普通标准住宅出售，其增值额未超过扣除项目金额之和 20% 的，免征土地增值税

B. 纳税人既建造普通标准住宅，又建造其他房地产开发，不能准确核算增值额的，由税务机关确定是否免税

C. 对企业改制、资产整合过程中涉及的土地增值税予以免征（不适用房地产转移任意一方为房地产开发企业）

D. 转让旧房作为保障性住房且增值额未超过扣除项目金额 20% 的，免征土地增值税

E. 房地产开发企业将自有房产作价投资到全资子公司

［参考答案］ ACD

［答案解析］ 纳税人既建普通标准住宅，又搞其他房地产开发的，应分别核算增值额；不分别核算增值额或不能准确核算增值额的，其建造的普通标准住宅不适用免税规定。故选项 B 错误。

《关于继续实施企业改制重组有关土地增值税政策的通知》（财税〔2018〕57 号）规定，单位、个人在改制重组时以房地产作价入股进行投资，对其将房地产转移、变更到被投资的企业，暂不征土地增值税（不适用于房地产转移任意一方为房地产开发企业的情形）。故选项 E 错误。

12. 下列免征或暂免征收土地增值税的行为有（　　）。

A. 企业与企业之间的房地产互换

B. 私营企业的房地产评估增值

C. 双方合作建房，建成后按比例分房自用的

D. 因国家建设需要而被依法征用的土地使用权而使房地产权属发生转让的 E. 企业建造普通标准住宅出售，增值额未超过扣除项目金额 20% 的

［参考答案］ CDE

［答案解析］ 选项 A，企业之间交换房地产，应征收土地增值税；选项 B，房地产评估增值，没有发生房地产权属转让，不属于土地增值税的征收范围。

13. 下列情形属于应当进行土地增值税清算的有（　　）。

A. 房地产开发项目全部竣工、完成销售的

B. 取得销售（预售）许可证满三年仍未销售完毕的

C. 整体转让未竣工决算房地产开发项目的

D. 直接转让土地使用权的

E. 纳税人申请注销税务登记但未办理土地增值税清算手续的

[参考答案] ACD

[答案解析] 取得销售（预售）许可证满三年仍未销售完毕的；纳税人申请注销税务登记但未办理土地增值税清算手续的，主管税务机关可要求纳税人进行土地增值税清算。

14. 下列按照房地产评估价格计算征收土地增值税的情形有（　　）。

A. 隐瞒、虚报房地产成交价格的

B. 房地产企业将自行开发的产品用于对外投资

C. 转让房地产的成交价格低于房地产评估价格，又无正当理由的

D. 提供扣除项目金额不实的

E. 房地产企业将自行开发的产品用于抵债

[参考答案] ACD

[答案解析]《中华人民共和国土地增值税暂行条例》第九条，纳税人有下列情形之一的，按照房地产评估价格计算征收：

“（一）隐瞒、虚报房地产成交价格的；

（二）提供扣除项目金额不实的；

（三）转让房地产的成交价格低于房地产评估价格，又无正当理由的。”

15. 在计算土地增值额时，下列可以扣除的项目包括（　　）。

A. 取得土地使用权所支付的金额

B. 开发土地的成本、费用

C. 新建房及配套设施的成本、费用，或者旧房及建筑物的评估价格

D. 与转让房地产有关的税金

E. 因逾期开发缴纳的土地闲置费

[参考答案] ABCD

[答案解析]《国家税务总局关于清理土地增值税清算有关问题的通知》（国税函〔2010〕220号）规定，房地产开发企业因逾期开发而缴纳的土地闲置费不得扣除。选项E错误。

16. 在土地增值税清算时，下列关于扣除项目金额的说法，正确的有（　　）。

A. 在土地增值税清算中，计算扣除项目金额时，未取得合法凭据但其实际发生的合理支出可以扣除

B. 扣除项目金额中所归集的各项成本和费用，必须是实际发生的

C. 扣除项目金额应当准确地在各扣除项目中分别归集，不得混淆

D. 扣除项目金额中所归集的各项成本和费用必须是在清算项目开发中直接发生的或应当分摊的

E. 纳税人分期开发项目或者同时开发多个项目的，或者同一项目中建造不同类型房地产的，应按照受益对象，采用合理的分配方法，分摊共同的成本费用

[参考答案] BCDE

[答案解析]《土地增值税清算管理规程》（国税发〔2009〕91号）第二十一条规定，扣除项目应否符合下列要求：

"（一）在土地增值税清算中，计算扣除项目金额时，其实际发生的支出应当取得但未取得合法凭据的不得扣除。

（二）扣除项目金额中所归集的各项成本和费用，必须是实际发生的。

（三）扣除项目金额应当准确地在各扣除项目中分别归集，不得混淆。

（四）扣除项目金额中所归集的各项成本和费用必须是在清算项目开发中直接发生的或应当分摊的。

（五）纳税人分期开发项目或者同时开发多个项目的，或者同一项目中建造不同类型房地产的，应按照受益对象，采用合理的分配方法，分摊共同的成本费用。

（六）对同一类事项，应当采取相同的会计政策或处理方法。会计核算与税务处理规定不一致的，以税务处理规定为准。"

17. 下列应缴纳土地增值税的行为有（　　）。

A. 将使用过的旧房卖给某单位做办公室

B. 将使用过的旧住房赠与子女

C. 将使用过的旧房出租

D. 将使用过的旧房换取债券

E. 将使用过的旧住房换取住房

［参考答案］ AD

［答案解析］ 选项B，属于符合规定的赠与，虽然发生了房地产权属的转移，但未取得收入，不属于土地增值税的征税范围；选项C，未发生房地产权属的转移，不属于土地增值税的征税范围，选项E，个人销售住房免土地增值税。

18. 在计算转让旧房的土地增值税时，下列可作为扣除项目的有（　　）。

A. 房屋及建筑物的评估价格

B. 取得土地使用权支付的地价款和按国家规定缴纳的有关费用

C. 房地产开发成本

D. 房地产开发费用

E. 转让环节缴纳的增值税

［参考答案］ AB

［答案解析］ 转让旧房的，可作为土地增值税扣除项目的有房屋及建筑物的评估价格、取得土地使用权支付的地价款和按国家规定缴纳的有关费用、转让环节缴纳的增值税以外的税金。

19. 计算土地增值税时，下列费用准予从收入总额中扣除的有（　　）。

A. 建房贷款超期支付的利息

B. 开发小区的排污费、绿化费

C. 出售旧房过程中发生的评估费用

D. 取得土地使用权时办理登记的手续费

E. 开发小区的设计费

［参考答案］ BCDE

［答案解析］ 对于超过贷款期限的利息部分和加罚的利息不允许在计算土地增值税时扣除，故选项A错误。

20. 下列计征土地增值税时需要用评估价格来确定转让房地产收入或扣除项目金额的项目有（　　）。

A. 出售旧房及建筑物的

B. 虚报房地产成交价格的

C. 以新建房地产进行投资联营的

D. 转让房地产的成交价格低于评估价格又无正当理由的

E. 房地产企业以自己开发的商品房用于抵债的

［参考答案］ABD

［答案解析］出售旧房及建筑物、虚报房地产成交价格，以及转让房地产的成交价格低于评估价格又无正当理由的，需要对房地产进行评估，并以房地产评估价格来确定转让房地产收入或扣除项目的金额。选项C、E，房地产开发企业将开发产品用于职工福利、奖励、对外投资、分配给股东或投资人、抵偿债务、换取其他单位和个人的非货币性资产等，发生所有权转移时应视同销售房地产，其收入按下列方法和顺序确认：(1) 按本企业在同一地区、同一年度销售的同类房地产的平均价格确定；(2) 由主管税务机关参照当地当年、同类房地产的市场价格或评估价值确定。

三、判断题

1. 甲企业是房地产开发企业，开发B项目，可售面积20 000平方米，其中用建造的本项目房地产安置回迁户5 000平方米，已售面积15 000平方米。假设每平方米售价8 000元，则B项目土地增值税清算收入额为12 000万元。

（　　）

［参考答案］错误

［答案解析］(15 000 + 5 000) × 8 000 = 16 000（万元）

《国家税务总局关于土地增值税清算有关问题的通知》（国税函〔2010〕220号）第六条规定：房地产企业用建造的本项目房地产安置回迁户的，安置用房视同销售处理。

2. 房地产开发企业在工程竣工验收后，根据合同约定，扣留建筑安装施工企业一定比例的工程款，作为开发项目的质量保证金，在计算土地增值税时，质量保证金可以扣除。　（　　）

［参考答案］错误

［答案解析］《国家税务总局关于土地增值税清算有关问题的通知》（国税函〔2010〕220号）第二条规定：房地产开发企业在工程竣工验收后，根据合同约定，扣留建筑安装施工企业一定比例的工程款，作为开发项目的质量保证金，在计算土地增值税时，建筑安装施工企业就质量保证金对房地产开发企业

开具发票的，按发票所载金额予以扣除；未开具发票的，扣留的质保金不得计算扣除。

3. 土地增值税清算时，已经计入房地产开发成本的利息支出，应调整至财务费用中计算扣除。 （　　）

［参考答案］正确

［答案解析］《国家税务总局关于土地增值税清算有关问题的通知》（国税函〔2010〕220号）第三条第（四）项规定：土地增值税清算时，已经计入房地产开发成本的利息支出，应调整至财务费用中计算扣除。

4. 甲企业是房地产开发企业，2020年4月与乙企业合并为丙企业，甲乙双方投资主体不变，甲企业将一栋写字楼转移到合并后的丙企业，属于改制重组，暂不征收土地增值税。 （　　）

［参考答案］错误

［答案解析］《财政部　税务总局关于继续实施企业改制重组有关土地增值税政策的通知》（财税〔2018〕57号）第三条、第五条、第九条规定，上述改制重组有关土地增值税政策不适用于房地产转移任意一方为房地产开发企业的情形。

5. 房地产开发企业将开发的房地产转为企业自用，应征收土地增值税。 （　　）

［参考答案］错误

［答案解析］转让国有土地使用权、地上的建筑物及其附着物并取得收入，是指以出售或者其他方式有偿转让房地产的行为；房地产开发企业将开发的部分房地产转为企业自用或用于出租等商业用途时，如果产权未发生转移，不征收土地增值税，在税款清算时不列收入，不扣除相应的成本和费用。

6. 营改增后，纳税人转让房地产的土地增值税应税收入应包含增值税。 （　　）

［参考答案］错误

［答案解析］《国家税务总局关于营改增后土地增值税若干征管规定的公告》（国家税务总局公告2016年第70号）规定：营改增后，纳税人转让房地产的土地增值税应税收入不含增值税。

7. 预缴土地增值税后，清算补缴的土地增值税，要按照补缴税款所属期加

收滞纳金。（　　）

［参考答案］错误

［答案解析］《全国税务稽查规范》（1.1 版）的规定，不予加收滞纳金的情形如下：纳税人按规定预缴土地增值税后，清算补缴的土地增值税，在主管税务机关规定的期限内补缴的，不加收滞纳金。

8. 2021 年 4 月，张三转让一套旧商铺，取得不含税收入 2 000 万元，支付房地产转让有关税费用 119 万元，不能取得商铺的评估价格，但能提供购房发票。发票显示该商铺购买时间 2001 年 4 月，购买金额 300 万元。则张三应缴纳土地增值税 532.65 万元。（　　）

［参考答案］正确

［答案解析］（1）转让收入 2 000 万元。

（2）与转让房地产有关的税费为 119 万元。

（3）土地增值税扣除项目 = 发票所载金额 ×［1 +（转让年度 - 购买年度）× 5%］+ 与房地产转让有关税金 + 与房地产转让有关费用 = 300 ×（1 + 20 × 5%）+ 119 = 719（万元）

（4）增值额为 1 281 万元（2 000 - 719）。

（5）增值率为 178%（1 281 ÷ 719）。

（6）应纳土地增值税税额为 532.65 万元（1 281 × 50% - 719 × 15%）。

9. 纳税人建造普通标准住宅出售，增值额超过扣除项目金额 20% 的，应对其超过部分的增值额按规定征收土地增值税。（　　）

［参考答案］错误

［答案解析］《中华人民共和国土地增值税暂行条例实施细则》（财法字〔1995〕6 号）规定：纳税人建造普通标准住宅出售，增值额未超过扣除项目金额之和 20% 的，免征土地增值税；增值额超过扣除项目金额之和 20% 的，应就其全部增值额按规定计税。

10. 企业间互换房产的，免征土地增值税。（　　）

［参考答案］错误

［答案解析］《中华人民共和国土地增值税暂行条例》规定：转让国有土地使用权、地上的建筑物及其附着物并取得收入的单位和个人，为土地增值税的纳税义务人，应当依照本条例缴纳土地增值税。

11. 土地增值税征税范围包括转让集体土地使用权所取得的收入。（　　）

［参考答案］错误

［答案解析］《中华人民共和国土地增值税暂行条例》规定：转让国有土地使用权、地上的建筑物及其附着物并取得收入的单位和个人，为土地增值税的纳税义务人，应当依照本条例缴纳土地增值税。

12. 某房地产开发企业成片受让土地使用权60万平方米，共缴纳土地出让金2.4亿元，分期3期开发。一期20万平方米，二期15万平方米、三期25万平方米。2021年4月一期已经销售完毕并进行土地增值税清算。一期扣除项目金额中扣除的土地成本是8 000万元。（　　）

［参考答案］正确

［答案解析］（20÷60）×240 000 000＝8 000（万元）

《中华人民共和国土地增值税暂行条例》第九条规定，纳税人成片受让土地使用权后，分期分批开发、转让房地产的，其扣除项目金额的确定，可按转让土地使用权的面积占总面积的比例计算分摊，或按建筑面积计算分摊，也可按税务机关确认的其他方式计算分摊。

13. 营改增后，房地产开发企业实际缴纳的城市维护建设税（以下简称“城建税”）、教育费附加，凡能够按清算项目准确计算的，允许据实扣除。凡不能按清算项目准确计算的，则按该清算项目预缴增值税时实际缴纳的城建税、教育费附加扣除。（　　）

［参考答案］正确

［答案解析］符合《国家税务总局关于营改增后土地增值税若干征管规定的公告》（国家税务总局公告2016年第70号）规定。

14. 土地增值税清算时，已全额开具商品房销售发票的，按照发票所载金额确认收入；未开具发票或未全额开具发票的，以实际收到款的金额确认收入。（　　）

［参考答案］错误

［答案解析］《国家税务总局关于土地增值税清算有关问题通知》（国税函〔2010〕220号）规定，已全额开具商品房销售发票的，按照发票所载金额确认收入；未开具发票或未全额开具发票的，以交易双方签订的销售合同所载的售房金额及其他收益确认收入。

15. 某房地产开发企业资金充足，开发 A 项目全部使用自有资金没有发生借款利息支出，则该企业 A 项目土地增值税清算时房地产开发费用只能按照“取得土地使用权所支付的金额”与“房地产开发成本”金额之和的 5% 以内计算扣除。（　　）

［参考答案］ 错误

［答案解析］《国家税务总局关于土地增值税清算有关问题通知》（国税函〔2010〕220 号）规定，凡不能按转让房地产项目计算分摊利息支出或不能提供金融机构证明的，房地产开发费用在按“取得土地使用权所支付的金额”与“房地产开发成本”金额之和的 10% 以内计算扣除。

全部使用自有资金，没有利息支出的，按照以上方法扣除。

第七章 城市维护建设税

一、单项选择题

1. 下列属于城市维护建设税纳税义务人的是（　　）。

A. 缴纳增值税的事业单位

B. 只缴纳契税的政府机关

C. 只缴纳印花税的社会团体

D. 只缴纳个人所得税的公司职员

[参考答案] A

[答案解析] 城市维护建设税的计税依据为实缴的增值税和消费税。选项B、C、D，契税、印花税和个人所得税不是城市维护建设税的计税依据。

2. 下列属于城市维护建设税计税依据的是（　　）。

A. 进口环节缴纳的消费税

B. 出口环节退还的增值税

C. 向税务机关实际缴纳的土地增值税

D. 向税务机关实际缴纳的增值税

[参考答案] D

[答案解析] 城市维护建设税进口不征、出口不退，因此进口环节缴纳的增值税、关税、消费税不是城市维护建设税的计税依据；土地增值税也不是城市维护建设税的计税依据。

3. 下列关于城市维护建设税适用税率表述不正确的是（　　）。

A. 纳税人所在地在市区的，税率为7%

B. 纳税人所在地在县城的，税率为5%

C. 代收代缴消费税的受托方位于市区，委托方在县城，应按委托方适用税率计税

D. 无固定纳税地点的单位按缴纳增值税所在地的规定税率就地缴纳

[参考答案] C

[答案解析] 代收代缴消费税的受托方位于市区，委托方在县城，应按受托方适用税率计税。

4. 某企业2020年7月份销售应税货物缴纳增值税38万元、消费税15万元，出售房产缴纳增值税12万元、土地增值税5万元。已知该企业所在地适用的城市维护建设税税率为7%。该企业7月份应缴纳的城市维护建设税为（　　）。

A. （38＋15＋12＋5）×7%＝4.9（万元）

B. （38＋15＋12）×7%＝4.55（万元）

C. （38＋15）×7%＝3.71（万元）

D. 38×7%＝2.66（万元）

[参考答案] B

[答案解析] 城市维护建设税的计税依据为纳税人“实际缴纳”的增值税、消费税之和，应缴纳城市维护建设税4.55万元［（38＋15＋12）×7%］。

5. 下列可以作为城市维护建设税计税依据的是（　　）。

A. 消费税滞纳金

B. 增值税税金

C. 土地增值税税金

D. 资源税税金

[参考答案] B

[答案解析] 城市维护建设税计税依据是纳税人实际缴纳的增值税、消费税税额之和。纳税人违反“两税”有关规定而加收的滞纳金和罚款，不作为城市维护建设税的计税依据。

6. 下列各项中，不属于城市维护建设税计税依据的是（　　）。

A. 偷逃增值税而被查补的税款

B. 偷逃消费税而加收的滞纳金

C. 出口货物免抵的增值税税额

D. 出口产品征收的消费税税额

[参考答案] B

［答案解析］纳税人违反“两税”有关规定而加收的滞纳金和罚款，不作为城市维护建设税的计税依据。

二、多项选择题

1. 下列关于城市维护建设税的相关规定，表述正确的有（　　）。

A. 城市维护建设税实行地区差别比例税率

B. 城市维护建设税是一种附加税

C. 城市维护建设税征收范围较广

D. 流动经营者执行经营地适用税率

E. 海关代征进口增值税时同时代征城市维护建设税

［参考答案］ABCD

［答案解析］海关对进口产品代征增值税、消费税的，不征收城市维护建设税。

2. 按现行政策，下列作为城市维护建设税计算基数的有（　　）。

A. 个人缴纳的车辆购置税

B. 某个体工商户缴纳的增值税

C. 某外国企业缴纳的消费税

D. 某进出口贸易公司缴纳的关税

E. 某企业取得的增值税进项税额

［参考答案］BC

［答案解析］车辆购置税、关税和增值税进项税额都不是城市维护建设税的计税依据，故选项A、D、E错误。

3. 下列关于城市维护建设税政策的说法中，正确的有（　　）。

A. 由受托方代征、代扣增值税、消费税的单位和个人，其代征、代扣的城市维护建设税适用受托方所在地的税率

B. 流动经营等无固定纳税地点的单位和个人，在经营地缴纳增值税、消费税的，其城市维护建设税的缴纳按经营地使用税率执行

C. 对出口产品退还增值税、消费税的，应同时退还已缴纳的城市维护建设税

D. 对由于减免增值税、消费税而发生退税的，不予退还已征收的城市维护

建设税

E. 对增值税小规模纳税人，按照税额的50%减征城市维护建设税

［参考答案］ AB

［答案解析］ 对由于减免增值税、消费税而发生退税的，可同时退还已征收的城市维护建设税。但对出口产品退还增值税、消费税的，不退还已缴纳的城市维护建设税。

4. 某市甲企业为增值税一般纳税人，2019 年 4 月向税务机关缴纳增值税 100 万元、消费税 20 万元，进口材料向海关缴纳增值税 20 万元。在税务稽查过程中，税务机关发现该企业上月少缴纳增值税 1 万元，税务机关因此查补税款并加收滞纳金 150 元，并处以与该项业务应纳增值税等额的罚款。城市维护建设税税率为 7%，教育费附加和地方教育附加计征比率分别为 3%、2%。对上述业务的处理，下列说法正确的有（　　）。

A. 甲企业缴纳城市维护建设税的计税依据为 121 万元

B. 甲企业共应缴纳城市维护建设税 9.87 万元

C. 甲企业共应缴纳城市维护建设税 8.47 万元

D. 甲企业共应缴纳教育费附加和地方教育附加合计 7.05 万元

E. 甲企业缴纳城市维护建设税的计税依据为 141 万元

［参考答案］ AC

［答案解析］ 城市维护建设税的计税依据为 121 万元（100 + 20 + 1），应纳城市维护建设税为 8.47 万元（121 × 7%）；应缴纳教育费附加和地方教育附加合计为 6.05 万元［121 × (3% + 2%)］。

5. 位于市区的实木制品厂为增值税一般纳税人，在当地设立一非独立核算的门市部。2021 年 4 月该厂将生产的一批成本价 100 万元的实木地板移送至门市部，门市部将其中的 80% 对外销售，取得含税销售额 90.4 万元。已知：实木地板的消费税税率为 5%，成本利润率为 5%，当月无其他业务。下列说法正确的有（　　）。

A. 该厂当月应缴纳增值税 10.92 万元

B. 该厂当月应缴纳消费税 4 万元

C. 该厂当月应缴纳城市维护建设税 1.008 万元

D. 该厂当月应缴纳城市维护建设税 0.294 万元

E. 该厂当月应缴纳教育费附加 0.432 万元

[参考答案] BCE

[答案解析] 纳税人通过自设非独立核算门市部销售的自产应税消费品，应当按照门市部对外销售额或者销售数量计算消费税。

应纳消费税税额 $=90.4\div(1+13\%)\times5\%=4$（万元）

应缴纳增值税 $=90.4\div(1+13\%)\times13\%=10.4$（万元）

应缴纳城市维护建设税 $=(4+10.4)\times7\%=1.008$（万元）

应缴纳教育费附加 $=(4+10.4)\times3\%=0.432$（万元）

6. 下列关于城市维护建设税减免税优惠政策的说法中，不正确的有（　　）。

A. 自 2019 年 1 月 1 日至 2021 年 12 月 31 日，对增值税小规模纳税人减按 50% 征收城市维护建设税

B. 农业生产者销售自产农产品免征增值税的同时免征城市维护建设税

C. 某企业享受增值税即征即退的税收优惠政策，除另有规定外，随增值税附征的城市维护建设税，一律不予退还

D. 某企业享受增值税先征后返的税收优惠政策，其城市维护建设税也应先征后返

E. 外贸企业出口高档化妆品退还增值税、消费税的，应同时退还城市维护建设税

[参考答案] DE

[答案解析] 选项 D，对增值税、消费税实行先征后返、先征后退、即征即退办法的，除另有规定外，对随增值税、消费税附征的城市维护建设税和教育费附加，一律不予退（返）还；选项 E，对出口产品退还增值税、消费税的，不退还已缴纳的城市维护建设税。

三、判断题

1. 某增值税小规模纳税人生产经营地点在县城。2019 年 5 月实际缴纳增值税 1 000 元，则当月该企业应纳城市维护建设税为 70 元。（　　）

[参考答案] 错误

[答案解析] 县城城市维护建设税的适用税率为 5%，2019 年 1 月 1 日至

2021 年 12 月 31 日，对增值税小规模纳税人，按照税额的 50% 减征城市维护建设税。该企业应纳城市维护建设税为 25 元［1 000 ×5% ×（1 −50%）］。

2. 对海关进口产品征收的增值税、消费税，不征收城市维护建设税。（　　）

［参考答案］正确

［答案解析］根据相关政策，城市维护建设税进口不征、出口不退。

3. 某增值税小规模纳税人，2019 年 4 月申报缴纳增值税 1 500 元，2019 年 4 月该企业当月应申报纳税城市维护建设税 105 元（所在地城市维护建设税为 7%）。（　　）

［参考答案］错误

［答案解析］自 2019 年 1 月 1 日起，对增值税小规模纳税人的城市维护建设税减按 50% 征收。该纳税人 2019 年 4 月应缴纳城市维护建设税 52.5 元（1 500 ×7% ×50%）。

4. 某市甲公司是符合条件的享受增值税期末留抵退税政策的增值税一般纳税人。2020 年 9 月甲公司发生销项税额 280 万元、可以抵扣的进项税额 120 万元，简易计税方法计算的应纳增值税 20 万元。当月申请退还前期期末留抵税额共计 170 万元。则当月甲公司应缴纳城市维护建设税 24.5 万元。（　　）

［参考答案］错误

［答案解析］对实行增值税期末留抵退税的纳税人，允许其从城市维护建设税、教育费附加和地方教育附加的计税（征）依据中扣除退还的增值税税额。当月甲公司应缴纳城建税 0.7 万元［（280 −120 +20 −170）×7%］。

5. 某县城某增值税一般纳税人 2019 年 8 月被查补增值税 30 000 元、消费税 50 000 元、土地增值税 40 000 元、房产税 10 000 元、企业所得税 70 000 元，被加收滞纳金 6 500 元，被处罚款 5 000 元。则该企业当月应补缴城市维护建设税 4 000 元。（　　）

［参考答案］正确

［答案解析］城市维护建设税以纳税人实际缴纳的“增值税、消费税”税额为计税依据，不包括加收的滞纳金和罚款。该企业当月应补缴城市维护建设税 4 000 元［（30 000 +50 000）×5%］。

6. 某增值税一般纳税人（位于市区）2019 年 4 月因进口货物由海关代征

增值税 3 000 元，消费税 2 000 元，因内销应税消费品向主管税务机关缴纳增值税 45 000 元，消费税 30 000 元。当月还将 2008 年购进的机器出售（未放弃减税），取得含税收入 200 000 元。该企业当月应缴纳城市维护建设税 5 250 元。

（　　）

[参考答案] 错误

[答案解析] 海关对进口产品代征增值税、消费税的，不征收城市维护建设税。该企业销售已使用过的机器应缴纳的增值税为 3 883.5 元 [200 000 ÷ (1 + 3%) × 2%]，该企业当月应缴纳城市维护建设税 5 521.85 元 [(45 000 + 30 000 + 3 883.5) × 7%]。

第八章　城镇土地使用税

一、单项选择题

1. 下列选项中，不属于城镇土地使用税纳税人的是（　　）。

A. 县城的汽修厂　　B. 乡村旅游合作社

C. 工矿区内的个人独资饭店　　D. 市区的集体被服厂

[参考答案] B

[答案解析] 城镇土地使用税的征税范围是城市、县城、建制镇和工矿区。因此选项 B 不属于城镇土地使用税的纳税人。

2. 土地使用权未确定或权属纠纷未解决的，城镇土地使用税的纳税人是（　　）。

A. 土地使用权原拥有人　　B. 土地的实际使用人

C. 土地的代管人　　D. 土地使用权现所有人

[参考答案] B

[答案解析] 土地权属未确定或权属纠纷未解决的，由实际使用人为城镇土地使用税的纳税人。

3. 甲企业土地 60% 自用，40% 出租给乙企业使用，下列关于城镇土地使用税纳税义务的说法，正确的是（　　）。

A. 应当由甲企业缴纳全部的城镇土地使用税

B. 应当由乙企业缴纳全部的城镇土地使用税

C. 应当按比例计算缴纳城镇土地使用税

D. 按双方协商比例缴纳城镇土地使用税

［参考答案］A

［答案解析］土地使用权共有的，由共有各方分别纳税，即几个人或几个单位共同拥有一块土地使用权的，各方应以其实际使用的土地面积占整个土地总面积的比例，分别计算缴纳土地使用税。但本题中的土地使用权是甲所有的，所以应当由甲缴纳全部的城镇土地使用税。

4. 根据规定，城镇土地使用税的计税依据是（　　）。

A. 纳税人实际拥有的土地面积　　B. 纳税人实际占用的土地面积

C. 纳税人自行测量的土地面积　　D. 税务机关核定的土地面积

［参考答案］B

［答案解析］城镇土地使用税是以开征范围内的土地为征税对象，以实际占用的土地面积为计税依据，按规定税额对拥有土地使用权的单位和个人征收的一种税。

5. 下列选项中，不符合城镇土地使用税计税依据政策规定的是（　　）。

A. 土地使用税计税依据是纳税人实际占用的土地面积

B. 纳税人有土地使用证书的，以土地使用证书上确认的土地面积作为土地使用税计税依据

C. 没有土地使用证书的，暂以纳税人据实申报的土地面积作为土地使用税计税依据

D. 对纳税人申报的土地面积有疑问的，税务机关以核定的土地面积作为土地使用税计税依据

［参考答案］D

［答案解析］城镇土地使用税以纳税人实际占用的土地面积为计税依据。实际占用的土地面积按下列办法确定：有房地产管理部门核发的土地使用证书的，以证书确认的土地面积为准；尚未核发土地使用证书的，应由纳税人据实申报土地面积，据以纳税，待核发土地使用证后再作调整。城镇土地使用税政策没有税务机关核定土地面积的规定。

6. 某县经济相对落后，经省级人民政府批准，该县县城的城镇土地使用税适用税额标准可适当降低，但不得低于（　　）元。

A. 0.6　　B. 0.42

C. 0.5　　　　　　　　　　　　D. 1

［参考答案］B

［答案解析］国家规定县城土地使用税税额为 0.6—12 元每平方米/年，经省级人民政府批准，经济落后地区的城镇土地使用税适用税额标准可适当降低，但不超过规定最低税额的 30%。因此该县不得低于 0.42 元每平方米/年［0.6×(1－30%)］。

7. 下列各项中，应缴纳城镇土地使用税的是（　　）。

A. 事业单位用于出租的土地　　　　B. 寺庙内宗教人员的宿舍用地

C. 行政机关员工食堂用地　　　　D. 市人民政府办公用地

［参考答案］A

［答案解析］国家机关、军队、宗教寺庙和由国家财政部门拨付事业经费的单位自用的土地，可免征城镇土地使用税。选项 A 是事业单位营业性用地，不能免征城镇土地使用税。

8. 下列免征城镇土地使用税的是（　　）。

A. 免税单位无偿使用纳税单位的土地

B. 学校租给企业的土地

C. 公园附设的照相馆

D. 实行自收自支、自负盈亏的事业单位自用土地

［参考答案］A

［答案解析］学校租给企业的土地，公园附设的照相馆和实行自收自支、自负盈亏的事业单位自用土地应当征收城镇土地使用税。

9. 购置新建房的城镇土地使用税纳税义务发生时间为（　　）。

A. 自房屋交付使用之次月起

B. 自办理房产证之次月起

C. 自签订房屋买卖合同之次月起

D. 自房屋竣工验收之次月起

［参考答案］A

［答案解析］购置新建房的，自房屋交付使用之次月起缴纳城镇土地使用税。

10. 下列关于城镇土地使用税政策的说法，正确的是（　　）。

A. 土地使用权属纠纷，暂不缴纳城镇土地使用税

B. 公园内的饮食部使用的土地免征城镇土地使用税

C. 城镇土地使用税按年计算，分期缴纳

D. 以转让方式有偿取得土地使用权的，合同未约定交付土地时间，由受让人于土地实际交付的次月缴纳城镇土地使用税

[参考答案] C

[答案解析] 土地使用权未确定或权属纠纷未解决的，由实际使用人纳税，故A选项错误；公园内的饮食部使用的土地具有经营性质，应当缴纳城镇土地使用税，故B选项错误；以转让方式有偿取得土地使用权的，合同未约定交付土地时间，自合同签订的次月起，故D选项错误。

11. 下列说法中，符合城镇土地使用税规定的是（ ）。

A. 在建制镇使用土地从事经营活动的个人是城镇土地使用税的纳税义务人

B. 土地使用权权属纠纷未解决的，由税务机关根据情况确定纳税人

C. 房地产管理部门尚未核发土地使用证书的，暂不纳税，核发土地使用证后再补缴税款

D. 经济发达地区城镇土地使用税适用税额标准经省级人民政府批准可以适当提高

[参考答案] A

[答案解析] 选项B，土地使用权未确定或权属纠纷未解决的，由实际使用人纳税；选项C，房地产管理部门尚未核发土地使用证书的，应由纳税人据实申报土地面积，据以纳税，待核发土地使用证以后再作调整；选项D，经济发达地区城镇土地使用税的适用税额标准可以适当提高，但须报经财政部批准。

12. 城镇土地使用税按年计算、分期缴纳。政策规定确定缴纳期限的机关是（ ）。

A. 国务院　　B. 省级人民政府

C. 市级人民政府　　D. 县级人民政府

[参考答案] B

[答案解析] 土地使用税按年计算、分期缴纳。缴纳期限由省、自治区、直辖市人民政府确定。

13. 根据城镇土地使用税有关规定，下列说法不正确的是（　　）。

A. 凡在城市、县城、建制镇、工矿区范围内使用土地的单位和个人，为城镇土地使用税的纳税义务人

B. 城镇土地使用税实行分级幅度税额

C. 企业内的广场、道路、绿化等占用的土地免征城镇土地使用税

D. 新征用的耕地，自批准征用之日起满 1 年时开始缴纳城镇土地使用税

［参考答案］C

［答案解析］选项 C，非社会性的公共用地不能免税，如企业内的广场、道路、绿化等占用的土地。

14. 甲企业（增值税一般纳税人）生产经营用地分布于某市的三个区域，第一块土地的土地使用权属于本企业，面积 30 000 平方米，其中企业办医院 3 000 平方米；第二块土地承租于某免税单位，面积 6 000 平方米；第三块土地的土地使用权由甲企业与乙企业共同拥有，面积 10 000 平方米，实际使用面积各 50%。假定甲企业所在地城镇土地使用税单位税额每平方米 10 元，则甲企业全年应缴纳的城镇土地使用税为（　　）元。

A. 300 000　　B. 320 000

C. 380 000　　D. 410 000

［参考答案］C

［答案解析］企业办的学校、医院、托儿所、幼儿园用地能与企业其他用地明确区分的，免征城镇土地使用税。土地使用权共有的，共有各方都是纳税人。甲企业全年应缴纳的城镇土地使用税 380 000 元［(30 000 − 3 000 + 6 000 + 10 000 × 50%) × 10］。

15. 甲房地产开发企业开发一住宅项目，实际占地面积 12 000 平方米，建筑面积 24 000 平方米，容积率为 2，甲房地产开发企业缴纳的城镇土地使用税的计税依据为（　　）平方米。

A. 18 000　　B. 24 000

C. 36 000　　D. 12 000

［参考答案］D

［答案解析］城镇土地使用税以实际占用面积为计税依据。

16. 某公园占地 800 000 平方米，其中办公用房占地 1 000 平方米。2020 年

3月31日至12月31日该公园将10 000平方米出租给游乐场。当地城镇土地使用税的年税额为每平方米1.5元，下列关于城镇土地使用税说法正确的是（　　）。

A. 公园2020年应缴纳城镇土地使用税11 250元

B. 游乐场2020年应缴纳城镇土地使用税11 250元

C. 公园2020年应缴纳城镇土地使用税12 375元

D. 游乐场2020年应缴纳城镇土地使用税15 000元

［参考答案］B

［答案解析］公园自用的办公楼占地免税，用于对外出租、经营的不免征城镇土地使用税。土地使用税应当由土地实际使用人缴纳。具体地讲：如果应税土地使用税的单位和个人出租土地的，应当由出租人缴纳土地使用税，免税单位出租土地的，应当由承租人缴纳土地使用税。出租、出借房产，自交付出租、出借房产之次月起，缴纳城镇土地使用税。公园2020年应缴纳的城镇土地使用税11 250元（10 000×1.5×9÷12）。

17. 某盐场2020年度占地500 000平方米，其中办公楼占地30 000平方米、盐场内部绿化占地60 000平方米、盐场医院占地10 000平方米、盐滩占地400 000平方米。盐场所在地城镇土地使用税年税额每平方米0.7元。该盐场2020年应缴纳的城镇土地使用税为（　　）元。

A. 21 000　　B. 63 000

C. 70 000　　D. 350 000

［参考答案］B

［答案解析］盐场内部的医院和盐场的盐滩占地免征城镇土地使用税，该盐场2020年应缴纳的城镇土地使用税为63 000元［（500 000－10 000－400 000）×0.7］。

18. 某企业（增值税一般纳税人）实际占地面积共计200 000平方米，其中20 000平方米为厂区外的绿化区，企业内学校和医院共占地30 000平方米。2020年，该企业出租面积3 000平方米的土地给其他企业、出借10 000平方米土地给部队作训练场地。该企业所处地段城镇土地使用税适用年税额为3元/平方米。2020年该企业应缴纳的城镇土地使用税为（　　）元。

A. 600 000　　B. 450 000

C. 411 000　　D. 420 000

［参考答案］D

［答案解析］对企业厂区外的公共绿化用地，暂免征收城镇土地使用税；企业办的学校、医院用地，免征城镇土地使用税；免税单位无偿使用纳税单位土地，免征城镇土地使用税。该企业应缴纳的城镇土地使用税为 420 000 元［(200 000 − 20 000 − 30 000 − 10 000) × 3］。

19. 某公司（增值税一般纳税人）2020 年 3 月通过挂牌取得一宗土地，土地出让合同约定 2020 年 4 月交付，土地使用证记载占地面积为 6 000 平方米。该土地年税额 4 元/平方米，该公司 2020 年应缴纳城镇土地使用税为（　　）元。

A. 16 000　　B. 18 000

C. 20 000　　D. 24 000

［参考答案］A

［答案解析］以出让或转让方式有偿取得土地使用权的，自合同约定交付土地使用时间的次月起；合同未约定交付土地时间，自合同签订的次月。该公司 2020 年应纳城镇土地使用税税额 16 000 元（6 000 × 4 × 8 ÷ 12）。

20. 某洗煤厂（增值税一般纳税人）占地面积共 100 万平方米，其中围墙内占地 80 万平方米，围墙外灰场占地面积 3 万平方米、铁路专用线占地面积 17 万平方米，已知该洗煤厂所在地适用的城镇土地使用税为每平方米年税额 2 元。该洗煤厂每年应缴纳的城镇土地使用税为（　　）。

A. 100 × 2 = 200（万元）　　B. (80 + 3) × 2 = 166（万元）

C. 80 × 2 = 160（万元）　　D. (80 + 17) × 2 = 194（万元）

［参考答案］C

［答案解析］对于围墙外灰场和铁路专用线用地免征城镇土地使用税。该洗煤厂每年应缴纳的城镇土地使用税为 160 万元（80 × 2）。

二、多项选择题

1. 下列各项中，属于城镇土地使用税特点的有（　　）。

A. 对占用土地的行为征税　　B. 征税对象是土地

C. 征税范围有所限定　　D. 兼有凭证税和行为税性质

E. 实行差别幅度税额

［参考答案］ABCE

［答案解析］选项D，不属于城镇土地使用税的特点。

2. 下列属于城镇土地使用税征税范围的有（　　）。

A. 城市郊区　　B. 城市市区

C. 农村　　D. 建制镇

E. 县人民政府所在地的城镇

［参考答案］ABDE

［答案解析］城镇土地使用税的征税范围为城市、县城、建制镇和工矿区，不包括农村。

3. 下列用地，应当缴纳城镇土地使用税的有（　　）。

A. 企业内道路占用的土地　　B. 人民法院的办公楼用地

C. 公园的照相馆经营用地　　D. 军队的家属院落用地

E. 寺庙宗教人员的生活用地

［参考答案］ACD

［答案解析］选项A，企业内道路占用的土地，要征收城镇土地使用税，没有免税规定；选项C，公园供公共参观游览的用地及其管理单位的办公用地，免征城镇土地使用税，公园中附设的营业场所，如影剧院、饮食部、茶社、照相馆等用地，应征收城镇土地使用税；选项D，军队本身的办公用地和公务用地，免征城镇土地使用税，军队的家属院落用地，不免税；选项E，宗教寺庙自用的土地是指举行宗教仪式等的用地和寺庙内的宗教人员生活用地，包括寺庙、宫观、教堂等各种宗教活动场所。

4. 根据城镇土地使用税纳税人的相关规定，下列说法正确的有（　　）。

A. 个人拥有应税土地使用权的，以个人为纳税人

B. 单位拥有应税土地使用权的，以单位为纳税人

C. 应税土地使用权出租的，以承租人为纳税人

D. 应税土地使用权属未确定的，以实际使用人为纳税人

E. 应税土地使用权属共有的，以共有各方为纳税人

［参考答案］ABDE

［答案解析］选项C，应税土地使用权出租的，以出租人为纳税人。

5. 下列属于城镇土地使用税的纳税义务人的有（　　）。

A. 拥有土地使用权的单位和个人

B. 拥有农村集体土地使用权的农村居民

C. 土地使用权未确定或权属纠纷未解决时的实际使用人

D. 土地使用权共有的各方

E. 代管他人土地的单位和个人

［参考答案］ACDE

［答案解析］选项B，由于农村不属于城镇土地使用税的征税范围，所以农村居民不属于城镇土地使用税的纳税义务人。

6. 下列关于城镇土地使用税纳税人的表述中，正确的有（　　）。

A. 在建制镇范围内使用土地的自然人不是城镇土地使用税的纳税人

B. 在县城范围内使用土地的外国企业属于城镇土地使用税的纳税人

C. 土地使用权未确定的，由实际使用人缴纳城镇土地使用税

D. 土地使用权共有的，由共有各方分别缴纳城镇土地使用税

E. 对纳税单位有偿使用免税单位的土地，出租方是土地使用税的纳税人

［参考答案］BCD

［答案解析］选项A，凡在城市、县城、建制镇、工矿区范围内使用土地的单位和个人，为城镇土地使用税的纳税义务人，个人包括个体工商户及其他个人（自然人）。

7. 城镇土地使用税以纳税人实际占用的土地面积为计税依据，下列关于实际占用面积和应纳税额计算的说法中，正确的有（　　）。

A. 由省、自治区、直辖市人民政府确定的单位组织测定土地面积的，以测定的土地面积为准

B. 未组织测定的，纳税人持有政府部门核发的土地使用证书的，以证书确认的面积为准

C. 尚未核发土地使用证书的，由税务机关核定土地面积，据以纳税，待核发土地使用证以后再做调整

D. 土地使用权由几方共有的，由共有各方按照各自实际使用的土地面积占总面积的比例，分别计算缴纳城镇土地使用税

E. 城镇土地使用税的应纳税额依据纳税人实际占用的土地面积和适用单位税额计算

[参考答案] ABDE

[答案解析] 选项C，尚未核发土地使用证书的，应由纳税人据实申报土地面积，据以纳税，待核发土地使用证以后再作调整。

8. 下列关于城镇土地使用税适用税额的表述，正确的有（　　）。

A. 城镇土地使用税适用四档地区幅度差别定额税率

B. 城镇土地使用税每个幅度最高税额是最低税额的20倍

C. 经济发达地区城镇土地使用税的适用税额标准可以适当提高，但须报经国家税务总局批准

D. 经省级人民政府批准，城镇土地使用税适用税额标准可以适当降低，但降低额不得超过规定的最低税额的30%

E. 某地城镇土地使用税的具体税额，由省级人民政府确定

[参考答案] AB

[答案解析] 选项C，经济发达地区城镇土地使用税的适用税额标准可以适当提高，但须报经财政部批准；选项C，经省、自治区、直辖市人民政府批准，经济落后地区的城镇土地使用税适用税额标准可以适当降低，但降低额不得超过规定的最低税额的30%；选项E，市、县人民政府应当根据实际情况，将本地区土地划分为若干等级，在省、自治区、直辖市人民政府确定的税额幅度内，制定相应的适用税额标准，报省、自治区、直辖市人民政府批准执行。

9. 下列项目中关于城镇土地使用税纳税义务发生时间表述，正确的有（　　）。

A. 纳税人以转让方式有偿取得土地使用权的，应由受让方从合同约定交付土地时间的次月起缴纳城镇土地使用税

B. 购置存量房，自办理房屋权属转移、变更登记手续，房地产权属登记机关签发房屋权属证书之次月起计征城镇土地使用税

C. 购置新建商品房，自房屋交付使用当月计征城镇土地使用税

D. 免税单位出租房产，自交付出租房产之次月起计征城镇土地使用税

E. 新征用的耕地，自批准征用次月起

[参考答案] ABD

[答案解析] 关于城镇土地使用税纳税义务发生时间，购置新建商品房，自房屋交付使用次月起计征城镇土地使用税；新征用的耕地，自批准征用之日

起满 1 年起征税。故选项 C、E 错误。

10. 下列关于城镇土地使用税征收管理的表述中，正确的有（　　）。

A. 城镇土地使用税按年计算，分期缴纳

B. 纳税人新征用的土地，自批准征用之日起的 15 日内申报登记

C. 纳税人新征用的耕地，自批准征用之日起满一年开始缴纳城镇土地使用税

D. 纳税人新征用的非耕地，自批准征用之日起满三个月开始缴纳城镇土地使用税

E. 城镇土地使用税的纳税地点为土地所在地

[参考答案] ACE

[答案解析] 选项 B，纳税人新征用的土地，自批准征用之日起的 30 日内申报登记；选项 D，纳税人新征用的非耕地，自批准征用次月起开始缴纳城镇土地使用税。

11. 根据城镇土地使用税的有关规定，下列表述正确的有（　　）。

A. 城镇土地使用税属于地方财政收入

B. 城镇土地使用税的缴纳期限由省、自治区、直辖市税务机关确定

C. 纳税人新征用的土地，必须于批准新征用之日起 30 日内申报登记

D. 城镇土地使用税的纳税地点为土地所在地

E. 在同一省（自治区、直辖市）管辖范围内，纳税人跨地区使用的土地，由各省、自治区、直辖市税务局确定纳税地点

[参考答案] ACDE

[答案解析] 选项 B，城镇土地使用税的缴纳期限由省、自治区、直辖市人民政府确定。

12. 下列选项中，免征城镇土地使用税的有（　　）。

A. 公园自用的土地

B. 经批准开发建设经济适用房的用地

C. 事业单位自用的土地

D. 盐矿的矿井用地

E. 民航机场工作区

[参考答案] ABCD

[答案解析] 选项E，机场工作区（包括办公、生产和维修用地及候机楼、停车场）用地、生活区用地、绿化用地，均须依照规定征收土地使用税。

13. 下列用地免征城镇土地使用税的有（　　）。

A. 公园的绿化用地

B. 非营利性老年服务机构自用土地

C. 企业厂区内的铁路专用线用地

D. 专门经营农产品的农产品批发市场占用的土地

E. 举行宗教仪式用地和寺庙宗教人员的生活用地

[参考答案] ABDE

[答案解析] 选项C，对企业的铁路专用线、公路等用地，除另有规定者外，在企业厂区（包括生产、办公及生活区）以内的，应照章征收城镇土地使用税；在厂区以外、与社会公用地段未加隔离的，暂免征收城镇土地使用税。

14. 下列各项中，属于城镇土地使用税免税项目的有（　　）。

A. 国家机关的办公用地　　B. 军队的办公用地

C. 人民团体的办公用地　　D. 公园内的饮食中心用地

E. 非营利性老年服务机构自用的土地

[参考答案] ABCE

[答案解析] 选项D，公园内供公共参观游览的用地及其管理单位的办公用地，免征城镇土地使用税；公园中附设的营业场所，如影剧院、饮食部、茶社、照相馆等用地，应征收城镇土地使用税。

15. 下列各项中，免征或暂免征收城镇土地使用税的有（　　）。

A. 饮水工程运营管理单位自用的生产、办公用土地

B. 企业厂区以外的公共绿化用地

C. 商品储备管理公司自用的承担商品储备业务的土地

D. 机场的候机楼

E. 国家外汇管理局自用的土地

[参考答案] ABCE

[答案解析] 选项D，机场工作区（包括办公、生产和维修用地及候机楼、停车场）用地、生活区用地、绿化用地，均须按规定征收城镇土地使用税。

16. 下列关于城镇土地使用税征税范围说法正确的有（　　）。

A. 城市的征税范围为市区，不包括郊区

B. 县城的征税范围为县人民政府所在的城镇

C. 建制镇的征税范围为镇人民政府所在地

D. 城市、县城的具体征税范围，由省级人民政府划定

E. 建制镇、工矿区的具体征税范围，由市级人民政府划定

［参考答案］ BCD

［答案解析］ 选项A，城市城镇土地使用税的征税范围为市区和郊区；选项D、E，城市、县城、建制镇、工矿区城镇土地使用税的具体征税范围，由各省、自治区、直辖市人民政府划定。

17. 下列说法中，符合城镇土地使用税税收政策的有（　　）。

A. 经省、自治区、直辖市人民政府批准，经济落后地区的城镇土地使用税适用税额标准可以适当降低，但降低额不得超过规定的最低税额的30%

B. 物流企业自有或承租的大宗商品仓储设施用地，减按所属土地等级适用税额标准的50%计征城镇土地使用税

C. 企业厂区以外的公共绿化用地应征收城镇土地使用税

D. 直接从事饲养的专业用地免征城镇土地使用税

E. 城镇土地使用税困难减免税审批权限在省级税务机关

［参考答案］ ABD

［答案解析］ 选项C，对企业厂区（包括生产、办公及生活区）以内的绿化用地，应照章征收城镇土地使用税，厂区以外的公共绿化用地和向社会开放的公园用地，暂免征收城镇土地使用税。选项E，城镇土地使用税困难减免税审批权限已下放至县以上税务机关。

18. 下列各项中，符合现行城镇土地使用税政策的有（　　）。

A. 港口码头用地免征城镇土地使用税

B. 国家机关、人民团体、军队自用的土地，免征城镇土地使用税

C. 经济发达地区城镇土地使用税的适用税额标准可以适当提高，但须经省、自治区、直辖市人民政府批准

D. 人民团体的公务用地免征城镇土地使用税

E. 对专门经营农产品的农产品批发市场使用的土地，免征城镇土地使用税

［参考答案］ ABDE

［答案解析］选项C，经济发达地区城镇土地使用税的适用税额标准可以适当提高，但须报经财政部批准。

19. 下列关于城镇土地使用税的政策说法，正确的有（　　）。

A. 火电厂围墙外的灰场、输油管道用地，免征城镇土地使用税

B. 通过承租方式取得并用于提供社区养老、托育、家政服务的土地，省级人民政府确定征免城镇土地使用税

C. 经省、自治区、直辖市人民政府批准，经济落后地区的城镇土地使用税适用税额标准可以适当降低，但降低额不得超过规定的最低税额的50%

D. 民政部门举办的安置残疾人占一定比例的福利工厂用地征免税，由财政部确定

E. 国家机关自用的土地，免征城镇土地使用税

［参考答案］AE

［答案解析］选项B，为社区提供养老、托育、家政等服务的机构自有或其通过承租、无偿使用等方式取得并用于提供社区养老、托育、家政服务的房产、土地，免征房产税、城镇土地使用税；选项C，经省、自治区、直辖市人民政府批准，经济落后地区的城镇土地使用税适用税额标准可以适当降低，但降低额不得超过规定的最低税额的30%；选项D，民政部门举办的安置残疾人占一定比例的福利工厂用地征免税，由各省、自治区、直辖市财税主管部门确定。

20. 下列关于城镇土地使用税的说法中，正确的有（　　）。

A. 个人投资兴办的福利性、非营利性的老年服务机构的自用土地暂免城镇土地使用税

B. 纳税单位无偿使用免税单位的土地不需要缴纳城镇土地使用税

C. 以出让或转让方式有偿取得土地使用权的，应由受让方从合同约定交付土地使用时间的当月起缴纳城镇土地使用税

D. 公租房建设期间用地及公租房建成后占地，免征城镇土地使用税

E. 机场道路中，场外道路用地免征城镇土地使用税，场内道路用地依照规定征收城镇土地使用税

［参考答案］AE

［答案解析］选项B，纳税单位无偿使用免税单位的土地，纳税单位需要缴纳城镇土地使用税；选项C，以出让或转让方式有偿取得土地使用权的，应

由受让方从合同约定交付土地使用时间的次月起缴纳城镇土地使用税，合同未约定交付土地时间的，由受让方从合同签订的次月起缴纳城镇土地使用税。

三、判断题

1. 城镇土地使用税的征税对象是土地使用权。（　　）

［参考答案］错误

［答案解析］城镇土地使用税的征税对象是土地。

2. 城镇土地使用税的纳税人，是在城市、县城、建制镇、工矿区范围内拥有土地使用权的单位和个人。（　　）

［参考答案］错误

［答案解析］城镇土地使用税的纳税人是在规定范围内使用土地的单位和个人，不只是拥有土地使用权的单位和个人。

3. 城镇土地使用税的征税对象是指在城市、县城、建制镇和工矿区范围内使用的国有土地。（　　）

［参考答案］错误

［答案解析］征税对象包括国有土地和集体土地。

4. 甲公司在某镇租赁了一块建设用地，自己并未使用，转租给了物流乙公司，乙公司用于经营物流配送业务。这块建设用地城镇土地使用税的纳税人是甲公司。（　　）

［参考答案］正确

［答案解析］在城镇土地使用税征税范围内，承租集体所有建设用地的，由直接从集体经济组织承租土地的单位和个人缴纳城镇土地使用税。此业务中甲公司是直接承租人，乙公司是间接租赁人，应该由甲公司缴纳城镇土地使用税。

5. 公园、名胜古迹内的索道公司经营用地，应按规定缴纳城镇土地使用税。（　　）

［参考答案］正确

［答案解析］非经营用地免税，经营用地应按规定缴纳城镇土地使用税。

6. 省、自治区、直辖市人民政府根据本地区实际情况以及宏观调控需要确定，对增值税小规模纳税人可以在50%的税额幅度内减征城镇土地使用税。（　　）

［参考答案］正确

［答案解析］符合“六税两费”优惠政策。

7. 城镇土地使用税实行按月计算缴纳的征收管理方式。（ ）

［参考答案］错误

［答案解析］城镇土地使用税按年计算、分期缴纳。

8. 企业无偿使用医院空闲土地堆存设备，医院应当缴纳城镇土地使用税。（ ）

［参考答案］错误

［答案解析］对纳税单位无偿使用免税单位的土地，纳税单位应照章缴纳土地使用税。

9. 我国城镇土地使用税从量定额征收，按地块实行差别幅度税额。（ ）

［参考答案］错误

［答案解析］我国城镇土地使用税实行的是按地域差别幅度税额。

10. 购置新建房的城镇土地使用税纳税义务发生时间为自办理房产证之次月。（ ）

［参考答案］错误

［答案解析］购置新建房的，自房屋交付使用之次月起缴纳城镇土地使用税。

11. 省级人民政府可以根据《中华人民共和国城镇土地使用税暂行条例》，在规定幅度内降低经济落后地区城镇土地使用税的适用税额。（ ）

［参考答案］正确

［答案解析］经省、自治区、直辖市人民政府批准，经济落后地区的城镇土地使用税适用税额标准可以适当降低，但降低额不得超过规定的最低税额的 30%。

12. 经财政部批准，经济发达地区城镇土地使用税的适用税额标准可以适当提高。（ ）

［参考答案］正确

［答案解析］经济发达地区城镇土地使用税的适用税额标准可以适当提高，但须报经财政部批准。

13. 购置存量房，自房屋交付使用之次月起计征城镇土地使用税 。（ ）

[参考答案] 错误

[答案解析] 购置存量房，自办理房屋权属转移、变更登记手续，房地产权属登记机关签发房屋权属证书之次月起计征城镇土地使用税。

14. 以转让方式有偿取得土地使用权的，由受让方从合同签订次月起缴纳城镇土地使用税。（　　）

[参考答案] 错误

[答案解析] 以出让或转让方式有偿取得土地使用权的，应由受让方从合同约定交付土地时间的次月起缴纳城镇土地使用税；合同未约定交付土地时间的，由受让方从合同签订的次月起缴纳城镇土地使用税。

15. 通过招标、拍卖、挂牌方式取得的建设用地，纳税人应按照规定从合同约定交付土地时间的当月起缴纳城镇土地使用税。（　　）

[参考答案] 错误

[答案解析] 通过招标、拍卖、挂牌方式取得的建设用地，不属于新征用的耕地，纳税人应按照规定从合同约定交付土地时间的次月起缴纳城镇土地使用税；合同未约定交付土地时间的，从合同签订的次月起缴纳城镇土地使用税。

16. 直接用于农、林、牧、渔业的生产用地免征城镇土地使用税，包括直接从事于种植、养殖、饲养的专业用地，还包括农副产品加工场地和生活、办公用地。（　　）

[参考答案] 错误

[答案解析] 直接用于农、林、牧、渔业的生产用地，是指直接从事于种植、养殖、饲养的专业用地，不包括农副产品加工场地和生活、办公用地。

17. 对公共租赁住房建设期间用地免征城镇土地使用税，公共租赁住房建成后占地免征城镇土地使用税。（　　）

[参考答案] 正确

[答案解析] 对公共租赁住房建设期间用地及公共租赁住房建成后占地免征城镇土地使用税。

第九章　耕地占用税

一、单项选择题

1. 关于耕地占用税纳税人，下列说法错误的是（　　）。

A. 经批准占用耕地的，纳税人为农用地转用审批文件中标明的建设用地人

B. 农用地转用审批文件中未标明建设用地人的，纳税人为用地申请人

C. 未经批准占用耕地的，纳税人为实际用地人

D. 经批准占用耕地的，农用地转用审批文件中标明的用地申请人为各级人民政府的，纳税人为实际用地人

[参考答案] D

[答案解析] 根据《中华人民共和国耕地占用税法实施办法》（财政部公告2019年第81号）规定，经批准占用耕地的，纳税人为农用地转用审批文件中标明的建设用地人；农用地转用审批文件中未标明建设用地人的，纳税人为用地申请人，其中用地申请人为各级人民政府的，由同级土地储备中心、自然资源主管部门或政府委托的其他部门、单位履行耕地占用税申报纳税义务。未经批准占用耕地的，纳税人为实际用地人。

2. 下列各项中，减按2元/平方米征收耕地占用税的是（　　）。

A. 纳税人临时占用耕地

B. 学校占用耕地建设校舍

C. 农村居民占用耕地开发经济林地

D. 公路线路占用耕地

［参考答案］D

［答案解析］铁路线路、公路线路、飞机场跑道、停机坪、港口、航道、水利工程占用耕地，减按每平方米 2 元的税额征收耕地占用税。

3. 下列占用耕地免征耕地占用税的是（　　）。

A. 党政机关　　B. 铁路线路

C. 医院办公楼　　D. 飞机场办公楼

［参考答案］C

［答案解析］军事设施、学校、幼儿园、社会福利机构、医疗机构占用耕地，免征耕地占用税。

4. 下列关于耕地占用税的表述中，正确的是（　　）。

A. 军事设施占用农用地，免征耕地占用税

B. 获准占用耕地的单位或者个人，应当在收到土地管理部门的通知之日起 60 日内缴纳耕地占用税

C. 耕地占用税以纳税人实际使用的耕地面积为计税依据，按照规定的适用税额一次性征收

D. 纳税人临时占用耕地，应当依照规定缴纳耕地占用税，在批准临时占用耕地的期限内恢复原状的，可部分退还已经缴纳的耕地占用税

［参考答案］A

［答案解析］选项 B，耕地占用税的纳税义务发生时间为纳税人收到自然资源主管部门办理占用耕地手续的书面通知的当日。纳税人应当自纳税义务发生之日起三十日内申报缴纳耕地占用税。选项 C，耕地占用税以纳税人实际占用的耕地面积为计税依据，按照规定的适用税额一次性征收。选项 D，纳税人因建设项目施工或者地质勘查临时占用耕地，应当依照《中华人民共和国耕地占用税法》（中华人民共和国主席令第十八号）的规定缴纳耕地占用税。纳税人在批准临时占用耕地期满之日起一年内依法复垦，恢复种植条件的，全额退还已经缴纳的耕地占用税。

5. 下面对耕地占用税的理解，错误的是（　　）。

A. 在占用耕地环节一次性课征　　B. 采用了地区差别定额税率

C. 飞机场跑道可享受减征优惠　　D. 农村居民占用耕地新建住宅，免税

［参考答案］D

[答案解析] 选项 D，农村居民在规定用地标准以内占用耕地新建自用住宅，按照当地适用税额减半征收耕地占用税；其中农村居民经批准搬迁，新建自用住宅占用耕地不超过原宅基地面积的部分，免征耕地占用税。

6. 某市建设机场新占用耕地 20 000 平方米，其中飞机场跑道占用耕地 9 000平方米，停机坪占用耕地 6 000 平方米，停车场占用耕地 5 000 平方米。该地区耕地占用税适用税额为 7 元/平方米，则建设机场新占用耕地应缴纳耕地占用税合计（　　）元。

A. 35 000　　B. 40 000

C. 65 000　　D. 140 000

[参考答案] C

[答案解析] 飞机跑道、停机坪减按 2 元/平方米征收耕地占用税，即 65 000元［（9 000 + 6 000）×2 + 5 000 × 7］。

7. 2020 年农村居民甲某占有 4 000 平方米耕地，其中 300 平方米新建住宅，1 700 平方米种植苹果、2 000 平方米种植小麦，该地区耕地占用税适用定额税率 25 元/平方米，则甲某当年应缴纳耕地占用税（　　）元（甲某在规定用地标准以内新建自用住宅）。

A. 3 750　　B. 7 500

C. 6 250　　D. 12 500

[参考答案] A

[答案解析] 村居民在规定用地标准以内占用耕地新建自用住宅，按照当地适用税额减半征收耕地占用税。种植苹果和小麦不缴纳耕地占用税。甲某当年应缴纳耕地占用税为 3 750 元（300 × 25 × 50%）。

8. 某企业占用林地 30 万平方米建造生产厂房，还占用林地 100 万平方米开发经济林木，所占耕地适用的定额税率为 20 元/平方米。该企业应缴纳耕地占用税（　　）万元。

A. 600　　B. 1 400

C. 2 000　　D. 2 600

[参考答案] A

[答案解析] 在中华人民共和国境内占用耕地建设建筑物、构筑物或者从事非农业建设的单位和个人，为耕地占用税的纳税人。

30×20=600（万元）

9. 经批准某县新建初中一所，总占地200亩，其中教学区60亩，办公区10亩，学生公寓30亩，教职工住宅区30亩，临路超市20亩，其中学生公寓30亩，临路超市20亩均为基本农田，当地县级税额标准每平方米22元，则该学校应纳耕地占用税（ ）万元。

A. 95.33　　B. 66

C. 123.33　　D. 29.33

［参考答案］A

［答案解析］20×666.67×22+30×666.67×22×（1+50%）=953 338.1（元）

教学区、办公区、学生公寓占地，免税；教职工住宅区、超市（属经营性场所）占地，应征税；占用基本农田的在当地使用税额的基础上提高50%。

10. 某企业占用耕地3亩、牧草地6亩建办公楼，占用园地12亩、林地2亩建农田水利设施，该企业所占用的3亩耕地中有2亩为基本农田，该企业应缴纳耕地占用税税额是（ ）万元（使用税额30元/平方米）。

A. 20　　B. 18

C. 46　　D. 29

［参考答案］A

［答案解析］占用园地12亩、林地2亩建农田水利设施属于占用耕地建设农田水利设施的，不缴纳耕地占用税。占用基本农田建房或者从事非农业建设的，适用税额应当在当地适用税额的基础上提高50%。故应缴纳的耕地占用税为20 000元［（3－2＋6）×666.67×30＋2×666.67×30×（1＋50%）］。

二、多项选择题

1. 耕地占用税是在中华人民共和国境内占用耕地建设建筑物、构筑物或者从事非农业建设的单位和个人，就其实际占用的耕地面积征收的一种税。在对其特点的表述中，正确的有（ ）。

A. 属于对特定土地资源占用课税，具有资源税性质

B. 具有特定行为税的性质

C. 实行一次性课征

D. 采用了地区差别比例税率

E. 税收收入专用于耕地开发和改良

［参考答案］ABCE

［答案解析］选项 D 错误，耕地占用税实行从量定额征收，采用的是地区差别定额税率，不是比例税率。

2. 下列选项中，减按每平方米 2 元的税额征收耕地占用税的有（　　）。

A. 铁路线路占用耕地

B. 公路线路占用耕地

C. 飞机场跑道占用耕地

D. 航道占用耕地

E. 航站楼占用耕地

［参考答案］ABCD

［答案解析］铁路线路、公路线路、飞机场跑道、停机坪、港口、航道、水利工程占用耕地，减按每平方米 2 元的税额征收耕地占用税。

3. 占用下列土地用于建房或从事其他非农业建设，应缴纳耕地占用税的有（　　）。

A. 鱼塘

B. 牧草地

C. 农田水利用地

D. 城市居民住宅小区内的绿化用地

E. 林地

［参考答案］ABCE

［答案解析］选项 D 不属于占用园地、林地、草地、农田水利用地、养殖水面、渔业水域滩涂以及其他农用地建设建筑物、构筑物或者从事非农业建设的，依照本法的规定缴纳耕地占用税。

4. 下列有关纳税人临时占用耕地的税务处理中，正确的有（　　）。

A. 暂不征收耕地占用税，占用耕地超过规定期限的，再按规定征收耕地占用税

B. 按比例预缴耕地占用税

C. 照章缴纳耕地占用税

D. 纳税人在批准临时占用耕地的期限内恢复所占用耕地原状的，全额退还已经缴纳的耕地占用税

E. 纳税人在批准临时占用耕地的期限内恢复所占用耕地原状的，按比例退还已经缴纳的耕地占用税

[参考答案] CD

[答案解析] 纳税人因建设项目施工或者地质勘查临时占用耕地，应当依照《中华人民共和国耕地占用税法》（中华人民共和国主席令第十八号）的规定缴纳耕地占用税。纳税人在批准临时占用耕地期满之日起一年内依法复垦，恢复种植条件的，全额退还已经缴纳的耕地占用税。

5. 下列行为中，属于免征耕地占用税的有（　　）。

A. 省人民医院用于医疗占用耕地

B. 某养老院用于养老服务占用耕地

C. 王某购买荒滩土地使用权用于养殖渔业

D. 部队用于军事设施占用耕地

E. 某事业单位用于科研大楼占用耕地

[参考答案] ABD

[答案解析] 选项ABD正确，军事设施、学校、幼儿园、社会福利机构、医疗机构占用耕地，免征耕地占用税；选项C不属于耕地占用税征税范围；选项E属于占用园地、林地、草地、农田水利用地、养殖水面、渔业水域滩涂以及其他农用地建设建筑物、构筑物或者从事非农业建设的，依照《中华人民共和国耕地占用税法》（中华人民共和国主席令第十八号）的规定缴纳耕地占用税。

6. 下列关于耕地占用税征收管理的说法，正确的有（　　）。

A. 减免耕地占用税后纳税人变原占地用途，不再属于减免税情况的，应当补缴耕地占用税

B. 纳税人在批准临时占用耕地的期限内恢复所占耕地原状的，应全额退还已缴税款

C. 耕地占用税不可以在异地申报纳税

D. 因取土原因损毁耕地的，比照临时占地规定执行

E. 占用基本农田的，应当按照当地适用税额，加按120%征收

[参考答案] ABCD

[答案解析] 选项E错误，占用基本农田的，应当按照确定的当地适用税额，加按150%征收。

7. 下列用地行为，应征收耕地占用税的有（　　）。

A. 占用牧草地从事非农业建设　　B. 修建公路线路占用耕地

C. 医院内职工住房占用耕地　　D. 军用洞库、仓库占用耕地

E. 幼儿园占用耕地

［参考答案］ABC

［答案解析］选项A，占用园地、林地、草地、农田水利用地、养殖水面、渔业水域滩涂以及其他农用地建设建筑物、构筑物或者从事非农业建设的，依照规定缴纳耕地占用税；选项B，铁路线路、公路线路、飞机场跑道、停机坪、港口、航道占用耕地，减按每平方米2元的税额征收耕地占用税；选项C，医院内职工住房占用耕地的，按照当地适用税额缴纳耕地占用税；选项D、E，适用免税优惠。

8. 下列关于耕地占用税的税率的陈述，正确的有（　　）。

A. 耕地占用税单位税额最高每平方米50元，最低5元

B. 国务院财政、税务主管部门根据人均耕地面积和经济发展情况确定各省、自治区、直辖市的平均税额

C. 经济特区、经济技术开发区和经济发达且人均耕地特别少的地区，适用税额可以适当提高，但是提高的部分最高不得超过规定的当地适用税额的30%

D. 耕地占用税以每平方米为计量单位

E. 耕地占用税在税率设计上采用了地区差别定额税率

［参考答案］ABDE

［答案解析］选项C错误，在人均耕地低于零点五亩的地区，省、自治区、直辖市可以根据当地经济发展情况，适当提高耕地占用税的适用税额，但提高的部分不得超过当地适用税额的50%。

9. 下列关于耕地占用税的征收管理的表述中，不正确的有（　　）。

A. 国家机关用于办公占用耕地建房免征耕地占用税

B. 会计师事务所用于会计证培训占用耕地建房免征耕地占用税

C. 太原五中用于教学占用耕地建房免征耕地占用税

D. 某企业因修建水利工程占用耕地免征耕地占用税

E. 因修建港口占用耕地减按每平方米2元的税额征收耕地占用税

［参考答案］ABD

［答案解析］选项A、B不属于军事设施、学校、幼儿园、社会福利机构、

医疗机构占用耕地，不能免征耕地占用税；选项C属于免税；选项D、E属于铁路线路、公路线路、飞机场跑道、停机坪、港口、航道、水利工程占用耕地，减按每平方米2元的税额征收耕地占用税。

10. 下列关于耕地占用税的说法，正确的有（　　）。

A. 免征或者减征耕地占用税后，纳税人改变原占地用途，不再属于免征或者减征耕地占用税情形的，应当按照当地适用税额补缴耕地占用税

B. 耕地占用税的纳税义务发生时间为纳税人收到自然资源主管部门办理占用耕地手续的书面通知的当日，纳税人应当自纳税义务发生之日起30日内申报缴纳耕地占用税

C. 纳税人在批准临时占用耕地期满之日起一年内依法复垦，恢复种植条件的，按照已纳税额的50%退还耕地占用税

D. 占用耕地建设农田水利设施的，不缴纳耕地占用税

E. 耕地占用税由税务机关负责征收

[参考答案] ABDE

[答案解析] 选项C错误，纳税人因建设项目施工或者地质勘查临时占用耕地，应当依照规定缴纳耕地占用税。纳税人在批准临时占用耕地期满之日起一年内依法复垦，恢复种植条件的，全额退还已经缴纳的耕地占用税。

三、判断题

1. 耕地占用税以纳税人实际占用的耕地面积为计税依据，包括批准占用耕地面积和未经批准占用耕地面积。（　　）

[参考答案] 正确

[答案解析]《中华人民共和国耕地占用税法实施办法》（财政部　税务总局　自然资源部　农业农村部　生态环境部公告2019年第81号）规定，实际占用的耕地面积，包括经批准占用的耕地面积和未经批准占用的耕地面积。

2. 医院内职工住房占用耕地的，免征耕地占用税。（　　）

[参考答案] 错误

[答案解析] 医疗机构占用耕地，免征耕地占用税，职工住房不免。

3. 纳税人占用耕地纳税义务发生时间为实际占用耕地的当天。（　　）

[参考答案] 错误

［答案解析］耕地占用税的纳税义务发生时间为纳税人收到自然资源主管部门办理占用耕地手续的书面通知的当日。

4. 纳税人改变用途，不再属于免税或减税情形的，应按办理减免税时依据的适用税额对纳税人补征耕地占用税。 （ ）

［参考答案］错误

［答案解析］纳税人改变原占地用途，不再属于免征或者减征耕地占用税情形的，应当按照当地适用税额补缴耕地占用税。

5. 飞机场跑道占用耕地的，不征收耕地占用税。 （ ）

［参考答案］错误

［答案解析］铁路线路、公路线路、飞机场跑道、停机坪、港口、航道、水利工程占用耕地，减按每平方米 2 元的税额征收耕地占用税。

6. 农民李某的丈夫是因公牺牲军人，李某在规定用地标准以内占用耕地新建自用住宅，按照当地适用税额减半征收耕地占用税。 （ ）

［参考答案］错误

［答案解析］农村烈士遗属、因公牺牲军人遗属、残疾军人以及符合农村最低生活保障条件的农村居民，在规定用地标准以内新建自用住宅，免征耕地占用税。

7. 某县修建高速公路，线路占用耕地 800 亩，收费站生活区占地 40 亩，均为基本农田，当地县级税额标准每平方米 22 元，应缴纳的耕地占用税 880 004.4元。 （ ）

［参考答案］错误

［答案解析］$800 \times 666.67 \times 2 = 1\ 066\ 672$（元）

$40 \times 666.67 \times 22 \times (1 + 50\%) = 880\ 004.4$（元）

$1\ 066\ 672 + 880\ 004.1 = 1\ 946\ 676.4$（元）

高速公路线路占用耕地，减按每平方米 2 元；收费站生活区占用耕地；占用基本农田的在当地使用税额的基础上提高 50%。

8. 城区某企业经批准占用耕地 36 亩，企业在实际建设过程中，擅自将土地西侧的山坡地 4 亩占用，当地税额标准每平方米 30 元，该企业应缴纳的耕地占用税 720 036 元。 （ ）

［参考答案］错误

［答案解析］（36 + 4）× 666.67 × 30 = 800 040（元）

耕地占用税纳税人实际占用的耕地面积为计税依据，包括经批准占用的耕地面积和未经批准占用的耕地面积。

9. 耕地占用税的纳税义务发生时间为纳税人实际占用耕地的当日。纳税人应当自纳税义务发生之日起 15 日内申报缴纳耕地占用税。（　　）

［参考答案］错误

［答案解析］耕地占用税的纳税义务发生时间为纳税人收到自然资源主管部门办理占用耕地手续的书面通知的当日。纳税人应当自纳税义务发生之日起 30 日内申报缴纳耕地占用税。

10. 占用园地、林地、草地、农田水利用地、养殖水面、渔业水域滩涂以及其他农用地建设直接为农业生产服务的生产设施的，不缴纳耕地占用税。（　　）

［参考答案］正确

［答案解析］《中华人民共和国耕地占用税法》（中华人民共和国主席令第十八号）规定，占用园地、林地、草地、农田水利用地、养殖水面、渔业水域滩涂以及其他农用地建设建筑物、构筑物或者从事非农业建设的，依照规定缴纳耕地占用税。占用农用地建设直接为农业生产服务的生产设施的，不缴纳耕地占用税。

第十章　契税

一、单项选择题

1. 下列选项中，属于契税纳税人的是（　　）。

A. 转让国有土地使用权的某企业

B. 销售别墅的东方天和房地产有限公司

C. 对外捐赠房屋的某工业企业

D. 购买商铺的王某

［参考答案］ D

［答案解析］ 契税的纳税义务人是承受土地、房屋权属的单位和个人。所以，购买商铺的王某属于契税纳税人。

2. 甲某、乙某、丙某三人欲成立一合伙企业。甲某出资 100 万元，乙某出资 80 万元，丙某用其住房作为投资，此住房评估价格为 100 万元，该合伙企业应缴纳的契税为（　　）万元（当地规定契税税率 3%）。

A. 0　　　　B. 3

C. 4.5　　　　D. 6

［参考答案］ A

［答案解析］ 合伙企业的合伙人将其名下的房屋、土地权属转移至合伙企业名下，或合伙企业将其名下的房屋、土地权属转回原合伙人名下的，免征契税。

3. 下列关于契税减免税优惠政策的说法，正确的是（　　）。

A. 金融租赁公司通过售后回租承受承租人房屋土地权属的，免征契税

B. 因不可抗力丧失住房而重新购房的，免征契税

C. 单位承受荒滩用于仓储设施开发的，免征契税

D. 婚姻关系存续期间，房屋原属夫妻一方所有，变更为夫妻双方共有的，免征契税

[参考答案] D

[答案解析] 选项A，对金融租赁公司开展售后回租业务，承受承租人房屋、土地权属的，照章征税；对售后回租合同期满，承租人回购原房屋、土地权属的，免征契税；选项B，因不可抗力丧失住房而重新购买住房的，酌情准予减征或者免征契税；选项C，承受荒山、荒沟、荒丘、荒滩土地使用权，并用于农、林、牧、渔业生产的，免征契税。

4. 承受的房屋附属设施权属单独计价的，适用的契税税率是（　　）。

A. 与房屋相同的契税税率　　B. 当地确定的适用税率

C. 固定的3%的税率　　D. 固定的5%的税率

[参考答案] B

[答案解析] 承受的房屋附属设施权属单独计价的，按照当地确定的适用税率征收契税；与房屋统一计价的，适用与房屋相同的契税税率。

5. 张三将自有的一栋住房无偿赠与其最好的朋友李四，已向税务机关提交经审核并签字盖章的《个人无偿赠与不动产登记表》。下列关于缴纳契税表述正确的是（　　）。

A. 张三应缴纳契税　　B. 李四应缴纳契税

C. 张三的儿子缴纳契税　　D. 李四不用缴纳契税

[参考答案] B

[答案解析] 房屋赠与已真实发生了土地、房屋权属转移的，受赠一方要按规定缴纳契税。

6. 王某和李某因工作地点原因，双方约定互相交换房屋，王某房屋价值80万元，李某的房屋价值100万元，差价款20万元由王某支付给李某，双方签订房屋权属转移合同并按规定办理了房屋产权过户手续。下列关于此项业务的契税处理，表述正确的是（　　）。

A. 王某和李某双方均不缴纳契税

B. 王某和李某双方均缴纳契税

C. 王某应缴纳契税，李某不缴纳契税

D. 王某不应缴纳契税，李某缴纳契税

［参考答案］C

［答案解析］房屋交换，交换价格不相等的，由多交付货币、实物、无形资产或者其他经济利益的一方缴纳契税。交换价格相等的，免征契税。

7. 下列行为中，应缴纳契税的是（　　）。

A. 个人过世后，其法定继承人继承房产

B. 企业以自有房产等价交换另一企业的房产

C. 个人以自有房产投入本人独资经营的企业

D. 受赠人接受他人赠与的房屋

［参考答案］D

［答案解析］选项A，对于《中华人民共和国民法典》规定的法定继承人继承土地、房屋权属，不征收契税；选项B，房产交换价格相等的，免征契税；选项C，个人以自有房产投入本人独资经营的企业免征契税。

8. 2020年8月小李在北京刚参加工作，未婚，为了工作方便他就近购买了一套60平方米的一手住房，房屋销售价格为50万元，小李名下没有其他住房，小李应缴纳的契税是（　　）元。

A. 0　　B. 3 000

C. 15 000　　D. 5 000

［参考答案］D

［答案解析］50万元×1%＝5 000元

对个人购买家庭唯一住房（家庭成员范围包括购房人、配偶以及未成年子女），面积为90平方米及以下的，减按1%的税率征收契税。

9. 为了改善居住条件，王某于2021年4月在所居城市又购买了一套180平方米的住房，价值200万元，王某家庭（家庭成员范围包括购房人、配偶以及未成年子女）已有一套住宅。此次购房王某应缴纳的契税是（　　）元。

A. 0　　B. 40 000

C. 15 000　　D. 30 000

［参考答案］B

［答案解析］200 万元 ×2% =40 000 元

对个人购买家庭第二套改善性住房，面积为 90 平方米及以下的，减按 1% 的税率征收契税；面积为 90 平方米以上的，减按 2% 的税率征收契税。

10. 甲企业为扩大生产，在某市级开发区通过拍卖方式购得一处土地，面积 50 000 平方米，缴纳土地出让金 8 000 万元，甲企业应缴纳的契税是（　　）万元。

A. 0　　B. 400

C. 320　　D. 240

［参考答案］C

［答案解析］8 000 ×4% =320（万元）

二、多项选择题

1. 下列纳税人关于契税的处理，正确的有（　　）。

A. 非公司制企业，按照相关规定、整体改建为有限责任公司或股份有限公司，对改建后的公司承受原企业土地 、房屋权属，免征契税

B. 在股权转让中，单位、个人承受企业股权，企业土地、房屋权属不发生转移的，不征收契税

C. 企业合并中，原投资主体存续的，对其合并后的企业承受原合并各方的土地、房屋权属，免征契税

D. 债权人承受破产企业土地、房屋权属以抵偿债务的，免征契税

E. 事业单位按照国家有关规定改制为企业，原投资主体存续的，对改制后企业承受原事业单位土地、房屋权属，免征契税

［参考答案］BCD

［答案解析］选项 A，企业按照《中华人民共和国公司法》有关规定整体改制，包括非公司制企业改制为有限责任公司或股份有限公司，有限责任公司变更为股份有限公司，股份有限公司变更为有限责任公司，原企业投资主体存续并在改制（变更）后的公司中所持股权（股份）比例超过 75%，且改制（变更）后公司承继原企业权利、义务的，对改制（变更）后公司承受原企业土地、房屋权属，免征契税。选项 E，事业单位按照国家有关规定改制为企业，原投资主体存续并在改制后企业中出资（股权、股份）比例超过 50% 的，对改

制后企业承受原事业单位土地、房屋权属，免征契税。其他选项正确。

2.《中华人民共和国契税法》规定，在中华人民共和国境内转移土地、房屋权属，承受的单位和个人为契税的纳税人，应当依照本法规定缴纳契税。下列行为属于转移土地、房屋权属的有（　　）。

A. 土地使用权出让　　B. 出售土地使用权

C. 互换房屋　　D. 互换土地使用权

E. 土地经营权的转移

［参考答案］ ABCD

［答案解析］《中华人民共和国契税法》规定，转移土地、房屋权属，是指下列行为：土地使用权出让；土地使用权转让，包括出售、赠与、互换；房屋买卖、赠与、互换；土地使用权转让，不包括土地承包经营权和土地经营权的转移。

3. 下列关于契税计税依据的说法，正确的有（　　）。

A. 土地使用权出让、出售，房屋买卖，为土地、房屋权属转移实际的成交价格，包括应交付的货币以及实物、其他经济利益对应的价款

B. 土地使用权互换、房屋互换，为所互换的土地使用权、房屋价格的差额

C. 纳税人申报的成交价格、互换价格差额明显偏低且无正当理由的，由税务机关依照《中华人民共和国税收征收管理法》的规定核定

D. 土地使用权赠与、房屋赠与以及其他没有价格的转移土地、房屋权属行为，为税务机关参照土地使用权出售、房屋买卖的市场价格依法核定的价格

E. 土地使用权互换、房屋互换，为所互换的土地使用权、房屋的价格

［参考答案］ BCD

［答案解析］ 选项 A，土地使用权出让、出售，房屋买卖，为土地、房屋权属转移合同确定的成交价格，包括应交付的货币以及实物、其他经济利益对应的价款；选项 E，土地使用权互换、房屋互换，为所互换的土地使用权、房屋价格的差额。

4. 下列属于免征契税的情形有（　　）。

A. 国家机关用于办公购买的房屋

B. 会计师事务所用于会计证培训购买的房屋

C. 太原五中用于教师宿舍购买的房屋

D. 部队用于军事设施购买的土地

E. 某事业单位用于科研购买的房屋

［参考答案］ ADE

［答案解析］ 选项 B、C 不符合非营利性的学校、医疗机构、社会福利机构承受土地、房屋权属用于办公、教学、医疗、科研、养老、救助的情形，不免征契税。

5. 下列不属于免征契税的情形有（　　）。

A. 省人民医院用于医疗购买的房屋

B. 某养老院用于养老服务购买的房屋

C. 王某购买荒滩土地使用权用于养殖渔业

D. 老王把自己的住房送给儿子，儿子承受的房屋

E. 老李把自己的商铺送给好朋友孙某，孙某承受的商铺

［参考答案］ DE

［答案解析］《中华人民共和国契税法》规定，有下列情形之一的，免征契税：

“（一）国家机关、事业单位、社会团体、军事单位承受土地、房屋权属用于办公、教学、医疗、科研、军事设施；

（二）非营利性的学校、医疗机构、社会福利机构承受土地、房屋权属用于办公、教学、医疗、科研、养老、救助；

（三）承受荒山、荒地、荒滩土地使用权用于农、林、牧、渔业生产；

（四）婚姻关系存续期间夫妻之间变更土地、房屋权属；

（五）法定继承人通过继承承受土地、房屋权属；

（六）依照法律规定应当予以免税的外国驻华使馆、领事馆和国际组织驻华代表机构承受土地、房屋权属。”

6. 下列关于契税征收的说法，正确的有（　　）。

A. 小李把自己名下的房产变更给妻子，妻子承受房产免征契税

B. 儿子作为法定继承人通过继承承受了父亲的房屋权属

C. 小王把自己单独所有的房产通过加名的方式变更成小王夫妻二人共同拥有，变更房屋权属免征契税

D. 某企业购买荒山用于农家乐餐饮住宿等免征契税

E. 某企业购买房屋用于科研免征契税

［参考答案］ABC

［答案解析］选项D，承受荒山、荒地、荒滩土地使用权用于农、林、牧、渔业生产免征契税；选项E，不符合国家机关、事业单位、社会团体、军事单位承受土地、房屋权属用于办公、教学、医疗、科研、军事设施免征契税。

7. 下列关于契税纳税义务发生的时间，正确的有（　　）。

A. 为纳税人签订房屋权属转移合同的当日

B. 为纳税人签订国有土地出让合同的当日

C. 纳税人取得其他具有土地、房屋权属转移合同性质凭证的当日

D. 纳税人取得土地使用证的当日

E. 纳税人取得不动产登记证的当日

［参考答案］ABC

［答案解析］《中华人民共和国契税法》规定，契税的纳税义务发生时间：为纳税人签订土地、房屋权属转移合同的当日，或者纳税人取得其他具有土地、房屋权属转移合同性质凭证的当日。

8. 下列关于企业、事业单位改制重组中，契税处理正确的有（　　）。

A. 事业单位按照国家有关规定改制为企业，原投资主体存续并在改制后企业中出资（股权、股份）比例超过85%的，对改制后企业承受原事业单位土地、房屋权属，免征契税

B. 两个或两个以上的公司，依照法律规定、合同约定，合并为一个公司，且原投资主体存续的，对合并后公司承受原合并各方土地、房屋权属，免征契税

C. 公司依照法律规定、合同约定分立为两个或两个以上与原公司投资主体相同的公司，对分立后公司承受原公司土地、房屋权属，免征契税

D. 对承受县级以上人民政府或国有资产管理部门按规定进行行政性调整、划转国有土地、房屋权属的单位，免征契税

E. 以出让方式或国家作价出资（入股）方式承受原改制重组企业、事业单位划拨用地的，对承受方应免征契税

［参考答案］BCD

［答案解析］选项A，事业单位按照国家有关规定改制为企业，原投资主

体存续并在改制后企业中出资（股权、股份）比例超过50%的，对改制后企业承受原事业单位土地、房屋权属，免征契税。选项E，以出让方式或国家作价出资（入股）方式承受原改制重组企业、事业单位划拨用地的，不属上述规定的免税范围，对承受方应按规定征收契税。

9. 下列经济活动中关于契税说法正确的有（　　）。

A. 甲公司将一栋办公楼作价增资入股到全资子公司，子公司免征契税

B. 张三将自己名下的一处商铺投资到张三个人独资企业中，免征契税

C. A公司以购买B公司100%股权的方式拥有了B公司所有土地，A公司应当缴纳契税

D. C企业经国务院批准实施债权转股权，对债权转股权后新设立的D公司承受C企业的土地、房屋权属，免征契税

E. 甲乙同属于某集团公司的全资子公司，由于企业改制将甲企业的一栋办公楼无偿划转到乙企业，乙企业承受该房产免征契税

［参考答案］ABDE

［答案解析］选项C，在股权（股份）转让中，单位、个人承受公司股权（股份），公司土地、房屋权属不发生转移，不征收契税。

10. A企业将原值38万元的房产评估作价50万元投资B企业，B企业办理产权登记后又将该房产以55万元价格售给C企业，当地契税税率4%。关于上述业务，下列契税处理正确的有（　　）。

A. C企业缴纳契税2.2万元　　B. C企业缴纳契税2万元

C. B企业缴纳契税2万元　　D. B企业缴纳契税2.2万元

E. B企业缴纳契税1.52万元

［参考答案］AC

［答案解析］C企业缴纳契税为2.2万元（55×4%），B企业缴纳契税2万元（50×4%）。

三、判断题

1. 企业依照有关法律法规规定实施破产，对非债权人承受破产企业土地、房屋权属，凡按照《中华人民共和国劳动法》等国家有关法律法规政策妥善安置原企业全部职工规定，与原企业全部职工签订服务年限不少于五年的劳动用

工合同的，对其承受所购企业土地、房屋权属，免征契税；与原企业超过70%的职工签订服务年限不少于三年的劳动用工合同的，减半征收契税。（　　）

［参考答案］错误

［答案解析］企业依照有关法律法规规定实施破产，债权人（包括破产企业职工）承受破产企业抵偿债务的土地、房屋权属，免征契税；对非债权人承受破产企业土地、房屋权属，凡按照《中华人民共和国劳动法》等国家有关法律法规政策妥善安置原企业全部职工规定，与原企业全部职工签订服务年限不少于三年的劳动用工合同的，对其承受所购企业土地、房屋权属，免征契税；与原企业超过30%的职工签订服务年限不少于三年的劳动用工合同的，减半征收契税。

2. 《中华人民共和国契税法》规定纳税人应当自纳税义务发生之日起10日内，向土地、房屋所在地的契税征收机关办理纳税申报，并在契税征收机关核定的期限内缴纳税款。（　　）

［参考答案］错误

［答案解析］《中华人民共和国契税法》规定，纳税人应当在依法办理土地、房屋权属登记手续前申报缴纳契税。

3. 在依法办理土地、房屋权属登记前，权属转移合同、权属转移合同性质凭证不生效、无效、被撤销或者被解除的，纳税人已缴纳的契税不予退还。（　　）

［参考答案］错误

［答案解析］在依法办理土地、房屋权属登记前，权属转移合同、权属转移合同性质凭证不生效、无效、被撤销或者被解除的，纳税人可以向税务机关申请退还已缴纳的税款，税务机关应当依法办理。

4. 个人购买普通住房申请享受税收优惠的，税务机关应查询纳税人契税纳税记录；无记录或有记录但有疑义的，经纳税人授权，税务机关通过房地产主管部门查询纳税人家庭住房登记记录；如因当地不具备查询条件的，税务机关可以要求纳税人提交家庭住房实有套数书面诚信保证。（　　）

［参考答案］正确

［答案解析］纳税人申请享受税收优惠的，根据纳税人的申请或授权，由购房所在地的房地产主管部门出具纳税人家庭住房情况书面查询结果，并将查询结果和相关住房信息及时传递给税务机关。暂不具备查询条件而不能提供家

庭住房查询结果的，纳税人应向税务机关提交家庭住房实有套数书面诚信保证，诚信保证不实的，属于虚假纳税申报，按照《中华人民共和国税收征收管理法》的有关规定处理，并将不诚信记录纳入个人征信系统。

5. 企业实行整体改制后，如果原企业投资主体存续并在改制后的公司中所持股权比例超过75%，且改制后公司承继原企业权利、义务的，对改制后公司承受原企业土地、房屋权属，免征契税。（ ）

[参考答案] 正确

[答案解析] 企业按照《中华人民共和国公司法》有关规定整体改制，包括非公司制企业改制为有限责任公司或股份有限公司，有限责任公司变更为股份有限公司，股份有限公司变更为有限责任公司，原企业投资主体存续并在改制（变更）后的公司中所持股权（股份）比例超过75%，且改制（变更）后公司承继原企业权利、义务的，对改制（变更）后公司承受原企业土地、房屋权属，免征契税。

6. 某大型国有企业2018年承受国有土地使用权，国家给与其照顾，减按应支付土地出让金的70%缴纳出让金，则该企业实际支付180万元，当地契税税率为4%，则该企业应缴纳的契税为7.2万元。（ ）

[参考答案] 错误

[答案解析] $180 \div 70\% \times 4\% = 10.29$（万元）

《关于免征土地出让金出让国有土地使用权征收契税的批复》规定，对承受国有土地使用权所应支付的土地出让金，要计征契税。不得因减免土地出让金，而减免契税。

7. 对于土地使用权赠与行为，税务机关可参照土地使用权出售的市场价格依法核定契税的计税依据。（ ）

[参考答案] 正确

[答案解析] 契税的计税依据为土地使用权赠与、房屋赠与以及其他没有价格的转移土地、房屋权属行为，税务机关参照土地使用权出售、房屋买卖的市场价格依法核定价格。

8. A企业取得国家划拨的土地，应当缴纳契税。（ ）

[参考答案] 错误

[答案解析] 划拨的土地不在契税征收范围，不缴纳契税。

9. 某房地产开发企业以竞价方式取得一块土地，缴纳土地出让金 2 亿元，市政建设配套费 6 000 万元，当地契税税率为 4%。则其取得土地使用权应缴纳的契税是 800 万元。（　　）

［参考答案］错误

［答案解析］（200 000 000 + 60 000 000）×4% =1 040（万元）

《财政部　国家税务总局关于国有土地使用权出让等有关契税问题的通知》（财税〔2004〕134 号）规定：以竞价方式出让的，其契税计税价格，一般应确定为竞价的成交价格，土地出让金、市政建设配套费以及各种补偿费用应包括在内。

10. A 事业单位用国家划拨土地建造办公楼一栋，后因战略改变将此栋办公楼出售给 B 公司，售价 3 000 万元，其中包括 50 万元的有关税费，补缴土地出让金 500 万元，以及其他出让费用 60 万元，按契税税率 4%，事业单位和 B 公司均应缴纳契税。（　　）

［参考答案］正确

［答案解析］先以划拨方式取得土地使用权，后经批准改为出让方式取得该土地使用权的，应依法缴纳契税。在中华人民共和国境内转移土地、房屋权属，承受的单位和个人为契税的纳税人。所以 A 事业单位和 B 公司均应缴纳契税。

第十一章　房产税

一、单项选择题

1. 下列属于房产税征收范围的是（　　）。

A. 露天游泳池

B. 房地产开发企业建造的商品房在出售前对外出租

C. 某工业企业地处于农村的生产用房

D. 房地产开发企业开发的未使用的待售商品房

［**参考答案**］B

［**答案解析**］露天游泳池属于独立于房屋之外的建筑物不征税；处于农村的生产用房不在征税区域；未使用的待售商品房不征税。商品房在出售前对外出租，有租金收入应当纳税，选项 B 正确。

2. 下列属于房产税征税范围，应缴纳房产税的是（　　）。

A. 变电塔　　B. 工矿区内的砖瓦石灰窑

C. 建制镇内的房屋　　D. 玻璃暖房

［**参考答案**］C

［**答案解析**］独立于房屋之外的建筑物，如围墙、烟囱、水塔、变电塔、油池油柜、酒窖菜窖、酒精池、糖蜜池、室外游泳池、玻璃暖房、砖瓦石灰窑以及各种油气罐等，不属于房产。

3. 根据房产税政策，下列各项需缴纳房产税的是（　　）。

A. 行政机关对外出租的房产

B. 某森林公园用于公共游览参观的建筑

C. 施工期间施工企业在基建工地搭建的临时办公用房

D. 农贸市场专门用于经营农产品的房产

[参考答案] A

[答案解析] 选项B、C均为现行房产税政策中的免税项目。选项D，自2019年1月1日至2021年12月31日，对农产品批发市场、农贸市场（包括自有和承租）专门用于经营农产品的房产，暂免征收房产税。选项A，国家机关自用的房产免征房产税，对外出租属于经营行为，需要缴纳房产税。

4. 下列房屋及建筑物中，属于房产税征税范围的是（　　）。

A. 企业职工食堂菜窖　　B. 农村的居住用房

C. 企业出典市区的门市部　　D. 工厂围墙

[参考答案] C

[答案解析] 选项A、D，菜窖和围墙不属于房产，不属于房产税征税范围；选项B，农村的居住用房不属于房产税征税范围；选项C，房屋出典的需缴纳房产税。

5. 下列关于房产税纳税人的表述中，不符合法律制度规定的是（　　）。

A. 房屋出租的，承租人为纳税人

B. 房屋出典的，承典人为房产税的纳税人

C. 产权人不在房屋所在地的，由房屋代管人或使用人纳税

D. 房屋产权未确定的，房产代管人为纳税人

[参考答案] A

[答案解析] 选项A，房屋出租的，出租人为房产税纳税人。其余三项符合房产税政策。

6. 下列关于房产税纳税人的说法，正确的是（　　）。

A. 产权出典的，由出典人缴纳房产税

B. 产权属于国家所有的，由经营管理单位缴纳房产税

C. 无论产权所有人是否在房屋所在地，均由产权所有人缴纳房产税

D. 纳税单位无租使用免税单位房产的，由免税单位缴纳房产税

[参考答案] B

[答案解析] 选项A，产权出典的，由承典人纳税；选项C，产权所有人、

承典人不在房屋所在地的，由房产代管人或者使用人纳税；选项 D，纳税单位和个人无租使用免税单位的房产，应由使用人代为缴纳房产税。

7. 下列关于房产税纳税人的表述中，不符合法律制度规定的是（ ）。

A. 甲企业无租使用他人房产，由出租人缴纳

B. 房屋产权所有人不在房产所在地的，房产代管人为纳税人

C. 刘某将个人拥有产权的房屋出典给李某，则李某为该房屋房产税的纳税人

D. 房屋产权未确定的，房产代管人为纳税人

［参考答案］A

［答案解析］纳税单位和个人"无租使用"房产管理部门、免税单位及纳税单位的房产，由使用人代为缴纳房产税。

8. 甲企业以房产进行投资联营，共担风险，并参与被投资企业的利润分红，则该投资房产的房产税的计税依据为（ ）。

A. 取得的分红

B. 房产市值

C. 房产原值

D. 房产余值

［参考答案］D

［答案解析］对于以房产投资联营，投资者参与投资利润分红、共担风险的，按房产的余值作为计税依据计征房产税；对以房产投资，收取固定收入、不承担联营风险的，按出租房产征税，以收取的利润作为租金收入计征房产税。

9. 下列关于房产税税率的表述，不正确的是（ ）。

A. 个人出租住房不区分用途，按 5% 税率征收房产税

B. 依房产余值计税的，税率为 1.2%

C. 依房产租金收入计税的，税率为 12%

D. 公司向员工收取低于市场价的房租，房产税税率为 4%

［参考答案］A

［答案解析］选项 A 没有政策依据，其余三项符合政策。

10. 下列出租住房的行为，不分用途一律减按 4% 的税率征收房产税的是（ ）。

A. 企业出租在农村的住房

B. 个人出租在城市的住房

C. 事业单位出租在县城的住房　　D. 社会团体出租在工矿区的住房

[参考答案] B

[答案解析] 个人出租住房，不分用途，按4%的税率征收房产税。

11. 下列说法中，符合房产税规定的是（　　）。

A. 自用房产计税余值的扣除比例由省级人民政府确定

B. 房产的租金收入，只包括出租房产使用权取得的货币收入

C. 个人自住的别墅应当缴纳房产税

D. 房产税在城市、县城、建制镇、工矿区和农村征收

[参考答案] A

[答案解析] 租金收入除货币形式外，还包括其他形式的经济利益流入；个人自用房屋免税；农村房产不征税。选项A符合政策规定。

12. 某企业（增值税一般纳税人）2019年初委托施工企业建造仓库一幢，9月末办理验收手续，仓库入账原值400万元；9月30日将原值300万元的旧车间对外投资联营，当年收取固定利润10万元。当地政府规定房产计税余值扣除比例为30%。2019年度该企业上述房产应缴纳房产税（　　）万元。

A. 3.60　　B. 3.93

C. 4.14　　D. 6.25

[参考答案] B

[答案解析]

(1) 新建房自办理验收手续次月起纳税。

应纳房产税 $=400\times(1-30\%)\times1.2\%\times3\div12=0.84$（万元）

(2) 出租车间租金收入应纳房产税 $=10\times12\%=1.2$（万元）

(3) 车间出租前应纳房产税 $=300\times(1-30\%)\times1.2\%\times9\div12=1.89$（万元）

(4) 上述房产应缴纳房产税 $=0.84+1.2+1.89=3.93$（万元）

13. 某企业（增值税一般纳税人）2020年度生产经营用房原值20 000万元；出租房屋原值800万元，年租金100万元。已知当地规定的房产余值扣除比例为30%。该企业当年应缴纳房产税税额的下列计算中，正确的是（　　）。

A. $20\,000\times(1-30\%)\times1.2\%=168$（万元）

B. $20\,000\times(1-30\%)\times1.2\%+100\times12\%=180$（万元）

C. 100×12% =12（万元）

D. （20 000 +800）×（1 -30%）×1.2% =174.72（万元）

［参考答案］ B

［答案解析］ 企业自用的房屋以房产余值从价计征房产税，出租的房屋按照租金收入从租计征房产税。

14. 下列关于地下建筑物房产税的表述，正确的是（　　）。

A. 单独建造的地下建筑物不缴纳房产税

B. 对于与地上房屋相连的地下建筑物，应将地下部分和地上房屋视为一个整体按照地上房屋建筑的有关规定缴纳房产税

C. 地下建筑物若用作工业生产，以房屋原价的10%—30%作为应税房产原值

D. 地下建筑物若用作商业经营，以房屋原价的50%—60%作为应税房产原值

［参考答案］ B

［答案解析］ 选项A，地下建筑物需要缴纳房产税；选项C，地下建筑物若作工业用途，以房屋原价的50%—60%作为应税房产原值；选项D，地下建筑物若作商业用途，以房屋原价的70%—80%作为应税房产原值。

15. 位于市区的甲企业土地面积为25 000平方米，地价款为2 500万元，该土地上的房屋的总建筑面积为17 000平方米；相邻的乙企业土地面积为25 000平方米，地价款为2 000万元，土地上的房屋的总建筑面积为7 000平方米，则下列说法正确的是（　　）。

A. 甲企业容积率低于0.5

B. 乙企业容积率低于0.5

C. 甲企业无论会计上如何核算，房产原值都不包含地价

D. 乙企业按房产建筑面积的3倍计算土地面积，并据此确定计入房产原值的地价

［参考答案］ B

［答案解析］ 容积率 = 总建筑面积/总用地面积

甲企业容积率 =17 000÷25 000 = 0.68

乙企业容积率 =7 000÷25 000 =0.28

选项C，对按照房产原值计税的房产，无论会计上如何核算，房产原值都应包含地价；选项D，容积率低于0.5，按房产建筑面积的2倍计算面积，并据此确定计入房产原值的地价。

16. 2020年1月，甲企业（增值税一般纳税人）拥有房产原值8 500万元，4月1日将原值500万元的房产出租，出租期限5年，不含增值税租金2万元/月，其中4—6月为免租期，已知当地政府规定计算房产余值的扣除比例为30%，则2020年甲企业应该缴纳的房产税为（　　）万元。

A. 70.39　　B. 35.04

C. 66.54　　D. 70.74

[参考答案] D

[答案解析] 对出租房产，租赁双方签订的租赁合同约定由免收租金期限的，免税租金期间由产权所有人按照房产原值缴纳房产税。甲企业2020年应该缴纳的房产税 $=(8\ 500-500)\times(1-30\%)\times1.2\%+500\times(1-30\%)\times1.2\%\times6\div12+2\times6\times12\%=70.74$（万元）

17. 市区某商业企业（增值税一般纳税人）拥有一个大型的地下商场，该地下房产原值为400万元，2020年7月将商场出租，每月不含增值税租金10万元，商场所在省确定的减除比例是30%，折算比例是80%，则商场2020年应缴纳的房产税是（　　）元。

A. 85 440　　B. 56 880

C. 86 400　　D. 77 760

[参考答案] A

[答案解析] 应纳税额 $=400\times80\%\times(1-30\%)\times1.2\%\times6\div12+10\times12\%\times6=8.544$（万元）

18. 甲公司（增值税一般纳税人）2020年将市区一栋厂房租赁给乙企业，乙企业每年支付给甲公司共计1 000万元（其中厂房租金800万元，水电费130万元，变电塔租金70万元）。则甲公司2020年应纳房产税（　　）万元（增值税采用简易计税办法计算）。

A. 67.2　　B. 91.43

C. 96　　D. 120

[参考答案] B

[答案解析] 变电塔不属于房产税的征税范围；纳税人出租房产的，以房产不含增值税租金收入作为房产税的计税依据，不包括代为收取的水电费。甲公司 2020 年应纳房产税为 91.43 万元 [800 ÷ (1 + 5%) × 12% = 91.43]。

19. 甲企业（增值税一般纳税人）2020 年 1 月将位于市区的两间自有房屋出租给乙企业（增值税小规模纳税人），合同约定租期 3 年，年租金 10 万元，每年 1 月支付；乙企业因业务压缩于 2021 年 1 月起将其中一间房屋转租给丙企业（增值税小规模纳税人），合同约定租期 2 年，年租金 5 万元，每年 1 月支付。下列关于房产税业务的说法正确的是（　　）。

A. 甲企业每年应缴纳房产税税额 = 10 × 12% × 50% = 0.6（万元）

B. 乙企业每年应缴纳房产税税额 = 5 × 12% × 50% = 0.3（万元）

C. 丙企业每年应缴纳房产税税额 = 5 × 12% × 50% = 0.3（万元）

D. 甲企业需缴纳房产税，乙企业和丙企业不需要缴纳房产税

[参考答案] D

[答案解析] 房产税由房产的产权所有人或代管人为纳税义务人，承租行为和转租行为不征收房产税。增值税一般纳税人不享受减半征收房产税的优惠。故选项 D 正确。

20. 张某 2021 年 1 月 31 日将自有住房出租，当月交付使用，每月收取不含税租金 5 000 元。张某 2021 年应缴纳房产税（　　）元。

A. 2 200　　B. 1 100

C. 2 400　　D. 1 200

[参考答案] B

[答案解析] 对个人出租住房，不区分用途，均按 4% 的税率征收房产税；出租、出借房产，自交付出租、出借房产之次月起计征房产税。个人出租住房，根据现行政策减半征收房产税。张某 2021 年应缴纳房产税 1 100 元（5 000 × 11 × 4% × 50%）。

21. 市区某企业（增值税一般纳税人）房产原值共 2 500 万元，2020 年 5 月 1 日将其中的 30% 用于对外投资联营，投资期限 10 年，不承担投资风险，当年取得固定利润 50 万元。已知当地政府规定的扣除比例为 20%。该企业 2020 年度应纳房产税（　　）万元（不动产租赁增值税采用简易办法计算）。

A. 16.91　　B. 24.91

C. 28.53　　D. 16.8

[参考答案] B

[答案解析] 该企业2018年1月份至4月份应纳房产税8万元［2 500×（1－20%）×1.2%×4÷12］；该企业2018年5月份至12月份应纳房产税16.91万元［2 500×（1－30%）×（1－20%）×1.2%×8÷12＋50÷（1＋5%）×12%］；所以，该企业2020年全年应纳房产税24.91万元（8＋16.91）。

22. 某企业（增值税一般纳税人）2020年有一处地下建筑物，为商业用途房产（房产原值80万元），10月底将其出售。当地政府规定房产税减除比例为30%，商业用途地下建筑房产以原价的70%作为应税房产原值。2020年企业就该地下建筑物应缴纳房产税（　　）元。

A. 3 920　　B. 4 312

C. 4 704　　D. 4 820

[参考答案] A

[答案解析] 应缴纳房产税3 920元［80×70%×（1－30%）×1.2%×10 000×10÷12］。

23. 对居民住宅区内业主共有的经营性房产，由实际经营（包括自营和出租）的代管人或使用人缴纳房产税，其中没有房产原值或不能将共有住房划分开的，应当参照同类房产核定房产原值，有权核定房产原值的机关是（　　）。

A. 房产所在地税务机关　　B. 代管人所在地税务机关

C. 产权所有人所在地税务机关　　D. 国家税务总局

[参考答案] A

[答案解析] 对居民住宅区内业主共有的经营性房产，由实际经营（包括自营和出租）的代管人或使用人缴纳房产税，其中没有房产原值或不能将共有住房划分开的，由房产所在地税务机关参照同类房产核定房产原值。

24. 某企业（增值税一般纳税人）拥有A、B两栋房产，A栋自用，B栋出租。A、B两栋房产原值分别为2 000万元和1 500万元，2020年5月底B栋房产租赁到期。自2020年6月1日起，该企业由A栋搬至B栋办公，同时对A栋房产开始进行大修至年底完工。企业出租B栋房产的不含税月租金为15万元，当地政府规定房产税房产余值扣除比例为30%。则该企业2019年应缴纳房产税（　　）万元。

A. 23.35　　B. 42

C. 33.35　　D. 25.85

［参考答案］A

［答案解析］纳税人因房屋大修导致连续停用半年以上的，在房屋大修期间免征房产税；所以该企业A栋房产大修的7个月不需要计算缴纳房产税。A栋房产前5个月需要从价计征房产税7万元［2 000×(1－30%)×1.2%×5÷12］；B栋房产前5个月按租金计征房产税9万元（15×5×12%）；B栋房产后7个月按房产余值计税7.35万元［1 500×(1－30%)×1.2%×7÷12］；该企业2020年应缴纳房产税23.35万元（7＋9＋7.35）。

25. 某企业（增值税一般纳税人）2020年3月委托一施工单位新建厂房，8月建成并办理验收手续，厂房原值为2 000万元，并将价值20万元的基建工地材料棚一起转入固定资产。已知：该企业所在地的房产税房产余值扣除比例为30%。则2020年企业上述业务应缴纳房产税（　　）万元。

A. 16.8　　B. 5.656

C. 2.8　　D. 5.6

［参考答案］B

［答案解析］纳税人委托施工企业建造的房屋，从办理验收手续之日的次月起计征房产税；凡是在基建工地为基建工地服务的各种工棚、材料棚、休息棚和办公室、食堂、茶炉房、汽车房等临时性房屋，不论是施工企业自行建造还是由基建单位出资建造，交施工企业使用的，在施工期间，一律免征房产税。但是，如果在基建工程结束以后，施工企业将这种临时性房屋交还或者估价转让给基建单位的，应当从基建单位接收的次月起，依照规定征收房产税。

该企业2020年8月办理厂房验收手续，应该从9月开始计算房产税，当年缴纳房产税的月份数为4个月。材料棚也应该从9月份开始计算缴纳房产税；2020年应纳房产税5.656万元［(2 000＋20)×(1－30%)×1.2%×4÷12］。

26. 2019年，某企业（增值税一般纳税人）拥有房产原值共计12 000万元，其中生产经营用房原值8 000万元、内部职工医院用房原值2 500万元、托儿所用房原值500万元、超市用房原值1 000万元。当地政府规定房产税房产余值扣除比例为20%，2019年该企业应缴纳房产税（　　）万元。

A. 115.2　　B. 86.4

C. 76.8　　D. 77.6

［参考答案］B

［答案解析］企业办的各类学校、医院、托儿所、幼儿园自用的房产，免征房产税。2019 年该企业应纳房产税为 86.4 万元［(12 000 - 2 500 - 500) × (1 - 20%) × 1.2%］。

27. 某房地产开发企业（增值税一般纳税人）2019 年开发 10 栋房产待售，房产原值共计 30 000 万元，且每栋房产原值一致。2020 年 5 月 1 日，将其中的 7 栋对外出售，另外 1 栋作为本企业固定资产使用、2 栋对外出租，月租金共计为 15 万元（不含增值税），房产所在地人民政府规定房产税房产余值扣除比例为 30%。则该房地产开发企业 2020 年应纳房产税（　　）万元。

A. 84　　B. 64.6

C. 31.2　　D. 25.8

［参考答案］C

［答案解析］对房地产开发企业建造的商品房，在出售之前不征收房产税。但对出售前房地产开发企业已使用或出租、出借的商品房应按规定征收房产税。所以对于出售的 7 栋房产不用缴纳房产税，但针对出租的 2 栋需要缴纳房产税，5 月 1 日开始出租，应计算 8 个月租金的房产税；2020 年该房地产开发企业应纳房产税 31.2 万元［15 × 8 × 12% + 30 000/10 × (1 - 30%) × 1.2% × 8 ÷ 12 = 0.96 + 0.84］。

28. 张某拥有三套住房。2019 年，一套原值为 100 万元的住房供自己和家人居住；另一套原值为 80 万元的住房于 2019 年 7 月 1 日出租给王某居住，每月不含税租金收入 3 000 元；还有一套原值为 120 万元的住房于同年 10 月 1 日出租给李某用于生产经营，每月不含税租金收入 5 000 元。2019 年张某应缴纳房产税（　　）元。

A. 1 000　　B. 1 320

C. 660　　D. 2 230

［参考答案］C

［答案解析］个人所有的非营业用房产免征房产税；个人所有的营业用房或出租等非自用房产，应按照规定征收房产税。对个人出租住房，不区分用途，按 4% 的税率征收房产税。根据现行政策个人出租住房，减半征收房产税。

故 2019 年王某应缴纳房产税 660 元 [(3 000 × 6 × 4% + 5 000 × 3 × 4%) × 50%]。

29. 甲公司（增值税一般纳税人）办公楼账面原值为 5 000 万元。2019 年 3 月开始对该办公楼进行大修，同时租用乙公司一栋楼房办公。已知在房屋大修期间拆除账面原值 700 万元老旧设备设施，更换新设备设施入账价值 900 万元，支付施工费用 200 万元，支付乙公司租金 50 万元。该办公楼于 2019 年 10 月 31 日大修完毕并投入使用。已知：当地规定房产税房产余值扣除比例为 30%，2019 年该公司的上述办公楼应缴纳房产税（　　）万元。

A. 14.56　　　　B. 42.6

C. 48.6　　　　D. 20.56

[参考答案] A

[答案解析] 纳税人因房屋大修导致连续停用半年以上的，在房屋大修期间免征房产税。纳税人对原有房屋进行改建，要相应增加房屋的原值；对于更换房屋附属设备和配套设施的，在将其价值计入房产原值时，可扣减原来相应设备和设施的价值；支付的租金不缴纳房产税。该公司 2019 年应缴纳房产税为 14.56 万元 {5 000 × (1 − 30%) × 1.2% × 2 ÷ 12 + [5 000 + 200 + (900 − 700)] × (1 − 30%) × 1.2% × 2 ÷ 12}。

30. 某公司（增值税一般纳税人）2019 年购进一处房产，2020 年 7 月 1 日用于投资联营（收取固定收入，不承担联营风险），投资期 3 年，当年取得固定收入 50 万元（不含增值税）。该房产原值 2 000 万元，当地政府规定房产税房产余值扣除比例为 30%，该公司 2020 年应缴纳的房产税为（　　）万元。

A. 8.6　　　　B. 14.4

C. 10.2　　　　D. 16.8

[参考答案] B

[答案解析] 对于以房产投资联营，投资者参与投资利润分红，共担风险的情况，按房产的计税余值作为计税依据计征房产税；对于以房产投资，收取固定收入，不承担联营风险的情况，实际上是以联营名义取得房产租金，应根据有关规定由出租方按租金收入计算缴纳房产税。该公司 2020 年应纳房产税为 14.4 万元 [2 000 × (1 − 30%) × 1.2% × 6 ÷ 12 + 50 × 12%]。

二、多项选择题

1. 下列房产应缴纳房产税的有（　　）。

A. 个人所有的经营性房产　　B. 宗教寺庙出租的房产

C. 人民团体自用的房产　　D. 营利性老年服务机构自用房产

E. 政府机关自用的房产

[参考答案] ABD

[答案解析] 个人非营业用房产、宗教寺庙自用房产、人民团体自用房产、政府机关自用的房产和非营利性老年服务机构自用房产免税。

2. 下列房产需要缴纳房产税的有（　　）。

A. 企业闲置的房产

B. 房地产开发企业建造并当作库房使用的房产

C. 营利性医疗机构开业第二年自用的房产

D. 行政机关所属的招待所使用的房产

E. 个人购置并居住的别墅

[参考答案] ABD

[答案解析] 营利性医疗机构自用的房产，自其取得执业登记之日起，3年免征房产税，个人非营业用房产免税；企业闲置房产、房地产开发企业自用房产和行政机关所属的招待所使用的房产都具有经营性质，需缴纳房产税。

3. 下列各项中，应当征收房产税的有（　　）。

A. 房地产开发企业待售的商品房

B. 房地产开发企业自用的房产

C. 房地产开发企业对外出租的房产

D. 房地产开发企业对外投资联营，不承担风险只收取固定利润的房产

E. 房地产开发企业办的医院用房

[参考答案] BCD

[答案解析] 选项A，对房地产开发企业建造的商品房，在出售前不征收房产税；但对出售前房地产开发企业已使用或出租、出借的商品房应按规定征收房产税。选项E，企业办的各类学校、医院、托儿所、幼儿园自用的房产，免征房产税。

4. 下列房产属于免征或不征房产税的有（　　）。

A. 企业办的各类学校自用的房产

B. 房地产开发企业开发待售的商品房

C. 纳税单位与免税单位共同使用的房屋，纳税单位使用的部分

D. 个人对外出租的住房

E. 中国人民银行所属分支机构自用的房产

[参考答案] ABE

[答案解析] 企业办的各类学校免征房产税；房地产开发企业开发待售的商品房属于完工产品，不征税；中国人民银行所属分支机构自用的房产属于国家机关自用房产，免征房产税；选项C、D具有经营性质，应按规定纳税。

5. 根据现行房产税政策，下列各项不属于房产税征税对象的有（　　）。

A. 工厂围墙

B. 宾馆的室外游泳池

C. 水塔

D. 企业幼儿园房屋

E. 原材料仓库

[参考答案] ABC

[答案解析] 独立于房屋之外的建筑物，如围墙、烟囱、水塔、菜窖、室外游泳池等不征房产税。企业幼儿园房屋免征房产税，但仍然属于房产税征税对象。

6. 下列属于房产税纳税义务人的有（　　）。

A. 房屋的产权所有人

B. 房屋使用人

C. 房屋承典人

D. 房屋代管人

E. 房屋出典人

[参考答案] ABCD

[答案解析] 房产税的纳税义务人是征税范围内的房屋的产权所有人，包括国家所有和集体、个人所有房屋的产权所有人、承典人、代管人或使用人；产权出典的，由承典人纳税；产权未确定和承典人不在房屋所在地的，由房产代管人或者使用人纳税。

7. 下列情形中，应由房产代管人或者使用人缴纳房产税的有（　　）。

A. 房屋产权未确定的

B. 房屋租典纠纷未解决的

C. 房屋承典人不在房屋所在地的

D. 房屋产权所有人不在房屋所在地的

E. 房屋出租的

［参考答案］ABCD

［答案解析］产权所有人、承典人不在房屋所在地的，或者产权未确定及租典纠纷未解决的，由房产代管人或使用人纳税。房屋出租的由出租人纳税。

8. 根据现行房产税政策，以下可以作为房产税计税依据的有（　　）。

A. 房产原值　　B. 房产余值

C. 房产租金　　D. 房产净值

E. 房产评估值

［参考答案］BC

［答案解析］我国房产税政策规定，房产税计税依据包括房产余值和房屋租金。

9. 下列各项中，应将其价值计入房产原值计征房产税的有（　　）。

A. 照明设备　　B. 中央空调

C. 电梯　　D. 更换的易损坏的零配件

E. 智能化楼宇设备

［参考答案］ABCE

［答案解析］选项D，对于更换房屋附属设备和配套设施的，将其价值计入房产原值时，可扣减原来相应设备和设施的价值；对附属设备和配套设施中易损坏、需要经常更换的零配件，更新后不再计入房产原值，原零配件的原值也不扣除。

10. 在下列关于房产税计税依据的表述中，正确的有（　　）。

A. 经营租赁的房产，以租金收入为计税依据缴纳房产税

B. 融资租赁的房产，以租金收入为计税依据缴纳房产税

C. 产权出典的房产，以房产余值为计税依据缴纳房产税

D. 投资联营的房产，投资者参与投资利润分红、共担风险的，以房产余值为计税依据缴纳房产税

E. 投资联营的房产，投资者收取固定收入，不承担联营风险的，以房产余值为计税依据缴纳房产税

［参考答案］ACD

［答案解析］选项B，融资租赁的房产，由承租人依照房产余值缴纳房产税；选项E，以房产投资，收取固定收入，不承担联营风险的，实际是以联营名义取得房产租金，应由出租方按照租金收入计算缴纳房产税。

11. 下列各项中，经过财政部和国家税务总局批准，可以免征房产税的有（　　）。

A. 房地产开发企业开发的对外出租的商品房

B. 老年服务机构自用的房产

C. 铁路局自用的房产

D. 按政府规定价格出租的公有住房

E. 经有关部门鉴定，对毁损不堪居住的房屋和停止使用的危险房屋

［参考答案］BCDE

［答案解析］选项A，房地产开发企业建造的商品房，在出售前不征收房产税，但是对出售前房地产开发企业已使用或者出租、出借的商品房按规定征收房产税。

12. 根据现行房产税政策，下列关于房产税税收优惠表述正确的有（　　）。

A. 公共租赁住房经营单位单独核算公共租赁住房租金收入的，免征房产税

B. 对廉租住房经营管理单位按照政府规定价格、向规定保障对象出租廉租住房的租金收入，免征房产税

C. 居民委员会拥有的体育场馆，全年70%以上用于体育活动的房产，免征房产税

D. 企业拥有并运营管理的大型体育场馆，用于体育活动的房产，免征房产税

E. 对高校后勤实体减半征收征房产税

［参考答案］ABC

［答案解析］企业拥有并运营管理的大型体育场馆，用于体育活动的房产，减半征收房产税。对高校后勤实体免征房产税。

13. 根据房产税的相关规定，下列房产中，免征房产税的有（　　）。

A. 保险公司的房产

B. 房地产开发企业建造的尚未出售的商品房

C. 实行差额预算管理的事业单位自用的房产

D. 房管部门向居民出租的公有住房

E. 因大修停用三个月的房产

［参考答案］BCD

［答案解析］保险公司没有免征房产税的优惠，选项 A 不符合题意；房地产开发企业自建的商品房尚未出售前，不征房产税，选项 B 符合题意；实行差额预算管理的事业单位对其本身自用的房产免征房产税，选项 C 符合题意；对房管部门按政府规定价格向居民出租的公有住房暂免征收房产税，选项 D 符合题意；房屋大修停用在半年以上的在大修期间免房产税，大修停用 3 个月，未超过半年，不免税，选项 E 不符合题意。

14. 下列有关房产税纳税义务发生时间的说法，正确的有（　　）。

A. 购置存量房，自房地产权属登记机关签发房屋权属证书之次月起计征房产税

B. 委托施工企业建设的房屋，从办理验收手续之日的次月起计征房产税

C. 购置新建商品房，自房地产权属登记机关签发房屋权属证书之次月起计征房产税

D. 房地产开发企业自用本企业建造的商品房，自房屋使用或交付之次月起计征房产税

E. 将原有房产用于生产经营，从生产经营之次月起计征房产税

［参考答案］ABD

［答案解析］选项 C，购置新建商品房，自交付使用的次月起计征房产税；选项 E，将原有房产用于生产经营，从生产经营之月起计征房产税。

15. 根据房产税相关政策，下列不符合房产税纳税义务发生时间规定的有（　　）。

A. 2021 年 3 月张某将个人居住用房改造成便利店开始对外经营，应当从 2021 年 4 月起缴纳房产税

B. 2021 年 5 月甲企业自建厂房建成投产，应当从 2021 年 6 月起缴纳房产税

C. 2021 年 2 月乙企业委托建设的办公楼通过验收，应当从 2021 年 2 月起

缴纳房产税

D. 2021 年 4 月丙企业购置的新建商品房交付使用，应当从 2021 年 5 月起缴纳房产税

E. 2021 年 6 月丁企业出租房产并交付对方，应当从 2021 年 7 月起缴纳房产税

［参考答案］AC

［答案解析］纳税义务发生时间：

（1）纳税人将原有房产用于生产经营，从生产经营之月起，缴纳房产税；

（2）纳税人自行新建房屋用于生产经营，从建成之次月起，缴纳房产税；

（3）纳税人委托施工企业建设的房屋，从办理验收手续之次月起，缴纳房产税；

（4）纳税人购置新建商品房，自房屋交付使用之次月起，缴纳房产税；

（5）纳税人购置存量房，自办理房屋权属转移、变更登记手续，房地产权属登记机关签发房屋权属证书之次月起，缴纳房产税；

（6）纳税人出租、出借房产，自交付出租、出借房产之次月起，缴纳房产税；

（7）房地产开发企业自用、出租、出借本企业建造的商品房，自房屋使用或交付之次月起，缴纳房产税；

（8）纳税人因房产的实物或权利状态发生变化而依法终止房产税纳税义务的，其应纳税款的计算应截至房产的实物或权利状态发生变化的当月末。

16. 下列关于房产税征税办法的表述，正确的有（　　）。

A. 房屋出典期间，承典人不在房屋所在地的，由房产代管人或使用人纳税

B. 个人在城镇的居民住房应征房产税，在农村的居民住房不征房产税

C. 融资租赁房屋在租赁期间房产税的纳税人由当地税务机关根据情况确定，确定纳税人后，从租计征房产税

D. 产权所有人在房产关系上与承典人发生争议的，由代管人或使用人为纳税人

E. 以房产投资联营并参与利润分红、共同承担风险的按房产余值为计税依据征税

［参考答案］ADE

[答案解析] 个人拥有的非营业房产，即使在城市，也是免征房产税的；融资租赁房屋由承租人按照房产余值计征房产税。

17. 张某在市区有两处住房，将其中的一处于2020年8月1日出租给某个体户用于开办超市，每月租金为10 000元；将另一处于2020年11月1日出租给个人居住，每月租金为3 000元。则下列表述中正确的有（　　）（以下租金均为不含税价格）。

A. 出租给个体户的房产适用12%的税率

B. 出租的两处住房，都适用4%的税率计征房产税

C. 出租给个人的住房免征房产税

D. 张某2020年应纳房产税为1 120元

E. 张某2020年应纳房产税为2 240元

[参考答案] BD

[答案解析] 对个人出租住房，不区分用途，按4%的税率征收房产税，所以选项A错误，选项B正确；根据现行政策，个人出租住房，减半征收房产税。张某2020年应纳房产税为1 120元［(10 000×5+3 000×2)×4%×50%］。

18. 下列项目中关于房产税税收政策的说法，正确的有（　　）。

A. 产权出典的，由承典人缴纳房产税

B. 房产税采用从量定额征税

C. 房产税的计税依据为购进房产的价格

D. 名胜古迹自用的房产免征房产税

E. 房屋产权属国家所有的不征房产税

[参考答案] AD

[答案解析] 房产税采用比例税率，故选项B错误；房产税的计税依据为房产余值或房屋租金；房屋产权属国家所有的，由经营管理单位纳税，故选项C、E错误。

19. 下列关于融资租赁房产的房产税处理，说法正确的有（　　）。

A. 由承租人在合同约定开始日的次月起，按照房产余值缴纳房产税

B. 由出租人在合同约定开始日的次月起，按照房产余值缴纳房产税

C. 合同未约定开始日的，由承租人在合同签订的次月起依照房产余值缴纳

房产税

D. 合同未约定开始日的，由出租人在合同签订的当月起依照房产余值缴纳房产税

E. 合同未约定开始日的，由承租人在合同签订的当月起依照房产余值缴纳房产税

[参考答案] AC

[答案解析] 融资租赁的房产，由承租人自融资租赁合同约定开始日的次月起依照房产余值缴纳房产税；合同未约定开始日的，由承租人自合同签订的次月起依照房产余值缴纳房产税。

20. 下列关于房产税的申报与缴纳的说法，不正确的有（　　）。

A. 房产税实行按年征收，一次性缴纳

B. 纳税人对原有房产进行扩建引起房产原值发生变化的，应及时向税务机关办理注销登记

C. 房产税在房产所在地缴纳

D. 房产不在同一地方的纳税人，应该在纳税人所在地计算缴纳房产税

E. 房屋产权共有的，分别缴纳房产税

[参考答案] ABD

[答案解析] 选项A，房产税实行按年征收，分期缴纳；选项B，纳税人对原有房产进行扩建引起房产原值发生变化的，应及时向税务机关办理变更登记；选项D，房产不在同一地方的纳税人，应按房产的坐落地点分别向房产所在地的税务机关缴纳房产税。

三、判断题

1. 围墙、烟囱、水塔、变电塔、室外游泳池等独立于房屋之外的建筑物，不征收房产税。（　　）

[参考答案] 正确

[答案解析] 对于独立于房屋之外的建筑物，如围墙、烟囱、水塔、变电塔、油池油柜、酒窖菜窖、酒精池、糖蜜池、室外游泳池、玻璃暖房、砖瓦石灰窑以及各种油气罐等，不属于房产，不属于房产税的征税范围。

2. 处于工矿区的房产，因远离城市，因而不属于房产税的征税范围。（　　）

［参考答案］错误

［答案解析］房产税在城市、县城、建制镇和工矿区征收。

3. 对出租房产，租赁双方签订的租赁合同约定有免收租金期限的，免收租金期间由产权所有人按照同类房产租金缴纳房产税。（　　）

［参考答案］错误

［答案解析］租赁双方签订的租赁合同约定有免收租金期限的，免收租金期间由产权所有人按照房产余值缴纳房产税。

4. 对以劳务或其他形式为报酬抵付房租收入的，应根据同类劳务的公允价值确定租金额从租计征房产税。（　　）

［参考答案］错误

［答案解析］对以劳务或其他形式为报酬抵付房租收入的，应根据当地同类房产的租金水平，确定一个标准租金额从租计征房产税。

5. 电梯是房产的配套设备，应当计入房产原值征收房产税。（　　）

［参考答案］正确

［答案解析］房产原值应包括与房屋不可分割的各种附属设备或一般不单独计算价值的配套设施。电梯即是如此。

6. 征收房产税的房产原值以纳税人取得房产时的固定资产入账价值确定，如果对存量房进行改扩建，需调整房产原值。（　　）

［参考答案］正确

［答案解析］纳税人对原有房屋进行改建、扩建的，要相应增加房屋的原值。

7. 征收房产税的房产原值不包含地价。（　　）

［参考答案］错误

［答案解析］对按照房产原值计税的房产，无论会计上如何核算，房产原值均应包含地价。

8. 融资租赁方式租入的房屋，以每期支付的租赁费为计税依据。（　　）

［参考答案］错误

［答案解析］融资租赁的房产，由承租人依照房产余值缴纳房产税。

9. 个人出租住房，一律均按4%的税率征收房产税；出租房产，自交付出租房产当月起计征房产税。（　　）

［参考答案］错误

［答案解析］对个人出租住房，不区分用途，均按4%的税率征收房产税；出租、出借房产，自交付出租、出借房产之次月起计征房产税。

10. 甲企业一栋房产原值3 000万元，2020年8月至2021年3月进行大修，当地规定的房产税余值扣除比例为30%。这栋房产2020年应纳房产税为14.7万元。（ ）

［参考答案］正确

［答案解析］纳税人因房屋大修导致连续停用半年以上的，在房屋大修期间免征房产税。则这栋房产2020年应纳房产税为14.7万元［3 000×(1－30%)×1.2%×7÷12＝14.7］。

11. 纳税人新建房产，从办理验收手续的当月起计征房产税。（ ）

［参考答案］错误

［答案解析］纳税人建造的房屋，从办理验收手续之日的次月起计征房产税。

12. 企业利用附属中学的库房存放产品，因产权归学校，所以免征房产税。（ ）

［参考答案］错误

［答案解析］企业办的各类学校、医院、托儿所、幼儿园自用的房产，免征房产税。

13. 房产税从租计征的税率为12%，个人出租房产适用4%的优惠税率，个人出租房产可减半征收房产税，纳税人只能以在上两项优惠政策享选择一项，不能同时享受。（ ）

［参考答案］错误

［答案解析］增值税小规模纳税人（含个人）已依法享受房产税其他优惠政策的，可叠加享受减半征收的优惠政策。

14. 经营副食品批发的批发市场用房免征房产税。（ ）

［参考答案］错误

［答案解析］对于副食品批发用房没有免税的规定。

15. 以房产投资联营，投资者参与投资利润分红、共担风险的，按照房产净值作为计税依据计征房产税。（ ）

[**参考答案**] 错误

[**答案解析**] 投资联营的房产，投资者参与投资利润分红、共担风险的，以“房产余值”为计税依据缴纳房产税，不是“净值”。

第十二章　环境保护税

一、单项选择题

1. 下列应当缴纳环境保护税的主体是（　　）。

A. 直接向环境排放应税污染物的事业单位

B. 直接向环境排放应税污染物的个人

C. 间接向环境排放应税污染物的企业

D. 直接向环境排放非应税污染物的企业

[参考答案] A

[答案解析]《中华人民共和国环境保护税法》（中华人民共和国主席令第六十一号）规定，在中华人民共和国领域和中华人民共和国管辖的其他海域，直接向环境排放应税污染物的企业事业单位和其他生产经营者为环境保护税的纳税人，应当依照本法规定缴纳环境保护税。无生产经营行为的行政机关和个人、间接向环境排放应税污染物如排放污水纳入市政管网的企业，以及仅直接向环境排放非应税污染物的企业，均不属于环境保护税的纳税人，因此正确答案为选项 A。

2. 甲企业为环境保护税的纳税人，该企业只有一个污水排放口，2021 年 3 月排放总铅 600 千克，污染当量值 0.025 千克，当地水污染物适用税额为 2.1 元/污染当量。甲企业当月应缴纳环境保护税税额为（　　）元。

A. 31.5　　　　B. 31 500

C. 50 400　　　　D. 5 040

［参考答案］C

［答案解析］《中华人民共和国环境保护税法》（中华人民共和国主席令第六十一号）规定，应税水污染物的应纳税额为污染当量数乘以具体适用税额，应税水污染物的污染当量数，以该污染物的排放量除以该污染物的污染当量值计算。

$600 \div 0.025 \times 2.1 = 50\ 400$（元）

因此，正确答案为选项C。

3. 乙企业2021年3月委托有资质的第三方环境监测机构进行了污染物监测，并根据监测数据计算应税污染物排放量，可以沿用该次监测数据的月份是（　　）。

A. 1月、2月　　B. 4月、5月

C. 4月、5月、6月　　D. 4—12月

［参考答案］A

［答案解析］《财政部　税务总局　生态环境部关于明确环境保护税应税污染物适用等有关问题的通知》（财税〔2018〕117号）规定，纳税人采用委托监测方式，在规定监测时限内当月无监测数据的，可以沿用最近一次的监测数据计算应税污染物排放量，但不得跨季度沿用监测数据。企业在3月进行了委托监测，只有本季度内1、2月可以沿用监测数据，因此正确答案为选项A。

4. 甲钢铁生产企业2021年一季度产生废钢渣20 000吨，合法贮存10 000吨，销售给符合条件的乙资源综合利用企业5 000吨用于生产环保建材产品，以每吨25元的价格将剩余废钢渣承包给丙企业进行处置，后生态环境部门发现有4 000吨倒入荒沟造成环境污染。则甲企业一季度应缴纳环境保护税税额是（　　）元。

A. 0　　B. 125 000

C. 500 000　　D. 300 000

［参考答案］C

［答案解析］《中华人民共和国环境保护税法实施条例》规定，纳税人非法倾倒应税固体废物的，以其当期应税固体废物的产生量作为固体废物的排放量，甲企业处置废钢渣不当发生非法倾倒行为，应以当期实际产生量计算缴纳

环境保护税，即 500 000 元（20 000 × 25），因此正确答案为选项 C。

5. 环境保护税的纳税地点是（　　）。

A. 机构所在地　　B. 注册所在地

C. 生产经营地　　D. 应税污染物排放地

［参考答案］ D

［答案解析］《中华人民共和国环境保护税法》规定，纳税人应当向应税污染物排放地的税务机关申报缴纳环境保护税，因此正确答案为选项 D。

6. 某养殖企业 2021 年 3 月养牛月初存栏量为 160 头，月末存栏量为 40 头，污染当量值为 0.1 头，当地水污染物适用税额为每污染当量 2.1 元，当月应纳环境保护税税额是（　　）元。

A. 210　　B. 2 100

C. 840　　D. 0

［参考答案］ B

［答案解析］ 禽畜养殖业水污染物当量数 = 月均存栏量 ÷ 污染当量值，故，

水污染物当量数 =（160 + 40）÷ 0.1 = 1 000（元）

应纳税额 = 1 000 × 2.1 = 2 100（元）

因此正确答案为选项 B。

7. 燃烧产生废气中的颗粒物，环境保护税应税污染物适用正确的是（　　）。

A. 一般性粉尘　　B. 炭黑尘

C. 格林曼黑度　　D. 烟尘

［参考答案］ D

［答案解析］ 根据《财政部　税务总局　生态环境部关于明确环境保护税应税污染物适用等有关问题的通知》（财税〔2018〕117 号）第一条规定，燃烧产生废气中的颗粒物，按照烟尘征收环境保护税，因此正确答案为选项 D。

8. 某景区餐饮企业通过生态环境部门安装的计量设施测得 2021 年 3 月排放污水量为 60 吨，已知饮食娱乐服务业污染当量值为 0.5 吨污水，当地水污染物适用税额为每污染当量 2.1 元，则当月应纳环境保护税（　　）元。

A. 0　　B. 63

C. 252　　D. 756

[参考答案] C

[答案解析] 饮食娱乐服务业水污染物当量数＝月污水排放量÷污染当量值，故，

水污染物当量数＝60÷0.5＝120

应纳税额＝120×2.1＝252（元）

因此，正确答案为选项C。

9. 环境保护税法授权可提出应税大气污染物和水污染物具体适用税额调整的是（　　）。

A. 省、自治区、直辖市人民代表大会常务委员会

B. 省、自治区、直辖市生态环境部门

C. 省、自治区、直辖市财政与税务部门

D. 省、自治区、直辖市人民政府

[参考答案] D

[答案解析] 根据《中华人民共和国环境保护税法》第六条规定，应税大气污染物和水污染物的具体适用税额的确定和调整，由省、自治区、直辖市人民政府统筹考虑本地区环境承载能力、污染物排放现状和经济社会生态发展目标要求，在本法所附《环境保护税税目税额表》规定的税额幅度内提出，报同级人民代表大会常务委员会决定，并报全国人民代表大会常务委员会和国务院备案。因此，正确答案为选项D。

10. 某印染厂色度排放标准为80倍，该企业2021年3月排放污水30吨，实际色度排放监测值为240倍，色度的污染当量值为5吨·倍，当地水污染物适用税额为每污染当量2.1元，则当月色度的污染当量数是（　　）。

A. 25.2　　　　B. 12

C. 37.8　　　　D. 18

[参考答案] B

[答案解析] 超标倍数＝(240－80)÷80＝2（倍）

色度的污染当量数为12［30（吨水）×2(倍)÷5吨·倍］，因此正确答案为选项B。

11. 能够在互联网上查询到排污单位排污许可信息公开内容的是（　　）。

A. 全国排污许可证管理信息平台公开端

B. 生态环境部官方网站

C. 各省生态环境厅官方网站

D. 各省企业自行监测信息公开平台

［参考答案］A

［答案解析］全国排污许可证管理信息平台公开端属生态环境部业务平台，可以查询排污单位许可的信息公开内容，包括排污单位排口位置、数量、排放方式、排放去向、排放污染物种类、排放浓度限值、排放量和排放污染物执行标准等信息。因此，正确答案为选项A。

二、多项选择题

1. 在同一排放口中同时检测到下列环境保护税应税污染物，按照污染当量数大小只对其中一项征税的有（　　）。

A. 化学需氧量、生化需氧量和总有机碳

B. 甲苯和乙苯

C. 三氯乙烯和四氯乙烯

D. 总铬和六价铬

E. 大肠菌群数和总余氯

［参考答案］ADE

［答案解析］根据《中华人民共和国环境保护税法》所附《应税污染物和当量值表》规定，同一排放口中的化学需氧量、生化需氧量和总有机碳，只征收一项，大肠菌群数和总余氯只征收一项。此外，根据原环境保护部有关规定，对同一排放口同时存在六价铬和总铬两种污染物时，考虑到两者属于同一种类，可按污染当量数大的一项征收。故选项A、D、E正确，其他选项错误。

2. 下列属于环境保护税应税污染物的有（　　）。

A. 苯并（a）芘　　　　B. 一氧化碳

C. 二氧化碳　　　　D. 油烟

E. 建筑噪声

［参考答案］AB

［答案解析］根据《中华人民共和国环境保护税法》所附《应税污染物和当量值表》规定，苯并（a）芘和一氧化碳属于环境保护税应税污染物，二氧

化碳、油烟和建筑噪声均不属于环境保护税应税污染物，故选项A、B正确，其他选项错误。

3. 可用于判断能否减征环境保护税的监测数据包括（　　）。

A. 实测平均浓度　　B. 实测最高浓度

C. 折算平均浓度　　D. 折算最高浓度

E. 污染物排放量

［**参考答案**］ABCD

［**答案解析**］计算环境保护税时，实测浓度用来计算排放量，折算浓度用来判断减免税。监测数据中，如有折算浓度的以折算浓度为标准来判断是否超标，没有折算浓度则以实测浓度来判断是否超标，因此实测平均浓度、实测最高浓度以及折算平均浓度、折算最高浓度每一项超标均可能影响到能否减征环境保护税，而污染物排放量与是否可享受减免税无关，选项E错误。

4. 下列关于工业噪声环境保护税政策说法，正确的有（　　）。

A. 噪声超标分贝数不是整数值的，按四舍五入取整

B. 一个单位的同一监测点当月有多个监测数据超标的，以最高一次超标声级计算应纳税额

C. 声源一个月内累计昼间超标不足15昼或者累计夜间超标不足15夜的，分别减半计算应纳税额

D. 当沿边界长度超过100米有两处以上噪声超标，按照最高一处计算应纳税额

E. 应税噪声的应纳税额为超过国家规定标准分贝数对应的具体适用税额，共分为5档，下一档的税额是上一档的2倍

［**参考答案**］ABC

［**答案解析**］根据《财政部　税务总局　生态环境部关于环境保护税有关问题的通知》（财税〔2018〕23号）第四条规定，应税噪声的应纳税额为超过国家规定标准分贝数对应的具体适用税额。噪声超标分贝数不是整数值的，按四舍五入取整。一个单位的同一监测点当月有多个监测数据超标的，以最高一次超标声级计算应纳税额。声源一个月内累计昼间超标不足15昼或者累计夜间超标不足15夜的，分别减半计算应纳税额。《环境保护税税目税额表》中规定，当沿边界长度超过100米有两处以上噪声超标，按照两个单位计算应纳税

额，选项D错误；应税噪声的具体适用税额共分为6档，下一档的税额是上一档的2倍，选项E错误。

5. 下列情形，暂予免征环境保护税的有（　　）。

A. 农业生产排放应税污染物的

B. 纳税人向依法设立的污水集中处理、生活垃圾集中处理场所排放应税污染物的

C. 依法设立的城乡污水集中处理、生活垃圾集中处理场所排放相应应税污染物，不超过国家和地方规定的排放标准的

D. 纳税人在符合国家和地方环境保护标准的设施、场所贮存或者处置固体废物的

E. 纳税人综合利用的固体废物，符合国家和地方环境保护标准的

［参考答案］CE

［答案解析］根据《中华人民共和国环境保护税法》第四条、第十二条规定，农业生产（不包括规模化养殖）排放应税污染物的暂予免征环境保护税，选项A错误；企业事业单位和其他生产经营者向依法设立的污水集中处理、生活垃圾集中处理场所排放应税污染物的，以及企业事业单位和其他生产经营者在符合国家和地方环境保护标准的设施、场所贮存或者处置固体废物的不属于直接向环境排放污染物，不缴纳相应污染物的环境保护税，故选项B、D错误。其他选项正确。

6. 可以享受城乡污水集中处理场所达标排放免征环境保护税优惠的包括（　　）。

A. 工业园区内为企业事业单位和其他生产经营者提供污水处理服务的场所

B. 企业事业单位和其他生产经营者自建自用的污水处理场所

C. 开发区内为企业事业单位和其他生产经营者提供污水处理服务的场所

D. 市区内经批准设立的生活污水处理场所但同时处理少量工业污水

E. 县城和建制镇范围内经批准设立的生活污水处理场所

［参考答案］DE

［答案解析］根据《中华人民共和国环境保护税法实施条例》第三条规定，符合条件的城乡污水集中处理场所，是指为社会公众提供生活污水处理服务的

场所，不包括为工业园区、开发区等工业聚集区域内的企业事业单位和其他生产经营者提供污水处理服务的场所，以及企业事业单位和其他生产经营者自建自用的污水处理场所，故选项A、B、C错误。市区内经批准设立的生活污水处理场所虽然同时处理少量工业污水，但其性质未发生改变，符合享受条件，故选项D、E正确。

7. 只有超标才征收环境保护税的应税污染物有（　　）。

A. pH值　　B. 色度

C. VOCs　　D. 大肠菌群数

E. 余氯量

[参考答案] ABDE

[答案解析] 根据有关规定，对于pH值、色度、大肠菌群数、余氯量水污染物，只有超标才征收环境保护税，而挥发性有机物（VOCs）暂未纳入环境保护税征收范围。选项C错误，其他选项正确。

8. 纳税人委托监测机构监测应税污染物排放量的，监测机构出具的监测报告应当包括（　　）。

A. 应税水污染物种类、浓度值和污水流量

B. 应税大气污染物种类、浓度值、排放速率和烟气量

C. 执行的污染物排放标准和排放浓度限值

D. 应税大气污染物、水污染物的排放量

E. 应税固体废物的种类、排放量

[参考答案] ABC

[答案解析] 根据《财政部　税务总局　生态环境部关于明确环境保护税应税污染物适用等有关问题的通知》（财税〔2018〕117号）第三条规定，纳税人委托监测机构监测应税污染物排放量的，监测机构出具的监测报告应当包括应税水污染物种类、浓度值和污水流量；应税大气污染物种类、浓度值、排放速率和烟气量；执行的污染物排放标准和排放浓度限值等信息。选项A、B、C正确，其他选项错误。

9. 环境保护部门应当定期交送税务机关的环境保护税涉税信息有（　　）。

A. 排污单位的排污许可　　B. 污染物排放数据

C. 抽样测算办法　　D. 环境影响报告书

E. 环境违法和受行政处罚情况

［参考答案］ABE

［答案解析］根据《中华人民共和国环境保护税法实施条例》第十七条规定，环境保护主管部门应当将排污单位的排污许可、污染物排放数据、环境违法和受行政处罚情况等环境保护相关信息，定期交送税务机关。选项A、B、E正确，其他选项错误。

10. 环境保护税的应税污染物排放地包括（　　）。

A. 应税大气污染物排放口所在地　　B. 应税水污染物排放口所在地

C. 应税固体废物产生地　　D. 应税固体废物排放地

E. 应税噪声产生地

［参考答案］ABCE

［答案解析］根据《中华人民共和国环境保护税法》第十五条规定，应税污染物排放地是指应税大气污染物、水污染物排放口所在地，应税固体废物产生地和应税噪声产生地，选项D错误，其他选项正确。

11. 以当期应税大气污染物、水污染物的产生量作为污染物排放量计算环境保护税的情形包括（　　）。

A. 损毁或者擅自移动、改变污染物自动监测设备

B. 篡改、伪造污染物监测数据

C. 通过暗管、渗井、渗坑、灌注或者稀释排放以及不正常运行防治污染设施等方式违法排放应税污染物

D. 未依法安装使用污染物自动监测设备或者未将污染物自动监测设备与环境保护主管部门的监控设备联网

E. 经税务机关通知申报拒不申报

［参考答案］ABCD

［答案解析］根据《中华人民共和国环境保护税法实施条例》第七条规定，纳税人有下列情形之一的，以其当期应税大气污染物、水污染物的产生量作为污染物的排放量："（一）未依法安装使用污染物自动监测设备或者未将污染物自动监测设备与环境保护主管部门的监控设备联网；（二）损毁或者擅自移动、改变污染物自动监测设备；（三）篡改、伪造污染物监测数据；（四）通过暗管、渗井、渗坑、灌注或者稀释排放以及不正常运行防治污染设施等方式违法

排放应税污染物；（五）进行虚假纳税申报。”选项E错误，其他选项正确。

三、判断题

1. 应税固体废物的计税依据是固体废物的排放量。环境保护税相关政策规定的固体废物排放量 = 当期应税固体废物的产生量 - 当期应税固体废物的贮存量、处置量。（　）

［参考答案］ 错误

［答案解析］《财政部　税务总局　生态环境部关于环境保护税有关问题的通知》（财税〔2018〕23号）第三条规定，应税固体废物的排放量为当期应税固体废物的产生量减去当期应税固体废物贮存量、处置量、综合利用量的余额。题中缺少综合利用量。

2. 甲企业2021年2月各排放口排放的所有应税大气污染物浓度值的日平均值，均低于国家和地方规定的污染物排放标准30%以上，但1#烟囱2月10日19时至23时自动监测数据显示二氧化硫的小时平均值高于地方规定标准，则甲企业本月不得减征大气和水污染物环境保护税。（　）

［参考答案］ 正确

［答案解析］《中华人民共和国环境保护税法实施条例》第十条规定，依照环境保护税法第十三条的规定减征环境保护税的，应税大气污染物浓度值的小时平均值或者应税水污染物浓度值的日平均值，以及监测机构当月每次监测的应税大气污染物、水污染物的浓度值，均不得超过国家和地方规定的污染物排放标准。由于纳税人出现小时平均值超标排放情形，不得享受减征环境保护税优惠。

3. 环境保护主管部门应当自收到税务机关的数据资料之日起30日内向税务机关出具复核意见。（　）

［参考答案］ 错误

［答案解析］《中华人民共和国环境保护税法》第二十条规定，税务机关发现纳税人的纳税申报数据资料异常或者纳税人未按照规定期限办理纳税申报的，可以提请环境保护主管部门进行复核，环境保护主管部门应当自收到税务机关的数据资料之日起15日内向税务机关出具复核意见。

4. 纳税人排放应税大气污染物或者水污染物的浓度值低于国家和地方规定

的污染物排放标准25%的，减按75%征收环境保护税，低于50%的，减按50%征收环境保护税。（　）

[参考答案] 错误

[答案解析]《中华人民共和国环境保护税法》第十三条规定，纳税人排放应税大气污染物或者水污染物的浓度值低于国家和地方规定的污染物排放标准30%的，减按75%征收环境保护税；纳税人排放应税大气污染物或者水污染物的浓度值低于国家和地方规定的污染物排放标准50%的，减按50%征收环境保护税。

5. 纳税人排放的应税大气污染物和水污染物，按照污染当量数从大到小排序，分别对前三项、前五项污染物征收环境保护税。（　）

[参考答案] 错误

[答案解析]《中华人民共和国环境保护税法》第九条规定，每一排放口或者没有排放口的应税大气污染物，按照污染当量数从大到小排序，对前三项污染物征收环境保护税。每一排放口的应税水污染物，按照污染当量数从大到小排序，对第一类水污染物按照前五项征收环境保护税，对其他类水污染物按照前三项征收环境保护税。

6. 计算应税大气污染物、水污染物、固体废物的排放量和噪声分贝数的方法，优先顺序为自动监测数据法、监测机构监测数据法、排污系数和物料衡算法、抽样测算法。（　）

[参考答案] 正确

[答案解析]《中华人民共和国环境保护税法》第十条规定，应税大气污染物、水污染物、固体废物的排放量和噪声的分贝数，按照下列方法和顺序计算："（一）纳税人安装使用符合国家规定和监测规范的污染物自动监测设备的，按照污染物自动监测数据计算；（二）纳税人未安装使用污染物自动监测设备的，按照监测机构出具的符合国家有关规定和监测规范的监测数据计算；（三）因排放污染物种类多等原因不具备监测条件的，按照国务院环境保护主管部门规定的排污系数、物料衡算方法计算；（四）不能按照本条第一项至第三项规定的方法计算的，按照省、自治区、直辖市人民政府环境保护主管部门规定的抽样测算的方法核定计算。"

7. 环境保护税按月计算，按月或按季申报缴纳。不能按固定期限计算缴纳

的，可以按次申报缴纳。（　　）

［参考答案］ 错误

［答案解析］《中华人民共和国环境保护税法》第十八条规定，环境保护税按月计算，按季申报缴纳，纳税期限中无按月申报缴纳的规定。

8. 从两个以上排放口排放应税污染物的，对每一排放口排放的应税污染物分别计算征收环境保护税，减征环境保护税时也应当对每一排放口排放的不同应税污染物分别计算。（　　）

［参考答案］ 正确

［答案解析］《中华人民共和国环境保护税法实施条例》第八条、第十一条规定，从两个以上排放口排放应税污染物的，对每一排放口排放的应税污染物分别计算征收环境保护税，依照环境保护税法第十三条的规定减征环境保护税的，应当对每一排放口排放的不同应税污染物分别计算。

9. 按照污染当量数计算环境保护税应纳税额的有应税大气污染物、水污染物、噪声。（　　）

［参考答案］ 错误

［答案解析］《中华人民共和国环境保护税法》第七条规定，应税大气污染物、水污染物按照污染物排放量折合的污染当量数确定计税依据，应税噪声按照超过国家规定标准的分贝数确定计税依据。

10. 纳税人排放的扬尘、工业粉尘等颗粒物，除可以确定为烟尘的外，按照一般性粉尘征收环境保护税。（　　）

［参考答案］ 错误

［答案解析］《财政部　税务总局　生态环境部关于明确环境保护税应税污染物适用等有关问题的通知》（财税〔2018〕117 号）第一条规定，排放的扬尘、工业粉尘等颗粒物，除可以确定为烟尘、石棉尘、玻璃棉尘、炭黑尘的外，按照一般性粉尘征收环境保护税。

11. 某火力发电厂排放应税大气污染物中，二氧化硫、氮氧化物、烟尘采取自动监测方式，一氧化碳、汞及其化合物及其他污染物采取监测机构监测方式，因自动监测顺序优先且数据精确，每月应申报二氧化硫、氮氧化物、烟尘三项应税污染物。（　　）

［参考答案］ 错误

[答案解析]《中华人民共和国环境保护税法》第九条规定，每一排放口或者没有排放口的应税大气污染物，按照污染当量数从大到小排序，对前三项污染物征收环境保护税。应当每月将自动监测与机构监测的各项应税大气污染物一并从大到小排序，对前三项污染物申报计算环境保护税。

第十三章　车船税

一、单项选择题

1. 根据现行车船税政策，下列需缴纳车船税的车船是（　　）。

A. 商用客车　　B. 捕捞渔船

C. 警用车船　　D. 养殖渔船

［参考答案］A

［答案解析］选项 B、C、D，均免征车船税。

2. 下列车船中，应缴纳车船税的是（　　）。

A. 燃料电池乘用车　　B. 拖拉机

C. 摩托车　　D. 纯电动乘用车

［参考答案］C

［答案解析］拖拉机、纯电动乘用车和燃料电池乘用车不属于车船税征税范围，对其不征车船税。摩托车按辆定额征收车船税。

3. 车船税的扣缴义务人是（　　）。

A. 从事交通安全管理的公安机关车船注册登记部门

B. 从事交通运输管理的运输市场监督管理部门

C. 从事机动车第三者责任强制保险业务的保险机构

D. 从事应税车辆和船舶销售的经营者

［参考答案］C

［答案解析］从事机动车第三者责任强制保险业务的保险机构为机动车车

船税的扣缴义务人，应当在收取保险费时依法代收车船税，并出具代收税款凭证。

4. 某装备制造厂2020年拥有货车10辆，每辆货车的整备质量均为5.5吨；挂车8辆，其整备质量为4.2吨；小汽车5辆。已知货车车船税税额为整备质量每吨年16元，小汽车车船税税额为每辆年360元。该厂当年度应纳车船税为（　　）元。

A. 1 800　　B. 2 145.36

C. 2 353.54　　D. 2 948.8

［参考答案］D

［答案解析］挂车按照货车税额的50%计算纳税。

该厂2020年度应纳的车船税 $=5.5\times10\times16+4.2\times8\times16\times50\%+5\times360=$ 2 948.8（元）

5. 下列说法中，不符合车船税规定的是（　　）。

A. 对未办理车船登记手续且无法提供车船购置发票的，车船税的纳税义务发生时间由主管税务机关核定

B. 在机场内部场所行驶或者作业的汽车不缴纳车船税

C. 车船税按年申报，分月计算，一次性缴纳

D. 车船的管理人也可以是车船税的纳税人

［参考答案］B

［答案解析］车船税的征税范围是在车船管理部门登记的车船以及依法不需要在车船管理部门登记、在单位内部场所行驶或者作业的机动车辆和船舶。

6. 某运输企业2019年初拥有小轿车5辆，货车30辆（整备质量共计550吨）。2019年3月外购货车12辆（整备质量为10吨/辆）并于当月办理登记手续。假设货车年税额为整备质量每吨50元，小轿车年税额为每辆500元，该企业2019年应缴纳车船税为（　　）元。

A. 25 000　　B. 30 000

C. 35 000　　D. 36 000

［参考答案］C

［答案解析］该企业2019年应纳车船税 $=5\times500+550\times50+12\times10\times50\div12\times10=7\ 500$（元）

7. 根据现行车船税政策，下列属于机动船舶计税依据的是（　　）。

A. 净吨位每吨　　　　B. 整备质量每吨

C. 船舶长度每米　　　　D. 购置价格

［参考答案］A

［答案解析］机动船舶的计税依据为净吨位每吨。

8. 某船运公司2020年度拥有旧机动船20艘，每艘净吨位750吨，非机动驳船2艘，每艘净吨位150吨；当年8月新购置机动船6艘，每艘净吨位1 500吨，当月取得购买机动船的发票。已知机动船舶净吨位不超过200吨的，每吨3元；净吨位超过200吨但不超过2 000吨的，每吨4元。该公司2020年度应缴纳的车船税为（　　）元。

A. 61 000　　　　B. 76 000

C. 75 450　　　　D. 77 000

［参考答案］C

［答案解析］拖船和非机动驳船的应纳税额 = 净吨位数 × 适用税额 × 50%，故

该船运公司2020年应缴纳的车船税 $=20\times750\times4+2\times150\times3\times50\%+6\times1\ 500\times4\times5\div12=75\ 450$（元）

9. 某企业2020年1月缴纳了4辆客车车船税，其中一辆9月被盗，已办理车船税退还手续；10月由公安机关找回并出具证明，企业补缴了车船税。假定该类型客车税额为每辆480元，该企业2020年实际缴纳的车船税总计为（　　）元。

A. 1 880　　　　B. 1 440

C. 1 920　　　　D. 1 840

［参考答案］A

［答案解析］该企业2019年实缴的车船税总计 $=3\times480+480\div12\times11=1\ 880$（元）

10. 下列关于车船税纳税义务发生时间的表述错误的是（　　）。

A. 车船税纳税义务发生时间为车船开始使用的当月

B. 购置的新车船，购置当年的应纳税额自纳税义务发生的当月起按月计算

C. 已完税的车船报废的，可退还自报废月份至年终的税款

D. 已办理退税的被盗抢车船失而复得的，应当从公安机关出具相关证明的当月起计算缴纳车船税

[参考答案] D

[答案解析] 车船税纳税义务发生时间为取得车船所有权或者管理权的当月。

二、多项选择题

1. 下列车船中，应当征收车船税的有（　　）。

A. 自行车　　B. 低速载货汽车

C. 挂车　　D. 拖船

E. 游艇

[参考答案] BCDE

[答案解析] 选项A，非机动车辆（自行车）不属于车船税的征税范围。

2. 根据车船税的规定，下列说法错误的有（　　）。

A. 车船税属于财产税

B. 企业内部行驶的车船不属于征税范围

C. 车船税纳税地点为车船的登记地或者扣缴义务人所在地

D. 车船税具有调节财富分配的作用

E. 车船税具有行为税和财产税的性质

[参考答案] BE

[答案解析] 依法不需要在车船登记管理部门登记的在机场、港口以及其他企业内部行驶或者作业的车船，也属于车船税征税范围；车船税属于财产税。

3. 根据《中华人民共和国车船税法》规定，下列属于车船税纳税人的有（　　）。

A. 在中国境内拥有并使用船舶的国有企业

B. 在中国境内拥有并使用车辆的外籍个人

C. 在中国境内拥有并使用船舶的内地居民

D. 在中国境内拥有并使用车辆的外国企业

E. 在中国境内从事机动车第三者责任强制保险业务的保险机构

［参考答案］ABCD

［答案解析］船税的纳税人，是指在中国境内拥有或者管理车辆、船舶的单位和个人，包括外商投资企业、外籍个人。在中国境内从事机动车第三者责任强制保险业务的保险机构，为车船税的扣缴义务人。

4. 下列车船中，应以“辆”作为车船税计税单位的有（　　）。

A. 电车　　B. 摩托车

C. 微型客车　　D. 半挂牵引车

E. 货车

［参考答案］ABC

［答案解析］半挂牵引车、货车按整备质量每吨作为计税单位。

5. 车船税实行定额税率，下列属于车船税定额税率计税单位的有（　　）。

A. 每辆　　B. 整备质量每吨

C. 净吨位每吨　　D. 载重量每吨

E. 艇身长度每米

［参考答案］ABCE

［答案解析］车船税定额税率计税单位包括每辆、整备质量每吨、净吨位每吨和艇身长度每米等。

6. 下列车船免征车船税的有（　　）。

A. 符合规定标准的纯电动商用车　　B. 警用车辆

C. 捕捞、养殖渔船　　D. 救护车

E. 财政拨款事业单位的办公用车

［参考答案］ABC

［答案解析］选项 D、E，正常纳税。

7. 下列关于车船税计算的说法中，正确的有（　　）。

A. 半挂牵引车按照货车税额的 50% 计算车船税

B. 挂车按照货车税额的 50% 计算车船税

C. 拖船按照非机动驳船税额的 50% 计算车船税

D. 拖船按照机动船舶税额的 50% 计算车船税

E. 非机动驳船按照机动船舶税额的 50% 计算车船税

［参考答案］BDE

[答案解析] 选项 A，半挂牵引车按照货车税额计征车船税；选项 C、D、E：拖船和非机动驳船分别按照机动船舶税额的 50% 计算车船税。

8. 下列属于车船税免税项目的有（　　）。

A. 非机动驳船　　B. 武警消防车

C. 监狱专用的船舶　　D. 捕捞渔船

E. 消防救援单位车辆

[参考答案] BCD

[答案解析] 非机动驳船是指在船舶管理部门登记为驳船的非机动船，不属于车船税免税项目。悬挂应急救援专用号牌的国家综合性消防救援车辆和国家综合性消防救援专用船舶，方可免税。

9. 下列关于车船税法征收管理表述正确的有（　　）。

A. 车船税按季申报，分月计算

B. 扣缴义务人代收代缴车船税的，纳税地点为车船税扣缴义务人所在地

C. 车船税纳税义务发生时间为取得车船所有权或者管理权的次月

D. 车船税具体申报纳税期限由省、自治区、直辖市人民政府规定

E. 对于依法不需要购买机动车交通事故责任强制保险的车辆，纳税人应当向主管税务机关申报缴纳车船税

[参考答案] BDE

[答案解析] 选项 A，车船税按年申报，分月计算，一次性缴纳；选项 C，车船税纳税义务发生时间为取得车船所有权或者管理权的当月，即购买车船的发票或者其他证明文件所载日期的当月。

10. 根据《车船税管理规程（试行）》（国家税务总局公告 2015 年第 83 号）规定，车船税税源管理工作需要采集的第三方信息包括（　　）。

A. 保险机构代收车船税车辆的涉税信息

B. 公安交通管理部门车辆登记信息

C. 海关报关进口车辆船舶信息

D. 公共交通管理部门车辆登记信息

E. 渔业船舶登记管理部门船舶登记信息

[参考答案] ABDE

[答案解析] 税务机关应当积极同相关部门建立联席会议、合作框架等制

度，采集以下第三方信息：

（1）保险机构代收车船税车辆的涉税信息；

（2）公安交通管理部门车辆登记信息；

（3）海事部门船舶登记信息；

（4）公共交通管理部门车辆登记信息；

（5）渔业船舶登记管理部门船舶登记信息；

（6）其他相关部门车船涉税信息。

三、判断题

1. 仅在单位内部场所行驶或者作业的机动车辆，不需要在车辆登记管理部门进行登记，因而不需要缴纳车船税。（　　）

[参考答案] 错误

[答案解析] 车船税应税车辆包括依法不需要在车船登记管理部门登记的在单位内部场所行驶或者作业的机动车辆和船舶。

2. 专用作业车，是指在设计和技术特性上用于特殊工作，并装置有专用设备或器具的汽车，专用作业车应当缴纳车船税。（　　）

[参考答案] 正确

[答案解析] 根据《中华人民共和国车船税法》规定，专用作业车属于“其他车辆”税目，年基准税额为整备质量每吨16—120元。

3. 县以上人民政府根据《车船税法》规定的《车船税税目税额表》，确定本地车辆具体适用税额。（　　）

[参考答案] 错误

[答案解析] 省、自治区、直辖市人民政府根据《中华人民共和国车船税法》所附《车船税税目税额表》确定车辆具体适用税额。

4. 我国一航运企业将自有船舶出租到境外从事国际航运业务，需缴纳车船税。（　　）

[参考答案] 正确

[答案解析] 境内单位和个人将船舶出租到境外的，应依法征收车船税。

5. 客货两用车只能按照货车的计税单位和年基准税额计征车船税。（　　）

[参考答案] 正确

[答案解析] 客货两用车依照货车的计税单位和年基准税额计征车船税。

6. 车船税纳税义务发生时间为取得车船所有权或管理权的次月。（　　）

[参考答案] 错误

[答案解析] 车船税纳税义务发生时间为取得车船所有权或管理权的当月。

7. 车船税应在纳税人实际使用应税车船时征收。（　　）

[参考答案] 错误

[答案解析] 车船税的纳税义务发生时间为取得车船所有权或者管理权的当月。

8. 购置新车船，购置当年车船税的应纳税额自纳税义务发生的次月起按月计算。（　　）

[参考答案] 错误

[答案解析] 购置的新车船，购置当年的应纳税额自纳税义务发生的当月起按月计算。

9. 已缴纳车船税的车船在同一纳税年度内办理转让过户的，不需要重新办理车船税业务。（　　）

[参考答案] 正确

[答案解析] 已缴纳车船税的车船在同一纳税年度内办理转让过户的，不另纳税，也不退税。

10. 依法不需要在车船登记管理部门登记的机场、港口、铁路站场内部行驶或者作业的车船，自 2012 年 1 月 1 日至 2016 年 12 月 31 日免征车船税。（　　）

[参考答案] 正确

[答案解析] 依法不需要在车船登记管理部门登记的机场、港口、铁路站场内部行驶或者作业的车船，自《中华人民共和国车船税法》实施之日起 5 年内免征车船税。《中华人民共和国车船税法》自 2012 年 1 月 1 日起施行。

第十四章　烟叶税

一、单项选择题

1. 下列属于烟叶税纳税人的是（　　）。

A. 收购烟叶的单位和个人　　B. 收购烟叶的单位

C. 烟叶种植者　　D. 烟叶销售者

［参考答案］ B

［答案解析］ 烟叶税的纳税人是收购者，不包括个人。

2. 下列关于烟叶税相关规定的表述，不正确的是（　　）。

A. 收购烟叶的单位为烟叶税的纳税人

B. 烟叶税的征税范围是指农民种植的烟叶

C. 烟叶税的纳税义务发生时间为纳税人收购烟叶的当天

D. 烟叶税按月计征，纳税人应当于纳税义务发生月终了之日起15日内申报并缴纳税款

［参考答案］ B

［答案解析］ 烟叶税的征税范围是指晾晒烟叶和烤烟叶。

3. 某烟草公司收购一批烟叶，支付给烟叶销售者的烟叶收购价款为10万元。则该烟草公司应缴纳的烟叶税为（　　）。

A. $10\times10\%=1$（万元）

B. $10\times(1+10\%)=1.1$（万元）

C. $10\times20\%=2$（万元）

D. 10×(1+10%)×20%=2.2（万元）

［参考答案］D

［答案解析］烟叶税的税率为20%，应纳税额为2.2万元［10×（1+10%）×20%］。

4. 烟叶税的纳税义务发生时间为纳税人收购烟叶的当天。“收购烟叶的当天”，是指（　　）。

A. 向烟叶销售者付讫收购烟叶运输费用的当天

B. 支付给烟叶销售者的价外补贴的当天

C. 支付给烟叶销售者的烟叶收购价款的当天

D. 向烟叶销售者付讫收购烟叶款项或者开具收购烟叶凭据的当天

［参考答案］D

［答案解析］《财政部　国家税务总局关于烟叶税若干具体问题的规定的通知》（财税〔2006〕64号）明确：“收购烟叶的当天”，是指纳税人向烟叶销售者付讫收购烟叶款项或者开具收购烟叶凭据的当天。

5. 下列对烟叶税税率表述正确的是（　　）。

A. 烟叶税实行10%的比例税率

B. 烟叶税实行20%的比例税率

C. 烟叶税实行200元/吨的定额税率

D. 烟叶税实行20元/公斤的定额税率

［参考答案］B

［答案解析］烟叶税实行比例税率，税率为20%。

二、多项选择题

1. 下列税种中受让方是纳税人的有（　　）。

A. 车辆购置税　　B. 耕地占用税

C. 土地增值税　　D. 烟叶税

E. 契税

［参考答案］ABDE

［答案解析］耕地占用税、契税、车辆购置税和烟叶税的纳税人是受让方。

2. 根据《中华人民共和国烟叶税法》规定，下列属于烟叶税的纳税人的有

（　　）。

A. 种植烟叶的农民

B. 收购烟叶的烟草公司

C. 接受烟草公司委托收购烟叶的单位

D. 抽烟的烟民

E. 直接向烟农收购烟叶的个人

[参考答案] BC

[答案解析] 烟叶税是向收购烟叶产品的单位征收的一种税。

3. 根据烟叶税的有关规定，下列说法正确的有（　　）。

A. 烟叶税的征税范围是晾晒烟叶和烤烟叶

B. 收购烟叶的当天，是指纳税人向烟叶销售者付讫收购烟叶款项或者开具收购烟叶凭据的当天

C. 纳税人应当向烟叶收购地的主管税务机关申报缴纳烟叶税

D. 烟叶税实行定额税率

E. 烟叶税的计税依据是烟叶收购价款

[参考答案] ABC

[答案解析] 选项D，烟叶税实行“比例税率”，税率为20%；选项E，烟叶税的计税依据为纳税人收购烟叶实际支付的价款总额。

4. 下列各项属于烟叶税的征税对象的有（　　）。

A. 生烟叶　　B. 烟丝

C. 晾晒烟叶　　D. 卷烟

E. 烤烟叶

[参考答案] CE

[答案解析] 烟叶税法所称烟叶，是指烤烟叶、晾晒烟叶。

5. 根据烟叶税的有关规定，下列说法正确的有（　　）。

A. 在境内收购晾晒烟叶的单位和个人是烟叶税的纳税人

B. 烟叶税的纳税义务发生时间为纳税人向烟叶销售者付讫收购烟叶款项或者开具收购烟叶凭据的当天

C. 烟叶税纳税人收购烟叶实际支付的价款总额包括纳税人支付给烟叶生产销售单位（不含个人）的烟叶收购价款和价外补贴

D. 烟叶税计税依据中价外补贴统一按实际发生额确定

E. 纳税人应当自纳税义务发生月终了之日起 15 日内申报纳税

[参考答案] BE

[答案解析] 选项 A，在中国境内收购晾晒烟叶、烤烟叶的“单位”为烟叶税的纳税人；选项 C，纳税人收购烟叶实际支付的价款总额包括纳税人支付给烟叶生产销售单位和个人的烟叶收购价款和价外补贴；选项 D，价外补贴统一按烟叶收购价款的 10% 计算。

三、判断题

1. 烟叶税的计税依据是指烟叶收购价款。　（　）

[参考答案] 错误

[答案解析] 烟叶税的计税依据是指实际支付的价款总额，包括收购价款和价外补贴。

2. 烟叶税的征税范围包括晾晒烟叶、烤烟叶和烟丝。　（　）

[参考答案] 错误

[答案解析] 烟叶税的征税范围包括晾晒烟叶、烤烟叶，不包括烟丝。

3. 违法收购烟叶的单位，不是烟叶税的纳税人。　（　）

[参考答案] 正确

[答案解析] 查处没收的违法收购的烟叶，由收购罚没烟叶的单位按照购买金额计算缴纳烟叶税。

4. 烟叶一年一熟，因而烟叶税按年计征。　（　）

[参考答案] 错误

[答案解析] 烟叶税按月计征，纳税人应当于纳税义务发生月终了之日起 15 日内申报并缴纳税款。

5. 烟叶税的纳税环节是收购环节。　（　）

[参考答案] 正确

[答案解析] 烟叶税在烟叶收购环节征收。

第十五章　印花税

一、单项选择题

1. 下列合同和凭证应当缴纳印花税的是（　　）。

A. 企业将财产赠给政府所书立的书据

B. 房屋产权转让书据

C. 会计咨询合同

D. 企业与主管部门签订的租赁承包合同

［参考答案］B

［答案解析］财产所有人将财产赠给政府所书立的书据免税；会计、审计等方面的咨询合同、企业与主管部门签订的租赁承包合同不属于印花税的应税范围。

2. 下列关于印花税计税依据的表述中，正确的是（　　）。

A. 印花税应税合同分开列明价款与增值税税额的，印花税的计税依据不包括增值税税款

B. 合同中价款或者报酬与增值税税款未分开列明的，按照不含税金额计算印花税

C. 应税产权转移书据的计税依据，为产权转移书据列明的价款，包括增值税税款

D. 产权转移书据中价款与增值税税款未分开列明的，按照不含税金额计算印花税

［参考答案］A

［答案解析］合同中价款或者报酬与增值税税款分开列明的不包括增值税税款，否则应按照合同金额作为计税依据。合同中价款或者报酬与增值税税款未分开列明，按照合计金额确定计税依据，选项B错误；应税产权转移书据的计税依据，为产权转移书据列明的价款，不包括增值税税款，选项C错误；产权转移书据中价款与增值税税款未分开列明，按照合计金额确定，选项D错误。

3. 甲公司（增值税一般纳税人）2019年期初营业账簿记载的实收资本和资本公积为500万元，当年甲公司增加实收资本200万元，则甲公司2019年营业账簿应纳印花税为（　　）元。（记载资金的营业账簿税率为0.5‰。）

A. 3 500　　B. 1 000

C. 500　　D. 3 000

［参考答案］C

［答案解析］新增实收资本资金账簿减半征收印花税，甲公司2019年营业账簿应纳印花税为500元（200×10 000×0.5‰×50%）。

4. 下列关于印花税的说法错误的是（　　）。

A. 单位纳税人应当向其机构所在地的主管税务机关申报缴纳印花税

B. 个人纳税人应当向应税凭证订立、领受地或者居住地的税务机关申报缴纳印花税

C. 纳税人出让或者转让不动产产权的，应当向不动产所在地的税务机关申报缴纳印花税

D. 证券交易印花税的扣缴义务人应当向扣缴地的主管税务机关申报缴纳扣缴的税款

［参考答案］D

［答案解析］证券交易印花税的扣缴义务人应当向其机构所在地的主管税务机关申报缴纳扣缴的税款。

5. 下列关于印花税政策说法正确的是（　　）。

A. 建筑安装工程承包合同中，对总包合同贴花后，分包合同无需贴花

B. 一份凭证应纳税额超过300元的，应向当地税务机关申请填写缴款书或完税证

C. 个人出租住房签订的租赁合同，应按租赁金额的1‰贴花

D. 货物运输合同的计税依据为取得的运费收入，不包括所运货物的金额、装卸费和保险费

［参考答案］D

［答案解析］总包合同、分包合同都需要纳税，选项A错误；应纳税额超过500元的，才申请填写缴款书或完税证，选项B错误；个人出租住房签订的租赁合同免税，选项C错误。

6. 下列应缴纳印花税的财产租赁合同是（　　）。

A. 出租场地合同　　B. 出租土地合同

C. 出租房屋合同　　D. 出租非机动车合同

［参考答案］C

［答案解析］应缴纳印花税的财产租赁合同包括租赁房屋、船舶、飞机、机动车辆、机械、器具、设备等合同，不包括土地批租、出租场地、出租非机动车的租赁合同。

7. 甲向乙购买一批货物，合同约定丙为鉴定人，丁为担保人，关于该合同印花税纳税人的下列表述中，正确的是（　　）。

A. 甲和乙为纳税人　　B. 甲和丙为纳税人

C. 乙和丁为纳税人　　D. 甲和丁为纳税人

［参考答案］A

［答案解析］根据规定，立合同人为印花税的纳税人，不包括合同的担保人、证人、鉴定人。

8. 下列各项应按"产权转移书据"计征印花税的是（　　）。

A. 非专利技术转让所书立的合同　　B. 专利申请转让所书立的合同

C. 大型机器设备采购合同　　D. 专利实施许可所书立的合同

［参考答案］D

［答案解析］技术转让合同包括专利申请转让、非专利技术转让所书立的合同，但不包括专利权转让、专利实施许可所书立的合同，后者适用于"产权转移书据"合同，大型机器设备采购合同属于买卖合同。

9. 下列各项中，不属于印花税应税凭证的是（　　）。

A. 家庭财产两全保险

B. 发电厂与煤矿之间签订的煤炭购售合同

C. 行政机关出租房产的合同

D. 银行因内部管理需要设置的现金收付登记簿

[参考答案] D

[答案解析] 选项 A，按照财产保险合同贴花；选项 B，按照购销合同贴花；选项 C，按照租赁合同贴花；选项 D 不属于营业账簿，不征收印花税。

10. 甲餐饮有限公司 2019 年 11 月开业，为增值税一般纳税人，领受营业执照、商标注册证、卫生许可证各一件；甲公司与乙公司签订一份房产租赁合同，合同载明由甲公司支付的租金为 50 万元。已知租赁合同的印花税税率为 1‰，权利、许可证照的定额税率为每件 5 元，则甲公司应纳印花税额为（　　）元。

A. 500　　B. 515

C. 510　　D. 15

[参考答案] C

[答案解析] 租赁合同的计税依据为租金，应纳印花税为 500 元（500 000 × 1‰）；卫生许可证不贴花，则商标注册证、许可证照应纳印花税为 10 元（2 × 5），合计应缴纳印花税为 510 元（500 + 10）。

11. 甲公司从乙公司购买原材料一批，签订买卖合同，则根据印花税政策，纳税义务发生时间是（　　）。

A. 收到原材料的日期　　B. 签订买卖合同的日期

C. 合同约定的付款日期　　D. 凭证生效日期

[参考答案] B

[答案解析] 税法规定，印花税的纳税义务发生时间为纳税人书立应税凭证或者完成证券交易的当日。

12. 下列合同中，属于印花税征税范围的是（　　）。

A. 民间借贷合同　　B. 技术开发合同

C. 人寿保险合同　　D. 财务咨询合同

[参考答案] B

[答案解析] 民间借贷合同、人寿保险合同、财务咨询合同不属于印花税列举征税的凭证，不征收印花税。

13. 下列选项中，印花税税率为万分之三的经济凭证是（　　）。

A. 财产保险合同　　B. 证券交易

C. 仓储合同　　D. 技术合同

［参考答案］D

［答案解析］财产保险合同、证券交易、仓储合同的印花税税率均为千分之一；技术合同的印花税税率为万分之三。

14. 甲公司与乙公司均为增值税一般纳税人，双方签订了一份以货易货合同，按合同规定，甲公司向乙公司提供60吨钢材，但合同并未列明钢材金额，国家牌价为每吨5 000元；乙公司则向甲公司提供价值40万元的设备。已知购销合同的印花税税率为0.3‰，则甲和乙两个公司合计应纳印花税（　　）元。

A. 90　　B. 420

C. 210　　D. 30

［参考答案］B

［答案解析］在商品购销活动中，采用以货易货方式进行商品交易签订的合同，应按合同所载的购、销金额合计数计算缴纳印花税。合同未列明金额的，应按合同所载购、销数量，依照国家牌价或市场价格计算应纳税额。

双方合计应纳印花税＝(60×5 000＋400 000)×0.3‰×2＝420（元）

15. 2021年3月，甲公司（增值税一般纳税人）受托分别为乙、丙企业各加工一批产品；与乙企业签订合同，原材料金额200万元由乙企业提供，甲公司向乙企业收取不含税加工费100万元；与丙企业签订合同，原材料金额80万元由甲公司提供，合同注明不含税加工费20万元。已知现行购销合同的印花税税率为0.3‰，加工承揽合同的印花税税率为0.5‰，当月甲公司加工业务应缴纳的印花税合计为（　　）元。

A. 240　　B. 600

C. 840　　D. 800

［参考答案］C

［答案解析］受托方提供原材料的加工、定作合同，凡在合同中分别记载加工费金额与原材料金额的，应分别按加工承揽合同、购销合同计税，两项税额相加数，即为合同应贴印花税金额；合同中不划分加工费金额与原材料金额的，应按全部金额，依照加工承揽合同计税。

甲公司应缴纳印花税 = 1 000 000 × 0.5‰ + 800 000 × 0.3‰ + 200 000 × 0.5‰ = 840（元）

二、多项选择题

1. 下列项目中，属于我国印花税“产权转移书据”的有（　　）。

A. 房屋所有权转让书据　　B. 车辆所有权转让书据

C. 商标专用权转让书据　　D. 土地承包经营权转让书据

E. 专有技术使用权转让书据

［参考答案］ ACE

［答案解析］ 车辆所有权转让按购销合同缴纳印花税，土地承包经营权转让不缴纳印花税。

2. 下列关于印花税纳税义务人的表述中，正确的有（　　）。

A. 各类电子应税凭证的签订人为纳税人

B. 借款合同担保人为纳税义务人

C. 书立租赁合同的以合同各方当事人为纳税人

D. 在国外书立凭证在国内使用的以使用人为纳税人

E. 证券交易出让方和受让方都是印花税纳税人

［参考答案］ ACD

［答案解析］ 印花税纳税义务人不包括担保人、证人、鉴定人，选项 B 错误；证券交易印花税对证券交易的出让方征收，不对受让方征收，选项 E 错误。

3. 下列关于印花税计税依据的表述中，正确的有（　　）。

A. 对于由委托方提供原材料、受托方提供辅助材料并收取加工费的加工合同，以辅助材料和加工费合计数，依照加工承揽合同计税，原材料按购销合同计税

B. 货物运输合同的计税依据为所运输货物的金额

C. 建筑安装工程承包合同的计税依据为承包金额

D. 借款合同的计税依据为借款金额

E. 记载资金的营业账簿，计税依据为实收资本和资本公积之和

［参考答案］ CDE

[答案解析] 对于由委托方提供主要原材料，受托方只提供辅助材料的加工合同，以辅助材料和加工费合计数，按加工承揽合同计税，对委托方提供的主要材料不计税，选项 A 错误；货物运输合同的计税依据为取得的运费收入，不包括所运货物的金额、装卸费和保险费，选项 B 错误。

4. 下列项目按照千分之一的比例税率征收印花税的有（　　）。

A. 证券交易　　B. 技术合同

C. 借款合同　　D. 租赁合同

E. 财产保险合同

[参考答案] ADE

[答案解析] 技术合同按照万分之三的比例税率征收印花税，借款合同按照万分之零点五的比例税率征收印花税。

5. 下列应缴纳印花税的财产租赁合同有（　　）。

A. 出租场地合同　　B. 出租土地合同

C. 出租房屋合同　　D. 出租非机动车合同

E. 出租设备合同

[参考答案] CE

[答案解析] 应缴纳印花税的财产租赁合同包括租赁房屋、船舶、飞机、机动车辆、机械、器具、设备等合同，不包括土地批租、出租场地、出租非机动车的租赁合同。

6. 下列选项中，需要计征印花税的有（　　）。

A. 煤矿与电网之间签订的销售电合同

B. 铁路承运包裹开具的托运单据

C. 运输公司之间签订的联运合同

D. 作为合同使用的仓单

E. 企业职工食堂设置的经费收支账簿

[参考答案] ACD

[答案解析] 对铁路、公路、航运、水路承运快件行李、包裹开具的托运单据，暂免贴花。企业单位内的职工食堂、工会组织以及自办的学校、托儿所、幼儿园设置的经费收支账簿，不反映生产经营活动，不属于“营业账簿”税目的适用范围，不征印花税。

7. 下列关于现行印花税政策表述正确的有（　　）。

A. 土地使用权出让合同的计税依据为列明的价款，不包括增值税税额

B. 同一应税凭证由两方或两方以上当事人订立的，应当按照各自涉及的价款或者报酬分别计算应纳税额

C. 技术合同以支付的价款、报酬或使用费为计税依据

D. 证券交易计税依据为票面价值

E. 建筑安装工程承包合同以工程造价为计税依据

［参考答案］ABC

［答案解析］证券交易计税依据为成交金额。建筑安装工程承包合同以承包额为计税依据。

8. 下列凭证中，应按"技术合同"缴纳印花税的有（　　）。

A. 专利权转让所书立的合同　　B. 专利实施许可所书立的合同

C. 专利申请转让所书立的合同　　D. 非专利技术转让所书立的合同

E. 法律咨询合同

［参考答案］CD

［答案解析］选项 A、B，专利权转让、专利实施许可所书立的合同，应按"产权转移书据"缴纳印花税；选项 E，一般的法律、会计、审计等方面的咨询所立合同不缴纳印花税。

9. 根据印花税政策规定，下列属于记载资金的营业账簿的有（　　）。

A. 记载银行存款的日记账　　B. 记载现金的日记账

C. 固定资产明细账　　D. 记载实收资本的账簿

E. 记载资本公积的账簿

［参考答案］DE

［答案解析］应税营业账簿，是反映生产经营单位"实收资本"和"资本公积"金额的账簿。

10. 根据现行印花税政策规定，下列表述正确的有（　　）。

A. 应税凭证未标明金额的，暂不纳税

B. 借款合同应纳税额不足 1 角的应税凭证，免纳印花税

C. 财产租赁合同的应纳税额超过 1 角但不足 5 元的，按 5 元贴花

D. 购销合同应纳税额在 1 角以上的，其税额尾数不满 5 分的按 5 分计算

E. 运输合同应纳税额在1角以上的，其税额尾数满5分的按1角计算

［参考答案］BE

［答案解析］选项A，按金额比例计税的应税凭证，未标明金额的，应按照凭证所载数量及市场价格计算金额，依适用税率计算印花税；选项C，财产租赁合同的应纳税额超过1角但不足1元的，按1元贴花；选项D，按比例税率计算纳税应纳税额在1角以上的，其税额尾数不满5分的不计。

11. 下列关于货物运输合同印花税处理错误的有（　　）。

A. 货物运输合同的计税依据为取得的运输费金额，不包括所运货物的金额、装卸费和保险费

B. 对国内各种形式的货物联运，凡在起运地统一结算全程运费的，应以全程运费为计税依据，由起运地运费结算双方缴纳印花税

C. 对国际货运，由外国运输企业运输进出口货物的，运输企业所持的运费结算凭证，以运费金额为计税依据缴纳印花税

D. 对国际货运，凡由我国运输企业运输的，运输企业所持的运费结算凭证，以全程运费为计税依据计算应缴纳的印花税

E. 对国内各种形式的货物联运，凡分程结算运费的，应以分程的运费作为计税依据，分别由办理运费结算的各方缴纳印花税

［参考答案］CD

［答案解析］选项C、D，对国际货运，凡由我国运输企业运输的，运输企业所持的运费结算凭证，以本程运费为计税依据计算应纳税额；托运方所持的运费结算凭证，以全程运费为计税依据计算应纳税额。由外国运输企业运输进出口货物的，运输企业所持的运费结算凭证免纳印花税，托运方所持的运费结算凭证，应以运费金额为计税依据缴纳印花税。

12. 下列有关印花税管理的说法，正确的有（　　）。

A. 印花税可以选择按季、按年或者按次计征

B. 实行按季、按年计征的，纳税人应当于季度、年度终了之日起15日内申报并缴纳税款

C. 实行按次计征的，纳税人应当于纳税义务发生之日起15日内申报并缴纳税款

D. 证券交易印花税按月解缴

E. 证券交易印花税的扣缴义务人应当于每周终了之日起 5 日内申报解缴税款及孳息

［参考答案］ ABCE

［答案解析］ 选项 D，证券交易印花税按周解缴，证券交易印花税的扣缴义务人应当于每周终了之日起 5 日内申报解缴税款及孳息。

13. 下列关于印花税缴纳方法的表述中，不正确的有（　　）。

A. 印花税票一经售出，国家即取得印花税收入

B. 纳税人购买印花税票后要将印花税票粘贴在应税凭证上才算完成了纳税义务

C. 签订应税凭证后，于凭证生效之日计税贴花

D. 印花税票是缴纳印花税的完税凭证，由省级税务局负责监制

E. 已贴用的印花税票严禁揭下重用

［参考答案］ BCD

［答案解析］ 选项 B，纳税人购买了印花税票不等于履行了纳税义务，只有将印花税票粘贴在应税凭证上并进行注销后，才算完成纳税义务；选项 C，印花税纳税人在应纳税凭证书立或领受时即行贴花完税，不得延至凭证生效日期贴花；选项 D，印花税票是缴纳印花税的完税凭证，由国家税务总局负责监制。

14. 根据现行政策，下列关于公租房印花税说法正确的有（　　）。

A. 对公租房租赁双方签订租赁协议减半征收印花税

B. 对公租房经营管理单位购买住房作为公共租赁住房免征印花税

C. 对公租房经营管理单位免征建设公租房涉及的印花税

D. 对公租房经营管理单位免征管理公租房涉及的印花税

E. 在其他住房项目中配套建设公租房，按公租房建筑面积占总建筑面积的比例免征建设、管理公租房涉及的印花税

［参考答案］ BCDE

［答案解析］ 对公租房经营管理单位免征建设、管理公租房涉及的印花税。在其他住房项目中配套建设公租房，按公租房建筑面积占总建筑面积的比例免征建设、管理公租房涉及的印花税。

对公租房经营管理单位购买住房作为公租房，免征契税、印花税；对公租

房租赁双方免征签订租赁协议涉及的印花税。

15. 甲企业和乙企业均为增值税一般纳税人，甲企业以价值2 000万元的产品换取乙企业价值1 800万元的原材料，乙企业通过银行转账方式支付甲企业差价款200万元，甲、乙双方签订了以货换货合同。则下列关于应纳印花税税额正确的有（　　）。

A. 甲企业应缴纳印花税0.6万元

B. 甲企业应缴纳印花税1.14万元

C. 乙企业应缴纳印花税0.54万元

D. 乙企业应缴纳印花税0.6万元

E. 甲、乙企业合计应缴纳印花税2.28万元

［参考答案］BE

［答案解析］在商品购销活动中，采用以货换货方式进行商品交易签订的合同，是反映既购又销双重经济行为的合同，对此，应按合同所载的购、销金额合计数计算印花税。甲、乙双方各自应缴纳印花税为1.14万元［(2 000 + 1 800) × 0.3‰］，双方合计应缴纳印花税为2.28万元（1.14 × 2）。

三、判断题

1. 物业公司与业主签订的物业服务协议属于印花税征税范围。（　　）

［参考答案］错误

［答案解析］物业服务协议不在列明税目当中，不属于印花税征税范围。

2. 自2018年5月1日起，资金账簿按万分之五减半征收印花税，其他账簿免征印花税。（　　）

［参考答案］正确

［答案解析］题干是为减轻企业负担，鼓励投资创业的印花税政策。

3. 财产所有人将财产赠给商贸企业书立的书据免征印花税。（　　）

［参考答案］错误

［答案解析］财产所有人将财产赠给政府、社会福利单位、学校所立的书据免纳印花税。

4. 财产所有人将财产赠给政府、社会福利单位、学校及其他事业单位所立的书据免纳印花税。（　　）

[参考答案] 错误

[答案解析] 可以免征印花税的慈善性捐赠财产转移书据仅限于捐赠给政府、社会福利单位和学校三种情况。

5. 证券交易印花税的扣缴义务人应当向扣缴地的主管税务机关申报缴纳扣缴的税款。（　　）

[参考答案] 错误

[答案解析] 证券交易印花税的扣缴义务人应当向其机构所在地的主管税务机关申报缴纳扣缴的税款。

6. 单位纳税人应当向其机构所在地的主管税务机关申报缴纳印花税。（　　）

[参考答案] 正确

[答案解析] 纳税人为单位的，应当向其机构所在地的主管税务机关申报缴纳印花税。

7. 个人纳税人应当向应税凭证订立地或者居住地的主管税务机关申报缴纳印花税。（　　）

[参考答案] 正确

[答案解析] 纳税人为个人的，应当向应税凭证书立地或者纳税人居住地的主管税务机关申报缴纳印花税。

8. 纳税人出让或者转让不动产产权的，应当向不动产所在地的主管税务机关申报缴纳印花税。（　　）

[参考答案] 正确

[答案解析] 不动产产权发生转移的，纳税人应当向不动产所在地的主管税务机关申报缴纳印花税。

9. 在全国中小企业股份转让系统买卖、继承、赠与股票所书立的股权转让书据，免征印花税。（　　）

[参考答案] 错误

[答案解析] 在全国中小企业股份转让系统买卖、继承、赠与股票所书立的股权转让书据，依书立时实际成交金额，由出让方按1‰的税率计算缴纳证券（股票）交易印花税。

10. 经县级以上人民政府及企业主管部门批准改制的企业因改制签订的产权转移书据，减半征收印花税。（　　）

[**参考答案**] 错误

[**答案解析**] 经县级以上人民政府及企业主管部门批准改制的企业因改制签订的产权转移书据，免予贴花。

11. 省、自治区、直辖市人民政府根据本地区实际情况，以及宏观调控需要确定，对增值税小规模纳税人可以在50%的税额幅度内减征印花税。(　　)

[**参考答案**] 正确

[**答案解析**] 符合“六税两费”优惠政策。

第十六章　资源税

一、单项选择题

1. 某煤炭生产企业 2021 年 3 月份生产 5 号煤 11 万吨、渣煤 2 万吨。5 号煤当月销售给本集团所属销售公司 9 万吨，不含税销售收入为 2 700 万元，销售给某发电厂 1 万吨，不含税销售收入为 400 万元，另本企业生活锅炉自用 100 吨；渣煤销售给某洗煤厂 1 万吨，不含税销售收入为 120 万元。该省原煤资源税税率为 8%，则该企业 1 月份应纳资源税为（　　）元。

A. 2 576 000　　　　B. 2 480 000

C. 3 299 200　　　　D. 2 579 200

［参考答案］C

［答案解析］

（1）根据《财政部　税务总局关于资源税有关问题执行口径的公告》（财政部　税务总局公告 2020 年第 34 号）第三条规定，“纳税人申报的应税产品销售额明显偏低且无正当理由的，或者有自用应税产品行为而无销售额的，主管税务机关可以按下列方法和顺序确定其应税产品销售额：（一）按纳税人最近时期同类产品的平均销售价格确定。”

该企业当月销售给有关联关系的本集团所属销售公司 5 号煤售价为 300 元/吨，而销售给独立企业某发电厂的售价为 400 元/吨，销售额明显偏低且无正当理由，应按照最近时期同类产品的平均销售价格确定销售额，因此实际销售 5 号煤资源税计税销售额为 40 000 000 元（90 000×400＋10 000×400），应纳资源税为 3 200 000 元（40 000 000 ×8%）。

（2）根据《财政部　税务总局关于资源税有关问题执行口径的公告》（财政部　税务总局公告 2020 年第 34 号）第二条规定，纳税人自用应税产品应当缴纳资源税的情形，包括纳税人以应税产品用于非货币性资产交换、捐赠、偿债、赞助、集资、投资、广告、样品、职工福利、利润分配或者连续生产非应税产品等。因此，属于职工福利性质的生活锅炉自用 5 号煤资源税计税销售额为 40 000 元（100 ×400），应纳资源税为 3 200 元（40 000 ×8%）。

（3）渣煤虽价值低但仍属于原煤范畴，销售收入应计入计税销售额，应纳资源税为 96 000 元（1 200 000 ×8%）。

（4）以上合计应纳资源税为 3 299 200 元（3 200 000 +3 200 +96 000）。

2. 某煤焦化一体化企业生产原煤后直接移送洗煤厂洗选成精煤，再将精煤移送用于加工焦炭及化工产品，则该企业应缴纳资源税的环节是（　　）。

A. 原煤生产

B. 移送洗煤厂

C. 移送用于加工焦炭及化工产品

D. 焦炭及化工产品销售

［参考答案］C

［答案解析］根据《财政部　税务总局关于资源税有关问题执行口径的公告》（财政部　税务总局公告 2020 年第 34 号）第二条规定，纳税人自用应税产品应当缴纳资源税的情形，包括纳税人以应税产品用于非货币性资产交换、捐赠、偿债、赞助、集资、投资、广告、样品、职工福利、利润分配或者连续生产非应税产品等。该企业自用原煤连续生产精煤，在移送洗煤厂环节不应缴纳资源税，在将精煤移送用于加工焦炭及化工产品等非应税产品时，应按规定的方法和顺序，确定其应税产品销售额并计算缴纳资源税，正确答案应为选项 C。

3. 纳税人开采应税矿产品销售的，其资源税的征税数量为（　　）。

A. 实际开采数量　　B. 开具增值税发票数量

C. 发出产品数量　　D. 实际销售数量

［参考答案］D

［答案解析］根据《财政部　税务总局关于资源税有关问题执行口径的公

告》（财政部 税务总局公告2020年第34号）第四条规定，应税产品的销售数量，包括纳税人开采或者生产应税产品的实际销售数量，正确答案应为选项D。

4. 某煤矿将外购原煤和自采原煤按照1:1的比例混合在一起销售，2021年3月销售混合原煤1 000吨，不含税销售额为50万元，其外购原煤不含税单价为450元/吨，该省原煤资源税税率为8%，当月应纳资源税为（　　）元。

A. 40 000　　B. 22 000

C. 18 000　　D. 20 000

［参考答案］B

［答案解析］根据《国家税务总局关于资源税征收管理若干问题的公告》（国家税务总局公告2020年第14号）第一条规定，纳税人以外购原矿与自采原矿混合为原矿销售，或者以外购选矿产品与自产选矿产品混合为选矿产品销售的，在计算应税产品销售额或者销售数量时，直接扣减外购原矿或者外购选矿产品的购进金额或者购进数量。外购原煤的购进金额为225 000元（1 000÷2×450），应纳资源税为22 000元［（500 000－225 000）×8%］。

5. 按照《中华人民共和国资源税法》的规定，下列关于纳税期限表述正确的是（　　）。

A. 纳税人按月、按季或按次申报缴纳的，应当自月度或者季度终了之日起15日内，向税务机关办理纳税申报并缴纳税款

B. 纳税人按月或者按季申报缴纳的，应当自月度或者季度终了之日起15日内，向税务机关办理纳税申报并缴纳税款

C. 纳税人按月或者按季申报缴纳的，应当自月度或者季度终了之日起10日内，向税务机关办理纳税申报并缴纳税款

D. 纳税人按次申报缴纳的，经税务机关批准，可自纳税义务发生之日起15日内办理纳税申报并缴纳税款

［参考答案］B

［答案解析］根据《中华人民共和国资源税法》第十二条规定，纳税人按月或者按季申报缴纳的，应当自月度或者季度终了之日起15日内，向税务机关办理纳税申报并缴纳税款；按次申报缴纳的，应当自纳税义务发生之日起15日内，向税务机关办理纳税申报并缴纳税款。正确答案应为选项B。

6. 某煤矿2021年4月充填开采置换原煤20 000吨，销售10 000吨，不含税销售收入为400万元，该省原煤资源税税率为8%，当月应减免资源税为（　　）元。

A. 96 000　　　　B. 0

C. 320 000　　　　D. 160 000

［参考答案］D

［答案解析］根据《财政部　税务总局关于继续执行的资源税优惠政策的公告》（财政部　税务总局公告2020年第32号）第四条规定，自2014年12月1日至2023年8月31日，对充填开采置换出来的煤炭，资源税减征50%。当月应纳资源税为320 000元（4 000 000×8%），应减免税额为160 000元（320 000×50%）。

7. 某低丰度油田2021年4月生产原油6 400吨，当月销售6 100吨，单价为2 000元/吨，生产生活自用5吨，另有2吨在采油过程中用于加热、3吨用于修井。原油税率为6%，该油田当月应纳资源税为（　　）元。

A. 732 000　　　　B. 586 080

C. 586 368　　　　D. 732 960

［参考答案］C

［答案解析］根据《中华人民共和国资源税法》第六条规定，开采原油以及在油田范围内运输原油过程中用于加热的原油免征资源税，修井不属于免税范围，应与生产生活自用应税产品一并计算缴纳资源税。同时，从低丰度油气田开采的原油减征20%资源税，当月应纳资源税为586 368元［（6 100+5+3）×2 000×6%×（1－20%）］，正确答案应为选项C。

8. 某石油企业2021年4月从低丰度油气田通过三次采油技术采出原油销售额20万元，原油税率为6%，当月纳税人应申报缴纳资源税为（　　）。

A. 6 720元　　　　B. 9 600元

C. 8 400元　　　　D. 9 600元或8 400元

［参考答案］D

［答案解析］根据《财政部　税务总局关于资源税有关问题执行口径的公告》（财政部　税务总局公告2020年第34号）第九条规定，纳税人开采或者生产同一应税产品同时符合两项或者两项以上减征资源税优惠政策的，除另有

规定外，只能选择其中一项执行。当月应纳资源税为9 600元［200 000×6%×(1－20%)］或8 400元［200 000×6%×(1－30%)］，纳税人可选择享受其中一项优惠计算应纳税款，正确答案应为选项D。

9. 纳税人核算并扣减当期外购应税产品购进金额、购进数量，下列不能作为凭据的是（　　）。

A. 外购应税产品的增值税发票　　B. 海关进口增值税专用缴款书

C. 运杂费增值税发票　　D. 其他合法有效凭据

［参考答案］C

［答案解析］根据《财政部　税务总局关于资源税有关问题执行口径的公告》（财政部　税务总局公告2020年第34号）第五条规定，纳税人核算并扣减当期外购应税产品购进金额、购进数量，应当依据外购应税产品的增值税发票、海关进口增值税专用缴款书或者其他合法有效凭据。

10. 某砂石厂2021年4月生产砂石原矿12 000吨，销售10 000吨，销售收入为120万元，收购砂石原矿3 000吨并全部销售，销售收入为36万元，当地矿石原矿资源税税额为1.7元/吨，当月应纳资源税为（　　）元。

A. 26 520　　B. 17 000

C. 22 100　　D. 20 400

［参考答案］B

［答案解析］根据《中华人民共和国资源税法》第三条规定，实行从量计征的，应纳税额按照应税产品的销售数量乘以具体适用税率计算，收购应税产品不缴纳资源税，当月应纳资源税为17 000元（10 000×1.7），正确答案应为选项B。

二、多项选择题

1. 下列纳税人自用应税资源产品应当缴纳资源税的情形有（　　）。

A. 非货币性资产交换　　B. 集资、投资、利润分配

C. 广告、样品、职工福利　　D. 连续生产应税产品

E. 捐赠、偿债、赞助

［参考答案］ABCE

［答案解析］《财政部　税务总局关于资源税有关问题执行口径的公告》

（财政部 税务总局公告2020年第34号）第二条规定，纳税人自用应税产品应当缴纳资源税的情形，包括纳税人以应税产品用于非货币性资产交换、捐赠、偿债、赞助、集资、投资、广告、样品、职工福利、利润分配或者连续生产非应税产品等。连续生产应税产品不缴纳资源税，选项D错误。

2. 下列减征资源税政策说法正确的有（　　）。

A. 从低丰度油气田开采的原油、天然气，减征30%资源税

B. 高含硫天然气、三次采油和从深水油气田开采的原油、天然气，减征30%资源税

C. 稠油、高凝油减征40%资源税

D. 煤炭开采企业因安全生产需要抽采的煤成（层）气减征50%资源税

E. 从衰竭期矿山开采的矿产品，减征30%资源税

[参考答案] BCE

[答案解析]《中华人民共和国资源税法》第六条规定，从低丰度油气田开采的原油、天然气，减征20%资源税，选项A错误；煤炭开采企业因安全生产需要抽采的煤成（层）气免征资源税，选项D错误。

3. 下列属于资源税纳税人的有（　　）。

A. 开采原煤的国有控股企业

B. 进口铁矿石的私营企业

C. 开采煤层气的国有企业

D. 开采天然原油的外商投资企业

E. 收购石灰岩的个体经营者

[参考答案] ACD

[答案解析] 根据《中华人民共和国资源税法》第一条规定，在中华人民共和国领域和中华人民共和国管辖的其他海域开发应税资源的单位和个人，为资源税的纳税人，进口应税产品不属于境内开采，选项B错误，收购应税产品未发生纳税义务，故选项E错误。

4. 以下资源税应税产品征税对象为原矿或选矿的有（　　）。

A. 煤

B. 铜、铁

C. 石灰岩、砂石

D. 金、银

E. 钨、钼

[参考答案] ABCD

[答案解析]《中华人民共和国资源税法》所附《资源税税目税率表》，

钨、钼的征税对象为选矿，故选项 E 错误。

5. 纳税人申报的应税产品销售额明显偏低且无正当理由的，确定其应税产品销售额的方法包括（　　）。

A. 按关联企业销售额确定

B. 按纳税人最近时期同类产品的平均销售价格确定

C. 按其他纳税人最近时期同类产品的平均销售价格确定

D. 按后续加工非应税产品销售价格，减去后续加工环节的成本利润后确定

E. 按应税产品组成计税价格确定

［参考答案］BCE

［答案解析］《财政部　税务总局关于资源税有关问题执行口径的公告》（财政部　税务总局公告 2020 年第 34 号）第三条规定，纳税人申报的应税产品销售额明显偏低且无正当理由的，或者有自用应税产品行为而无销售额的，主管税务机关可以按下列方法和顺序确定其应税产品销售额：（1）按纳税人最近时期同类产品的平均销售价格确定。（2）按其他纳税人最近时期同类产品的平均销售价格确定。（3）按后续加工非应税产品销售价格，减去后续加工环节的成本利润后确定。（4）按应税产品组成计税价格确定。选项 A 不属于规定方法，选项 D 不适用于应税产品销售额明显偏低且无正当理由的情形，选项 A、D 错误。

6. 可从资源税销售额中扣除的相关运杂费用包括（　　）。

A. 运输费用

B. 建设基金

C. 随运销产生的装卸、仓储、港杂费用

D. 保险费用

E. 燃油费用

［参考答案］ABC

［答案解析］《财政部　税务总局关于资源税有关问题执行口径的公告》（财政部　税务总局公告 2020 年第 34 号）第一条规定，相关运杂费用是指应税产品从坑口或者洗选（加工）地到车站、码头或者购买方指定地点的运输费用、建设基金以及随运销产生的装卸、仓储、港杂费用。

7. 下列应缴纳资源税的产品有（　　）。

A. 在建煤矿井巷掘进生产的工程煤　B. 露天煤矿剥采生产的腐殖质

C. 温泉水　D. 沥青

E. 页岩油

［参考答案］AC

［答案解析］根据《中华人民共和国资源税法》所附《资源税税目税率表》及实际情况，在建煤矿井巷掘进生产的工程煤虽冲减在建工程成本不计收入，但应缴纳资源税，选项A正确；露天煤矿剥采生产的腐殖质不属于原煤，选项B错误；温泉水属于应税产品地热，选项C正确；只有沥青中的天然沥青属于应税产品，选项D错误；页岩油不属于原油，选项E错误。

8. 纳税人生产盐，应按选矿计征资源税的税目有（　　）。

A. 钠盐、钾盐　B. 镁盐、锂盐

C. 天然卤水　D. 液体盐

E. 固体盐

［参考答案］AB

［答案解析］《中华人民共和国资源税法》所附《资源税税目税率表》规定，天然卤水按原矿征税，选项C错误；液体盐和固体盐不属于税目税率表规定的税目，选项D、E错误。

9. 省、自治区、直辖市可以决定的资源税减免税政策包括（　　）。

A. 纳税人开采或者生产应税产品过程中因意外事故遭受重大损失

B. 纳税人开采或者生产应税产品过程中因自然灾害遭受重大损失

C. 纳税人开采共伴生矿、低品位矿、尾矿

D. 从衰竭期矿山开采的矿产品减征资源税

E. 2019年1月1日至2021年12月31日期间对增值税小规模纳税人在50%的税额幅度内减征资源税

［参考答案］ABCE

［答案解析］根据《中华人民共和国资源税法》第六条、第九条规定，选项A、B、C正确；从衰竭期矿山开采的矿产品，减征30%资源税，不属于授权省级决定的减免税政策，选项D错误。根据《财政部　税务总局关于实施小微企业普惠性税收减免政策的通知》（财税〔2019〕13号）规定，由各省、自治区、直辖市人民政府根据本地区实际情况，以及宏观调控需要确定，在自

2019 年 1 月 1 日至 2021 年 12 月 31 日期间，对于增值税小规模纳税人，可以在 50% 的税额幅度内减征资源税等“六税两费”，选项 E 正确。

10. 试点征收的水资源税征税对象有（　　）。

A. 中水　　B. 地表水

C. 温泉水　　D. 地下水

E. 矿泉水

[参考答案] BD

[答案解析] 根据《中华人民共和国资源税法》第十四条规定，国务院根据国民经济和社会发展需要，依照本法的原则，对取用地表水或者地下水的单位和个人试点征收水资源税，选项 B、D 正确。

三、判断题

1. 资源税应税产品的销售额，是指纳税人销售应税产品向购买方收取的全部价款和价外费用，不包括增值税销项税额和运杂费用。（　　）

[参考答案] 错误

[答案解析]《财政部　税务总局关于资源税有关问题执行口径的公告》（财政部　税务总局 2020 年第 34 号）第一条规定，资源税应税产品的销售额，按照纳税人销售应税产品向购买方收取的全部价款确定，不包括增值税税款。计入销售额中的相关运杂费用，凡取得增值税发票或者其他合法有效凭据的，准予从销售额中扣除。

2. 按照《中华人民共和国资源税法》的规定，衰竭期矿山，是指剩余可开采储量下降到原设计可开采储量的 20% 以下或者剩余开采年限不超过五年的矿山。（　　）

[参考答案] 错误

[答案解析]《中华人民共和国资源税法》第十六条第七款规定，衰竭期矿山是指设计开采年限超过 15 年，且剩余可开采储量下降到原设计可开采储量的 20% 以下或者剩余开采年限不超过 5 年的矿山，题中缺失设计开采年限超过 15 年这一要件。

3. 纳税人享受资源税优惠政策，实行自行判别、申报享受、有关资料报送备查的办理方式。（　　）

[参考答案] 错误

[答案解析]《国家税务总局关于资源税征收管理若干问题的公告》（国家税务总局公告2020年第14号）第三条规定，纳税人享受资源税优惠政策，实行“自行判别、申报享受、有关资料留存备查”的办理方式，另有规定的除外。减免税有关资料不需要报送，只需留存备查即可。

4. 纳税人销售应税产品，纳税义务发生时间为收讫销售款或者取得索取销售款凭据的当日；自用应税产品的，纳税义务发生时间为移送使用应税产品的当日。（　　）

[参考答案] 错误

[答案解析]《中华人民共和国资源税法》第十条规定，纳税人销售应税产品，纳税义务发生时间为收讫销售款或者取得索取销售款凭据的当日；自用应税产品的，纳税义务发生时间为移送应税产品的当日。移送使用应税产品时间与移送应税产品时间概念不同。

5. 纳税人的免税、减税项目，应当单独核算销售额或者销售数量；未单独核算或者不能准确提供销售额或者销售数量的，由主管税务机关合理确定。（　　）

[参考答案] 错误

[答案解析]《中华人民共和国资源税法》第八条规定，纳税人的免税、减税项目，应当单独核算销售额或者销售数量；未单独核算或者不能准确提供销售额或者销售数量的，不予免税或者减税。

6. 自2019年1月1日至2021年12月31日，对增值税小规模纳税人可以在50%的税额幅度内减征资源税。（　　）

[参考答案] 正确

[答案解析]《财政部　税务总局关于继续执行的资源税优惠政策的公告》（财政部　税务总局公告2020年第32号）第三条规定，自2019年1月1日至2021年12月31日，对增值税小规模纳税人可以在50%的税额幅度内减征资源税。

7. 2011年11月1日前已依法订立中外合作开采煤成（层）气合同的，在该合同有效期内，继续依照国家有关规定缴纳矿区使用费，不缴纳资源税；合同期满后，依法缴纳资源税。（　　）

［参考答案］错误

［答案解析］《中华人民共和国资源税法》第十五条规定，中外合作开采陆上、海上石油资源的企业依法缴纳资源税。2011 年 11 月 1 日前已依法订立中外合作开采陆上、海上石油资源合同的，在该合同有效期内，继续依照国家有关规定缴纳矿区使用费，不缴纳资源税；合同期满后，依法缴纳资源税。石油资源不含煤成（层）气。

8. 纳税人开采或者生产同一税目下适用不同税率应税产品，未分别核算或者不能准确提供不同税率应税产品的销售额或者销售数量的，从高适用税率。（　　）

［参考答案］正确

［答案解析］《财政部　税务总局关于资源税有关问题执行口径的公告》（财政部　税务总局公告 2020 年第 34 号）第六条规定，纳税人开采或者生产同一税目下适用不同税率应税产品的，应当分别核算不同税率应税产品的销售额或者销售数量；未分别核算或者不能准确提供不同税率应税产品的销售额或者销售数量的，从高适用税率。

9. 纳税人开采尾矿免征资源税。（　　）

［参考答案］错误

［答案解析］《中华人民共和国资源税法》第十五条规定，纳税人开采共伴生矿、低品位矿、尾矿的，省、自治区、直辖市可以决定免征或者减征资源税。在实际工作中，有的省份对尾矿免征资源税，有的省份减征一定比例资源税。

10. 实行从量计征资源税的，应纳税额按照应税产品的生产数量乘以具体适用税率计算。（　　）

［参考答案］错误

［答案解析］《中华人民共和国资源税法》第三条规定，实行从量计征的，应纳税额按照应税产品的销售数量乘以具体适用税率计算。

第十七章　社保费

一、单项选择题

1. 小李自己经营一家洗衣店，是以个人身份参加企业职工基本养老保险的个体工商户。2020 年受疫情影响经营困难，未缴纳当年基本养老保险费。则下列说法正确的是（　　）。

A. 可于 2021 年底前进行补缴，同时缴纳滞纳金

B. 可于 2020 年底前进行补缴，不需要缴纳滞纳金

C. 可于 2021 年底前进行补缴，不需要缴纳滞纳金

D. 可于 2020 年底前进行补缴，同时缴纳滞纳金

[参考答案] C

[答案解析] 以个人身份参加企业职工基本养老保险的个体工商户和各类灵活就业人员，受疫情影响，对 2020 年未缴费月度，可于 2021 年底前进行补缴，缴费基数在 2021 年公布的个人缴费基数上下限范围内自主选择。

2. 王某 2007 年考取某市税务局公务员，并于 9 月份正式上班。按照相关规定，王某开始缴纳职业年金的时间是（　　）。

A. 2014 年 10 月 1 日　　B. 2015 年 4 月 1 日

C. 2007 年 1 月 1 日　　D. 2007 年 9 月 1 日

[参考答案] A

[答案解析]《机关事业单位职业年金办法》规定，自 2014 年 10 月 1 日起实施机关事业单位工作人员职业年金制度。

3. 王某2001年1月份以公务员身份录用到当地某机关单位，2014年10月按照规定参加机关事业单位基本养老保险。其于2021年退休，截至其退休时，机关事业单位养老保险中的视同缴费年限为（　　）。

A. 13年9个月　　B. 14年

C. 0年　　D. 21年

［参考答案］A

［答案解析］机关事业单位养老保险中的视同缴费年限是指2014年10月1日前在编工作人员按国家规定计算的连续工龄。

4. 王某是某机关单位正式在编人员，2020年4月到退休年龄，那么王某退休时基础养老金计发月标准是（　　）。

A. 2019年全省在岗职工月平均工资和本人指数化月平均缴费工资的平均值为基数，缴费年限每满1年发给1%

B. 2019年全省在岗职工月平均工资和本人指数化月平均缴费工资的加权值为基数，缴费年限每满1年发给1%

C. 2020年全省在岗职工月平均工资和本人月平均工资的平均值为基数，缴费年限每满1年发给1%

D. 2020年度在岗职工月缴费工资和本人指数化月平均工资的平均值为基数，缴费年限每满1年发给1%

［参考答案］A

［答案解析］机关事业单位养老保险金计发时基础养老金月标准是以退休时全省上年度在岗职工月平均工资和本人指数化月平均缴费工资的平均值为基数，缴费年限每满1年发给1%

5. 某省企业养老保险采取“人社核定、税务征收”模式。2020年7月，受疫情影响，该省A企业宣布破产关闭，并向社保经办机构申请办理参保注销，其已核定未缴纳的社会保险费办理清缴手续的部门是（　　）。

A. 社保经办机构　　B. 主管税务机关

C. 上级税务机关　　D. 上级社保经办机构

［参考答案］B

［答案解析］企业依法终止缴费义务或办理转移的，在向经办机构申请办理参保注销或转移前，须先向主管税务机关结清经办机构已核定未缴纳的社会

保险费，再由经办机构依法办理参保注销或转移；税务机关根据经办机构传递的参保注销或变更信息，同步更新相关缴费状态。

6. 某省机关事业单位养老保险采取“人社核定、税务征收”模式。2020年8月该省某事业单位挂牌成立，并于当月到社保经办机构办理了参保登记和税务登记。9月份该单位首次到税务部门缴纳社会保险费，进行正常缴费前需办理的业务是（　　）。

A. 申报确认　　B. 关联变更

C. 申报　　D. 参保关联

[参考答案] D

[答案解析] 新成立机关事业单位初次在办税服务厅申报缴纳养老保险费时，税务工作人员需先为其办理参保关联业务。

7. 王某为A省某机关正式在编人员，因工作调动到A省某企业上班，在办理转移接续时，本人基本养老保险金个人账户余额为5.4万元（含往年利息收入）。在转移基本养老保险关系的同时，个人账户转移的金额为（　　）万元。

A. 5.4　　B. 0

C. 5　　D. 3

[参考答案] A

[答案解析] 参加机关事业单位养老保险的人员在同一统筹范围从机关事业单位流动到企业的，在转移基本养老保险关系的同时，个人缴费部分按计入本人基本养老保险个人账户全部储存额随同转移。

8. 某省社保费征收采取“人社核定、税务征收”模式，小王为该省城乡居民医保参保人员。2021年小王在医保部门将曾用名信息进行变更后通过税务部门提供的网上缴费渠道进行缴费。缴费时发现税务部门登记的参保信息还是曾用名，遂前往税务大厅进行处理，税务大厅工作人员在核实信息后进行变更操作的模块是（　　）。

A. 自然人信息登记　　B. 社会保险费自然人信息变更

C. 社会保险费税务登记信息变更　　D. 用人单位参保缴费信息关联变更

[参考答案] B

[答案解析] 城乡居民、灵活就业人员在社保经办机构变更姓名、身份证号后，将变更信息通过共享平台传递至税务部门，如果系统没有自动更新的，

税务大厅工作人员可以通过社会保险费自然人信息变更模块进行变更。

9. A 事业单位改制后变成 B 企业，需解除原关联税务主体后与新的税务主体进行关联。A 单位工作人员在税务大厅办理“用人单位参保信息关联解除”时提示“无法解除”，原因主要是（ ）。

A. 存在未申报信息 B. 存在已申报信息

C. 存在入库信息 D. 存在欠费信息

［参考答案］D

［答案解析］使用“用人单位参保信息关联解除”解除参保关联信息的前提是不存在欠费信息。

10. A 机关单位工作人员将单位缴纳社保费的缴费证明遗失，前往税务大厅申报重新开具，办税窗口人员进行打印操作的模块是（ ）。

A. 开具税收完税证明 B. 票证补打

C. 票证重打 D. 纳税凭证转开

［参考答案］B

［答案解析］单位缴纳社保费的缴费证明遗失，在税务大厅申报重新开具，可以使用“票证补打”模块进行打印。

11. 生育保险在全国 12 个省份首次实施与医疗保险合并征收的时间是（ ）。

A. 2018 年 1 月 19 日 B. 2017 年 2 月 19 日

C. 2017 年 1 月 19 日 D. 2017 年 9 月 19 日

［参考答案］C

［答案解析］2017 年 1 月 19 日，国务院办公厅下发了《生育保险和职工基本医疗保险合并实施试点方案》，在全国 12 个试点地区开展了两项保险合并实施试点工作，将生育保险基金并入职工基本医疗保险基金统一征缴。

12. 某省职工基本医疗保险采取市级统筹，王某因工作调动，由 A 市前往 B 市工作，王某在办理跨统筹地区转移前，需办理的手续是（ ）。

A. 在 A 地经办机构办理中止参保手续

B. 在 B 地经办机构办理中止备案手续

C. 在 A 地经办机构办理注销参保手续

D. 直接在 B 地经办机构办理参保登记手续

［参考答案］A

［答案解析］参保人员跨统筹地区流动前，参保人员或其所在参保单位应到基本医疗保险关系所在地经办机构办理中止参保手续。

13. 核定征收模式下，对企业需要补缴历史欠费的，对企业的历史欠费进行核定的部门是（　　）。

A. 财政部门

B. 税务部门

C. 人社（医保）部门

D. 税务、人社（医保）部门联合确定

［参考答案］C

［答案解析］对企业需要补缴历史欠费的，由人社、医保部门对历史欠费进行清算。

14. 基本医疗保险起付标准、最高支付限额以及在起付标准以上和最高支付限额以下医疗费用的个人负担比例，确定的原则是（　　）。

A. 以支定收、收支平衡　　B. 自主核定

C. 以收定支、收支平衡　　D. 减轻个人负担

［参考答案］C

［答案解析］基本医疗保险起付标准、最高支付限额以及在起付标准以上和最高支付限额以下医疗费用的个人负担比例，由统筹地区根据“以收定支、收支平衡”的原则确定。

15. 郭某今年55岁，2010年5月参加工作，其单位为其参加企业职工养老保险，连续缴费5年。2015年，郭某与企业解除劳动关系，中断缴费。2021年郭某开始以灵活就业人员方式缴纳养老保险。郭某能够享受养老保险待遇还需要缴纳养老保险的时间是（　　）年。

A. 10　　B. 5

C. 15　　D. 20

［参考答案］A

［答案解析］基本养老保险最低缴费年限为15年，到达退休年龄缴费还不足15年的，要按照相关规定补缴至满15年后办理退休手续。

16. 某机关事业单位补缴2018年2月份养老保险，该单位2月份缴费基数

为 76 000 元，则该单位 2 月份应补缴单位缴费部分为（　　）元。

A. 21 280　　B. 15 200

C. 12 160　　D. 14 440

［参考答案］B

［答案解析］2019 年 5 月 1 日起机关事业单位基本养老保险单位缴费比例调整为 16%，该单位为机关事业单位，2018 年适用单位缴费费率为 20%，应补缴单位缴纳部分 = 76 000 × 20% = 15 200（元）

17. 李某 2021 年 57 岁，于 2015 年首次参加企业职工基本养老保险，累计缴费年限为 3 年。李某达到法定退休年龄时，可以申请享受的养老保险待遇是（　　）。

A. 城乡居民基本养老保险　　B. 灵活就业养老保险

C. 机关事业单位养老保险　　D. 企业职工基本养老保险

［参考答案］A

［答案解析］依现行社保费相关规定，参加职工基本养老保险的个人达到法定退休年龄时，累计缴费不足 15 年的，可以延长缴费至满 15 年。社会保险法实施前参保、延长缴费 5 年后仍不足 15 年的，可以一次性缴费至满 15 年。参加职工基本养老保险的个人达到法定退休年龄后，累计缴费不足 15 年（含依照规定延长缴费）的，可以申请转入户籍所在地新型农村社会养老保险或者城镇居民社会养老保险，享受相应的养老保险待遇。

18. 核定征收模式下，缴费人在人社医保参保登记后，以下数据传递顺序为（　　）。

①医保经办机构业务系统；②共享平台税务端；③共享平台人社端；④金税三期社保管理子系统。

A. ①②③④　　B. ①③②④

C. ②③①④　　D. ③①②④

［参考答案］B

［答案解析］核定模式下，参保信息的流转顺序为：医保经办机构业务系统—共享平台人社端—共享平台税务端—“金税”三期社保管理子系统。

19. 核定征收模式下，某机关单位于 2021 年 4 月成立，5 月到社保部门办理参保登记，并核定当月缴费信息，于次日首次到税务部门进行缴费。前台提示“该纳税人尚未进行税务登记，无法办理该业务”，则该机关事业单位需要做的是（　　）。

A. 只做税务登记

B. 用单位编号查询、申报

C. 办理扣缴义务登记或组织临时登记，并进行社保关联登记

D. 让人社撤销征缴单，重新开具

［参考答案］C

［答案解析］企业首次在税务局大厅用纳税人识别号申报社保费时（单位编号未关联），显示“该纳税人尚未进行税务登记，无法办理该业务”，需进行税务主体登记（包括组织临时登记或扣缴义务登记等），并进行关联登记后缴费。

20. 2019 年 1 月，某省税务部门按照“核定征收”模式开始征收机关事业单位社会保险费。2020 年 4 月某机关事业单位完成重组（事业单位法人证书编号、名称均改变），当月在申报后、汇解前，发现开具的税务收现凭证中单位名称、税号仍为原单位，税务人员正确的处理是（　　）。

A. 告知该缴费单位无法变更

B. 在现金票证汇总前，作废申报，重新申报

C. 在现金票证汇总前，作废票证、申报表后，解除原单位关联，重新关联新单位，并重新申报开票

D. 手工修改税务收现凭证，并加盖征收专用章

［参考答案］C

［答案解析］机关事业单位参保信息发生并更后，应及时向人社、医保部门提交变更信息，并到税务部门重新进行关联登记，重新关联后再进行申报缴费。

21. 张某为城乡居民养老保险参保人，在税务部门提供的线上缴费渠道进行缴费时，无法查询到自己的信息，经税务部门工作人员核实，是由于张某姓名中存在缴费渠道不支持的生僻字，下列关于张某完成缴费说法正确的是（　　）。

A. 生僻字无法通过共享平台传递，张某需要更改名字后缴费

B. 生僻字在投入税务征收系统时，需提运维单，人工修改后缴费

C. 张某可以在办税服务厅用虚拟户申报方式缴费

D. 张某可以到人社大厅通过原人社征缴系统进行缴费

［参考答案］C

［答案解析］城乡居民在缴纳社会保险费时，如果姓名中，有缴费渠道不支持的生僻字可以在办税服务厅用虚拟户申报方式缴费。

22. 受疫情影响，2020 年 5 月 10 日，某企业与该单位 10 人解除劳动关系。该单位应将失业人员名单告知社会保险经办机构的时间是（　　）。

A. 6 月 10 日前　　B. 9 月 10 日前

C. 5 月 25 日前　　D. 5 月 20 日前

［参考答案］C

［答案解析］用人单位应当及时为失业人员出具终止或者解除劳动关系的证明，并将失业人员的名单自终止或者解除劳动关系之日起 15 日内告知社会保险经办机构。

23. 下列单位中，不能参加机关事业单位养老保险的是（　　）。

A. 参公事业单位　　B. 国企

C. 自收自支事业单位　　D. 行政单位

［参考答案］B

［答案解析］机关事业单位基本养老保险费参保范围为按照公务员法管理的单位、参照公务员法管理的机关（单位）和事业单位。

24. 目前我国基本养老保险基金筹集采用的模式是（　　）。

A. 部分积累式　　B. 现收现付制

C. 完全积累制　　D. 收付实现制

［参考答案］A

［答案解析］我国基本养老保险基金筹集采用的模式是部分积累式。

25. 王某 2000 年 9 月参加工作，开始缴纳失业保险费，2018 年 4 月失业，次月开始领取失业保险金。同年 10 月再次就业，2020 年 4 月受疫情影响，再次失业。那么 2020 年 4 月，王某可以申请核定的领取失业保险金的期限最长为（　　）个月。

A. 12　　B. 17

C. 24　　D. 31

［参考答案］C

［答案解析］失业人员失业前所在单位和本人按照规定累计缴费时间满1年不足5年的，领取失业保险金的期限最长为12个月；累计缴费时间满5年不足10年的，领取失业保险金的期限最长为18个月；累计缴费时间10年以上的，领取失业保险金的期限最长为24个月。

重新就业后再失业的，缴费时间重新计算，领取失业保险金的期限可以与前次失业应领取而尚未领取的失业保险金的期限合并计算，但是最长不得超过24个月。

26. 李某是某省直机关公务员，以下不属于李某计算养老保险缴费基数的工资项目的是（　　）。

A. 职务工资和级别工资　　B. 国家统一的津补贴

C. 年终一次性奖金　　D. 公务员车补

［参考答案］D

［答案解析］机关单位（含参公管理的单位）工作人员个人缴费工资基数为：本人上年度工资收入中的基本工资（公务员的职务工资和级别工资；技术工人的岗位工资和技术等级工资；普通工人的岗位工资）、国家统一的津补贴（艰苦边远地区津贴、警衔津贴、海关津贴等国家统一规定纳入原退休费计发基数的项目）、规范后的津贴补贴（地区附加津贴）、1993年工资制度改革保留的津贴补贴、年终一次性奖金。

27. 机关事业单位养老保险参保人员死亡的，个人账户余额正确的处理是（　　）。

A. 自动清零　　B. 收归统筹基金

C. 可依法继承　　D. 转移继承

［参考答案］D

［答案解析］参保人员死亡的，个人账户余额可以依法继承。

28. 2021年《政府工作报告》中明确，基本养老保险参保率要提高到（　　）。

A. 95%　　B. 96%

C. 94%　　D. 98%

［参考答案］A

［答案解析］2021 年 3 月 5 日，李克强总理在《政府工作报告》中明确，基本养老保险参保率提高到 95%。

29. 税务部门应及时准确向人社或医保部门反馈征缴入库信息，便于人社、医保部门入账记账。共享平台已联通的地区，征缴信息传递的频率为（　　）。

A. 日　　B. 周

C. 旬　　D. 月

［参考答案］A

［答案解析］共享平台已联通的地区（险种），征缴信息通过共享平台实现按日传递。

30. 某省 A 企业被认定为困难企业，该企业难以负担职工基本医疗保险费用，想以城乡居民基本医疗保险参保，有权进行批准的部门是（　　）。

A. 省级人民政府　　B. 本级人民政府

C. 省级城乡居民医疗经办机构　　D. 本级城乡居民医疗经办机构

［参考答案］A

［答案解析］将关闭破产企业退休人员和困难企业职工纳入城镇职工医保，确有困难的，经省级人民政府批准后，可以参加城乡居民基本医疗保险。

31. 城乡居民基本养老保险待遇由基础养老金和个人账户养老金构成。有权确定基础养老金支付标准的机关是（　　）。

A. 中央　　B. 地方

C. 中央和地方共同　　D. 中央授权地方

［参考答案］C

［答案解析］城乡居民基本养老保险待遇由基础养老金和个人账户养老金构成。基础养老金由中央和地方确定标准并全额支付给符合领取条件的参保人。

32. 2020 年 5 月，A 省建安企业到 B 省实施建安项目，并于当月进行工伤保险参保登记。同年 10 月 10 日项目结束，该单位到参保地工伤保险经办机构办理注销参保手续的最后时间是（　　）。

A. 9 月 25 日　　B. 10 月 1 日

C. 10 月 25 日　　D. 11 月 10 日

［参考答案］D

［答案解析］外省注册在本省参加工伤保险的用人单位，应在生产经营活动结束后 30 日内，到参保地工伤保险经办机构办理注销参保手续。

33. 某省医保基数采用单基数进行计算。2020 年该省 A 单位上年度职工实发月工资为 32 万元，职工个人月缴费基数之和为 29 万元，则职工基本医疗保险单位缴费基数为（　　）。

A. 31.9 万元　　B. 32 万元

C. 29 万元　　D. 用人单位自行选择

［参考答案］C

［答案解析］单基数下，企业单位缴费基数等于个人缴费基数之和。

34. 某省 2020 年全口径城镇单位就业人员平均工资为 57 987 元（月平均工资为 4 832 元），某职工 2020 年度月平均工资为 2 500 元，该职工 2021 年企业养老保险个人月缴费金额为（　　）元。

A. 200　　B. 231.94

C. 386.56　　D. 1 159.68

［参考答案］B

［答案解析］职工个人以本人上年度月平均工资为缴费基数。个人月平均工资低于上年度全省全口径城镇单位就业人员月平均工资 60% 的，按 60% 核定；超过上年度全省全口径城镇单位就业人员月平均工资 300% 的，按 300% 核定。

2021 年度缴费基数下限为 2 899.2 元（4 832 × 60%）。该职工月平均工资低于社平工资的 60%，则以下限为基数计算个人应缴费额为 231.94 元（2 899.2 × 8%）。

35. 某省 2019 年全口径城镇单位就业人员平均工资为 57 987 元（月平均工资为 4 832 元），某职工 2019 年度月平均工资为 5 000 元，该职工 2020 年职工基本医疗保险个人月缴费基数为（　　）元。

A. 2 739　　B. 4 832

C. 5 000　　D. 14 496

［参考答案］C

［答案解析］职工个人以本人上年度月平均工资为缴费基数。个人月平均工资低于上年度全省全口径城镇单位就业人员月平均工资 60% 的，按 60% 核定；超过上年度全省全口径城镇单位就业人员月平均工资 300% 的，按 300% 核定。

2020 年度，该省缴费基数下限为 2 899.2 元（4 832 ×60%）；缴费基数上限为 14 496 元（4 832 ×300%）。该职工月平均工资为 5 000 元，未低于上限也未高于上限，因此按上年度月平均工资作为缴费基数。

36. 工伤保险费确定费率依据的原则是（　　）。

A. 以收定支、收支平衡　　B. 以支定收、收支平衡

C. 现收现付略有节余　　D. 支付充足留有储备

［参考答案］ B

［答案解析］《工伤保险条例》（国务院令第 375 号）第八条规定，工伤保险费根据“以支定收、收支平衡”的原则，确定费率。

37.《中华人民共和国社会保险法》规定，国家确定行业差别费率的根据是（　　）。

A. 不同行业的工伤风险程度　　B. 不同行业的工伤发生概率

C. 不同行业的工伤损害部位　　D. 不同行业的工伤救治费用

［参考答案］ A

［答案解析］《中华人民共和国社会保险法》第三十四条规定，国家根据不同行业的工伤风险程度确定行业的差别费率。

38. 2020 年 5 月，受新冠肺炎疫情影响，A 公司生产经营出现严重困难，向当地社保经办机构申请缓缴三项社会保险费，缓缴期限最长时间是（　　）。

A. 2021 年 5 月　　B. 2020 年 11 月

C. 2020 年 8 月　　D. 2021 年 2 月

［参考答案］ B

［答案解析］ 受新冠肺炎疫情影响生产经营出现严重困难的企业，可申请缓缴三项社会保险费，缓缴期限原则上不超过 6 个月，缓缴期间免收滞纳金。

39. 2020 年企业职工基本养老保险基金中央调剂比例为（　　）。

A. 8%　　B. 4%

C. 3.5 %　　D. 3%

［参考答案］ B

［答案解析］《人力资源社会保障部　财政部　税务总局关于阶段性减免企业社会保险费的通知》（人社部发〔2020〕11 号），明确阶段性减免企业基本养老保险、失业保险、工伤保险单位缴费部分。同时，2020 年企业职工基本养

老保险基金中央调剂比例提高到4%，加大对困难地区的支持力度。

40. 国家公务员在参加基本医疗保险的基础上，还享受的医疗制度是（　　）。

A. 公务员医疗补助　　B. 公费医疗

C. 劳保医疗　　D. 疾病补贴

[参考答案] A

[答案解析] 参见《国务院关于建立城镇职工基本医疗保险制度的决定》（国发〔1998〕44号）的相关规定。

41. 用人单位应当参加工伤保险而未参加的，由相关部门责令限期参加，补缴应当缴纳的工伤保险费，并自欠缴之日起，按日加收万分之五的滞纳金；逾期仍不缴纳的，罚款金额为（　　）。

A. 欠缴数额的1倍以上3倍以下　　B. 欠缴数额的1倍以上5倍以下

C. 欠缴数额的0.5倍以上3倍以下　　D. 欠缴数额的0.5倍以上5倍以下

[参考答案] A

[答案解析]《工伤保险条例》规定，用人单位应当参加工伤保险而未参加的，由社会保险行政部门责令限期参加，补缴应当缴纳的工伤保险费，并自欠缴之日起，按日加收万分之五的滞纳金；逾期仍不缴纳的，处欠缴数额1倍以上3倍以下的罚款。

42. 核定征收模式下，单位参保、征集信息传递过程中，不涉及的业务系统是（　　）。

A. 人社、医保业务系统　　B. 人社信息共享平台

C. 税务信息共享平台　　D. 社保费征收子系统

[参考答案] D

[答案解析] 核定模式下，参保、征集信息在：人社、医保经办机构业务系统，共享平台人社端，共享平台税务端，"金税"三期社保管理子系统流转。

43. 工伤保险缴费实行的费率形式是（　　）。

A. 固定费率　　B. 差别比例费率

C. 行业基准费率和浮动费率相结合　　D. 浮动费率

[参考答案] C

[答案解析] 工伤保险缴费比例实行行业基准费率和浮动费率相结合的费

率形式。

44. 工伤保险按行业风险分类的档次是（　　）档。

A. 6　　B. 8

C. 9　　D. 11

[参考答案] B

[答案解析] 工伤保险按行业风险分类可分为8档。

45. 下列不纳入失业保险实施范围的是（　　）。

A. 各商业银行及其职工

B. 各国家政策性银行及其职工

C. 中国人民银行所属的各类企业事业单位及其职工

D. 中国人民银行及其分支机构

[参考答案] D

[答案解析] 关于银行系统的参保范围具体包括：中国人民银行所属的各类企业事业单位及其职工；各商业银行及其职工；各国家政策性银行及其职工。中国人民银行及其分支机构，不纳入失业保险实施范围。

46. 下列人员不可以进行失业登记的是（　　）。

A. 年满16周岁，从各类学校毕业、肄业的

B. 现役军人

C. 个体工商户业主或私营企业业主停业、破产停止经营的

D. 承包土地被征用，符合当地规定条件的

[参考答案] B

[答案解析]《就业服务与就业管理规定》（劳动保障部第28号令，后经多次修订）规定，失业登记的范围包括以下失业人员：(1) 年满16周岁，从各类学校毕业、肄业的；(2) 从企业、机关、事业单位等各类用人单位失业的；(3) 个体工商户业主或私营企业业主停业、破产停止经营的；(4) 承包土地被征用，符合当地规定条件的；(5) 军人退出现役且未纳入国家统一安置的；(6) 刑满释放、假释、监外执行的；(7) 各地确定的其他失业人员。

47. 失业保险金的标准，由省、自治区、直辖市人民政府确定，最低标准是（　　）。

A. 本地最低工资的70%　　B. 本地社会平均工资的60%

C. 本地最低工资　　　　　　　　D. 城市居民最低生活保障标准

［参考答案］D

［答案解析］《中华人民共和国社会保险法》规定，失业保险金的标准，由省、自治区、直辖市人民政府确定，不得低于城市居民最低生活保障标准。

48. 王某在领取失业保险金期间因达到退休年龄办理了退休手续，并开始领取养老金。下列关于王某失业保险金说法正确的是（　　）。

A. 他可以继续领取剩余的失业保险金

B. 他可以再领取一个月的失业保险金

C. 他不可以继续领失业保险金

D. 他不可以继续领失业保险金，但可以享受其他失业保险待遇

［参考答案］C

［答案解析］失业人员在领取失业保险金期间有下列情形之一的，停止领取失业保险金，并同时停止享受其他失业保险待遇：(1) 重新就业的；(2) 应征服兵役的；(3) 移居境外的；(4) 享受基本养老保险待遇的；(5) 被判刑收监执行或者被劳动教养的；(6) 无正当理由，拒不接受当地人民政府指定的部门或者机构介绍的工作的；(7) 有法律、行政法规规定的其他情形的。

49. 核定征收模式下，企业 A 前往税务大厅进行费款申报，大厅操作人员使用的模块为（　　）。

A. 单位社会保险费确认申报（人社核定）

B. 单位社会保险费特殊缴费确认申报

C. 用人单位参保缴费信息关联

D. 用人单位参保缴费信息关联变更

［参考答案］A

［答案解析］单位在办税服务厅进行日常缴费申报时，通过“金税”三期社保费征收子系统的“申报”—“单位社会保险费确认申报（人社核定）”模块进行申报。

50. 核定征收模式下，某省 A 单位前往办税服务厅办理费款补缴业务，大厅人员进行申报应通过的金税三期社保费征收子系统的模块是（　　）。

A. 单位社会保险费确认申报（人社核定）

B. 单位社会保险费特殊缴费确认申报

C. 用人单位参保缴费信息关联

D. 用人单位参保缴费信息关联变更

[参考答案] B

[答案解析] 机关事业单位在办税服务厅进行日常缴费申报时，通过“金税”三期社保费征收子系统的“申报”—“单位社会保险费特殊缴费确认申报”模块。

51. 核定征收模式下，机关事业单位将养老保险费打入主管税务机关待报解账户，通过待报解账户完成缴费的，办税服务厅开具的缴费凭证为（　　）。

A. 税收完税证明　　B. 缴费通知单

C. 税收缴款书（税务收现专用）　　D. 税收缴款书（银行经收专用）

[参考答案] C

[答案解析] 机关事业单位通过待报解账户完成缴费的，办税服务厅开具《税收缴款书（税务收现专用）》作为缴费凭证。

52. 核定征收模式下，单位、灵活就业人员、城乡居民、城乡居民虚拟户等缴费人在社保费申报成功后，如发现申报数据有误，可以通过（　　）模块作废已申报数据。

A. 社保费待批扣清册作废　　B. 纳税凭证转开作废（社保费）

C. 社会保险费申报表作废　　D. 票证作废（社保费）

[参考答案] C

[答案解析] 单位、灵活就业人员、城乡居民、城乡居民虚拟户等缴费人在社保费申报成功后，如发现申报数据有误，可以通过“社会保险费申报表作废”功能作废已申报数据。

53. 核定征收模式下，某机关事业单位通过电子税务局申报了当月养老保险缴费，并前往办税厅缴费。税务人员选择办理缴费业务的模块为（　　）。

A. 单位社会保险费确认申报

B. 单位社会保险费特殊缴费确认申报

C. 一般征收开票

D. 社会保险费申报表作废

[参考答案] C

[答案解析] 本题中税务人员可以选择“金三”社保管理子系统“一般征

收开票”模块办理缴费业务。

54. 对参加企业职工养老保险的参保人员出生时间的认定，实行居民身份证与职工档案相结合的办法。当本人身份证与档案记载的出生时间不一致时，出生时间是（　　）。

A. 身份证记载的出生时间　　B. 户口本记载的出生时间

C. 档案最先记载的出生时间　　D. 招工表记载的出生时间

[参考答案] C

[答案解析] 参见《劳动和社会保障部关于制止和纠正违反国家规定办理企业职工提前退休有关问题的通知》（劳社部发〔1999〕8号）的相关规定。

55. 工伤保险基金的构成不包括（　　）。

A. 用人单位缴纳的工伤保险费

B. 依法纳入工伤保险基金的其他资金

C. 工伤保险基金利息

D. 职工个人缴纳的工伤保险

[参考答案] D

[答案解析] 工伤保险基金收入包括工伤保险费收入、财政补贴收入、利息收入、上级补助收入、下级上解收入、其他收入。

56. 职业年金的缴费比例分别为（　　）。

A. 单位8%，个人6%　　B. 单位4%，个人8%

C. 单位8%，个人4%　　D. 单位4%，个人2%

[参考答案] C

[答案解析]《国务院办公厅关于印发机关事业单位职业年金办法的通知》（国办发〔2015〕18号）规定，职业年金所需费用由单位和工作人员个人共同承担。单位缴纳职业年金费用的比例为本单位工资总额的8%，个人缴费比例为本人缴费工资的4%，由单位代扣。

57. 对未按规定申报缴纳失业保险的参保单位，经办机构确定缴费数额的标准是（　　）。

A. 按其上年缴费数额的110%　　B. 按其上年缴费数额的100%

C. 按其上月缴费数额的100%　　D. 按其上月缴费数额的110%

[参考答案] A

［答案解析］对未按规定申报缴纳失业保险的参保单位，经办机构暂按其上年缴费数额的110%确定应缴数额；没有上年缴费数额的，经办机构可暂按该单位的经营状况、职工人数等有关情况确定应缴数额。

58. 下列选项不属于职工基本医疗保险费征收范围的是（　　）。

A. 国有企业　　B. 机关事业单位

C. 外商投资企业　　D. 城镇无业人员

［参考答案］D

［答案解析］无业人员属于城乡基本医疗保险费征收范围。

59. 下列选项不属于生育保险参保范围的是（　　）。

A. 城镇企业男职工　　B. 合同制农民工

C. 境内企业聘用的外国人　　D. 城镇无业人员

［参考答案］D

［答案解析］生育保险的参保范围包括城镇企业职工，境内企业单位依法招用的外国人、港澳台居民，合同制农民工。

60. A公司有职工50人，其中男职工35人（已有小孩的10人）、女职工15人（已有小孩的3人），则该公司需要参加生育保险的职工人数为（　　）人。

A. 50　　B. 37

C. 35　　D. 13

［参考答案］A

［答案解析］凡是与用人单位存在劳动关系的职工，都必须参加生育保险，包括男职工，包括已生育孩子的职工。

61. 李某退休时上年度当地在岗职工月平均工资为4 000元，本人指数化月平均工资为6 000元，本人累计缴费年限为28年，则该人退休时应得月统筹养老金（基础养老金）为（　　）元。

A. 1 400　　B. 1 800

C. 5 000　　D. 1 200

［参考答案］A

［答案解析］月基础养老金＝（上年度当地在岗职工月平均工资＋本人指数化月平均工资）÷2×本人累计缴费年限×1%

（4 000＋6 000）÷2×28×1%＝1 400（元）

62. 刘某60岁退休，按国家规定基本养老金的计发月数为139个月，基本养老金个人账户累计储存额为15万元，他退休时，每月领取的养老金中个人账户养老金为（　　）元。

A. 1 000　　B. 2 158

C. 1 079　　D. 2 000

［参考答案］C

［答案解析］个人账户养老金 = 个人账户全部储存额 ÷ 计发月数

150 000 ÷ 139 = 1 079（元）

二、多项选择题

1. 王某是某省国企正式员工，该单位需要为其缴纳的社会保险有（　　）。

A. 企业职工基本养老保险　　B. 职工基本医疗保险

C. 工伤保险　　D. 失业保险

E. 职业年金

［参考答案］ABCD

［答案解析］职业年金属于机关事业单位基本养老保险的补充保险，参保范围为机关事业单位人员。

2. 2020年11月份，企业社保费划到税务部门征收坚持的原则包括（　　）。

A. 不改变企业现行申报方式和缴费基数计算规则

B. 不因征收部门改变而增加企业缴费负担

C. 不开展税费联合检查

D. 不对历史欠费进行清缴

E. 不改变缴费基数的计算规则

［参考答案］AB

［答案解析］社保费划转采取“不改变企业现行申报方式和缴费基数计算规则、不因征收部门改变而增加企业缴费负担”的“两不”原则，稳妥推进社保费征收体制改革。

3. 核定征收模式下，参保、征集信息需从人社（医保）部门传递到税务部门。参保、征集信息传递过程中，需流转经过的系统有（　　）。

A. 人社、医保业务系统

B. 人社信息共享平台

C. 税务信息共享平台

D. 税务部门“金三”社保费征收子系统

E. 税务部门“金三”社保费管理子系统

［参考答案］ABCE

［答案解析］参保、征集信息是从人社、医保业务系统，先传递至人社信息共享平台，再到税务信息共享平台，最后到税务部门“金三”社保费管理子系统。社保费征收子系统适用于费款征收。

4. 现行政策下，城乡居民基本养老保险实行的缴费政策包括（　　）。

A. 个人缴费　　B. 集体补助

C. 政府补贴　　D. 财政兜底

E. 单位缴费

［参考答案］ABC

［答案解析］城乡居民基本养老保险实行个人缴费、集体补助、政府补贴相结合的缴费政策，参保人自主选择缴费档次，多缴多得。

5. 参加职工基本医疗保险的用人单位，应同步为本单位在职职工参加生育保险。下列纳入合并实施范围的人群有（　　）。

A. 公益性岗位安置人员　　B. 城乡居民

C. 灵活就业人员　　D. 领取失业保险金人员

E. “三支一扶”人员

［参考答案］ADE

［答案解析］生育保险纳入医保合并实施范围包括公益性岗位安置人员、“三支一扶”人员、领取失业保险金人员。

6. 王某1992年参加工作，参加企业职工基本养老保险，2022年退休。退休后，他的养老金组成部分包括（　　）。

A. 统筹养老金（基础养老金）　　B. 个人账户养老金

C. 政府补助金　　D. 单位补助金

E. 过渡性养老金

［参考答案］ABE

［答案解析］企业职工退休后，基本养老金由基础养老金和个人账户养老金两部分构成。对在国家实施统一的职工养老保险制度之前参加工作，在统一制度实施后退休的人员，加发过渡性养老金。

7. 小李大学毕业后通过公益岗考核，到某县税务局工作，该单位应为其参加的保险有（　　）。

A. 机关事业单位养老保险　　B. 企业养老保险

C. 职工基本医疗保险　　D. 生育保险

E. 失业保险

［参考答案］BCDE

［答案解析］机关事业单位编制外人员参加企业职工基本养老保险、医疗保险、失业保险。医疗保险和生育保险合并实施后，纳入医保合并实施范围包括公益性岗位安置人员、“三支一扶”人员、领取失业保险金人员。

8. 王某参加企业职工养老保险，退休后，影响他月养老金的项目有（　　）。

A. 当地职工平均工资　　B. 个人账户金额

C. 城镇人口平均预期寿命　　D. 退休年龄

E. 所属行业

［参考答案］ABCD

［答案解析］基本养老金由统筹养老金和个人账户养老金组成。基本养老金根据个人累计缴费年限、缴费工资、当地职工平均工资、个人账户金额、城镇人口平均预期寿命等因素确定。个人账户养老金受计发月数影响，计发月数与退休年龄相关。

9. 城乡居民基本养老保险为每位参保人员建立个人账户。个人账户记录的信息包括（　　）。

A. 个人缴费信息　　B. 补助、资助

C. 个人待遇享受　　D. 地方政府补贴

E. 其他补助及利息

［参考答案］ABDE

［答案解析］参加城乡居民基本养老保险的，县社保机构为每位参保人员建立个人账户。个人账户用于记录个人缴费、补助、资助、地方政府补贴、其

他补助及利息。

10. 某企业违规侵占了其代扣的社会保险基金，下列有权追回侵占社会保险基金的部门有（ ）。

A. 社会保险行政部门 B. 税务部门

C. 财政部门 D. 审计机关

E. 公检法机关

［参考答案］ACD

［答案解析］隐匿、转移、侵占、挪用社会保险基金或者违规投资运营的，由社会保险行政部门、财政部门、审计机关责令追回；有违法所得的，没收违法所得；对直接负责的主管人员和其他直接责任人员依法给予处分。

11. 下列属于企业职工基本养老保险参保范围的有（ ）。

A. 与A企业签订劳务合同的用工人员

B. A企业试用期工作人员

C. 某自收自支事业单位正式在编人员

D. 深圳市某企业聘用的港澳台居民

E. 某经济协会召用的英国翻译人员

［参考答案］ABDE

［答案解析］企业职工基本养老保险的参保范围为：

（1）国有企业、城镇集体企业、外商投资企业、城镇私营企业和其他城镇企业职工，实行企业化管理的事业单位职工。

（2）依法在各级民政部门登记的社会团体（包括社会团体分支机构和代表机构）、基金会（包括基金会分支机构和代表机构）、民办非企业单位、境外非政府组织驻华代表机构及其签订聘用合同或劳动合同的专职工作人员（不包括兼职人员、劳务派遣人员、返聘的离退休人员和纳入行政事业编制的人员）。

（3）划分为生产经营类，但尚未转企改制到位的事业单位，已参加企业职工基本养老保险的事业单位职工。

（4）机关事业单位编制外人员。

（5）在中国境内依法注册或者登记的企业、事业单位、社会团体、非企业单位、基金会、律师事务所、会计师事务所等组织依法招用的外国人以及与境外雇主订立雇用合同后，被派遣到在中国境内注册或者登记的分机构、代表机构工作的外国人。

（6）在内地（大陆）依法注册或者登记的企业、事业单位、社会组织、有雇工的个体经济组织等用人单位依法聘用、招用的港澳台居民。

12. 核定征收模式下，经办机构根据单位申报的信息核定相关信息并推送至税务部门征收。下列选项中属于经办机构核定信息的有（　　）。

A. 欠缴金额　　B. 费款所属期

C. 缴费基数　　D. 缴费人数

E. 缴费渠道

［参考答案］ ABCD

［答案解析］ 核定征收模式下，经办机构根据单位申报的单位和职工缴费基数、人员增减变化等情况，按照相关政策规定将参保单位和职工的应缴险种、缴费基数、缴费人数、应缴金额、费款所属期等，通过信息共享平台实时传递至税务部门；税务部门按照经办机构传递的信息进行费款征收。

13. 机关事业单位有特殊困难无法一笔缴费的，可先缴入“待报解社会保险费专户”后，进行缴纳。下面关于“待报解社会保险费专户”使用说法正确的有（　　）。

A. 单位、个人部分都到账后再进行现金票证汇总

B. 同一缴费单位的多笔资金应汇入同一待报解账户

C. 现金票证汇总时若存在多页需翻页选中所有的应缴信息

D. 现金票证汇总时限不做要求

E. 待报解账户要求“日清日结”

［参考答案］ ABCE

［答案解析］ 机关事业单位因资金来源、账户等方面的原因，单笔费款需要财政拨款与单位（个人）自缴等多渠道资金到位合并后方可缴纳的，多笔资金须在同一日内缴入主管税务机关指定的国库经收处“待报解社会保险费专户”，多笔资金的合计金额必须与社保经办机构传递的信息一致。

14. 黄某为某机关单位公务员，下列不属于他缴纳养老保险金缴费工资基数的项目有（　　）。

A. 住房补贴　　B. 取暖补贴

C. 精神文明奖　　D. 物业补贴

E. 全年一次性奖金

[参考答案] ABCD

[答案解析] 机关单位（含参公管理的单位）工作人员个人缴费工资基数为：本人上年度工资收入中的基本工资、国家统一的津补贴、规范后的津贴补贴、1993 年工资制度改革保留的津贴补贴、年终一次性奖金。事业单位工作人员的个人缴费工资基数包括：本人上年度工资收入中的基本工资、国家统一的津贴补贴、1993 年工资制度改革保留的津贴补贴、绩效工资。

15. 需办理城乡居民基本养老保险参保登记注销的情形包括（　　）。

A. 参保人员死亡

B. 参保人员不想再缴费

C. 参保人员出国（境）定居

D. 参保人员已享受城镇职工基本养老保

E. 参保人员已享受机关事业单位养老保险

[参考答案] ACDE

[答案解析] 参保人员出现死亡、出国（境）定居、保险关系转出或已享受城镇职工基本养老保险、机关事业单位养老保险等其他社会养老保障待遇的，应终止其城乡居民基本养老保险关系，并进行注销登记。

16. 下列关于停止享受工伤保险待遇的情形有（　　）。

A. 王某经过治疗已完全恢复正常生活

B. 郭某受伤后自行认定其为一级伤残，拒不接受有关部门的劳动能力鉴定

C. 李某受伤后为了索取更多的保险赔付款，拒不接受正规治疗

D. 张某受伤后，生活无法自理

E. 任某因工作环境患上职业病需暂停工作接受治疗

[参考答案] ABC

[答案解析]《工伤保险条例》中规定，工伤职工有下列情形之一的，停止享受工伤保险待遇：（1）丧失享受待遇条件的；（2）拒不接受劳动能力鉴定的；（3）拒绝治疗的。

17. 下列关于养老保险保障层次划分说法正确的有（　　）。

A. 基本分为三类，分别为基本养老保险、补充养老保险和个人储蓄性养老保险

B. 我国的基本养老保险分为企业职工基本养老保险和机关事业单位基本养老保险

C. 补充养老保险是养老保险的第二支柱

D. 个人税收递延型商业养老保险属于个人储蓄性养老保险

E. 我国补充养老保险主要分为企业年金和职业年金两类

［参考答案］ ACDE

［答案解析］ 按照养老保险保障层次划分，养老保险分为第一支柱（基本养老保险），第二支柱（补充养老保险），第三支柱（个人储蓄性养老保险）。我国的基本养老保险分为企业职工基本养老保险和机关事业单位基本养老保险和城乡居民基本养老保险；补充养老保险主要分为企业年金和职业年金两类；个人储蓄性养老保险以个人税收递延型商业养老保险进行试点。

18. 城乡居民基本养老保险参保人员个人账户存储额只能用于个人账户养老金支付，不得提前支取或挪作他用，例外情形包括（　　）。

A. 参保人员死亡

B. 参保人员出国（境）定居

C. 参保人员保险关系转出

D. 参保人员已享受城镇职工基本养老险、机关事业单位养老保险等其他社会养老保险待遇

E. 参保人员转移到别的省份定居

［参考答案］ ABCD

［答案解析］ 城乡居民基本养老保险个人账户储存额只能用于个人账户养老金支付，除出现以下情况外，不得提前支取或挪作他用。具体情况指：参保人员出现死亡、出国（境）定居、保险关系转出或已享受城镇职工基本养老保险、机关事业单位养老保险等其他社会养老保障待遇的，应终止其城乡居民基本养老保险关系并注销登记。

19. 《关于失业保险基金省级统筹的指导意见》规定，省、自治区人民政府决定实行省级统筹的，人力资源社会保障部门要在省（自治区）内实现统一的项目包括（　　）。

A. 统一失业保险参保范围和参保对象

B. 统一失业保险费率政策和缴费基数核定办法

C. 统一失业保险待遇标准确定办法

D. 统一失业保险经办流程和信息系统

E. 统一失业保险缴费渠道

[参考答案] ABCD

[答案解析]《人力资源社会保障部　财政部　国家税务总局关于失业保险基金省级统筹的指导意见》(人社部发〔2019〕95号) 规定，省、自治区人民政府决定实行省级统筹的，人力资源社会保障部门要在省（自治区）内统一失业保险参保范围和参保对象、统一失业保险费率政策、统一失业保险缴费基数核定办法、统一失业保险待遇标准确定办法、统一失业保险经办流程和信息系统。

20. 工伤保险基金构成的项目包括（　　）。

A. 用人单位缴纳的工伤保险费

B. 工伤保险费用的利息

C. 工伤保险基金的利息

D. 依法纳入工伤保险基金的其他资金

E. 个人缴纳的工伤保险费

[参考答案] ACD

[答案解析]《工伤保险条例》规定，工伤保险基金由用人单位缴纳的工伤保险费、工伤保险基金的利息和依法纳入工伤保险基金的其他资金构成。

21. A市某建筑安装公司中标一项新的建筑工程项目，施工地在B市，工程合同价为55万元，雇佣工人30人，月平均工资总额为15万元，下列说法正确的有（　　）。

A. 工程项目的缴费基数为建筑安装工程费或合同工程价

B. 建筑施工单位以建设项目为单位参加建筑业工伤保险

C. 建筑业工伤保险一般应向项目所在地社保征收机构申请办理缴费申报

D. 核定模式下，金三社保系统申报模块和其他企业正常申报模块一致

E. 建筑项目工伤保险申报与雇工人数直接相关

[参考答案] ABC

[答案解析]《人力资源和社会保障部　交通运输部　水利部　国家能源局　中国民用航空局关于铁路、公路、水运、水利、能源、机场工程建设项目参

加工伤保险工作的通知》（人社部发〔2018〕3号）规定，各类工程建设项目可以项目或标段为单位，按照项目或标段的建筑安装工程费（或工程合同价）的一定比例参保缴费，一般向项目所在地社保征收机构申请办理登记、核定和申报。

22. 职工与用人单位发生工伤保险争议的，可以依照相关规定，解决的方式包括（　　）。

A. 调解　　　B. 仲裁

C. 诉讼　　　D. 上访

E. 复议

［参考答案］ABC

［答案解析］根据《实施〈中华人民共和国社会保险法〉若干规定》（人力资源和社会保障部令第13号），职工与用人单位发生社会保险争议的，可以依照《中华人民共和国劳动争议调解仲裁法》《劳动人事争议仲裁办案规则》的规定，申请调解、仲裁，提起诉讼。

23. 某省采取“人社核定、税务征收”模式征收社保费。某天税务部门接受到群众举报，“A单位长期只为其部分职工缴纳社会保险费”，对于上述行为的处理，下列说法正确的有（　　）。

A. 社保经办机构需核实其申报的缴费基数是否准确

B. 税务机关对其未足额缴纳部分，责令其限期缴纳或补足

C. 对其未按时足额缴纳的部门可按日加收千分之五的滞纳金

D. 对逾期仍不缴费的，可处欠缴数额加滞纳金一倍以上三倍以下的罚款

E. 用人单位未依法代扣代缴的，社保征收机构可责令用人单位限期代缴

［参考答案］ABE

［答案解析］《中华人民共和国社会保险法》规定，用人单位未按时足额缴纳社会保险费的，由社会保险费征收机构责令限期缴纳或者补足，并自欠缴之日起，按日加收万分之五的滞纳金；逾期仍不缴纳的，由有关行政部门处欠缴数额一倍以上三倍以下的罚款。用人单位不得要求职工承担滞纳金。

职工应当缴纳的社会保险费由用人单位代扣代缴。用人单位未依法代扣代缴的，由社会保险费征收机构责令用人单位限期代缴，并自欠缴之日起向用人单位按日加收万分之五的滞纳金。用人单位不得要求职工承担滞纳金。

24. 下列关于社会保险基金专户的说法正确的有（　　）。

A. 社会保险基金纳入社会保障基金财政专户管理

B. 社保基金账户主要有社会保障基金专户、收入户和支出户

C. 税务机关可设立社会保险费收入户

D. 财政专户发生的利息收入直接计入财政专户，收入户和支出户发生的利息收入不缴入财政专户

E. 收入户可向上级经办机构缴拨基金，原渠道退回保险费收入

［参考答案］ABE

［答案解析］社会保险基金纳入社会保障基金财政专户管理，社保基金账户主要有社会保障基金专户、收入户和支出户。收入户一般只发生接收业务，不发生支出业务，期末无余额。

25. 根据《工伤保险条例》规定，职工生活护理费按照生活完全不能自理、生活大部分不能自理或者生活部分不能自理 3 个不同等级支付，其标准以统筹地区上年度职工月平均工资为基数，计算比例包括（　　）。

A. 60%　　B. 50%

C. 40%　　D. 30%

E. 20%

［参考答案］BCD

［答案解析］《工伤保险条例》第三十四条规定，生活护理费按照生活完全不能自理、生活大部分不能自理或者生活部分不能自理 3 个不同等级支付，其标准分别为统筹地区上年度职工月平均工资的 50%、40%或者 30%。

26. 从各国实践看，社会保险基金筹资模式主要有（　　）。

A. 现收现付制　　B. 社会统筹制

C. 完全累积制　　D. 收入再分配制

E. 部分累积制

［参考答案］ABE

［答案解析］从各国实践看，社会保险基金的筹资模式和来源因不同的社会保险制度而有区别，主要分为现收现付制、完全累积制和部分累积制。

27. 企业职工王某在抗洪抢险中不幸失踪，下列处理正确的有（　　）。

A. 王某供职的单位在事故发生的当月替其申领工伤保险金

B. 王某供职的单位在事故发生的当月起3月内照发工资

C. 供职单位停止发工资的当月，由工伤保险基金向王某供养亲属按月支付供养亲属抚恤金

D. 王某供养亲属生活有困难的，可以预支一次性工亡补助金的50%

E. 王某供养亲属生活有困难的，可以预支全部工亡补助金

［参考答案］BCD

［答案解析］职工因工外出期间发生事故或者在抢险救灾中下落不明的，从事故发生起3个月内照发工资，从第4个月起停发工资，由工伤保险基金向其供亲属按月支付供养亲属抚恤金。生活有困难的，可以支一次性工亡补助50%。职工被人民法院宣告死亡的，按照《工伤保险条例》第三十九条因工死亡的规定处理。

28. 某省实施“人社核定、税务征收”模式。该省A机关单位由人事部门负责计算社保费缴费金额，财务进行缴费。李某为该单位财务人员，想要查询已开具的征缴通知单信息，可查询的途径有（　　）。

A. 人社经办机构

B. 税务部门电子税务局

C. 税务部门单位社保费管理客户端

D. 税务大厅

E. 税务部门自然人网厅

［参考答案］ABCD

［答案解析］单位缴费人可前往过人社经办机构或税务大厅查询缴费信息，也可直接在税务部门提供的电子税务局和单位社保费管理客户端查询。自然人网厅适用于城乡居民和灵活就业人员。

29. 某省实施“人社核定、税务征收”模式。2020年11月企业养老保险划由税务部门征收。2021年4月，甲企业需补缴2018年欠费，下列操作不正确的有（　　）。

A. 甲企业需前往办税服务厅自行申报2018年欠费

B. 甲企业需前往社保经办机构核定2018年欠费

C. 甲企业可前往办税服务厅进行申报缴费

D. 甲企业可通过税务机关电子税务局进行申报缴费

E. 税务部门大厅操作人员需通过金税三期社保管理子系统“单位社会保险费确认申报（人社核定）”受理申报

［参考答案］AE

［答案解析］核定征收模式下，企业需在人社、医保部门核定应缴信息后前往税务部门进行申报缴费。缴费人可通过电子税务局、社会保险费管理客户端网上缴费，也可去税务大厅缴费。历史欠费的补缴税务大厅工作人员需通过单位社会保险费特殊缴费确认申报模块进行操作。

30. 某省实施“人社核定、税务征收”模式。2019 年 1 月机关事业单位各项社会保险费划由税务部门征收。该省某机关单位按照资金管理模式在人社部门登记了 4 个社保缴费单位，分别为某机关单位—服务中心、某机关单位—正式人员、某机关单位—临聘人员、某机关单位—××事业部。下列说法正确的有（　　）。

A. 该单位需要在税务部门办理 4 个税务登记，分别对应其 4 个社保缴费单位

B. 该单位“某机关单位—临聘人员”需要按照机关事业单位基本养老保险参保缴费

C. 该单位 4 个缴费单位需合并为一个单位，方可和税务主体进行关联

D. 该单位的 4 个社保缴费单位可以和一个税务主体关联

E. 该单位的 4 个社保缴费单位可以分别和 4 个税务主体关联

［参考答案］DE

［答案解析］根据金三社保管理子系统设置，社保主体与税务主体关联可以实现一对一、一对多、多对一、多对多关联。实际工作中结合缴费人需求，选择合适的税务主体进行关联。

31. 王某为某企业职工，下列社保费需由他个人负担的有（　　）。

A. 企业职工基本养老保险

B. 职工基本医疗保险

C. 工伤保险

D. 生育保险

E. 职业年金

［参考答案］AB

［答案解析］工伤保险和生育保险由单位缴费，个人不缴费。职业年金属于机关事业单位职工参保险种。

32. 某省属于2019年社保费新划转地区。下列群体中社保费必须先缴入待报解社会保险费专户，严禁直接缴入国库的有（　　）。

A. 灵活就业人员

B. 以单位方式参保的有雇工的个体工商户

C. 以个人身份参保的个体工商户

D. 城乡居民

E. 机关事业单位

［参考答案］ACD

［答案解析］城乡居民无雇工的个体工商户、未在用人单位参加企业职工基本养老保险的非全日制从业人员以及灵活就业人员，需通过税银系统先缴入待报解社会保险费专户后，再一笔汇解至国库。以单位形式参保的有雇工的个体工商户按照单位缴费方式直接缴入国库。

33. 某省失业保险为市级统筹。小李因工作调动，从A市转移到B市，关于其失业保险说法正确的有（　　）。

A. 其失业保险关系不转移

B. 其失业保险关系随本人转移

C. 缴费年限归零

D. 缴费年限累计计算

E. 失业保险个人账户可直接提取

［参考答案］BD

［答案解析］职工跨统筹地区就业的，其失业保险关系随本人转移，缴费年限累计计算。

34. 下列关于领取失业保险金说法正确的有（　　）。

A. 小吴领取失业保险金期间应征服兵役，可一次性领取未领取的失业保险金

B. 李某领取失业保险金期间重新就业，可以继续申领失业保险金

C. 小赵领取失业保险金期间患病就医，可以享受职工基本医疗保险待遇

D. 张某在领取失业保险金期间病逝，其遗属可以领取丧葬补助金和抚恤金

E. 小王在失业期间，拒绝再就业局给其提供的再就业机会，可以一直领取失业保险金

［参考答案］CD

［答案解析］失业人员在领取失业保险金期间有下列情形之一的，停止领取失业保险金，并同时停止享受其他失业保险待遇：（1）重新就业的；（2）应

征服兵役的；(3) 移居境外的；(4) 享受基本养老保险待遇的；(5) 无正当理由，拒不接受当地人民政府指定部门或者机构介绍工作的；(6) 有法律、行政法规规定的其他情形的。

35. 甲公司原有10名在岗职工。2021年1月，新录用3名员工，试用期3个月；3月离职2名老员工。下列说法正确的有（　　）。

A. 甲公司需在3名新员工入职当日起30日内为其办理参保登记

B. 甲公司需在3名新员工入职试用期满后30日内为其办理参保登记

C. 3名新员工以其入职当年实际月平均工资作为入职当年缴费基数

D. 3名新员工以其起薪当月的工资作为入职当年缴费基数

E. 甲公司4月参保缴费人数为11人

[参考答案] ADE

[答案解析] 新召职工以起薪当月工资收入作为缴费工资基数，开始缴纳社会保险费。

36. 下列人员均为正在领取失业保险金的失业人员，不能继续领取失业保险金的有（　　）。

A. 甲应聘到某企业，企业为其缴纳“五险一金”

B. 乙参军入伍

C. 丙随父母前往国外定居

D. 丁因年满60岁，开始享受基本养老保险待遇

E. 戊失业期间生病住院，领取了基本医疗保险

[参考答案] ABCD

[答案解析] 失业人员在领取失业保险金期间有下列情形之一的，停止领取失业保险金，并同时停止享受其他失业保险待遇：(1) 重新就业的；(2) 应征服兵役的；(3) 移居境外的；(4) 享受基本养老保险待遇的；(5) 无正当理由，拒不接受当地人民政府指定部门或者机构介绍工作的；(6) 有法律、行政法规规定的其他情形的。

37. 城乡居民医保基金使用遵循的原则包括（　　）。

A. 以收定支　　B. 收支平衡

C. 略有结余　　D. 专户管理

E. 以支定收

［参考答案］ACD

［答案解析］城乡居民医保基金纳入财政专户，实行“收支两条线”管理。基金使用遵循以收定支、专户管理、略有结余的原则，确保应支付费用及时足额拨付，合理控制基金当年结余率和累计结余率。

38. 根据社会保险法律制度的规定，职工出现伤亡的下列情形中，属于不确认为工伤的有（　　）。

A. 本人自杀导致伤亡的

B. 因本人故意犯罪导致在工作中伤亡的

C. 在工作时间和工作岗位，突发疾病24小时内死亡的

D. 工作时间前在工作场所内，从事与工作有关的预备性工作受到事故伤害的

E. 职工未缴纳工伤保险费用的

［参考答案］AB

［答案解析］职工有下列情形之一，导致本人在工作中受伤的，不认定为工伤：（1）故意犯罪；（2）醉酒或者吸毒；（3）自残或自杀；（4）法律、行政法规规定的其他情形。选项A、B符合。选项C，属于视同工伤的情形；选项D，属于认定为工伤的情形；选项E，职工个人不缴纳工伤保险费。

39. 我国社会保险制度坚持的方针包括（　　）。

A. 广覆盖　　B. 保基本

C. 多层次　　D. 可持续

E. 有保障

［参考答案］ABCD

［答案解析］《中华人民共和国社会保险法》第三条规定，社会保险制度坚持广覆盖、保基本、多层次、可持续的方针，社会保险水平应当与经济社会发展水平相适应。

40. 2017年，生育保险和医疗保险合并实施试点开始。下列属于生育保险改革内容的有（　　）。

A. 统一参保登记　　B. 统一基金征缴和管理

C. 统一医疗服务管理　　D. 统一经办和信息服务

E. 统一险种类型

［参考答案］ABCD

［答案解析］根据《生育保险和职工基本医疗保险合并实施试点方案》规定，生育保险和职工基本医疗保险合并实施后，两险统一参保登记，统一基金征缴和管理，统一医疗服务管理，统一经办和信息服务，职工生育期间的生育保险待遇不变。

41. 核定征收模式下，办税服务厅工作人员可通过金三社保系统“城乡居民虚拟户参保缴费信息关联变更”模块实现的功能有（　　）。

A. 增加新的单位编号　　B. 删除原有的单位编号

C. 在原有单位编号下删除险种　　D. 实现新参保关联登记

E. 在原有单位编号下增加险种

［参考答案］ABCE

［答案解析］通过“城乡居民虚拟户参保缴费信息关联变更”可以实现城乡居民虚拟户的参保登记信息和参保险种信息变更。本功能主要实现：（1）增加新的单位编号；（2）删除原有的单位编号；（3）在原有单位编号下删除险种、增加险种。

42. 经查A企业2020年未及时进行用工人员登记，造成少缴费5.3万元，经社保征收机构催缴后，A企业仍未足额缴纳社会保险费且未提供担保，社保征收机构可以申请人民法院采取的强制措施包括（　　）。

A. 扣押其价值相当于应当缴纳社会保险费的财产

B. 查封其价值相当于应当缴纳社会保险费的财产

C. 拍卖其价值相当于应当缴纳社会保险费的财产

D. 冻结其价值相当于应当缴纳社会保险费的资产

E. 划拨其价值相当于应当缴纳社会保险费的资产

［参考答案］ABC

［答案解析］用人单位未足额缴纳社会保险费且未提供担保的，社会保险费征收机构可以申请人民法院扣押、查封、拍卖其价值相当于应当缴纳社会保险费的财产。

43. 以下关于社保基金说法正确的有（　　）。

A. 参保社保的职工以上年月平均工资作为缴费基数

B. 企业职工月平均工资低于全省全口径城镇单位就业人员平均工资60%的，按全省全口径城镇单位就业人员平均工资的60%确定缴费基数

C. 企业职工月平均工资超过全省全口径城镇单位就业人员平均工资300%的，按全省全口径城镇单位就业人员平均工资的300%确定缴费基数

D. 职工个人的养老保险按缴费基数的8%缴费

E. 就业人员平均工资口径由各省确定

［参考答案］ABCD

［答案解析］根据《国务院办公厅关于印发降低社会保险费率综合方案的通知》（国办发〔2019〕13号）规定，各省应以本省城镇非私营单位就业人员平均工资和城镇私营单位就业人员平均工资加权计算的全口径城镇单位就业人员平均工资，核定社保个人缴费基数上下限，合理降低部分参保人员和企业的社保缴费基数。

职工个人以本人上年度月平均工资为社保缴费基数。个人月平均工资低于上年度全省全口径城镇单位就业人员平均工资60%的，按60%核定；超过上年度全省全口径城镇单位就业人员平均工资300%的，按300%核定。个人缴费比例为缴费基数的8%，由用人单位代扣代缴。

44. 下列关于失业保险参保范围说法正确的有（　　）。

A. 中国人民银行所属的各类企业事业单位及其职工

B. 各商业银行及其职工

C. 各国家政策性银行及其职工

D. 中国人民银行

E. 中国人民银行所属分支机构

［参考答案］ABC

［答案解析］关于银行系统的失业保险参保范围具体包括：中国人民银行所属的各类企业事业单位及其职工、各商业银行及其职工、各国家政策性银行及其职工。中国人民银行及其分支机构，不纳入失业保险实施范围。

45. 某省为核定征收模式，该省某企业2020年12月份在医保部门核定应缴金额后，计划通过省电子税务局进行缴纳，结果未查到已核定信息。可以查询该信息的系统有（　　）。

A. 医保业务系统

B. 企业养老保险系统

C. 税务信息共享平台

D. 社保费征收子系统

E. 社保费管理子系统

[参考答案] ACE

[答案解析] 参保、征集信息是从人社、医保业务系统，先传递至人社信息共享平台，再到税务信息共享平台，最后到社保费管理子系统。社保费征收子系统适用于费款征收。

46. 张某是A市人，1995年在A市参加工作，同时参加企业养老保险，2009年因工作关系调动，到B市工作，并将养老保险转移到B市。根据上述情况，下面关于张某领取养老待遇说法正确的有（　　）。

A. 如果张某2015年退休，张某在A市领取养老待遇

B. 如果张某2015年退休，张某在B市领取养老待遇

C. 如果张某2021年退休，张某在A市领取养老待遇

D. 如果张某2021年退休，张某在B市领取养老待遇

E. 不论张某在哪退休，都应在A市领取养老待遇

[参考答案] AD

[答案解析]《国务院办公厅关于转发人力资源社会保障部　财政部城镇企业职工基本养老保险关系转移接续暂行办法的通知》（国办发〔2009〕66号）第六条规定："跨省流动就业的参保人员达到待遇领取条件时，按下列规定确定其待遇领取地：

（一）基本养老保险关系在户籍所在地的，由户籍所在地负责办理待遇领取手续，享受基本养老保险待遇。

（二）基本养老保险关系不在户籍所在地，而在其基本养老保险关系所在地累计缴费年限满10年的，在该地办理待遇领取手续，享受当地基本养老保险待遇。

（三）基本养老保险关系不在户籍所在地，且在其基本养老保险关系所在地累计缴费年限不满10年的，将其基本养老保险关系转回上一个缴费年限满10年的原参保地办理待遇领取手续，享受基本养老保险待遇。

（四）基本养老保险关系不在户籍所在地，且在每个参保地的累计缴费年限均不满10年的，将其基本养老保险关系及相应资金归集到户籍所在地，由户籍所在地按规定办理待遇领取手续，享受基本养老保险待遇。"

47. A企业2021年经营困难，想申请社保费缓缴，下列说法正确的有（　　）。

A. 用人单位生产经营困难，可以申请社保费缓缴、减免

B. 用人单位因不可抗力造成生产经营出现严重困难的，经市级人民政府社会保险行政部门批准后，可以暂缓缴纳一定期限的社会保险费

C. 暂缓缴纳期限一般不超过一年

D. 暂缓缴费期间，免收滞纳金

E. 缓缴期间，职工社保待遇暂停支付

[参考答案] CD

[答案解析] 用人单位因不可抗力造成生产经营出现严重困难的，经省级人民政府社会保险行政部门批准后，可以暂缓缴纳一定期限的社会保险费，期限一般不超过一年。暂缓缴费期间，免收滞纳金。缓缴期间，不影响其职工依法享受社会保险待遇。到期后，用人单位应当缴纳相应的社会保险费。

48. 下列关于军人失业保险转移接续说法正确的有（　　）。

A. 军人入伍前已参加失业保险的，其失业保险关系不转移到军队，由原参保地失业保险经办机构保存其全部缴费记录

B. 军人退出现役后继续参加失业保险的，按规定办理失业保险关系转移接续手续

C. 退役军人在城镇企业事业等用人单位就业的，由所在单位或者本人持《缴费年限证明》及军官（文职干部）转业（复员）证，或者士官（义务兵）退出现役证，到当地失业保险经办机构办理失业保险参保缴费手续

D. 军人退出现役后参加失业保险的，失业保险经办机构不能将服役年限视同缴费年限记入失业保险个人缴费记录，与入伍前和退出现役后参加失业保险的缴费年限合并计算

E. 军人退出现役后继续参加失业保险的，按规定办理失业保险关系转移接续手续

[参考答案] ABCE

[答案解析]《财政部　人力资源和社会保障部关于退役军人失业保险有关问题的通知》（人社部发〔2013〕53号）规定，退役军人在城镇企业事业等用人单位就业的，由所在单位或者本人持《缴费年限证明》及军官（文职干部）转业（复员）证，或者士官（义务兵）退出现役证，到当地失业保险经办机构办理失业保险参保缴费手续。失业保险经办机构将视同缴费年限记入失业保险

个人缴费记录，与入伍前和退出现役后参加失业保险的缴费年限合并计算。军人入伍前已参加失业保险的，其失业保险关系不转移到军队，由原参保地失业保险经办机构保存其全部缴费记录。军人退出现役后继续参加失业保险的，按规定办理失业保险关系转移接续手续。

49. 职业年金基金投资管理应当遵循的原则包括（　　）。

A. 谨慎原则　　B. 分散风险管理原则

C. 公平公正原则　　D. 适当原则

E. 收支平衡原则

［参考答案］AB

［答案解析］职业年金基金投资管理应当遵循谨慎、分散风险的原则，保证职业年金基金的安全性、收益性和流动性。

50. 王教授为某科研所返聘的中科院院士，今年 70 岁了，下列关于王教授社保费缴纳正确的有（　　）。

A. 可以选择继续缴费　　B. 也可以选择不再继续缴费

C. 不需要缴费　　D. 仍需继续缴费

E. 可以直接领取退休金

［参考答案］AB

［答案解析］按照国家有关政策和干部管理权限，经批准可适当延长退休年龄的工作人员，继续参保缴费。其中，少数人员年满 70 岁时仍继续工作的，个人可以选择继续缴费，也可以选择不再继续缴费。

51. 出生于 1985 年的小王于 2010 年 9 月 1 日在 A 机关单位参加工作，2014 年 9 月 1 日调动至同市 B 事业单位任职，2020 年 3 月 1 日经组织批准从 B 事业单位调动到同市的 C 企业任职至今。下列关于小王的信息正确的有（　　）。

A. 小王现在应缴纳企业职工基本养老保险

B. 2014 年 9 月 1 日的人事调动只转移养老保险关系，不转移基金

C. 若小王一直在 B 单位任职，退休时可领取基础养老金、个人账户养老金和过渡性养老金

D. 小王调动到企业工作后，养老保险个人缴费年限重新计算

E. 小王的养老保险缴费年限从 2014 年 9 月份开始计算

［参考答案］ABC

［答案解析］参保人员在同一统筹范围从机关事业单位流动到企业的，在转移基本养老保险关系的同时，个人缴费部分按计入本人基本养老保险个人账户全部储存额随同转移；单位缴费部分从2014年10月1日起，以本人各年度实际缴费工资为基数，按12%的总和转移统筹基金，参保缴费不足1年的，按实际缴费月数计算转移。转移后基本养老保险缴费年限（含视同缴费年限）、个人账户储存额累计计算。

52. 某省为核定征收地区，某单位首次申报某项社保费时，根据单位编号查询时显示“该缴费人尚未进行社保缴费登记，无法办理该业务”，以下分析正确的有（　　）。

A. 该单位编号未与税务登记信息进行关联

B. 若单位首次申报各项社保费，则在“用人单位参保缴费信息关联”模块关联即可

C. 若单位已经申报过其他险种社保费，则在“用人单位参保缴费信息关联变更”模块关联即可

D. 该单位需要到人社部门重新开具该项保险的通知单

E. 该单位的核定信息未传递到税务部门

［参考答案］ABC

［答案解析］核定征收模式下，企业首次到税务部门缴纳社保费，如果提示“该缴费人尚未进行社保缴费登记，无法办理该业务”，则为该单位未进行参保关联登记，需进行关联登记。

三、判断题

1. 王某是某机关单位正式在编人员，2020年4月份到退休年龄，那么王某应于2020年5月份停止缴纳机关事业单位养老保险费。（　　）

［参考答案］错误

［答案解析］按照干部退休有关规定，机关事业单位工作人员缴费至本人达到退休年龄（含经批准适当延迟退休的退休年龄）的当月后停止缴费，社保经办机构按规定核定养老保险待遇，并从单位办理申领手续的次月起发放养老金。

2. 某中学在校学生（满16周岁），可自愿选择参加城乡居民养老保险和城

乡居民医疗保险。　（　　）

［参考答案］错误

［答案解析］年满 16 周岁（不含在校学生），非国家机关和事业单位工作人员及不属于职工基本养老保险制度覆盖范围的城乡居民，可以在户籍地参加城乡居民基本养老保险。

3. 2020 年，受新冠肺炎疫情影响未缴纳灵活就业基本养老保险的无雇工个体工商户，可于 2021 年底前进行补缴，缴费基数在欠费当年个人缴费基数上下限范围内自主选择。　（　　）

［参考答案］错误

［答案解析］以个人身份参加企业职工基本养老保险的个体工商户和各类灵活就业人员，受疫情影响，对 2020 年未缴费月度，可于 2021 年底前进行补缴，缴费基数在 2021 年公布的个人缴费基数上下限范围内自主选择。

4. 李某于 5 月份领取了失业保险金，那么当月他缴纳的职工医疗保险费用应从失业保险基本中支付，个人不缴费。　（　　）

［参考答案］正确

［答案解析］领取失业保险金人员参加职工医保应缴纳的基本医疗保险费从失业保险基金中支付，个人不缴费。

5. 王某是某机关工作人员，2021 年 5 月退休。退休后可采取自愿方式继续缴纳医疗保险，按照多缴多得原则，享受更高的基本医疗保险待遇。　（　　）

［参考答案］错误

［答案解析］参加职工基本医疗保险的个人，达到法定退休年龄时累计缴费达到国家规定年限的，退休后不再缴纳基本医疗保险费，按照国家规定享受基本医疗保险待遇；未达到国家规定年限的，可以缴费至国家规定年限。

6. 职工基本医疗保险享受退休待遇累计缴费年限需达到国家规定的年限，其中包括城乡居民基本医疗保险的缴费年限。　（　　）

［参考答案］错误

［答案解析］基本医疗保险退休人员累计缴费是指缴纳职工基本医疗保险费累计达到国家规定年限，但不包括城乡居民基本医疗保险的缴费年限。

7. 李某 2021 年 45 岁，2005 年 5 月参加工作，其单位为其参加企业职工养老保险，到 2021 年李某缴费满 15 年，可停止缴费，至退休年龄到后直接享受

基本养老金待遇。（ ）

［参考答案］错误

［答案解析］基本养老保险缴费年限最低为15年，并不是说缴满15年就可以不缴费。对职工来说，缴费是法定义务，只要仍在就业，职工就应当按照国家规定缴费。

8. 基本养老保险个人账户的记账利率不得高于银行定期存款利率。（ ）

［参考答案］错误

［答案解析］基本养老保险个人账户的记账利率不低于银行定期存款利率。

9. 工伤保险由用人单位和职工个人同时缴纳，缴费基数为本单位在岗职工上年度月平均工资。（ ）

［参考答案］错误

［答案解析］工伤保险由用人单位缴纳，职工个人不缴纳工伤保险费。

10. 核定征收地区，缴费人对经办机构传递的应缴信息有异议的，需前往经办机构调整应缴信息后重新办理缴费。（ ）

［参考答案］正确

［答案解析］核定征收模式下，缴费人的缴费信息由经办机构进行核定，税务部门按照通过共享平台接收的数据进行征收，缴费人如有异议的，需前往经办机构进行核实调整。

11. 企业没有女职工，可以不缴纳生育保险。（ ）

［参考答案］错误

［答案解析］企业即使没有女职工，也必须按照规定缴纳生育保险，确保维护女职工的合法权益。

12. 生育保险费由单位和个人共同负担，总费率不得超过职工工资总额的0.5%。（ ）

［参考答案］错误

［答案解析］生育保险由用人单位负担，个人不缴费。生育保险的费率由当地人民政府根据计划内生育人数和生育津贴、生育医疗费等项目确定，并可根据费用支出情况适时调整，但最高不得超过工资总额的百分之一。

13. 小李大学毕业应聘到A公司工作，试用期为三个月。试用期内不缴纳社会保险费。（ ）

[参考答案] 错误

[答案解析]《中华人民共和国劳动合同法》规定，试用期应包含在劳动合同期内。因此，企业在试用期也必须为职工缴纳社会保险费。

14. 某单位人事经理在录用职工时，就其工资薪金和社保缴纳与职工达成一致，单位按照社保缴费金额支付现金给职工，由职工自行缴纳社保费。（　　）

[参考答案] 错误

[答案解析]《中华人民共和国社会保险法》第六十条规定，职工应当缴纳的社会保险费由用人单位代扣代缴。代扣代缴社会保险费是用人单位的法定义务，不得改变缴费方式。

15. 王某为澳门人，在深圳某公司上班。则王某的公司必须为其缴纳社会保险费。（　　）

[参考答案] 错误

[答案解析] 已在中国香港、澳门、台湾参加当地社会保险，并继续保留社会保险关系的香港、澳门、台湾居民，可以持相关授权机构出具的证明，不在内地（大陆）参加基本养老保险。

16. 城乡居民养老保险个人账户不计息，也不缴纳利息税。（　　）

[参考答案] 错误

[答案解析] 城乡居民养老保险个人缴费、补助、资助全部计入个人账户，按缴入国库时间记账，从次月开始计息。

17. 2020年，A县某个体工商户参加灵活就业养老保险，可在全省上年度非私营企业在岗职工平均工资的60%到300%之间选择适当的缴费基数。（　　）

[参考答案] 错误

[答案解析] 个体工商户和灵活就业人员参加企业职工基本养老保险，可以在全省全口径城镇单位就业人员平均工资的60%到300%之间选择适当的缴费基数。

18. 我国企业年金基金采用部分积累制，以个人账户的方式进行管理。（　　）

[参考答案] 错误

[答案解析] 与基本养老保险不同，我国企业年金采用完全积累制。

19. 基本养老保险为每个工作人员建立一个终身不变的个人账户。（　　）

[参考答案] 正确

［答案解析］个人账户号码采用工作人员居民身份证号码。工作人员居民身份证号码因故变更时，个人账户号码不做变动。

20. 职工基本养老保险个人记账利率每年1月份由人力资源社会保障部和财政部发布。（　　）

［参考答案］错误

［答案解析］职工基本养老保险个人记账利率公布时间为每年6月份。

21. 王某是某高校博士生导师，经相关部门批准，延长退休年龄至70周岁，则王某需继续缴纳基本养老保险至70周岁。（　　）

［参考答案］正确

［答案解析］按照有关政策规定，经批准可适当延长退休年龄的工作人员，应继续按照规定参保缴费。

22. 李院士2021年75岁，仍继续工作。他仍需继续缴纳基本养老保险。（　　）

［参考答案］错误

［答案解析］延长退休的工作人员，需继续参保缴费。其中，少数人年满70周岁时仍继续工作的，个人可以选择继续缴费，也可以选择不再继续缴费。待正式办理退休手续时，按规定计发养老金待遇。

23. 郭某到A企业上班前，一直以城乡居民养老保险参保缴费。到A企业工作后，又以企业职工养老保险参保缴费。因此，郭某达到退休年龄时可同时领取两份养老金。（　　）

［参考答案］错误

［答案解析］不能同时享受，两者在制度设计、缴费方式和保障程度上都有区别。

24. 2020年5月李某与A公司解除劳动合同，并于次月领取了失业保险金。因与A公司解除劳动关系，因此失业期间，李某需自行缴纳职工基本医疗保险费。（　　）

［参考答案］错误

［答案解析］领取失业保险金期间的失业人员的职工基本医疗保险费，由社会保险经办机构代缴，个人不缴费，费用从失业保险基金中列支。

25. 职工基本医疗保险和生育保险合并实施后，用人单位费率全国平均为

8.5%左右，个人费率全国平均为2%左右。（　　）

［参考答案］正确

［答案解析］“两险”合并后，费率合并实施。

26. A单位发生火灾造成巨大经济损失，特向当地经办机构申请延期缴纳社会保险费。经当地社保部门批准后最长可以延期缴纳1年。（　　）

［参考答案］错误

［答案解析］养老保险参保单位因不可抗力无力缴纳社会保险费的，应提出书面申请，经省级社会保险行政部门批准后，可以暂缓缴纳一定期限的社会保险费，期限最长不超过1年，暂缓缴费期间免收滞纳金。

27. 核定征收模式下，对机关事业单位需补缴历史欠费的，由人社部门对历史欠费进行清算，通过信息共享平台推送至税务部门征收。（　　）

［参考答案］正确

［答案解析］核定征收模式下，由人社部门核定缴费人的缴费金额、缴费基数等。

28. 实施机关事业单位养老保险制度改革后，基本养老保险金计发采取“老人老办法、新人新办法、中人实行过渡”的办法。（　　）

［参考答案］正确

［答案解析］根据机关事业改革年限进行区分，养老金的计发分为老人、新人和中人三类。

29. 职工应当缴纳的社会保险费由用人单位代扣代缴。用人单位未依法代扣代缴的，由社会保险费征收机构责令用人单位限期代缴，并自欠缴之日起向用人单位按日加收千分之五的滞纳金。（　　）

［参考答案］错误

［答案解析］加收的滞纳金的比例为万分之五。

30. 以欺诈、伪造证明材料或者其他手段骗取社会保险待遇的，由社会保险行政部门责令退回骗取的社会保险金，处骗取金额一倍以上三倍以下的罚款。（　　）

［参考答案］错误

［答案解析］罚款金额应为骗取金额的二倍以上五倍以下。

31. 宗教活动场所的宗教教职人员应在不重复参保的前提下，按国家有关

规定和属地管理原则，在宗教活动场所所在地参加职工基本医疗保险。（　　）

［参考答案］错误

［答案解析］宗教教职人员除参加职工基本医疗保险外，也可以参加城乡居民基本医疗保险，可自愿选择参加其中一种。

32. 生育保险并入职工基本医疗保险后，撤销原生育保险基金财政专户、收入户、支出户，合并职工基本医疗保险财政专户、收入户、支出户。（　　）

［参考答案］正确

［答案解析］生育保险和职工基本医疗保险合并实施后，合并其财政专户、收入户和支出户。

33. 某铁路公司为了方便管理，将其临近的A、B、C三市的职工统一选择在A市参加职工基本医疗保险（　　）。

［参考答案］正确

［答案解析］铁路、电力、远洋运输等跨地区、生产流动性较大的企业及其职工，可以相对集中的方式异地参加统筹地区的基本医疗保险。

34. A公司为软件公司，为其职工参加工伤保险。该地区为其确定的工伤保险费率为0.16%。（　　）

［参考答案］错误

［答案解析］工伤保险通过费率浮动的办法确定每个行业内的费率档次。一类行业分为三个档次，即在基准费率0.2%的基础上，可向上浮动至120%、150%。软件公司属于一类行业。

35. 职业年金作为机关事业单位基本养老保险的补充险，单位可以选择为其职工参保。（　　）

［参考答案］错误

［答案解析］职业年金参保单位和工作人员范围与参加机关事业单位基本养老保险的范围一致。

36. 职业年金分为虚账、实账两种管理方式。（　　）

［参考答案］错误

［答案解析］职业年金对不同单位、不同阶段有实账积累和虚账积累两种方式。

37. 省电力公司职工在参加职工基本医疗保险的基础上，不参加大额医疗

费用补助。（　　）

［参考答案］错误

［答案解析］都需要参加。

38. 张某2005—2015年参加城乡居民养老保险，后因外出务工中断5年。2021年张某对其中断年份进行补缴，可自行选择缴费档次，并享受相应的缴费补贴。（　　）

［参考答案］错误

［答案解析］城乡居民基本养老保险参保人没有按规定逐年缴费的，可选择档次补缴中断年度的缴费部分，享受相应的缴费补贴。

39. 缴费人办理历史性补缴、退休补收、政策性补缴等特殊缴费业务时，办税服务厅申报征收岗通过“申报”—“单位社会保险费确认申报”模块，办理申报缴费业务。（　　）

［参考答案］错误

［答案解析］题干中特殊缴费业务，需通过“单位社会保险费特殊缴费确认申报”模块，办理申报缴费业务。

40. 我国社会保障基金管理目前主要采取专门机构的集中基金管理模式。（　　）

［参考答案］错误

［答案解析］我国目前主要采取财政集中型基金管理模式，社会保险基金通过预算实现收支平衡。

第十八章　非税收入

一、单项选择题

1. 2021 年 3 月底，某市 A 公司提交的《免抵退税申报汇总表》经税务局退税部门审批，“免抵退税额”为 80 万元，其中退税额为 30 万元，免抵税额为 50 万元。此项业务 4 月应申报的教育费附加为（　　）元。

A. 0　　B. 9 000

C. 15 000　　D. 24 000

［**参考答案**］C

［**答案解析**］根据《财政部　国家税务总局关于生产企业出口货物实行免抵退税办法后有关城市维护建设税　教育费附加政策的通知》（财税〔2005〕25 号）的规定，经国家税务局正式审核批准的当期免抵的增值税税额应纳入城市维护建设税和教育费附加的计征范围，分别按规定的税（费）率征收城市维护建设税和教育费附加。此项业务 4 月应申报的教育费附加为 1.5 万元（50 × 3%）。

2. 甲公司 2020 年 12 月应缴纳增值税为 280 万元，实际缴纳增值税 300 万元（其中包括缴纳以前年度欠缴的增值税 20 万元）。当月享受增值税即征即退 60 万元。则该公司当月应缴纳的地方教育附加为（　　）万元。

A. 6　　B. 2.4

C. 4.8　　D. 4.4

［**参考答案**］A

［答案解析］地方教育费附加以纳税人“实际缴纳”的增值税、消费税税额为计税依据，征收率为2%，该公司当月应缴纳的地方教育附加为6万元（300×2%）。

3. 甲公司为纳入产教融合型企业建设培育范围的试点企业，乙公司为其下属的全资子公司。2020年乙公司发生职业教育办学支出500万元，假定2020年乙公司的应缴教育费附加为1 000万元，上年底有产教融合优惠100万元未抵免，则2020年享受抵免后乙公司应缴教育费附加为（　　）万元。

A. 500　　　　B. 1 000

C. 850　　　　D. 750

［参考答案］D

［答案解析］《财政部关于调整部分政府性基金有关政策的通知》（财税〔2019〕46号）规定，自2019年1月1日起，纳入产教融合型企业建设培育范围的试点企业，兴办职业教育的投资符合本通知规定的，可按投资额的30%比例，抵免该企业当年应缴教育费附加和地方教育附加。试点企业属于集团企业的，其下属成员单位（包括全资子公司、控股子公司）对职业教育有实际投入的，可按本通知规定抵免教育费附加和地方教育附加。

允许抵免的投资是指试点企业当年实际发生的，独立举办或参与举办职业教育的办学投资和办学经费支出，以及按照有关规定与职业院校稳定开展校企合作，对产教融合实训基地等国家规划布局的产教融合重大项目建设投资和基本运行费用的支出。

试点企业当年应缴教育费附加和地方教育附加不足抵免的，未抵免部分可在以后年度继续抵免。试点企业有撤回投资和转让股权等行为的，应当补缴已经抵免的教育费附加和地方教育附加。

因此，2020年享受抵免后乙公司应缴教育费附加为：

1 000－500×30%－100＝750（万元）

4. 甲广告媒介公司2021年2月提供广告服务，取得增值税含税价款10 600元，支付乙广告公司含税广告发布费5 300元，增值税税率为6%，甲公司应缴文化事业费的计费销售额为（　　）元。

A. 5 300　　　　B. 5 000

C. 10 600　　　　D. 10 000

［参考答案］A

［答案解析］文化事业费广告服务的计费销售额为取得的全部含税价款和价外费用，减除支付给其他广告公司或广告发布者的含税广告发布费后的余额。甲公司应缴文化事业费的计费销售额为5 300元（10 600 - 5 300）。

5. 2019年，甲公司在职职工年平均工资为130 000元，当年社会平均工资为54 783元，则该公司2020年计征残疾人就业保障金的基数为（　　）元。

A. 130 000　　B. 54 783

C. 109 566　　D. 100 000

［参考答案］C

［答案解析］根据《财政部关于降低部分政府性基金征收标准的通知》（财税〔2018〕39号）规定，用人单位在职职工平均工资未超过当地社会平均工资2倍（含）的，按用人单位在职职工年平均工资计征残疾人就业保障金；超过当地社会平均工资2倍的，按当地社会平均工资2倍计征残疾人就业保障金。130 000 > 109 566（54 783 × 2），因此以109 566元为基数。

6. 甲公司2020年购买了氨氮类污染物的排污权，该排污权有效期满后，甲公司如果需要延续排污权的，应当按照地方环境保护部门重新核定的排污权，继续缴纳排污权使用费。排污权有效期原则上为（　　）年。

A. 10　　B. 3

C. 15　　D. 5

［参考答案］D

［答案解析］根据《财政部　国家发展改革委　环境保护部〈排污权出让收入管理暂行办法〉》（财税〔2015〕61号）规定，排污权有效期原则上为5年。有效期满后，排污单位需要延续排污权的，应当按照地方环境保护部门重新核定的排污权，继续缴纳排污权使用费。

7. 甲陶瓷有限公司是一家生产陶瓷制品的公司，其缴纳水土保持补偿费的时限为（　　）。

A. 开业前一次性缴纳　　B. 由县级水行政主管部门确定

C. 按季度缴纳　　D. 按年缴纳

［参考答案］B

［答案解析］根据《水土保持补偿费征收使用管理办法》（财综〔2014〕8

号）规定，烧制瓷属于其他生产建设活动，从事其他生产建设活动的，缴纳水土保持补偿费的时限由县级水行政主管部门确定。

8. 某项非税收入涉及中央与地方分成，有权规定分成比例的部门是（　　）。

A. 全国人民代表大会常务委员会规定

B. 财政部或者省级财政部门规定

C. 省级人民政府或者其财政部门规定

D. 由国务院或者财政部规定

［参考答案］D

［答案解析］根据《政府非税收入管理办法》（财税〔2016〕33号）规定，涉及中央与地方分成的非税收入，其分成比例由国务院或者财政部规定。

9. 某电视机制造公司是废弃电器电子产品处理基金缴纳义务人，2020年10月，其销售生产电视机按照当地征收标准应缴纳基金3万元，当月购进废弃电子产品已缴纳的处理基金为1万元；9月销售电视机应缴纳的处理基金为2.5万元，发生电视机销货退回（已缴纳基金2.7万元）。该公司10月应缴纳的废弃电器电子产品处理基金为（　　）万元。

A. 2　　B. 3

C. 1.8　　D. 2.8

［参考答案］C

［答案解析］基金缴纳义务人购进或者收回委托加工电器电子产品已缴纳基金的，从应征基金产品销售数量中扣除；不足扣除部分，可留待下期继续扣除。基金缴纳义务人已缴纳基金的电器电子产品发生销货退回的，准予在当期申报中扣除，不足扣除部分，可留待下期继续扣除。10月应缴纳的废弃电器电子产品处理基金为1.8万元［3－1－(2.7－2.5)］。

10. 某省级电网企业2020年全年实际销售电量（含自发自用电量）为80 000万千瓦时，2021年3月开展重大水利基金汇算清缴工作时，经税务部门核实确认该电网企业存在电力用户欠缴电费1 000万千瓦时、电网企业核销坏账损失的电量1 000万千瓦时，该企业全年应缴重大水利基金实际计费销售电量为（　　）。

A. 78 000　　B. 79 000

C. 80 000　　　　D. 82 000

［参考答案］A

［答案解析］根据《国家重大水利工程建设基金征收使用管理暂行办法》（财综〔2009〕90号）规定，专员办应根据省级电网企业、拥有自备电厂企业和地方独立电网企业全年实际销售电量（含自发自用电量），在次年3月底前完成对相关企业全年应缴重大水利基金的汇算清缴工作。专员办开展汇算清缴工作时，应对电力用户欠缴电费、电网企业核销坏账损失的电量情况进行审核，经确认后不计入相关企业全年实际销售电量。全年应缴重大水利基金实际计费销售电量为78 000万千瓦时（80 000－1 000－1 000）。

11. 某公司2020年度在职职工总数为80人（含1名残疾人），在职职工年平均工资为10万元。当地规定残疾人就业比例不得低于1.5%，按季缴纳残疾人就业保障金。该公司2021年1个季度应缴残保金为（　　）万元。

A. 1　　　　B. 2

C. 0.5　　　　D. 0.25

［参考答案］D

［答案解析］残保金年缴纳额＝(上年用人单位在职职工人数×所在省规定的残疾人就业比例－上年用人单位实际安排的残疾人就业人数)×上年用人单位在职职工年平均工资

根据《财政部关于调整残疾人就业保障金征收政策的公告》（财政部公告2019年第98号）规定，自2020年1月1日起至2022年12月31日，企业残疾人就业比例≥1%，减缴50%，即按照应缴费金额的50%缴纳残保金；企业残疾人就业比例<1%，减缴10%，即按照应缴费金额的90%缴纳残保金。

正常情况下该企业全年应缴纳残保金＝(80×1.5%－1)×10万＝2（万元）

该企业的残疾人就业比例为1.25%（1÷80），大于1%，因此可减缴50%，即全年缴纳残保金为1万元［2×(1－50%)］，按季缴纳为0.25万元(1÷4)。

12. A公司通过劳务派遣方式，接受B派遣公司所派遣的3名残疾人在A公司工作。针对这3名残疾人，在计算残疾人就业保障金时，正确的处理方式是（　　）。

A. 计入派遣单位的人数

B. 计入服务单位的人数

C. 双方签订协议计入其中一方的人数

D. 双方均不得计入本单位人数

[参考答案] C

[答案解析] 根据《财政部关于调整残疾人就业保障金征收政策的公告》(财政部公告2019年第98号) 规定，用人单位依法以劳务派遣方式接受残疾人在本单位就业的，由派遣单位和接受单位通过签订协议的方式协商一致后，将残疾人数计入其中一方的实际安排残疾人就业人数和在职职工人数，不得重复计算。

13. 甲公司为地方独立电网，2021年1月销售电量100万千瓦时，其中含省级电网企业销售给甲公司的电量30万千瓦时，甲公司计算应缴纳可再生能源电价附加的销售电量是（　　）万千瓦时。

A. 0　　B. 70

C. 100　　D. 30

[参考答案] B

[答案解析] 根据《可再生能源发展基金征收使用管理暂行办法》规定，纳入可再生能源电价附加征收范围的销售电量包括：地方独立电网（含地方供电企业）销售电量（不含省级电网企业销售给地方独立电网的电量）。

2021年1月甲公司计算应缴纳可再生能源电价附加的销售电量为70万千瓦时（100 - 30）。

14. 甲公司因城市规划变更，需拆除本公司所建地下人防设施，经勘察确实无法补建，经人民防空主管部门批准，甲公司正确的处理方式是（　　）。

A. 缴纳未建人防地下室罚款　　B. 退还已交防空地下室易地补偿费

C. 报废地下人防设施　　D. 缴纳防空地下室易地补偿费

[参考答案] D

[答案解析] 根据《中华人民共和国人民防空法》规定，任何组织或者个人不得擅自拆除人民防空工程；确需拆除的，必须报经人民防空主管部门批准，并由拆除单位负责补建或者补偿。

15. 油价调控风险准备金征收标准的确定依据是（　　）。

A. 按照成品油价格未调金额

B. 成品油价格调控下限

C. 相邻两个调价窗口期之间成品油价格平均数

D. 国际市场原油价格

［参考答案］A

［答案解析］根据《油价调控风险准备金征收管理办法》规定，风险准备金征收标准按照成品油价格未调金额确定。

16. 农网还贷资金的征收环节为（　　）。

A. 收到农网改造工程贷款环节

B. 归还农网改造工程贷款环节

C. 由电网经营企业在向用户收取电费时一并收取

D. 电费用户按季向税务部门申报缴纳

［参考答案］C

［答案解析］根据《农网还贷资金征收使用管理办法》规定，农网还贷资金由电网经营企业在向用户收取电费时一并收取，并在电费收款凭证中注明农网还贷资金的征收电量、征收标准和征收金额。

17. 某电网公司2020年有特高压电线建设项目，将特高压电从甲省输往乙省，项目横跨甲、乙两省，征收该项目水土保持补偿费的税务机关为（　　）。

A. 甲、乙两省的县区级税务机关

B. 甲省县区级税务机关

C. 乙省县区级税务机关

D. 由国家税务总局指定征收机关

［参考答案］A

［答案解析］根据《水土保持补偿费征收使用管理办法》规定，生产建设项目跨省（自治区、直辖市）的，由生产建设项目涉及区域各相关省（自治区、直辖市）水行政主管部门分别征收。划转税务部门征收后，由各相关省（自治区、直辖市）县区级税务机关征收。

18. A广告公司为增值税一般纳税人，2021年3月广告服务收入价税合计为180万元，取得广告发布者B公司开具的价税合计40万元的增值税专用发票，取得广告发布者C公司由税务机关代开的价税合计10万元的增值税专用发票，A广告公司2021年3月应缴文化事业费为（　　）万元。

A. 3.9

B. 5.4

C. 4.2

D. 5.1

［参考答案］A

［答案解析］文化事业建设费的计费依据为缴纳义务人提供广告服务取得的全部含税价款和价外费用，减除支付给其他广告公司或广告发布者的含税广告发布费后的余额。

A 广告公司 2021 年 3 月应缴文化事业费 =（180 − 40 − 10）× 3% = 3.9（万元）

19. 某机械租赁有限公司为小规模纳税人，2021 年 1 季度提供租赁服务不含税销售额为 365 767.88 元，开具增值税普通发票，如果按 3% 的征收率计算应缴纳增值税 10 973.04 元，实际按 1% 的优惠征收率缴纳增值税 3 657.68 元。当地规定增值税小规模纳税人按 50% 的税额幅度减征教育费附加和地方教育附加。该机械租赁有限公司应缴地方教育附加为（　　）元。

A. 109.73　　B. 36.58

C. 54.87　　D. 73.15

［参考答案］B

［答案解析］根据《财政部　税务总局关于实施小微企业普惠性税收减免政策的通知》（财税〔2019〕13 号）规定，由省、自治区、直辖市人民政府根据本地区实际情况，以及宏观调控需要确定，对增值税小规模纳税人可以在 50% 的税额幅度内减征资源税、城市维护建设税、房产税、城镇土地使用税、印花税（不含证券交易印花税）、耕地占用税和教育费附加、地方教育附加。

因此，该公司应缴地方教育附加为：

3 657.68 × 2% ×（1 − 50%）= 36.58（元）

20. 2021 年 4 月，张某转让一套别墅，按规定缴纳增值税 27 821.06 元，当地规定增值税小规模纳税人按 50% 的税额幅度减征教育费附加和地方教育附加。张某应缴纳的教育费附加为（　　）元。

A. 417.32　　B. 843.63

C. 750　　D. 375

［参考答案］A

［答案解析］根据《财政部　税务总局关于实施小微企业普惠性税收减免政策的通知》（财税〔2019〕13 号）规定，由省、自治区、直辖市人民政府根据本地区实际情况，以及宏观调控需要确定，对增值税小规模纳税人可以在

50%的税额幅度内减征资源税、城市维护建设税、房产税、城镇土地使用税、印花税（不含证券交易印花税）、耕地占用税和教育费附加、地方教育附加。自然人视同按照小规模纳税人享受优惠。张某应缴纳的教育费附加为417.32元[27 821.06×3%×(1－50%)]。

21. 以下企业中，符合2020年度免征残疾人就业保障金的是（　　）。

A. 甲公司2019年9月注册登记，在职职工20人

B. 乙公司2019年4月注册登记，小微企业，在职职工40人

C. 丙中学2019年1月注册登记，在职职工22人

D. 丁羽毛球协会2019年11月注册登记，在职人员8人

[参考答案] A

[答案解析] 根据《财政部关于取消、调整部分政府性基金有关政策的通知》（财税〔2017〕18号）规定，将残疾人就业保障金免征范围，由自工商注册登记之日起3年内，在职职工总数20人（含）以下小微企业，调整为在职职工总数30人（含）以下的企业。因此，选项B超过30人不能免征，选项C、D属于非企业性单位，不符合免征范围。

22. 某广告公司是按季申报增值税的小规模纳税人，当地政府确定对增值税小规模纳税人按50%的税额减征城市维护建设税、教育费附加、地方教育附加。该公司2021年第1季度实现广告服务不含税销售额30万元，应缴纳教育费附加为（　　）元。

A. 270　　B. 135

C. 90　　D. 0

[参考答案] D

[答案解析] 该公司2021年第1季度广告服务不含税销售额30万元，免征增值税，同时免征教育费附加。

23. 逾期申报缴纳下列费种，税务机关可以直接加收滞纳金的是（　　）。

A. 教育费附加　　B. 大中型水库移民后期扶持基金

C. 残疾人就业保障金　　D. 文化事业建设费

[参考答案] B

[答案解析] 教育费附加无滞纳金；残疾人就业保障金需提交同级财政部门，由财政部门予以警告，责令限期缴纳，逾期仍不缴纳的，保障金征收机关

除追缴欠缴数额外，还应当自欠缴之日起，按日加收5‰的滞纳金；文化事业建设费无滞纳金；大中型水库移民后期扶持基金逾期之日起按每日2‰的标准加收滞纳金。

24. 某市A公司2020年8月以100万元价格获得政府出让土地一宗，至2021年8月该土地仍然闲置未动工开发，市规划和自然资源主管部门报经市政府批准后，向A公司下达《征缴土地闲置费决定书》，应征缴土地闲置费（　　）万元。

A. 30　　　　B. 5

C. 10　　　　D. 20

[参考答案] D

[答案解析] 根据《闲置土地处置办法》第十四条第（一）项规定，闲置土地未动工开发满1年的，由市、县国土资源主管部门报经本级人民政府批准后，向国有建设用地使用权人下达《征缴土地闲置费决定书》，按照土地出让或者划拨价款的20%征缴土地闲置费。

25. 甲公司为增值税一般纳税人，2021年2月申报办理增值税留抵退税60万元；3月增值税销项税额为300万元，当月取得可抵扣的进项税额为200万元；该公司3月需要缴纳的地方教育附加为（　　）万元。

A. 0.8　　　　B. 2

C. 6　　　　D. 0

[参考答案] A

[答案解析] 根据《财政部　税务总局关于增值税期末留抵退税有关城市维护建设税　教育费附加和地方教育附加政策的通知》（财税〔2018〕80号）规定，对实行增值税期末留抵退税的纳税人，允许其从城市维护建设税、教育费附加和地方教育附加的计税（征）依据中扣除退还的增值税税额。甲公司3月需要缴纳的地方教育附加为0.8万元[（300－200－60）×2%]。

26. A公司2021年3月跨地区提供了建筑服务，在建筑服务发生地按规定预缴了增值税10万元和城市维护建设税及教育费附加、地方教育附加合计1.2万元；当期在A公司向所在地税务机关的提交增值税申报表中，标明应纳增值税税额为60万元，当期已缴税额10万元，期末未缴税额50万元，该公司同时需要缴纳的教育费附加为（　　）万元。

A. 1.8　　B. 1.2

C. 1.5　　D. 1

［参考答案］C

［答案解析］根据《财政部　国家税务总局关于纳税人异地预缴增值税有关城市维护建设税和教育费附加政策问题的通知》（财税〔2016〕74号）规定，纳税人跨地区提供建筑服务、销售和出租不动产的，应在建筑服务发生地、不动产所在地预缴增值税时，以预缴增值税税额为计税依据，并按预缴增值税所在地的城市维护建设税适用税率和教育费附加征收率就地计算缴纳城市维护建设税和教育费附加。预缴增值税的纳税人在其机构所在地申报缴纳增值税时，以其实际缴纳的增值税税额为计税依据，并按机构所在地的城市维护建设税适用税率和教育费附加征收率就地计算缴纳城市维护建设税和教育费附加。该公司需要缴纳的教育费附加为1.5万元（50×3%）。

27. 非税收入缴纳义务人因特殊情况需要缓缴、减缴、免缴非税收入的，应当以书面方式提出申请，申请报送的对象是（　　）。

A. 财政部门　　B. 执收单位

C. 管理部门　　D. 行政审批部门

［参考答案］B

［答案解析］《政府非税收入管理办法》规定，缴纳义务人因特殊情况需要缓缴、减缴、免缴非税收入的，应当向执收单位提出书面申请，并由执收单位报有关部门按照规定审批。

28. 某电厂为孤网自备电厂，即与电网不连接没有电费结算关系的企业自备电厂，对该电厂征收国家重大水利工程建设基金的部门为（　　）。

A. 税务部门

B. 国家电网代征

C. 财政部驻所在地财政监察专员办事处

D. 当地财政部门

［参考答案］A

［答案解析］2020年起，国家重大水利工程建设基金划转至税务部门征收。孤网自备电厂自发自用电量应缴纳的基金，由拥有自备电厂企业向主管税务机关申报缴纳。

29. A公司2020年有签订1年以上劳动合同的人员20人，雇佣季节性用工20人，季节性用工人员用工月数全部为5月至10月，该公司缴纳2021年残疾人就业保障金时，计算保障金年缴纳额上年用人单位在职职工人数为（　　）人。

A. 40　　B. 30

C. 20　　D. 10

［参考答案］B

［答案解析］用人单位在职职工，是指用人单位在编人员或依法与用人单位签订1年以上（含1年）劳动合同（服务协议）的人员。季节性用工应当折算为年平均用工人数。季节性用工折算为年平均用工人数计算公式如下：

年平均用工人数＝季节性用工人数×（用工月数÷12）＝20×（6÷12）＝10（人）

即，合计为30人。

30. 某歌舞厅属于文化事业建设费的缴纳义务人，2019年3月应缴纳文化事业建设费为2万元，文化事业建设费发生时间和缴纳地点的确认依据为（　　）。

A. 按次征收，提供服务地点

B. 每月终了15日内，机构所在地

C. 与增值税纳税义务发生时间和纳税地点相同

D. 每季终了15日内，经营所在地

［参考答案］C

［答案解析］《财政部　国家税务总局关于营业税改征增值税试点有关文化事业建设费政策及征收管理问题的通知》（财税〔2016〕25号）规定，文化事业建设费的缴纳义务发生时间和缴纳地点，与缴纳义务人的增值税纳税义务发生时间和纳税地点相同。

二、多项选择题

1. 2020年，某外商投资企业发生下列各项业务中，属于教育费附加计征依据的包括（　　）。

A. 4月缴纳的增值税　　B. 5月偷逃消费税加收的滞纳金

C. 6月出口免抵的增值税税额　　D. 6月进口产品征收的消费税

E. 7月进口产品征收的增值税

［参考答案］AC

［答案解析］教育费附加的计征依据是企业实际缴纳的增值税、消费税税额，选项A正确；滞纳金不属于教育费附加计税依据，选项B错误；经税务局正式审核批准的当期免抵的增值税税额应纳入教育费附加的计征范围，选项C正确；海关进口产品征收的增值税、消费税不征收教育费附加，选项D、E错误。

2. 下列属于废弃电器电子产品处理基金征收范围的包括（　　）。

A. 电视机　　B. 电冰箱

C. 洗衣机　　D. 电烤箱

E. 微波炉

［参考答案］ABC

［答案解析］根据《财政部　国家税务总局关于进一步明确废弃电器电子产品处理基金征收产品范围的通知》（财综〔2012〕80号）和《废弃电器电子产品处理目录（2014年版）》规定，《废弃电器电子产品处理目录（第一批）》自2011年开始实施，目录中包括电视机、电冰箱、洗衣机、房间空调器、微型计算机5类产品。新版目录新增9类电器电子产品——吸油烟机、电热水器、燃气热水器、打印机、复印机、传真机、监视器、手机和电话单机。因此选项A、B、C属于征收废弃电子产品处理基金的产品范围。

3. 下列属于需要缴纳免税商品特许经营费的免税商品包括（　　）。

A. 享受增值税即征即退的国产商品

B. 享受增值税先征后退的国产商品

C. 免征关税、进口环节税的进口商品

D. 实行退（免）税（增值税、消费税）进入免税店销售的国产商品

E. 出口的国产商品

［参考答案］CD

［答案解析］免税商品特许经营费所指的免税商品，是指免征关税、进口环节税的进口商品和实行退（免）税（增值税、消费税）进入免税店销售的国产商品。

4. 下列已划转税务部门征收，且由电网经营企业在向用户收取电费时一并收取，并在电费收款凭证中注明征收电量、征收标准、征收金额的非税收入项目包括（　　）。

A. 国家重大水利建设基金

B. 大中型水库移民后期扶持基金

C. 城市公用事业附加

D. 农网还贷资金

E. 可再生能源发展基金

[参考答案] ABDE

[答案解析] 根据《国家税务总局关于水利建设基金等政府非税收入项目征管职责划转有关事项的公告》（国家税务总局公告2020年第2号）规定，国家重大水利建设基金、大中型水库移民后期扶持基金、农网还贷资金、可再生能源发展基金征收职责划转税务部门，由电网经营企业在向用户收取电费时一并收取。

5. 水土保持补偿费的征收标准中，按照征占用土地面积一次性计征的包括（　　）。

A. 取土、挖砂（河道采砂除外）、采石

B. 一般性生产建设项目

C. 烧制砖、瓦、瓷、石灰

D. 开采矿产资源的建设期间

E. 开采丛式井石油项目

[参考答案] BD

[答案解析] 根据《国家发展改革委　财政部　水利部关于水土保持补偿费收费标准（试行）的通知》（发改价格〔2014〕886号）规定，水土保持补偿费征收标准中，一般性生产建设项目，按照征占用土地面积一次性计征；开采矿产资源的，建设期间，按照征占用土地面积一次性计征。

6. 文化事业建设费的缴费人包括（　　）。

A. 提供广告服务的广告媒介个人

B. 提供广告服务的广告媒介单位

C. 提供广告服务的户外经营个人

D. 提供娱乐服务的单位和个人

E. 提供广告服务的户外经营单位

[参考答案] BDE

[答案解析] 根据《文化事业建设费使用管理办法》规定，在中华人民共

和国境内提供广告服务的广告媒介单位和户外经营单位、提供娱乐服务的单位和个人，应缴纳文化事业建设费。

7. 下列关于水土保持补偿费缴纳时限说法正确的包括（　　）。

A. 一般性生产建设项目在项目开工前一次性缴纳

B. 开采矿产资源处于建设期在建设活动开始前一次性缴纳

C. 开采石油、天然气以外矿产资源处于开采期的按季度缴纳

D. 石油、天然气按照油气生产井占地面积按季度缴纳

E. 从事其他生产建设活动由县级水行政主管部门确定

［参考答案］ABCE

［答案解析］根据《水土保持补偿费征收使用管理办法》规定，开办一般性生产建设项目的，缴纳义务人应当在项目开工前一次性缴纳水土保持补偿费。开采矿产资源处于建设期的，缴纳义务人应当在建设活动开始前一次性缴纳水土保持补偿费；处于开采期的，缴纳义务人应当按季度缴纳水土保持补偿费。从事其他生产建设活动的，缴纳水土保持补偿费的时限由县级水行政主管部门确定。选项D错误，因为开采矿产资源的，在建设期间按照征占用土地面积计征；在开采期间，对石油、天然气以外的矿产资源按照开采量计征，对石油、天然气按照油气生产井占地面积每年计征。

8. 以下新建民用建筑项目中，符合减免防空地下室易地建设费的包括（　　）。

A. 享受政府优惠政策建设的廉租房　B. 幼儿园

C. 学校教学楼　D. 商场

E. 政府办公楼

［参考答案］ABC

［答案解析］根据《国家计委　财政部　国家国防动员委员会　建设部印发关于规范防空地下室易地建设收费的规定的通知》（计价格〔2000〕474号）规定，对以下新建民用建筑项目应适当减免防空地下室易地建设费：（1）享受政府优惠政策建设的廉租房、经济适用房等居民住房，减半收取；（2）新建幼儿园、学校教学楼、养老院及为残疾人修建的生活服务设施等民用建筑，减半收取；（3）临时民用建筑和不增加面积的危房翻新改造商品住宅项目，予以免收；（4）因遭受水灾、火灾或其他不可抗拒的灾害造成损坏后按原面积修复的

民用建筑，予以免收。因此，选项A、B、C正确。

9. 下列应缴纳排污权出让收入的交易包括（　　）。

A. 丙企业向政府以定额出让方式出让排污权缴纳的排污权使用费

B. 丁企业通过政府公开拍卖方式出让排污权缴纳的排污权使用费

C. 戊企业通过转让排污权方式收取的排污权使用费

D. 乙企业将无偿取得的排污权进行转让的

E. 甲企业将无偿取得的排污权进行抵押的

［参考答案］ABDE

［答案解析］根据《排污权出让收入管理暂行办法》规定，排污权出让收入，是指政府以有偿出让方式配置排污权取得的收入，包括采取定额出让方式出让排污权收取的排污权使用费和通过公开拍卖等方式出让排污权取得的收入。现有排污单位将无偿取得的排污权进行转让、抵押的，应当按规定征收标准补缴转让、抵押排污权的使用费。

10. 某市A公司是分布式光伏发电企业，对其自发自用电量，下列可以免征的政府性基金有（　　）。

A. 教育费附加

B. 国家重大水利工程建设基金

C. 大中型水库移民后期扶持基金

D. 农网还贷资金

E. 水土保持补偿费

［参考答案］BCD

［答案解析］根据《财政部关于对分布式光伏发电自发自用电量免征政府性基金有关问题的通知》（财综〔2013〕13号）规定，对分布式光伏发电自发自用电量免收可再生能源电价附加、国家重大水利工程建设基金、大中型水库移民后期扶持基金、农网还贷资金4项针对电量征收的政府性基金。

11. 以下建设项目中，可以直接免征防空地下室易地建设费的有（　　）。

A. 经济适用住房建设

B. 中小学校“校舍安全工程”建设

C. 易地扶贫搬迁项目

D. 提供社区养老服务的房产

E. 非营利性养老和医疗机构建设

［参考答案］ABE

［答案解析］选项A、B、E属于相关法规规定免征的内容，无前提条件；选项C、D，免征防空地下室易地建设费，必须满足的前提条件是确因地质条

件等原因无法修建防空地下室。

12. 下列单位中，属于可以依法利用国家权力、政府信誉、国有资源（资产）所有者权益等取得非税收入的包括（　　）。

A. 市城市管理局　　B. 市园林局

C. 代行政府职能的社会团体　　D. 某煤炭集团公司

E. 电网公司

［参考答案］ ABC

［答案解析］ 根据《政府非税收入管理办法》规定，非税收入是指除税收以外，由各级国家机关、事业单位、代行政府职能的社会团体及其他组织依法利用国家权力、政府信誉、国有资源（资产）所有者权益等取得的各项收入。选项D、E为企业，不属于上述范围。

13. 下列收入中，属于非税收入的有（　　）。

A. 垃圾处理费

B. 可再生能源发展基金

C. 防空地下室易地建设费

D. 排污权出让收入

E. 计入缴存人个人账户部分住房公积金

［参考答案］ ABCD

［答案解析］ 选项A、C属于行政事业性收费，选项B属于政府性基金，选项D属于其他非税收入，因此选项A、B、C、D属于非税收入。根据《政府非税收入管理办法》规定E选项不属于非税收入。

14. 下列属于免征或不征教育费附加的包括（　　）。

A. 实行增值税期末留抵退税办法退还的增值税税额

B. 海关进口产品征收的增值税

C. 国家重大水利工程建设基金

D. 经税务局正式审核批准的当期免抵的增值税税额

E. 出口产品征收的消费税

［参考答案］ ABC

［答案解析］《财政部　税务总局关于增值税期末留抵退税有关城市维护建设税　教育费附加和地方教育附加政策的通知》（财税〔2018〕80号）规定，

对实行增值税期末留抵退税的纳税人，允许其从城市维护建设税、教育费附加和地方教育附加的计税（征）依据中扣除退还的增值税税额，选项A正确；《财政部关于征收教育费附加几个具体问题的通知》（财税字〔1986〕120号）规定，海关对进口产品征收的产品税、增值税，不征收教育费附加，选项B正确；《财政部 国家税务总局关于免征国家重大水利工程建设基金的城市维护建设税和教育费附加的通知》（财税〔2010〕44号）规定，对国家重大水利工程建设基金免征城市维护建设税和教育费附加，选项C正确；选项D、E属于教育费附加的征收范围。

15. 电力用户应缴纳的可再生能源电价附加由电网企业代征，代征的方式包括（　　）。

A. 大用户与发电企业直接交易电量的可再生能源电价附加，由代为输送电量的电网企业代征

B. 地方独立电网销售电量的可再生能源电价附加，由地方电网企业在向电力用户收取电费时一并代征

C. 企业自备电厂自发自用电量应缴纳的可再生能源电价附加，由所在地电网企业代征

D. 其他社会销售电量的可再生能源电价附加，由省级电网企业在向电力用户收取电费时一并代征

E. 转发电用户的可再生能源电价附加由转发点用户代征

［**参考答案**］ABCD

［**答案解析**］根据《可再生能源发展基金征收使用管理暂行办法》规定，选项A、B、C、D为电网企业代征的方式。

16. 根据《排污权出让收入管理暂行办法》，排污权出让收入取得的方式包括（　　）。

A. J市采取协议出让方式出让排污权收取的排污权使用费

B. M公司有偿转让排污权给D公司

C. A市通过公开拍卖方式出让排污权

D. D公司有偿购买M公司转让排污权

E. B市采取定额出让方式出让排污权收取的排污权使用费

［**参考答案**］CE

［答案解析］《排污权出让收入管理暂行办法》规定，排污权出让收入，是指政府以有偿出让方式配置排污权取得的收入，包括采取定额出让方式出让排污权收取的排污权使用费和通过公开拍卖等方式出让排污权取得的收入。

17. 下列经人民防空主管部门批准，可以不修建防空地下室，但必须按照应修建防空地下室面积所需造价缴纳防空地下室易地建设费的情形包括（　　）。

A. D公司修建人民防空指挥工程

B. M公司民用建筑所在地为不宜修建地下室的泥岩较软岩层易垮塌地区

C. L公司修建人民防空重点城市危房翻新住宅项目

D. S公司修建公用的人员掩蔽工程和疏散干道工程

E. K公司首层建筑面积300平方米，防空地下室应建面积200平方米

［参考答案］BE

［答案解析］《人民防空工程建设管理规定》规定，按照规定应修建防空地下室的民用建筑，因地质、地形等原因不宜修建的，或者规定应建面积小于民用建筑地面首层建筑面积的，经人民防空主管部门批准，可以不修建，但必须按照应修建防空地下室面积所需造价缴纳易地建设费，由人民防空主管部门统一就近易地修建。

18. 以下每安排1名残疾人就业，计算残疾人就业保障金时属于按照安排2名残疾人就业的情形包括（　　）。

A. 用人单位安排1名持有《中华人民共和国残疾人证》（1级）的人员就业

B. 用人单位安排1名持有《中华人民共和国残疾人证》（2级）的人员就业

C. 用人单位安排1名持有《中华人民共和国残疾军人证》（8级）的人员就业

D. 用人单位安排1名持有《中华人民共和国残疾军人证》（1级）的人员就业

E. 用人单位安排1名持有《中华人民共和国残疾军人证》（3级）的人员就业

［参考答案］ABDE

［答案解析］《残疾人就业保障金征收使用管理办法》规定，用人单位安排1名持有《中华人民共和国残疾人证》（1级至2级）或《中华人民共和国残疾军人证》（1级至3级）的人员就业的，按照安排2名残疾人就业计算。

19. 下列以广告服务接受方为文化事业建设费扣缴义务人的情形包括（　　）。

A. 境外的广告媒介单位在境内提供广告服务，在境内未设有经营机构的

B. 境外的广告媒介单位在境内提供广告服务，在境内设有经营机构的

C. 境内的广告媒介单位在境外提供广告服务的

D. 境外的户外广告经营单位在境内提供广告服务，在境内设有经营机构的

E. 境外的户外广告经营单位在境内提供广告服务，在境内未设有经营机构的

［参考答案］AE

［答案解析］《财政部　国家税务总局关于营业税改征增值税试点有关文化事业建设费政策及征收管理问题的通知》（财税〔2016〕25号）规定，中华人民共和国境外的广告媒介单位和户外广告经营单位在境内提供广告服务，在境内未设有经营机构的，以广告服务接受方为文化事业建设费的扣缴义务人。

20. 甲公司2020年录用30岁残疾人李某并签订劳动合同，甲公司可将李某计入残疾人就业人数的前提条件包括（　　）。

A. 保障李某享受正常的节假日休息

B. 实际支付李某工资8 000元/月，当地最低工资标准为4 000元/月

C. 与李某签订5年劳动合同

D. 每月为李某足额缴纳社会保险费

E. 每月为李某缴纳住房公积金

［参考答案］BCD

［答案解析］《残疾人就业保障金征收使用管理办法》规定，用人单位将残疾人录用为在编人员或依法与就业年龄段内的残疾人签订1年以上（含1年）劳动合同（服务协议），且实际支付的工资不低于当地最低工资标准，并足额缴纳社会保险费的，方可计入用人单位所安排的残疾人就业人数。所以，选项B、C、D符合规定。

21. 非税收入执收单位应当按规定向缴纳义务人开具税务发票的情形包括

（　　）。

A. 附加在价格上征收的有关非税收入

B. 行政事业性收费

C. 彩票公益金

D. 需要依法纳税的有关非税收入

E. 烟草专卖收入

［参考答案］AD

［答案解析］《政府非税收入管理办法》规定，除财政部另有规定以外，执收单位征收非税收入，应当向缴纳义务人开具财政部或者省级财政部门统一监（印）制的非税收入票据。对附加在价格上征收或者需要依法纳税的有关非税收入，执收单位应当按规定向缴纳义务人开具税务发票。

22. 纳入重大水利基金计征范围的销售电量包括（　　）。

A. 省级电网企业销售给电力用户的电量

B. 省级电网企业扣除合理线损后的趸售电量

C. 企业自备电厂自发自用电量

D. 跨省（自治区、直辖市）电力交易，计入受电省份销售电量

E. 省级电网企业销售给地方独立电网企业的电量

［参考答案］ABCD

［答案解析］根据《国家重大水利工程建设基金征收使用管理暂行办法》规定，选项 A、B、C、D 属于纳入重大水利基金计征范围的销售电量。

23. 下列国有建设用地属于闲置土地的有（　　）。

A. 已建设完工但未销售的商品房

B. 已动工开发但开发建设用地面积占应动工开发建设用地总面积不足 1/3

C. 已投资额占总投资额不足 25%

D. 中止开发建设满 1 年

E. 更改土地使用用途

［参考答案］BCD

［答案解析］《闲置土地处置办法》规定，已动工开发但开发建设用地面积占应动工开发建设用地总面积不足 1/3 或者已投资额占总投资额不足 25%，中止开发建设满 1 年的国有建设用地，也可以认定为闲置土地。

24. 以下属于油价调控风险准备金缴纳义务人的有（　　）。

A. 境内生产汽、柴油的成品油生产经营企业

B. 境内委托加工汽、柴油的成品油生产经营企业

C. 进口汽、柴油的成品油生产经营企业

D. 境内经销汽、柴油的成品油企业

E. 境内储存汽、柴油的成品油企业

[参考答案] ABC

[答案解析]《油价调控风险准备金征收管理办法》规定，油价调控风险准备金的缴纳义务人为中华人民共和国境内生产、委托加工和进口汽、柴油的成品油生产经营企业。

25. 2021年，甲企业新招用职工中，可以适用定额标准，依次扣减增值税、城市维护建设税、教育费附加、地方教育附加和企业所得税优惠的有（　　）。

A. 建档立卡贫困人口甲　　B. 自主就业退役士兵乙

C. 残疾人丙　　D. 高校毕业生丁

E. 公益性岗位人员戊

[参考答案] AB

[答案解析]《财政部　税务总局　退役军人部关于进一步扶持自主就业退役士兵创业就业有关税收政策的通知》（财税〔2019〕21号）规定，企业招用自主就业退役士兵，与其签订1年以上期限劳动合同并依法缴纳社会保险费的，自签订劳动合同并缴纳社会保险当月起，在3年内按实际招用人数予以定额依次扣减增值税、城市维护建设税、教育费附加、地方教育附加和企业所得税优惠。政策执行期限为2019年1月1日至2021年12月31日。

《财政部　税务总局关于进一步支持和促进重点群体创业就业有关税收政策的通知》（财税〔2019〕22号）规定，企业招用建档立卡贫困人口，以及在人力资源社会保障部门公共就业服务机构登记失业半年以上且持《就业创业证》或《就业失业登记证》的人员，与其签订1年以上期限劳动合同并依法缴纳社会保险费的，自签订劳动合同并缴纳社会保险当月起，在3年内按实际招用人数予以定额依次扣减增值税、城市维护建设税、教育费附加、地方教育附加和企业所得税优惠。根据财政部、税务总局、人力资源社会保障部、国家乡村振兴局公告2021年第18号规定，将该文件执行期限由2019年1月1日至

2021 年 12 月 31 日延长至 2025 年 12 月 31 日。

26. 下列项目如果发生损坏水土保持设施、地貌植被，不能恢复原有水土保持功能，需要缴纳水土保持补偿费的情形有（　　）。

A. 在山区开办煤矿

B. 在丘陵区开办铁矿

C. 在水土保持规划确定的容易发生水土流失的其他区域开办采石场

D. 在城区开办学校

E. 在风沙区开采石油

［参考答案］ ABCE

［答案解析］《水土保持补偿费征收使用管理办法》规定，在山区、丘陵区、风沙区以及水土保持规划确定的容易发生水土流失的其他区域开办生产建设项目或者从事其他生产建设活动，损坏水土保持设施、地貌植被，不能恢复原有水土保持功能的单位和个人，应当缴纳水土保持补偿费。

27. 以下属于跨省际大中型水库库区基金缴纳义务人的有（　　）。

A. 所有水库（水电站）

B. 所有水库（水电站）的上级部门

C. 跨省际大中型水库（独立法人）

D. 管理跨省际大中型水库的水利部门

E. 跨省际大中型水库（非独立法人）的归属企业

［参考答案］ CE

［答案解析］《财政部关于征收跨省际大中型水库库区基金有关问题的通知》（财综〔2009〕59 号）规定，跨省际大中型水库为独立法人的，由水库（水电站）缴纳大中型水库库区基金；跨省际大中型水库为非独立法人的，由其归属企业缴纳大中型水库库区基金。

28. 下列关于教育费附加说法正确的有（　　）。

A. 外商投资企业不需计算缴纳教育费附加

B. 对出口产品退还增值税、消费税的，不退还已征的教育费附加

C. 对海关进口的产品征收增值税，同时征收教育费附加

D. 增值税小规模纳税人月销售额不超过 15 万元的免征教育费附加

E. 对纳税人运输疫情防控重点保障物资取得的收入免征增值税，但需要征

教育费附加

［参考答案］BD

［答案解析］选项A，对外商投资企业、外国企业及外籍个人征收教育费附加。选项C，对海关进口的产品征收增值税，不征收教育费附加。选项E，免征增值税同时免征教育费附加。

29. 以下开采业务活动中，水土保持补偿费有可能按照开采重量征收，也可能按照开采体积征收的包括（　　）。

A. 取土　　B. 采石

C. 烧制砖　　D. 采煤

E. 烧制石灰

［参考答案］ABCE

［答案解析］《国家发展改革委　财政部　水利部关于水土保持补偿费收费标准（试行）的通知》（发改价格〔2014〕886号）规定，取土、挖砂（河道采砂除外）、采石以及烧制砖、瓦、瓷、石灰的，根据取土、挖砂、采石量，按照每立方米0.5—2元计征（不足1立方米的按1立方米计）。对缴纳义务人已按重量计征水土保持补偿费的，不再重复计征。选项D适只用重量征收。

30. 企业2011年发生的下列行为中需要缴纳教育费附加的有（　　）。

A. 企业销售房屋　　B. 企业购买房屋

C. 油田开采天然原油并销售行为　　D. 外商投资企业销售货物行为

E. 存款利息

［参考答案］ACD

［答案解析］选项B，涉及契税与印花税，不涉及增值税与附加；选项E不征收增值税，因此不涉及附加。

三、判断题

1. 甲公司为生产汽油成品油的企业，当国际市场原油价格低于国家规定的成品油价格调控下限时，假定国家发改委核定相邻两个调价窗口期之间汽油实际销售数量为1万吨，油价调控风险准备金征收标准为15元/吨，那么甲公司应当缴纳15万元油价调控风险准备金。（　　）

［参考答案］正确

[答案解析]《国家税务总局关于国家重大水利工程建设基金等政府非税收入项目征管职责划转有关事项的公告》（国家税务总局公告2018年第63号）、《油价调控风险准备金征收管理办法》、《国家税务总局关于2020年第四季度油价调控风险准备金征收标准有关事项的公告》（国家税务总局公告2021年第1号）规定，当国际市场原油价格低于国家规定的成品油价格调控下限时，缴纳义务人应按照汽油、柴油的销售数量和规定的征收标准缴纳风险准备金。汽油、柴油销售数量是指缴纳义务人于相邻两个调价窗口期之间实际销售数量。风险准备金征收标准按照成品油价格未调金额确定。风险准备金的缴纳义务人为中华人民共和国境内生产、委托加工和进口汽、柴油的成品油生产经营企业。

甲公司应当缴纳油价调控风险准备金 =1 万吨 ×15 元/吨 =15 万元

2. 甲建筑企业是增值税一般纳税人，企业注册和管理机构均在B市。2021年2月甲企业在A县提供建筑服务取得含税建筑收入109万元（适用增值税一般计税方法），则甲企业应在A县缴纳教育费附加0.03万元。（　　）

[参考答案] 错误

[答案解析] 纳税人跨地区提供建筑服务预缴增值税和就地缴纳城市维护建设税、教育费附加。

甲企业应在A县预缴增值税 =109 ÷（1 +9%）×2% =2（万元）

应在A县缴纳教育费附加 =2 ×3% =0.06（万元）

3. 某电视机有限公司2020年3季度销售液晶电视机1万台，其中出口3 000台，缴纳废弃电器电子产品处理基金标准为13元/台，则该公司可以计入生产经营成本，在计算企业所得税应纳税所得额时扣除的废弃电器电子产品处理基金为13万元。（　　）

[参考答案] 错误

[答案解析]《国家税务总局关于发布〈废弃电器电子产品处理基金征收管理规定〉的公告》（国家税务总局公告2012年第41号）规定，废弃电器电子产品处理基金缴纳义务人出口电器电子产品，免征基金。因此，企业所得税税前可扣除的基金为91 000元［（10 000 -3 000）×13］。

4. 对广告公司，免征2020年文化事业建设费。（　　）

[参考答案] 正确

［答案解析］ 2020年文化事业建设费的优惠，同时适用两个优惠政策，一是《财政部关于调整部分政府性基金有关政策的通知》（财税〔2019〕46号）规定，自2019年7月1日至2024年12月31日，对归属中央收入的文化事业建设费，按照缴纳义务人应缴费额的50%减征；对归属地方收入的文化事业建设费，各省（区、市）财政、党委宣传部门可以结合当地经济发展水平、宣传思想文化事业发展等因素，在应缴费额50%的幅度内减征。二是《财政部　税务总局关于电影等行业税费支持政策的公告》（财政部　税务总局公告2020年第25号）规定，自2020年1月1日至2020年12月31日，免征文化事业建设费。

按照孰优原则，适用免征2020年文化事业建设费的政策。

5. A市的甲航空公司在国际航班上销售免税商品，并将免税商品销售额单独核算，该公司应当在A市按照经营免税商品业务年销售收入的1%缴纳特许经营费。（　　）

［参考答案］ 正确

［答案解析］《财政部关于印发〈免税商品特许经营费缴纳办法〉的通知》（财企〔2004〕241号）规定，按经营免税商品业务年销售收入的1%，向国家上缴特许经营费；在国际交通工具上销售（或代理销售）免税商品的民航、交通、铁道等行业的企业，以及非全部经营免税商品的企业，应将免税商品销售额单独核算，并在企业纳税所在地缴纳特许经营费。

6. 甲企业注册地为A市，2019年从B市招用了1名1级残疾人张某，将其录用为在编人员，且实际支付的工资高于A市最低工资标准，并足额缴纳社会保险费。则该企业2020年可按照安置2名残疾人就业计算。（　　）

［参考答案］ 正确

［答案解析］ 根据《财政部　税务总局　中国残联关于印发〈残疾人就业保障金征收使用管理办法〉的通知》（财税〔2015〕72号）规定，用人单位将残疾人录用为在编人员或依法与就业年龄段内的残疾人签订1年以上（含1年）劳动合同（服务协议），且实际支付的工资不低于当地最低工资标准，并足额缴纳社会保险费的，方可计入用人单位所安排的残疾人就业人数。用人单位安排1名持有《中华人民共和国残疾人证》（1级至2级）或《中华人民共和国残疾军人证》（1级至3级）的人员就业的，按照安排2名残疾人就业计算。用人单位跨地区招用残疾人的，应当计入所安排的残疾人就业人数。

7. 甲企业为从事户外广告经营的增值税小规模纳税人，2019 年 5 月销售额 8 万元，其提供的文化事业建设费应税服务免征文化事业建设费。（　　）

［参考答案］错误

［答案解析］《财政部　国家税务总局关于营业税改征增值税试点有关文化事业建设费政策及征收管理问题的通知》（财税〔2016〕25 号）第七条规定，纳税人中月销售额不超过 2 万元（按季纳税 6 万元）的企业和非企业性单位提供的应税服务，免征文化事业建设费。

8. 甲公司经拍卖获得烟尘类排污权使用权，但因金额较大、一次性缴纳确有困难，提出申请在排污权有效期内分次缴纳，首次缴款为应缴总额的 20%。（　　）

［参考答案］错误

［答案解析］缴纳排污权使用费金额较大、一次性缴纳确有困难的排污单位，可分期缴纳，缴纳期限不得超过 5 年，首次缴款不得低于应缴总额的 40%。

9. 甲企业未按规定缴纳残疾人就业保障金，税务部门负责进行催缴，到期仍未缴纳，税务部门可以从欠费之日起加收滞纳金。（　　）

［参考答案］错误

［答案解析］用人单位未按规定缴纳残疾人就业保障金的，并经保障金征收机关催报、追缴仍不缴纳的，按照《残疾人就业条例》的规定，由保障金征收机关提交同级财政部门，由财政部门予以警告，责令限期缴纳；逾期仍不缴纳的，保障金征收机关除追缴欠缴数额外，还应当自欠缴之日起，按日加收 5‰的滞纳金。

10. 某市甲采石场 2020 年 5 月投产，开采期间已按照开采量 0.2 元/吨标准（当地标准）计征水土保持补偿费，无需再按照根据取土、挖砂、采石量 0.5 元/立方米（当地标准）计征水土保持补偿费。（　　）

［参考答案］正确

［答案解析］根据《国家发展改革委　财政部　水利部关于水土保持补偿费收费标准（试行）的通知》（发改价格〔2014〕886 号）规定，开采矿产资源的，开采期间，石油、天然气以外的矿产资源按照开采量（采掘、采剥总量）计征。取土、挖砂（河道采砂除外）、采石以及烧制砖、瓦、瓷、石灰的，

根据取土、挖砂、采石量，按照每立方米0.5—2元计征（不足1立方米的按1立方米计）。对缴纳义务人已按前两种方式计征水土保持补偿费的，不再重复计征。

11. 大中型水库库区基金从有发电收入的大中型水库发电收入中筹集，大中型水库是指装机容量在2.5万千瓦及以上有发电收入的水库和水电站。（　　）

[参考答案] 正确

[答案解析] 根据《大中型水库库区基金征收使用管理暂行办法》规定，大中型水库是指装机容量在2.5万千瓦及以上有发电收入的水库和水电站。

12. 重大水利基金全部由省级电网企业在向电力用户收取电费时一并代征。（　　）

[参考答案] 错误

[答案解析] 根据《国家重大水利工程建设基金征收使用管理暂行办法》规定，企业自备电厂自发自用电量和地方独立电网销售电量应缴纳的重大水利基金，不采取电网企业代征办法，而是由征收机关直接征收。

13. 甲公司修建民用建筑，因该建筑不宜修建防空地下室，经市人民防空办公室批准，需要缴纳防空地下室易地建设费。甲公司单位应当在开工建设前缴纳防空地下室易地建设费。（　　）

[参考答案] 错误

[答案解析] 根据《人民防空工程建设管理规定》规定，防空地下室易地建设，办理建设工程规划许可证前，应当先缴纳防空地下室易地建设费。

14. A企业属于全面实行免抵退税办法的生产企业，2020年5月经某市税务局审核批准免抵的增值税税额1万元，应缴纳教育费附加。（　　）

[参考答案] 正确

[答案解析] 根据《财政部　国家税务总局关于生产企业出口货物实行免抵退税办法后有关城市维护建设税　教育费附加政策的通知》（财税〔2005〕25号）规定，经税务机关正式审核批准的当期免抵的增值税税额应纳入城市维护建设税和教育费附加的计征范围，分别按规定的税（费）率征收城市维护建设税和教育费附加。

15. 张某2020年11月发生了增值税应税行为，取得提供劳务收入20万元，

但因其是自然人，不适用增值税小规模纳税人教育费附加和地方教育附加普惠税收减免政策。（　）

［参考答案］错误

［答案解析］自然人（其他个人）可以适用《财政部　税务总局关于实施小微企业普惠性税收减免政策的通知》（财税〔2019〕13号）规定的增值税小规模纳税人地方税种和相关附加减征优惠政策。

16. A公司是省级电网企业，2020年3月销售给电力用户的电量为100万千瓦时，其中农业生产用电20万千瓦时，可再生能源电价附加的征收依据为80万千瓦时。（　）

［参考答案］正确

［答案解析］《可再生能源发展基金征收使用管理暂行办法》规定，可再生能源电价附加在除西藏自治区以外的全国范围内，对各省、自治区、直辖市扣除农业生产用电（含农业排灌用电）后的销售电量征收。

17. 甲发电厂为某集团公司下设的利用煤矸石发电的自备电厂，与电网不连接也没有电费结算关系，因此甲发电厂不需要缴纳农网还贷资金。（　）

［参考答案］错误

［答案解析］2015年11月公布的《关于加强和规范燃煤自备电厂监督管理的指导意见》（发改经体〔2015〕2752号）指出，企业自备电厂自发自用电量应承担并足额缴纳国家重大水利工程建设基金、农网还贷资金、可再生能源发展基金、大中型水库移民后期扶持基金和城市公用事业附加等依法合规设立的政府性基金以及政策性交叉补贴。

18. 甲集团公司为进口汽、柴油的成品油经营企业，该公司下设有5个从事成品油经营的企业，税务机关可以指定甲集团公司实行汇总缴纳油价调控风险准备金。（　）

［参考答案］正确

［答案解析］油价调控风险准备金由缴纳义务人申报缴纳。其中，缴纳义务人有两个及以上从事成品油生产经营企业的，可由征收机关指定集团公司或其他公司实行汇总缴纳。

19. 某自备电厂2020年发电量为300万千瓦时，其中上网电量为100万千瓦时，厂用电量为20万千瓦时，计算可再生能源发展基金的计费依据为180万

千瓦时。（　　）

[参考答案] 正确

[答案解析] 自备电厂自发自用电量 = 发电量 - 上网电量 - 厂用电量

20. 张某是自主就业退役士兵，2019 年在 A 市从事个体经营。2020 年度，共发生应缴纳增值税 11 000 元，那么张某 2020 年度可以享受自主就业退役士兵优惠，不需要缴纳增值税及附加。（假定其所在地的省政府规定了自主就业退役士兵限额标准为 12 000 元；假定张某无应缴个人所得税。）（　　）

[参考答案] 错误

[答案解析] 自主就业退役士兵从事个体经营的，自办理个体工商户登记当月起，在 3 年（36 个月，下同）内按每户每年 12 000 元为限额依次扣减其当年实际应缴纳的增值税、城市维护建设税、教育费附加、地方教育附加和个人所得税。限额标准最高可上浮 20%，各省、自治区、直辖市人民政府可根据本地区实际情况在此幅度内确定具体限额标准。城市维护建设税、教育费附加、地方教育附加的计税依据是享受本项税收优惠政策前的增值税应纳税额。因此，张某应当计算出应缴纳的城市维护建设税及教育费附加、地方教育附加，与增值税合计必定会高于 12 000 元，张某还应当缴纳教育费附加、地方教育附加。

21. 甲公司是一家现有排污单位，2020 年 5 月甲公司将无偿取得的排污权转让给乙公司，应当对甲公司按规定征收标准补缴转让排污权的使用费。（　　）

[参考答案] 正确

[答案解析]《排污权出让收入管理暂行办法》规定，现有排污单位将无偿取得的排污权进行转让、抵押的，应当按规定征收标准补缴转让、抵押排污权的使用费。

22. 水土保持补偿费的征收对象只是损坏水土保持设施和地貌植被、不能恢复原有水土保持功能的生产建设单位，不包括个人。（　　）

[参考答案] 错误

[答案解析]《水土保持补偿费征收使用管理办法》规定，水土保持补偿费是水行政主管部门对损坏水土保持设施和地貌植被、不能恢复原有水土保持功能的生产建设单位和个人征收并专项用于水土流失预防治理的资金。